SCHUBART · DEUTSCHE CHRONIK

TASCHEN
BÜCHER

Christian Friedrich Daniel Schubart

DEUTSCHE CHRONIK

Eine Auswahl
aus den Jahren 1774–1777
und 1787–1791

Röderberg

Herausgegeben von Evelyn Radczun

CIP-Titelaufnahme der Deutschen Bibliothek

Schubart, Christian Friedrich Daniel:
Deutsche Chronik : e. Ausw. aus d. Jahren 1774 – 1777 u. 1787 – 1791 / Christian Friedrich Daniel Schubart. [Hrsg. von Evelyn Radczun]. – 1. Aufl. – Köln : Röderberg, 1989
(Röderberg-Taschenbuch ; Bd. 173)
ISBN 3-87682-377-3

NE: GT

Röderberg-Taschenbuch Band 173
Pahl-Rugenstein Verlag GmbH, Köln 1989
Vom Verlag Philipp Reclam jun. Leipzig genehmigte Lizenzausgabe

1. Auflage
Reihengestaltung: Lothar Reher
Printed in the German Democratic Republic
Grafischer Großbetrieb Völkerfreundschaft Dresden
Gesetzt aus Garamond-Antiqua
ISBN 3-87682-377-3

DEUTSCHE CHRONIK
1774

Vorbericht

Ein verzweifelter Entschluß ist's, in unsern hyperkritischen Tagen ein *Wochenblatt* zu schreiben, das bei der zahllosen Menge anderer noch Leser finden soll. Der Geschmack, dieses Chamäleon, welches noch kein *Hume, Gerard, Garve, Mendelssohn, Sulzer, Riedel* und *Flögel* richtig definiert hat, ist so verschieden unter den Deutschen, daß mehr als Menschenkräfte darzu gehören, *alle* zu befriedigen. Der liebt politische Reflexionen, dieser Literatur, jener Kunst, und einige wollen Verse; dort ruft einer: sei keck! der andere: sei bescheiden! dieser liebt Feuer, jener Wasser; einen vergnügt Posaunenschall, den andern der schnarrende Ton des Dudelsacks. – Welche verschiedene Wünsche! welcher Geschmack! – Das *erste Vierteljahr* meiner *deutschen Chronik*, welches ich hiemit dem Publikum vorlege, ist vielleicht ein kleiner Versuch, diesen bunten Geschmack des Publikums einigermaßen zu vergnügen. Indes weiß ich gar wohl, wie weit ich noch von dem Ideal abstehe, das ich mir zu erreichen wünsche. Beinahe scheint's in Deutschland nach der itzigen Verfassung unmöglich zu sein, eine gute politische Zeitung zu schreiben. Bei jedem kühnen Gedanken, der dem Novellisten entwischt, muß er einen Seitenblick auf öffentliche Ahndungen werfen; dann wird er furchtsam und kalt. Daher der schläfrige Ton der meisten Zeitungsverfasser, der in schwülen Tagen so manchen Politiker im Großvatersstuhl in Schlummer wiegt.

In Abessinien, schreibt *Bruce*, haben sie eine ganz artige Einrichtung, Zeitungen zu verfertigen. Verschiedene Gelehrte sind vom Staate aufgestellt, sie zu verfertigen. Dieser besorgt *auswärtige*, jener *inländische* Nachrichten, welche ihnen von beeidigten Personen mitgeteilt werden. Einer hat Literatur, der andere Ökonomie und Naturlehre, dieser Kunst, jener Sittenlehre. Der Staatszensor, welcher die Sitten des Volks bemerkt, liefert dem Moralisten gute und böse Züge aus dem Nationalcharakter, welche dann dieser zur Besserung des Volks benutzt. Wer noch nach diesen weisen Verfügungen eine Unwahrheit begeht, dem wird die Nase abgeschnitten. – Wer doch in Abessinien wäre! Aber wie stünd's mit unsern Nasen? –

Bei aller widrigen Lage, in der ich bin, will mich doch be-

mühen, meinem Ideale immer näher zu kommen und, soviel sich's tun läßt, Politik, Literatur, Dichtkunst, Musik und bildende Künste miteinander abwechslen lassen. Lob und Tadel soll mir willkommen sein; jenes, mich zu ermuntern, und dieser, mich immer aufmerksamer zu machen. Vorzüglich dank' ich dem Freunde, der mir aus V*** vom 12. Juni unter der Unterschrift F. v. F. zuschrieb, und versichere ihn, daß es nicht stolze Demut sei, wenn ich sage: Sie haben recht, ganz recht! bester Mann. – Aber, wer darf das laut sagen, was Sie mir in einem stummen Briefe zuflüstern! – Da eine Abhandlung von *deutscher Tonkunst* in meine *Chronik* zu weitläufig ist, so können sich die Liebhaber bei meinem Verleger melden, der sie besonders im Formate der *deutschen Chronik* drucken lassen wird.
Ich mache meine Verbeugung und bin kühn genug, mir recht viel Leser, nahe und ferne, von Herzen anzuwünschen.

Augsburg, den 2. Juli 1774 *Schubart*

Beispiele der Tugend aus dem Privatstande

Da wir unsre Blätter nicht gerne mit Histörchen aus dem Abschaume der Menschheit beflecken, so sei es uns erlaubt, Beispiele von Menschen aufzusuchen, die es wert sind, das Bild der Gottheit zu tragen.
Ein preußischer Offizier verfiel kürzlich zu K*** in eine tödliche Krankheit. Er ließ den Wirt fordern und sprach mit matter Stimme: hier ist der Schlüssel zu jenem Reiskästchen, worinnen 6000 Taler nebst meinem Werbpatente liegen. Bring er's selber zu meinem Regimente in F*** – man wird ihm sagen, was er zu tun hat, und ihn belohnen. Der Offizier starb. Der Wirt ward auf sein Haus und Güter sehr verschuldet; die Furcht, verraten zu werden, konnte ihn nicht abschrecken, das Geld zu behalten; aber er trotzte allen diesen mächtigen Versuchungen, er entlehnte das Reisegeld, kam zum Regimente und überlieferte das Kästchen. Das Geld gehört nicht unser, mein Freund, sagte der Obriste. Der Hauptmann von S. hat sich schon längst mit dem Regimente abgefunden. Bring er das Geld seiner einzigen Schwester zu G*** in Pommern. Auch hier blieb der Wirt sich selber gleich. Er reiste nach Pommern und fand die Schwester des verstorbenen Hauptmanns sehr glücklich mit einem Major in St*** vermählt. – Erstaunt über diesen Beweis deutscher Ehrlichkeit sprach die Majorin: Freund! er hat wenigstens verdient, daß ich das Geld mit ihm teile. Hier sind 3000 Taler und mein Dank. Sei er glücklich; dann Menschen wie er verdienen's zu sein. – Der Wirt ging voll Zufriedenheit, edel gehandelt zu haben, zurück und genießt nun die Früchte seiner Ehrlichkeit mit dem Beifalle aller derer, die ihn kennen.

> Wieviel mag wohl dieser redliche Wirt – unter seinen Mitbrüdern in Deutschland – Mitgenossen seiner Ehrlichkeit haben?

An die Seite dieses ehrlichen Wirts setzen wir den Seifensieder Karas, der in seinem Gewerbe ebensosehr Muster als er es in seinem Privatfleiße war. Mit Recht erheben die Zeitungen sein Lob. Denn statt die leeren Stunden seiner Zeit mit Spiel, Trunk und pöbelhaftem Gewäsche auszufüllen (wie es leider sehr viele von unsern Handwerksleuten zu tun pflegen*), so beschäftigte er sich mit Mathematik, Phy-

sik, Sprachen, Musik; führte einen tugendhaften Wandel und starb als Christ mit der Zufriedenheit eines Mannes, der seine Zeit wohl angewandt hatte. Ein Seifensieder in Ungarn mit dem Pluche und dem Abbt in der Hand – welch ein Phänomen! und welch ein Text zur Strafpredigt vor unsre Antikaras! – Da die heutigen Gelehrten die erhabensten und gemeinnützigsten Wahrheiten im populären Tone vortragen, so hat der gemeine Mann keine Ausflucht mehr, wenn er den Anbau seiner Seele versäumt und durch die niedrigsten Zerstreuungen ein Mörder seiner Zeit wird.
Auch der schwedische Kaufmann Knape gehört hieher. Er, der zur Errichtung eines Kinderhauses 200000 Taler hergab, die nach Jahrhunderten erst die reichsten Zinsen tragen müssen.
Ihm würde Athen durch einen Praxiteles eine Ehrensäule errichtet haben. Aber keine Ehrensäule, kein Wasaorden belohnt ihn. Ich bin vollkommen belohnt, spricht er (und das ist die Sprache der uneigennützigen Tugend), wann das Vaterland aus dieser Stiftung den möglichsten Nutzen zieht. –
Die strafende Gesetze brandmarken Verbrecher; ich werde also meine Blätter niemals mit Beispielen der verdorbenen Menschheit beflecken. O wie glücklich wäre ich, wenn ich den St***, den Karas, den Knapen der Folgezeit kein unwürdiges Denkmal in meinen Blättern errichtete und meine Mitbürger zur Nacheifrung entflammte.

Aus dem 3. Stück vom 7. April 1774

* Auch Ausländern fällt dieser Zug unsrer Nation schwer auf. Man lese hierüber die vortreffliche Charakteristik der vornehmsten europäischen Nationen von einem Engelländer, gleich im ersten Teile.

Der Hahn und der Adler

Eine Fabel ohne Moral

Ein Fürst war einem Hahnen hold; –
„Warum nicht gar! Was? einem Hahnen?“
Ja, ja, er liebt’ ihn mehr als seine Untertanen. –
Sein Kamm war Purpur, seine Federn Gold.
Dumm war er zwar, jedoch sein Kikriki
Galt an dem Hofe vor Genie.
Kein Höfling durfte sich erdreusten
Dem Hahnen was zu tun. Ihn speisten
Prinzessinnen mit eigner Hand
Und schmückten seinen Hals mit einem goldnen Band.
Der Hofmann ehrte ihn, der oft vor Neid erstickte,
Wann sich die Dame niederbückte
Und er die Perlenschnur am Marmorarm bepickte.
An einem Morgen flog der Hahn
Hinab in Garten, schlug die Flügel
Und krähete von einem Rasenhügel
Den goldnen Morgen an.
Ein Adler flog vorbei. Der stolze Haushahn schrie
In seiner schmettrenden Trompetenmelodie:
„Wohin, Herr Bruder! schon so früh? –
  Quälst du dich noch mit Sonnenflug?
  Zu deinem Glück ist’s schon genug
  An einem Hahnenflügelschlage. –
  Komm und genieße goldne Tage! –
  Die Könige bewundern dich,
  Dich speisen Fürstinnen mit hoher Hand wie mich,
  Was willst du dich mit Donnerkeulen plagen?
  Kann Zeus sie dann nicht selber tragen?“ –
„Schweig“, sprach mit einem ernsten Blicke
Der Sonnenflieger zu dem Hahn,
„Ich fliege nach der Wolkenbahn;
Du aber bleibst im Staub zurücke.
Ein Schwätzer, leer wie du, ist’s wert,
Daß ihn der goldne Höfling ehrt.
Ihr Beifall und ein Band ziemt deinem Hahnenwitze;
  Ich aber fliege zu dem Sitze
  Des Donnerers und trage Blitze,
  Und der Olympus sieht mich lächlend an,

Selbst Vater Zeus, der donnern kann,
Gibt mir zum Lohne väterliche Blicke;
Dann eil' ich stolz zum Felsennest zurücke.
Und Teuts erhabnes Bardenchor
Singt aus dem Eichenhain zu meinem Fels empor.
Vor trunkner Wollust schlummr' ich hin
Und fühl's – daß ich ein Adler bin."

Aus dem 7. Stück vom 21. April 1774

Erziehung

Ich wünschte wirklich, wie Graf Loragai, dieser angenehme Träumer, nach einigen Jahrhunderten wieder aufzuleben, um das Urteil der Nachwelt über unser so hochgerühmtes achtzehentes Jahrhundert mit anhören zu können. Die vorhergehenden 57 Jahrhunderte zählen kaum so viele Schriften über die Erziehung, als wir Europäer in einem Jahrzehend erhalten haben. Alles wird Pädagoge, vom Professor bis zum Dorfschulmeister hinunter. Gewiß verdiente die Zeit, in der wir wirklich leben, die stolze Benennung des philosophischen Jahrhunderts nicht, wenn wir den wichtigsten Artikel – die Erziehung, nicht einmal mit Ernst bearbeiteten. Zwar haben, seit *Luthers* Zeiten schon, die Protestanten einen merklichen Vorzug vor den Katholiken im Erziehungssysteme gehabt. Diesen Anstalten haben sie auch die großen Männer zu danken, die in der protestantischen gelehrten Geschichte so merklich hervorragen. Aber auch bei ihnen war es mehr drauf angesehen, den Kopf mit Schulweisheit zu füllen, als dem Herzen die Schönheit der Tugend fühlbar zu machen. Daher schwindelten Gelehrte und Genies in die Welt hinein, sahen Gegenstände, die sie nicht kannten, sprachen im Kathedertone, den der Weltmann verlachte, und ihr moralischer Charakter hing bloß von Umständen, Amt und Temperamente ab. Itzt glauben die Protestanten in diesem wichtigen, die ganze Menschheit interessierenden Artikel schon alle Schwierigkeiten überwunden zu haben, und sie schlummern ruhig auf ihren Lorbeern ein. Indessen aber gehen die Katholiken an der liegenden Trümmer des großen Jesuitenkörpers vorbei, se-

hen den Boden, worauf ihre Bürger unter den Gesetzen des Loyola emporwuchsen, rasiert und entschließen sich, einmal aus der Erziehung – nicht ein Geschäft einzelner Mitglieder des Staats, sondern des ganzen Staats zu machen. Unstrittig hat Mainz die Ehre, den Anfang gemacht und die besten Maßregeln ergriffen zu haben. Der Beweis liegt in ihren vortrefflichen Schulanstalten der Welt vor Augen, und die in Mainz, Erfurt und Aschaffenburg angestellten öffentlichen Versuche zeugen von dem herrlichen Erfolge dieser weisen Anstalten. Würzburg ist seinem Nachbar mit edlem Eifer nachgefolgt, und sein herausgegebener Schulplan ist dem Mainzischen noch in einigen Stücken vorzuziehen. Nur scheint der unserm Jahrhundert so eigene Universalismus auch in diese Schulanstalten eingedrungen zu sein, und die zum langen Hunger gewöhnten Mägen sollen nun auf einmal alle Weisheit – fein gebröckelt und brühenreich – in Fingerhüten hinabgießen. Heißt das nicht die Wissenschaften nach französischer Art verdünnen, damit nur recht viele davon genießen können.
[...]

Aus dem 9. Stück vom 28. April 1774

Preußen

Dieser große Monarch ist unermüdet beschäftiget, sich vor den Augen der Welt furchtbar, seine Staaten blühend und seine Regierung zu einem Wunder in der Geschichte zu machen. Welch ein Glück vor die Nachwelt, daß dieser *einzige* König sein eigener Biograph wird; denn welcher Gelehrte hätte die Kräfte, durchs Labyrinth einer so langen und tatenvollen Regierung zu dringen? – Über die Geheimnisse seines Kabinetts hängt ein dicker Schleier; wir können uns also nur auf einige andre minderwichtige Neuigkeiten ausbreiten. Der König, der das Geschäft der Erziehung vor den wichtigsten Pfeiler der öffentlichen Glückseligkeit hält, hat in *Westpreußen* ein neues adeliches Kadettenkorps errichten lassen, und bereits sind verschiedene Professoren dahin abgegangen, um die Befehle des Königs auszuführen. Gelehrsamkeit und Künste werden in den Staaten dieses

Königes auf eine ausnehmende Art befördert, und wir können mit Recht *Berlin*, wie Willamov, das neue Athen nennen. In dieser einzigen Stadt sind beinahe ebensoviel große Schriftsteller und Genies als in dem ganzen übrigen Deutschlande. Überdas läßt der König diese Stadt immer mehr verschönern, um sie zu einer der schönsten und größten Städte von Europa zu erheben. Die Werbungen werden wieder auf den alten Fuß wie vor dem letztern Kriege eingerichtet und sind, den Nachrichten aus Halle zufolge, von gutem Fortgange. Das preußische Heer wird nach einer neuen Liste auf 225000 Mann geschätzt. – Vor hundert Jahren stand Friedrich Wilhelm der Große mit 25000 Mann am Rhein; was würde dieser große Kurfürst sagen, wann er seinen Urenkel, nach dem Verlaufe so weniger Jahre, in der gegenwärtigen Macht und Herrlichkeit erblickte? – So große Veränderungen können ein paar große Genies in einem Staate hervorbringen! –

Literarische Neuigkeiten

1

Das Leben und die Meinungen des Tristram Shandy von *Laurence Sterne* ist ein so außerordentliches Buch, daß in der ganzen Literatur nichts mit ihm zu vergleichen ist. Seine psychologische Bemerkungen sind tief, neu; und seine Laune ist die sonderbarste, die vielleicht jemals ein Mensch gehabt hat. Daher kömmt der erstaunende Beifall dieses Buchs, sowohl im Original als in den Übersetzungen, so schlecht auch letztere geraten sind. Die französische Übersetzung ist äußerst ungetreu, und die deutsche hat so viel Flecken, daß man schon längstens gewünscht hat, das Buch von neuem übersetzt zu sehen. Selbst unser vortrefflicher *Wieland* machte dem Publikum Hoffnung, sich an die Übersetzung eines Buches zu machen, das er unter die besten in der Welt zählt. Wir sind sehr glücklich, daß nun der vortreffliche Mann, der uns *Yoricks empfindsame Reisen* und *Klinkers Reisen* so unnachahmlich übersetzt hat, uns auch eine Übersetzung des *Tristram* liefern will. Herr *Bode* in Hamburg, der

sich ums deutsche Publikum durch seine vortreffliche Verlagsbücher schon längstens verdient gemacht hat, gedenkt diese Übersetzung zu verlegen, aber nicht eher, bis er erfahren wird, wie groß die Anzahl der Subskribenten sei, und ob er dem Übersetzer eine verhältnismäßige Belohnung seiner Mühe versichern könne. Das ganze Buch wird etwa gegen hundert Bogen ausmachen, auf gut Schreibpapier gedruckt, und wie das englische Original in 9 Bändchen abgeteilt werden. Der Subskriptionspreis ist eine halbe Louisd'or, und der ordentliche Ladenpreis 3 Rtlr. 12 Ggr.
Wie sehr wäre zu wünschen, daß die Liebhaber in Bayren und Schwaben ein Werk unterstützten, wodurch unsre Sprache bereichert wird und die Ehre unsrer Literatur einen neuen Zuwachs erhält!

2

Außerordentlich hab' ich mich gefreut, als ich vernahm, daß *Götz von Berlichingen mit der eisernen Hand*, dieses Schauspiel, welches hundert französische und die meisten deutsche aufwiegt, in Berlin, diesem Tempel des guten Geschmacks, nicht nur 3mal nacheinander mit dem größten Beifalle aufgeführt worden, sondern auch auf Verlangen wiederholt werden mußte. Wie patriotisch klopft mein Herz bei dieser Nachricht! Sollte nicht einmal das *deutsche* Publikum an komischen Opern, an Tragikomödien, diesen Mißgeburten des Auslandes, und an leeren Farcen satt haben und unsre ersten Genies *Klopstock, Goethe* und *Lessingen* bitten, uns mehr patronymische Stücke zu liefern, wie *Hermannsschlacht, Götz* und *Minna*? – Alle gebrechliche Seelen aber, die am *Götz von Berlichingen* keinen Geschmack finden, empfehl' ich hiemit dem Lazarette des Cervantes unten an dem Fuße des Parnasses.

Man erlaube mir, eine Anekdote hieher zu setzen, die mir beim Götz einfiel. Der Graf Schm*** am kurpfälzischen Hofe, der sich durch sein Herz, seinen Geschmack und seine Erfahrungen von Tausenden auszeichnet, sprach, als man ihm den Götz von Berlichingen vorlas: Ich weiß nicht, ob ich lieber den ganzen Voltaire oder dieses *einzige* Schauspiel gemacht haben möchte.

Aus dem 10. Stück vom 2. Mai 1774

Amerika

„Braucht man dann über das Meer zu schiffen und aus der Welt des Columbus Neuigkeiten zu holen? Bietet dir, Chronikschreiber, nicht *Europa* Stoff genug, deine Leser zu unterhalten?“ – Ganz gewiß hat der Mann recht, der mir diese Einwendung macht. Aber, dächt' ich, es wäre so unweise nicht, zuweilen in einen Weltteil zu streifen, den Menschen wie wir bewohnen; in einen Weltteil, wo sich die Christen durch ihre Grausamkeiten eine Schandsäule errichtet haben und der über kurz oder lang der Wohnsitz der Religion, Künste und Wissenschaften werden kann. Denn nach einer so langen Barbarei wird doch wenigstens die Reihe der Aufklärung auch an sie kommen. Sollten so viele Briten, Franzosen, Spanier, Portugiesen und Deutsche nicht einmal eine allgemeine Erschütterung verursachen, wodurch der träge Geist der Nation auffahren und der übrigen Welt zeigen könnte, daß er auch ein Hauch Gottes ist? – Die neuesten Nachrichten von daher weissagen schon die Morgenröte eines sehr heitern Sommertages. Bald werden unsre Antipoden aufhören, auch Antipoden der Vernunft und des guten Geschmacks zu sein. Sie haben Druckereien, lesen und schreiben Bücher, verstehen sich trefflich auf den Landbau, sind zum Kriege gehärtet und haben Ehrfurcht vor das höchste Wesen. Dies sind Vorboten von einer künftigen allgemeinen Kultur unsrer Länder in Amerika. Hier ist eine sehr schöne Probe von der Beredsamkeit der Einwohner in der Provinz Massachusetts-Bay, unter der stolzen Rubrik:

An alle Völker unter dem Himmel

„Kund sei euch, daß das Volk von der Amerikaner-Welt Millionen stark ist. Ihre vereinigte Armee von freien Männern besteht aus unzählbarn Legionen, deren unerschrokkene Seelen von Freiheit funkeln und deren Herzen durch einen wahren Mut gehärtet sind zu wirken, was ihnen die Weisheit rät. Amerika steht nun fest mit der Waagschale der Gerechtigkeit in der einen und mit dem Schwert der Rache in der andern Hand! Welche Nation der Welt es wagen wird, wider uns die Hand zu erheben, diese soll Kabaks Donner treffen! Die Briten mögen sich fürchten, böse mit uns zu handeln: denn der Riesenarm unsrer Welt ist ausge-

reckt, und wehe dem, auf den er niederschmettert. Auf den Trommelschlag sind 500000 unsrer Söhne unter den Waffen, vor deren flammenden Schilde es niemand aushalten kann. Ihr, die ihr weise seid, macht also Friede mit uns, nehmt Schatten unter unsren Flügeln; so werdet ihr durch den Widerstrahl unsrer Glorie schimmern."
Ein Gelehrter hat unlängst die Frage aufgeworfen, warum die barbarische Nationen in ihren Reden selten wider die Grundsätze des guten Geschmacks verstoßen? Die Antwort ist leicht. – Weil sie sich niemals von der Natur entfernen. Unsre Reden sind studiert, modisch, gedrechselt; aber bei rohen Nationen spricht der Naturgeist so frei, leicht und energisch, wie der Vogel unter dem Himmel singt. Bei dieser Gelegenheit will ich auch meinen Lesern eine Probe ihrer Dichtkunst vorlegen:

*Der sterbende Indianer an seinen Sohn**

Ich sterbe, Sohn! Nimm diesen Kranz;
Von Christenhaaren flocht ich ihn;
Statt Diamanten spielen drin
Erschlagner Christen Zähne. Sohn,
Ich sterbe arm; der Christen Geiz
Ließ mir dies Stroh, worauf ich sterbe,
Und dort den Bogen – Ha, den Pfeil,
Der singt und fliegt und trifft und tötet! –
O Sohn, sieh deinen Vater an
Und schwöre mir, ihm gleich zu sein!
Sei kalt und keck und frei und gut,
Und hasse den, der seinen Gott
Entehrt! – Dort unter jenem Baum
Ist ein Altar, dort bete an!
Des Kokosbaumes Wipfel säuselt
Dein Flehn zum Vater der Natur
Dem Himmel vor! – Ich sterbe gerne;
Nun wirft kein Sturm den Fischerkahn
Auf hohen Wogen hin und her.
Ein ewger Frühling blühet dort.
Mein Weib – ach deine Mutter reicht
Auf goldner Schal mir Ananas.

* Aus dem Englischen. Man vergleiche damit ebendiesen Gesang in *Schmids* Anthologie.

Aus Christenschädeln trink' ich dort
Der Götter Wein! – O Sachuset,
Der große Kabak, winkt mir schon! –
Leg deine Hand auf meine Brust
Und schwöre mir! – Begrabe mich,
Wo deine Mutter liegt! – Leb wohl!

Aus dem 11. Stück vom 5. Mai 1774

Schreiben an den Verfasser der deutschen Chronik

Mein Herr!

Sie haben wohl recht, daß wir Protestanten im großen Geschäfte der Erziehung sehr kaltsinnig zu Werke gehen und uns von unsern Glaubensbrüdern, den Herren Katholiken (denn sind wir nicht Brüder im Glauben an Jesum?), beschämen lassen. Hier ist ein Gemälde von der Schuleinrichtung meines kleinen Städtchens. Es sind hier zwei Schulmeister, die bei ihren Besoldungen vortrefflich stehen können, aber wovon keiner die Eigenschaften eines rechtschaffenen Schullehrers besitzt. Einer hat die Anlage eines Korporals, der im Prügeln seine Ehre sucht; der andere ist eine völlige Pagode, der bei Lob und Tadel demütig mit dem Kopfe wackelt. Morgens um 8 Uhr wird eine Herde von Knaben in die Schule geschafft, ganz und zerrissen, gekämmt und ungekämmt, koticht und gewaschen, bestrumpft und barfuß. Nach dem Gebete fangen die Kleinen an zu buchstabieren in einem so abscheulich gedehnten und langweiligen Tone, der sich mit nichts vergleichen läßt, weil die Natur keinen Vogel geschaffen hat, der so greuliche Töne heult. Dann rezitieren sie ihren Katechismus ohne Verstand, seitenlange Auslegungen darüber aus einem andern Buche, Gesänge von 20 bis 30 Strophen, Psalmen und Sprüche, aus dem Zusammenhange gerissen, und weil die Knaben von all diesem nichts verstehen, so gähnen sie, just wie in Chodowieckis Kupferstiche, die Landschule betitelt, der Stunde entgegen, die sie aus dem dumpfen Schulkerker ruft. Dann gehen sie mit wilder Freude nach Hause, und das Vieh, welches eingetrieben wird, erregt keinen solchen Lärmen als eine Herde Schulkinder nach geendigter Schule. Von 10 bis 11 Uhr wird das Lateinische gelehrt, aber ohne Rücksicht auf die künftige Bestimmung der Knaben. Das Deklinieren, Konjugieren und verstandlose Vokabellernen, diese Grenze des hiesigen Pädagogen, ist auch die Grenze der Schüler. In 4 Wochen ist alles wieder verlernt, was man hier in ganzen Jahren eingeprügelt. Nachmittags wird es mit den deutschen Schülern wieder gehalten wie vormittags. Immer müssen Gesänge, Psalmen, Sprüche, Lieder, ellenlange Antworten auf ellenlange Fragen hergeleiret werden, und der wird als ein Wunder von Geschicklichkeit betrachtet, der den 119ten Psalm und: „O Mensch, bewein dein Sünden groß" ohne Fehler rezitieren kann. Zuweilen wird ein Brief angegeben, aber so elend, daß ihr neulich rezensierter Briefsteller noch ein Plinius dagegen ist. Da ist niemand, der der armen Jugend die Sittenlehre, ihre Pflichten als Christen und als Bürger einzuschärfen weiß; niemand, der sie aus dem Anschauen der Natur auf die Erkenntnis des großen Gottes leitet; niemand, der die Schönheit der Tugend und die Häßlichkeit des Lasters schildert; niemand, der aus der Vaterlandsgeschichte die interessantesten Begebenheiten zu heben und den Jüngling zum Patrioten zu bilden weiß; niemand, der künftige Land- und Hauswirte zieht; niemand, der die Rechenkunst in allen Gattungen, nebst der Lehre von den Verhältnissen und Proportionen; niemand, der Schönschreibkunst, Orthographie, Meßkunst mit praktischen Aufgaben, Zeichenkunst und Mechanik, insoferne sie dem künftigen Künstler oder Handwerker nützlich sind, mit Nachdrucke zu lehren weiß, und ach! ich sehe mein Städtgen mit künftigen Ignoranten und elenden Bürgern besäet, die zu jedem Geschäfte des bürgerlichen Lebens untüchtig sein müssen. – Musik? – O die wollt' ich unsern unharmonischen Lehrern vergeben, wenn sie nur in den wichtigsten Dingen keine Ignoranten wären. Ich bin mit aller Ehrerbietung

Dero

-ß- gehorsamster Diener

den 3ten Mai 1774 J. G. B.

Die Antwort soll nächstens folgen, mein Herr Patriot.

Aus dem 12. Stück vom 9. Mai 1774

Frankreich

Wie sehr freuen wir uns, daß die Bücherzensur in Paris auf höchsten Befehl sehr strenge eingerichtet werden soll. Diese Stadt hat unser armes Deutschland seit einiger Zeit mit Schriften überschwemmt, die im Modeton – Unglauben, frechen Spott über die wichtigsten Dinge, seichte Philosophie, verführerische Gemälde der Wollust und statt der Wahrheit Lüge im Gewande des Witzes zu verbreiten suchte. Laßt doch, meine deutsche Brüder, laßt doch einmal diesem Volke ihre Systeme der Natur, ihre Theresen, ihre Damenkabinetts, ihre Mädgens von Orléans, ihren seichten Witz, der wie eine Rakete funkensprühend emporsteigt und mit Gestank zerplatzt, und kommt zurück zum Glauben, zur Wahrheit, zur Redlichkeit, zum Mut und zur Sitte eurer grauen Väter! – Aber womit sollen sich unsre gnädige Damen am Nachttische und auf dem Sofa beschäftigen, wenn keine Feenmärchen, keine wollüstige Romanen und – ach! keine Possen im Taschenformate mehr aus Paris kämen?

[...]

Literatur

Herr *Niebuhr*, dem wir die vortreffliche Beschreibung von Arabien zu danken haben, hat nun auch den *ersten Band* seiner *Reisbeschreibung* herausgegeben. Hier finden wir keine idealische Reise irgendeines Robinsons, sondern die würkliche Reise eines Mannes, der als philosophischer Kundschafter reisete. Charaktere, Sittengemälde, Begebenheiten, Ländergeschichte, Nachrichten von der Handlung dieser Völker, geographische Beobachtungen und Messungen, Prospekte von den merkwürdigsten Städten sind die Zierde dieses Werks, und alles dies ist in einem sehr angenehmen und unterhaltenden Stile vorgetragen. Man findet hier häufige Bemerkungen, die im *Pokoke, Norden* und *Arvieux* umsonst gesucht werden. – Weg mit ein Dutzend Romanen und Heroiden und dafür den *Niebuhr* gelesen!

Aus dem 13. Stück vom 12. Mai 1774

Etwas Sonderbares

Wenn ein Mädgen bei uns 5mal zu Fall käme und ihre Richter so anredete:
Gnädige Herren, ich stehe heute das fünftemal vor Ihnen und weiß es, daß ich nach den Gesetzen strafwürdig bin. Aber vergeben Sie mir, wenn ich dieses Gesetz etwas streng nenne. Ich habe keine Seele beleidiget, sondern mit Gefahr meines Lebens fünf schöne Kinder zur Welt gebracht, ich habe sie mit meiner Milch genährt und mit meiner Arbeit erhalten. Ist es Verbrechen, die Zahl der Untertanen zu vermehren? – Niemand hat über mich zu klagen als der Priester, dem ich die Trauung nicht bezahlt. Liegt aber die Schuld an mir? Wie gerne würde ich in den ehrenvollen Stand der Ehe getreten sein, wenn mich nicht mein Verführer durch leichtsinnige Versprechungen getäuscht hätte; denn ich unterstehe mich's zu sagen, daß ich die gute Aufführung, Fleiß und Häuslichkeit einer Frau besitze, so wie ich deren Fruchtbarkeit habe. – Was würde man bei uns sagen? Fort mit diesem Nickel, würde es heißen, sie müßte auf dem Lasterstuhle vorsitzen, einen Zeloten auf sich hinabdonnern lassen und dann ins Zuchthaus gehen. Aber Geduld! die ganze Geschichte hat sich in Engelland zugetragen. Das Mädgen heißt *Miss Polly.* Ihr wurde die Strafe geschenkt, und ihr Verführer heiratete sie.

Aus dem 15. Stück vom 19. Mai 1774

Ein Unglück

Weimar hat seinen prächtigen Palast mit dem meisten Geräte, der vortrefflichen Gemäld-Sammlung und der kostbaren Bibliothek im Feuer verloren. Der Erbprinz, dieser erhabene Zögling unsers unsterblichen Wielands, hätte dabei sein Leben eingebüßt, wenn ihn nicht sein getreuer Stallmeister errettet hätte.

Kunstgeschichte

Schon den 23sten vorigen Monats hat Deutschland seinen größten Landschaftmaler, Herrn Christian Wilhelm Ernst *Dietrich* in Dresden, verloren. Vielleicht hat noch kein Landschaftmaler in der Welt so viele vortreffliche Eigenschaften in sich vereint als dieser unsterbliche Mann. Seine Zeichnung war richtig, seine Partien wohl gewählt, seine Farbengebung stark und glühend, seine Luft warm; rauh waren seine Felsen und niemals geleckt, zauberisch sein Hell-Dunkles, richtig sein Baumschlag und unvergleichlich seine Haltung. Einige haben ihm mehr Reichtum der Phantasie wünschen wollen; aber ersetzten nicht die obigen glänzenden Eigenschaften diesen Fehler? – Er war zu Weimar 1712 geboren und starb als ein Christ und rechtschaffener Mann. Die Kunst weiht ihm eine Träne und hängt sein Bildnis im Tempel des guten Geschmacks auf, wo die Glorie der Unsterblichkeit die Wouwermans und Waterloos umstrahlt.

Aus dem 17. Stück vom 26. Mai 1774

Ein Stückgen Polizei

Der *Kaiser* arbeitet an einer neuen Kleiderordnung, wo sich jeder Stand durch eine vorgeschriebene Uniform auszeichnen soll. Vortrefflich! da wird man dann nicht mehr Gefahr laufen, vor einem Schneider eben die tiefe Verbeugung zu machen wie vor einem Konsulenten. Der Luxus hat die Karte gewaltig gemischt; da liegt oft der Bub auf der Dame und die Sau auf dem König. Wie gut wär' es, wenn wir einmal ein *äußerliches* Merkmal (denn der Mensch läßt sich doch am liebsten durch die Sinne leiten) von Stand und Verdiensten hätten! – Aber wie wohlfeil würden alsdann die Sackuhren mit ihrem tändlenden Gehenke; die goldnen Stockknöpfe, die brillantnen Ringe, die Dressen – und ach! wie wohlfeil die stoffnen Kleider, die Saloppe, die Uhren, die großen Fächer und Sonnenschirme unsrer Damen aus dem Bürgerstande werden! –

Werden Sie nicht rot, Mamsell, Sie dürfen Ihre Uhr immerhin tragen. – Aber hat Ihr Herr Papa meinen Zahnstierer schon fertiggemacht? –

Eine Anekdote vom Gesundheittrinken

In *Tuiskons* Eichenhaine saßen unsre Väter vom Monde beglänzt, und *Manna* und *Hermann* und *Siegmar* sahen von der Mondglanzwolke auf sie nieder. Da ging das ratschlagende Trinkhorn von Hand zu Hand tapfer herum – (war doch eine gute Sitte unsrer Väter!), und sooft sie tranken, da schlugen sie ihre braunen, vom Krieg gehärteten Fäuste ineinander und jauchzten, daß Tuiskons große Schatteneiche erbebte: Aufs Wohl des Vaterlandes! der Freiheit! der deutschen Redlichkeit! und deins! bring dir's, Bruder! – Da sah Hermann von der Mondwolke lächlend nieder; denn es war eine gute Sitte, und unsre Väter meinten's redlich. Aber jetzt noch Gesundheittrinken, wo wir ganz ausgeartet sind; jetzt, wo wir, Galliens Affen, anderst denken als reden; jetzt? – wie lächerlich! Der Erbe soll auf die Gesundheit seines geizigen Oheims; der junge rasche Mann auf die Gesundheit seines alten zahnlosen Weibes; der Adjunkt aufs Wohl seines zähen Amtmanns oder Pfarrers: – und der gezüchtigte Narr auf die Gesundheit eines Satirenschreibers ein Glas ausbringen? – Wie possierlich, wie lächerlich, wie abgeschmackt! Ahmt, meine Brüder, die deutschen Höfe nach; verachtet deutsche Sitten und erinnert euch mit edlem patriotischen Stolze:
daß ihr *Nachahmer* der *großen* und *unsterblichen* Gallier seid. Euer Gewand sei das Gewand der Lüge und eure Trinkgelage so falsch wie euer Herz!

Literatur

Sehr begierig sah ich im neusten Meßkatalogus auf die Fortsetzung des Lebens und der Meinungen des Magister *Sebaldus Nothanker,* aber leider! ich fand sie nicht. Zwar gefällt mir die langsame Eile eines Schriftstellers sehr wohl; aber eine grausame Ahndung sagt mir, und das Gerücht bekräftiget es: *Nicolai darf* seinen *Nothanker* nicht fortsetzen. Wieder ein Rätsel! In einer Stadt, wo Edelmann, Damm, La Mettrie wider die Religion; der Verfasser der *Schutzschrift für meine Mitbürger im Reiche der Möglichkeit* wider den Staat und Heinse wider die Sitten schrieb: – Da soll man den *besten deutschen* Roman, wo so viel Menschenverstand und Kenntnis deutscher Sitte ist, nicht vollenden dürfen? – Hat etwa der furchtbare Arm des Hochwürdigen Doktor Stauzius seinen Blitz bis nach *Berlin* geschleudert?

Der Wanderer und Pegasus

W.: Du, Flügelpferd, wo trabst du her
Mit unbeschlagnen Hufen?
P.: Ein *Deutscher* hat mich übers Meer
Zu sich ins Haus gerufen.
W.: Allein in London, Rom, Athen
Hast du viel besser ausgesehn;
Dir muß der Haber fehlen.
P.: Mein deutscher Herr hat selbst kein Brot;
Drum muß er in der Hungersnot
Mir oft den Haber stehlen.

Aus dem 18. Stück vom 30. Mai 1774

Ein sonderbarer Kontrast

Der *Türke*, dieser Gog und Magog, dieser Bluthund, dieser Beelzebub, dieser Christenfeind – oder wie ihn sonsten wir Christen zu benennen pflegten, hat in allen seinen weitläufigen Staaten den *Christen* von allen Parteien, katholischen, protestantischen und griechischen, mit allen Sektierern, Arminianern, Mennonisten, Sozinianern und jedem Auswuchse des Christentums eine volllkommene freie Religionsübung verstattet, und die christlichen Kaufleute können es nicht genug rühmen, wie wohl sie sich unter dem Schutze des Sultans befinden.
Ein Schreiben aus Pera vom 26ten April drückt sich unter andern also aus: Liebster Bruder, du kannst's nicht glauben, wie gnädig der neue Sultan gegen unsre Religionsverwandte ist. Er hat uns erlaubt, eine Kirche zu erbauen, und es steht uns frei, sooft und wann wir wollen, unserm Gottesdienste abzuwarten. Kein Türke untersteht sich, einen Christen wegen seines Glaubens mit denjenigen nieder-

trächtigen Zänkereien zu necken, die sich so oft in eure Gesellschaften einschleichen. Der Türke hat sehr viel Hochachtung für unsre Religion. Er nennt Christum einen großen und weisen Mann und einen Vorläufer seines Mahomets. Wir aber sind so großmütig und schelten diesen ihren Propheten schlechtweg einen Betrüger. Meinst du dann, die Türken glauben an die einfältigen Märchen, die wir von ihnen ausgedacht haben? – von der Taube, die ihr Futter aus Mahomets Ohren fraß und die er schlau für den heiligen Geist ausgab, – von dem eisernen Sarge, der in Medina von einem Magneten in die Höhe soll gezogen werden und dem Dummglaubigen die Himmelfahrt Mahomets begreiflich machen soll? – darüber lachen sie als über Possen, womit sich nur noch der dümmste Teil ihrer Nation unterhält. Hingegen stützt sich ihre Religion auf den Glauben an Gott, auf die im Alkoran ihnen eingeflößte Pflichten und vorzüglich auf die Ausübung guter Werke. –
Wir Christen geben hier unsre wenige Abgaben und leben unter dem heitersten Himmel, in der schönsten Gegend der Welt, an der Grenze von Europa und Asien so vergnügt, als wir's nimmermehr im Schoße der Christenheit sein könnten.
Wie kontrastiert dieses Betragen der Türken mit dem Betragen der Christen, zumalen einiger protestantischen Gemeinden, die von gar keiner Toleranz hören wollen. Allein die Nachrichten aus den Staaten des *großen Friedrichs* besänftigen wieder, wo der Geist der Verträglichkeit triumphierend herrscht und Licht, Vernunft, Menschlichkeit, Vertrauen und Friede im Lande verbreitet. Wehe dem Lande, wehe der Stadt, wo G*** und Z*** den Ton angeben!

Literatur

Hier liegt eine Posse*) vor mir, die mich fast zu Tod ärgert. – *Götter, Helden und Wieland* betitelt. Nicht als wenn diese Posse schlecht geschrieben wäre; nein! ein Meisterstück ist sie, und niemand kann so dialogisieren als der Verfasser des *Götz von Berlichingen*. Nur der Angriff auf unsern *Wieland*, dem wir in aller Absicht so viel zu danken haben, mißfällt mir. Dorat, schreibst du noch ein Gedicht und preisest die

Einmut unsrer schönen Geister? – Leider muß ich's sagen! Keine Gelehrte sind zu Ungezogenheiten, Zänkereien und wechselseitigen Beschimpfungen geneigter als die deutschen. Wie hat man nicht den grauen *Bodmer*, dessen Denkmal schon lang' im Tempel des Geschmacks steht, mißhandelt! Wie mußte sich nicht *Klopstock* von Schulknaben behandeln lassen. – Er, der itzt in seiner *Gelehrtenrepublik* eine so erhabene Rache nimmt! Und itzt auch *Wieland*! – Nicht von einem Kleingeiste, sondern von einem Manne von Genie. Wenn Liliputier mit ihren Nadelpfeilchen aufeinander schießen, so lacht man. Wenn aber Brobdingnags ihre Riesenfäuste heben, dann zittert man vor Gefahr. – Und Gefahr ist's für unsre Literatur, wenn sich die besten Köpfe entzweien und ihr Feuer, das sie zu unsterblichen Werken verschwenden sollten, in Zank und Schmähschriften weglodern lassen.

*) Warum dann Farçe? – Weg mit französischem Plunder, wo wir ihn entbehren können.

Aus dem 19. Stück vom 2. Juni 1774

Ein Dialog im Küchengeschmacke

Max: *wirft eine Zeitung weg:* 's ist doch nit erlaubt, wie d' Zeitungsschreiber ein'n vors Geld betrügen. Da schreibt dir einer Krieg; d' Russen und d' Türken solln einander beim Kopf haben, und 's ist dir alles erlogen. Nit wahr, Willm? –

Willm: Hast recht, Max! – Aber aber! 's passiert doch was! Der Preuß macht wieder seine alte Sprüng! Er soll dir schon bei – bei – der Henker b'halt die polische Namen – bei Oliva stehen, und bei Kühhafen*, und in der Ukerei**, das den Türken g'hört, nimmt er dir schon die Pferd weg.

Max: Das ist nichts, Bruder! – Der Preuß will nur der Legation Angst machen; sie soll den Brief unterschreiben – von'm beständigen Rat und will nicht: aber sie wird wohl müssen, der Preuß –

* Vermutlich soll's Kujavien heißen.

** Ukraine.

WILLM: Sag, was d' willst, Bruder – Krieg muß geben, ich hab' dir da den *irrenden Pater* und 's Bengels sein Auslegung und den *Uhrzeiger der Zeit* – willst's sehn! Wunderding wirst lesn! Sieh da! –

Eben wollte Willm seinen mystischen Unsinn auskramen, aber Max war so gescheit und ließ ihn allein. Man erlaube mir eine Anmerkung, die mir sehr von Herzen geht. Es fehlt uns noch gänzlich an Schriftstellern, die Szenen aus dem *gemeinen Leben* malen, dergleichen die Griechen die Menge hatten. Z. B. den Alkiphron, Sophron, wovon wir seine Mimen noch besitzen, den Laberius und andre, die leider verlorengegangen. Die Ursachen, warum viele Schriftsteller so langweilig sind, steckt gewiß unter andern auch darinnen, weil sie ihre Charaktere mehr aus den *vornehmen* Ständen des Lebens als aus den niedrigen heben. – Viele derer Höflinge sind fast nach einem Schnitte gebildet. Nachahmer der französischen Sitten; süße Schmeichler; Wetterhahnen der Mode, gepudert und bedüftet; – Tanz, Spiel, Jagd, Feste; Kenntnis und Urteil von der Glasur des Schönen; flüchtige Belesenheit in den Modebüchelchen; – alles dies muß man so oft sagen, als man von Hofcharakteren spricht. – Aber kommt und schaut den Menschen im niedren Stande! Hier, wo keine künstliche Larve die Miene der Natur verbirgt; hier, wo die Leidenschaft frei vom Damme des Zwangs ausströmt und fortbraust; hier, wo man nicht französisch *denkt* und deutsch *spricht* oder umgekehrt; hier, wo die Akzente der Natur wie Lerchensang in der Heitre ertönen; hier, wo man nicht selten die ersten Laute unsrer starken Sprache hört: – hier, Schriftsteller, mußt du lernen, wenn du willst neu und originell sein. So hat sich auch der unsterbliche *Fielding* gebildet, und wer liest nicht seine moralischen Küchenstücke mit Entzücken? – Die *Tabagien*, welche in *Berlin* herauskommen, erfüllen einigermaßen meinen Wunsch; aber ihr Verfasser hat nicht Genie, nicht Laune, nicht Erfahrung genug. – Behüte Gott! welch ein Austritt aus dem schmalen und seichten Bächlein einer Chronik! Verzeihen Sie mir's, meine Leser! –

Eine kühle Neuigkeit

Aus sechzehn Zeitungen, die soeben vor mir liegen, läuft die höchstwichtige Nachricht ein, daß – die Novellisten so wenig Neues wissen als ich.

Noch eine kühlere

Der große *Marchand*, dem unser Vaterland wegen seiner Abneigung gegen den französischen Geschmack unsterblichen Dank schuldig ist, hat die Gnade gehabt, zweimal vor dem deutschen Erzherzoge *Maximilian* seine Bühne zu eröffnen. Er wählte bei dieser stolzen Gelegenheit die zwei besten deutschen Originale: l'Amitié à l'Epreuve und Zemire et Azor, ou: la belle et la bête. – Weg mit den Stücken der dramatischen Stümper: *Lessing, Goethe, Wieland, Brandes, Weise, Gebler* – (vertragt euch hier, ihr Herren). Ersticken möcht' ich vor Ärgernis! – Es lebe hoch und abermal hoch der unsterbliche Marchand! *Klopstock*, gib ihm das Eichenlaub! –

Tonkunst

Es gibt keine Orgelspieler mehr! Da leiren sie das ganze Jahr ein ärmliches Präludium daher; spielen ihre Choräle ohne Empfindung; schlagen Dragonermärsche aus der Kirche; entweihen die Kommunionen mit Vorspielen im Tone: *Ach schläft dann alles schon* und *die Tochter soll ins Kloster gehen;* wissen kein andres Zwischenspiel als:

Himmel, was wird's noch werden? Unsterblicher Geist des großen *Sebastian Bachs*, auf welchem Planeten bist du? und setzest die Mitgenossen deiner Seligkeit durch Himmelsakkorde in Erstaunen? – Nur Geduld! Noch ist nicht alles verloren. Sein großer Sohn *Friedemann* lebt noch und hat sich neulich mit dem ausnehmendesten Beifalle der Kenner und des ganzen Publikums in *Berlin* hören lassen. Reiche Phantasie, kühne überraschende Ausweichung, Registerkenntnis und Riesenstärke im Pedal ist sein Charakter. – Ihr kraftlose Organisten des H. Röm. Reichs, die ihr eure Einfälle ohne Verstand und Geschmack herunterstampft, legt die Hand aufs Herz und erkennt, wenn euer musikalisches Gewissen aufpocht, daß ihr Sünder seid!

Der Patriot und der Weltbürger

„Wie lieb' ich dich, mein Vaterland,
Wo ich den ersten Odem zog
Und frische Lüfte atmete;
Wie lieb' ich dich! wie lieb' ich dich!"
  So sprach ein deutscher Biedermann,
  Und Tränen flossen vom Gesicht.
  (Oft weint' ich in der Mitternacht
  Auch solche Tränen; Gott, du weißt's!)
Ihn hört' ein Weltmann, kalt wie Schnee,
Nahm Schnupftobak und lächelte;
„Was Vaterland? – Haha, ha ha!
Mir ist, weil ich weit klüger bin,
Die ganze Welt mein Vaterland.
Wo für mich Brot und Ehre ist,
Da ist mein Vaterland!" –

Der Deutsche sprach biedermännisch, keck und kalt:

„So schlägst du mit geballter Faust
Die eigne Mutter, die dich tränkte,
Ins Angesicht? – Undankbarer,
Hat jene Dirne dich gesäugt
Der du die geilen Lippen küssest? –
Fleuch hin zur Krippe, draus du frißt,
Und nenne sie dein Vaterland!" –

Aus dem 20. Stück vom 6. Juni 1774

Eine traurige Würkung des Aberglaubens

Ein Bauer auf einem Dorfe nahe bei G*** hatte die heftigsten Gliederschmerzen. Weil sein Bader zu dumm war. ihn davon zu befreien, so wollt' er sich durch die Sympathie heilen lassen. Er kam zu einem Kapuziner. Dieser riet ihm, nachts zwischen 12 und 1 Uhr einen Totenkopf auf dem Kirchhof zu holen und sich aus seinem Schädel ein Pulver zu bereiten. Der Bauer, voll von Gespenster-Gedanken, kletterte über die Mauer des Kirchhofs und näherte sich dem Beinhause. Er stand aber wie eingewurzelt, als er von ferne die vom Monde beleuchtete Toten-Gebeine sah. Die Liebe zum Leben aber überwand seine Furcht. Er ging ins Beinhaus mit verschlossenen Augen und nahm einen Totenkopf. Kaum hatte er ihn ergriffen, so hörte er etwas neben ihm ächzen. Das Schrecken gab ihm Flügel. Er stürzte aus dem Beinhause, fiel über ein Grab und blieb neben demselben in der Epilepsie liegen. Der Totengräber fand ihn des andern Morgens sinnlos, trug ihn nach Hause, woselbst er nach wenigen Stunden starb. Jedermann hielt es für eine Gespenster-Geschichte, bis man erfuhr, daß die Sache ganz natürlich war. Der Sohn des Müllers verkaufte in der Nachbarschaft ein Rind und verspielte das daraus gelöste Geld. Aus Furcht der Strafe ging er nicht nach Hause und schlief in eben derselbigen Nacht in dem Beinhause, als der unglückliche Bauer sein sympathetisches Arkanum holen wollte. Wie leicht entschlüpft einem Schlafenden ein Seufzer! – Möchte doch dieses Beispiel von den schädlichen Wirkungen des Aberglaubens in diesem philosophischen Jahrhunderte das letzte sein!

Aus dem 25. Stück vom 23. Juni 1774

Japan

Da man selten aus diesem Reiche eine Nachricht erhält, so will ich meinen Lesern einen Auszug derjenigen Nachricht mitteilen, die Herr *Vandermöll* kürzlich der Welt mitgeteilt hat. Er schreibt gegen das Ende des vorigen Jahres aus Miaco: Alles nimmt im Lande eine andere Gestalt an, seitdem der Tyrann Chongse ermordet wurde und Tongsu den Thron bestieg. Die Regierung des vorigen Kaisers war eine Kette von den abscheulichsten Gewalttaten, und Mulei Ismael, der ehemalige marokkanische Kaiser, ist noch ein Titus gegen ihn. Sieben entsetzliche Jahre wütete dieser Tyrann; Blutströme flossen auf den Straßen der Stadt und um die Hütte des Landmanns. Er hat beinahe seine ganze Blutsverwandtschaft ausgewurzelt; bei hundert seiner Weiber und viele seiner eigenen Kinder selbst niedergewürgt. Niemand hatte sein Vertrauen als der Oberbonze im Dienste ihres Götzen Vizlipuzli. Mit diesem übte er alle Gebräuche des rohesten Aberglaubens mit äußerster Genauigkeit aus und verbarg unter dieser Decke Blutdurst und viehische Wollust. Alles, was man Elend des Lebens nennt, bezeichnete seine Regierung. Sklaverei, Armut, Krieg und Mord verheerten das Land. Die Felder lagen brach, die Städte und Flecken waren öde Trümmer, die Mütter würgten ihre Kinder, dann sich; wer sich's merken ließ, daß er weise war, mußte sich selbst den Bauch aufschneiden, und wer neue Martern erfand, wurde belohnt. Aber die Vorsicht, die auch hier die Menschen schützt, erbarmte sich über Japan. – Tiangtse, der Hofmeister des jetzigen Kaisers, tötete den Tyrannen, der ihm auf der Jagd den Kopf spalten wollte. Ich habe euch von einem Tyrannen befreit, sagte er zu einigen Großen des Hofs; Tongsu wird die Wunden des Landes heilen, denn er ist weise; – aber auch ich muß sterben, weil ich euren Kaiser getötet habe. Und hiemit durchstach er sich die Brust. Tongsu ist auch der würdigste Prinz, der jemals einen Thron bestieg. Das schmachtende Land richtet sich wieder auf; vernünftige Freiheit atmet in den Provinzen; Gelehrsamkeit und Künste werden ermuntert und belohnt; der Handel blüht wieder; die öden Felder werden gebaut, und aus dem Schutte der Städte und Flecken steigen Paläste und stille Landwohnungen hervor. Wir Holländer genießen alle Freiheiten verdoppelt, die wir sonsten in Japan hatten. Tongsu ist sehr geneigt, der Religion eine andre Gestalt zu geben. Schon wagt man es, über den Vizlipuzli zu spotten, und der Kaiser hat einem Bonzen die Nase abschneiden lassen, weil er es wagte, seine weise Verordnungen für gefährlich auszuschreien. Einige vernünftige Missionars gelten sehr viel beim Kaiser, wenn sie zumalen Wissenschaften haben. Kurz, Japan wird durch einen *einzigen* Menschen ein Eden, da es vorher ein *einziger* Mensch zur Hölle machte.

Aus dem 26. Stück vom 27. Juni 1774

Schweiz

Wenn ich von einem Lande der Freiheit rede, so ist's mir, als stünd' ich auf einem Berge. Die Luft ist reiner; ich atme freier, und wenn ich über die lachende Aussicht hinstreife, so erweitert sich meine Seele und denkt an *Gott*, den Geber der Freiheit und jeder guten Gabe. – In einem Zeitpunkte, wo sich die Monarchien gleich angeschwollnen Strömen ausbreiten, über das Ufer treten und hier und dort und da ein Stück Lands nach dem andern überschwemmen und sich's nach dem Alluvionsrechte zueignen, ist *Helvetien* zwischen seinen Bergen gesichert und genießt alle Vorteile der Freiheit, wovon vernünftige Religion, Einfalt der Sitten, Genügsamkeit und Leibes- und Seelenstärke die Folgen sind. Welche große starkmütige Seelen hat nicht schon die *Schweiz* hervorgebracht! Hat sie nicht unter ihren Ratmännern und Schultheißen Leute, die wahren altrömischen Geist atmen? – In welchem blühenden Zustande sind würklich die Wissenschaften im Kantone *Zürich*! – Folgende Nachricht eines reisenden Gelehrten wird auch mein Blatt zieren: „Ich wohne hier", schreibt er, „sehr oft öffentlichen und Privatkonzerten bei und kann sagen, daß die Schweizermädgen sehr gut singen. Mit Salomo *Geßner* hab' ich angenehme Stunden zugebracht."

> Daß wir doch immer fortfahren, diesen Mann mit *Theokrit* zu vergleichen! – Er ist mehr als Theokrit, reicher an Erfindung, reiner an Sitten, delikater im Gefühl, und hat wenigstens eben die volle Harmonie des Stils, die der Grieche hat. Kurz, wir haben an *Geßnern* den größten Idyllendichter, der jemals gelebt hat. –

„Wir sprachen von der Kunst, von Autorschaft, von Klopstock und tausend andern Dingern. [...]
Für den Liebhaber der schönen Natur kann nichts mannigfaltiger sein als hiesige Gegend. Die schönsten Aussichten, vortreffliche Landgüter, geschmückte Gärten und der See,

welchen *Klopstock* so vortrefflich besungen hat. Wieviel Vergnügen gewährt eine solche Seefahrt! Die hiesige Stadtbibliothek wird durch Geschenke von Bürgern und Freunden immer wichtiger und vortrefflicher. Ich habe zu meinem Erstaunen auch große Bibliotheken bei Privatpersonen angetroffen, in der Stadt und auf dem Lande. Die französische Literatur ist beinahe bloß ein Eigentum der Schmetterlingswelt. Männer lesen Griechisch, Englisch und Deutsch. Letzteres schreiben sie so körnicht, so antik, daß ich Schweizerdeutsch noch immer dem französierenden Sachsendeutsch und der geleckten Brandenburgersprache vorziehe. *Bodmer* lebt noch in seinen alten Tagen, bei Milch und Kräutern, der Literatur. Er wird im Tempel des Nachruhms stehen, wenn seine Gegner schon lange der Strom der Vergessenheit verschlungen hat. In *Zürch* findet man auch Lesegesellschaften, in welchen die besten neusten Schriften gelesen werden. Um die Philosophie steht's nicht zum besten. *Lavater* ist vielleicht der einzige, der als echter Philosoph beobachtet. Indessen sind die Schweizer praktische Weltweisen. – In den Gesellschaften spricht man von schönen Künsten und Wissenschaften. Kurz, man lebt hier ein Leben hin, das uns die Beschwerden der Welt wenig empfinden läßt."

AUS DEM 28. STÜCK VOM 4. JULI 1774

Holland

Wir haben in unserm letztern Blatte die *Schweiz* beleuchtet, und heute streifen wir abermals in die stillen Wohnungen der Freien. *Holland* hat sich seit langer Zeit in dem Besitze der Freiheit, den mächtigen Anfällen seiner furchtbarn Nachbarn zum Trotze! zu erhalten gewußt. Noch haben sie ihren Verkehr fast mit allen Bewohnern des Erdbodens; noch strömt Reichtum und Fülle aus vier Weltteilen im Schoße dieses glücklichen Volkes zusammen, und noch sind sie ihren Nachbarn respektabel, obgleich ihre Flotte klein und ihre Landmacht in Vergleichung mit den Heeren ihrer Nachbarn fast für nichts zu rechnen ist. Sosehr die gegenwärtige Lage Europens eine Vermehrung der Landmacht erheischte, sowenig ist doch der Holländer darzu geneigt. Die *Handlung*, spricht der Patriot, sei die Seele unsres Staats. Wenn sich andre Nationen durch stehende Heere entkräften, so wollen wir Reichtümer sammlen; kommt dann Gefahr, so eröffnen wir unsre Schatzkammern, verdopplen den gewöhnlichen Sold, und schon geübte Soldaten werden uns dann von allen Seiten zuströmen und unsern Staat gegen jeden Anfall unüberwindlich machen. *Joseph Marschall* hat uns in seinen *Reisen* keine üble Beschreibung von den heutigen Holländern gemacht, die aber derjenigen bei weitem nicht gleichkommt, die im ersten Teile des *Britischen Museums* steht und den ganzen Charakter der Nation von ihrer Bildung an bis zur Reife umfaßt. – Wir können unsrer Absicht gemäß nur beim neusten Zustande dieses Freistaates stehenbleiben und weisen unsre Leser mit einem stillen Winke auf die entsetzliche Lage, in der Holland vor 100 Jahren war, als Ludwig XIV. mit seiner fürchterlichen Macht diesem Staate den Untergang drohte. Damals zeigten die Holländer, was Mut und Entschlossenheit in Gefahren auszurichten fähig ist. – Noch dauret der Handel mit Engelland unveränderlich fort. *Rotterdam* ist der Mittelpunkt desselbigen. Man trifft auf einmal 200 bis 300 englische Schiffe in diesem Hafen an. Die prächtige Fabrik zu Delft, welche sonst 7000 Menschen beschäftigte, beschäftiget doch noch 4000. Das englische steinerne weiße Zeug hat sie in Abnahme gebracht. In den holländischen Städten herrscht Pracht, Schönheit und außerordentliche Reinigkeit; nur sind die Bäume darinnen so häufig, daß man oft, wie ein witziger Reisender sagte, die Stadt vor den Bäumen nicht sehen kann. Überdas sind die Bäume in den Städten schädlich, weil sie die Feuchtigkeit der Luft vermehren. Der Boden um Leiden herum ist der beste und wird teuer bezahlt. Der Morgen Acker gilt 1200 Rtl. und oft noch weit mehr. Ein Morgen Wiesenland wird mit 1000 Talern und drüber und der Morgen Gartenland mit 2000 bis 3000 Talern bezahlt. Aber davor sind auch die Leidenschen Gartengewächse vortrefflich. Im Haag und in Leiden herrschen die besten Sitten und die meiste Gelehrsamkeit. Die vornehmen Holländer sind abgeschmackte Affen von den Franzosen, und Marschall verlacht sie mit Recht. Der gemeine Mann in Holland wird strenger behandelt als in Engelland. – *Haarlem* hat vortreffliche Leinwandsbleichen, welches vom dasigen Wasser herrührt; allein je weißer die Leinwand ist, desto geringer ist ihre Dauer. – Der Geldvorrat in *Amsterdam* besteht in den Summen, welche an die Bank gezahlt werden, denn sie ist eine Verwahrungs- und Niederlagebank und verhindert also den Umlauf des Geldes. Überhaupt häuft sich, zum Nachteil der übrigen Provinzen, das Geld in Amsterdam zu sehr. Unaufhörlich wird Geld in die Bank bezahlt, und was einmal in die Bücher eingetragen ist, kann niemals zurückgefodert werden. Der Verlust des Stadthauses wäre der Verlust der Republik, weil in dessen untern Zimmern der ungeheure Schatz der Bank verwahrt wird. Amsterdam hat nahe an die 300000 Einwohner, ohne die große Anzahl der Fremden. Eine Rechnung, die Süßmilchs um vieles übersteigt. Die öffentlichen Stadteinkünfte tragen jährlich 11 Millionen Gulden. Aus diesem Umstande kann man den Schluß machen, wie groß die Einkünfte der Republik sein müssen. Kurz, *Holland* gehört itzo unter die glücklichsten und blühendesten Staaten der Welt.

Aus dem 29. Stück vom 7. Juli 1774

Deutschland

[...]
Der Kaiser ist gesonnen, nach *Böhmen* zu gehen und den dasigen Feldlagern beizuwohnen. Indessen werden alle Anstalten zu einer weitern Reise nach *Frankreich* gemacht.
Ein neuer Zug im gnadenvollen Charakter unsers Kaisers ist es wohl, daß auf seinen Befehl bereits vor einigen Monaten der Anfang gemacht worden, die Sklaverei der böhmischen Bauren durch Verringerung der Herrndienste merklich zu vermindern. Denn wohl nirgends war das Joch der Sklaverei für den Landmann drückender als in Böhmen. Sechsmal mußt' er wöchentlich seinem Herrn Dienste leisten: und nur – der *Sonntag*, der Tag der Ruhe und der Andacht, ward sein. Durch die wohltätige Anstalt des Kaisers wird also dem armen Landmanne an Leib und Seele geholfen.

Vom *deutschen Theater* in *Wien* laufen sehr günstige Nachrichten ein. Da meines Erachtens das Theater sehr merkliche Einflüsse auf die Sitten und Gesinnungen eines Volks hat, größere, als mancher blinde Eiferer weiß: so kann diese Nachricht aus der Hauptstadt Deutschlands dem Patrioten nicht gleichgültig sein. Obgleich der Geschmack der Wiener eine ganz eigentümliche Wendung genommen und sie oft Schauspiele und Schauspieler bewundern, die man in Leipzig und Berlin nur mittelmäßig findet, so zieh' ich doch das Wiener Theater allen andern in Deutschland vor. Noch findet die komische Oper, dieser dramatische Zwitter, der den großen tragischen und wahren komischen Geschmack in Deutschland zu verdringen droht, keinen Eingang bei ihnen. Sie sind nicht zu furchtsam und zu verwöhnt, einen *Macbeth*, einen *Mohren von Venedig*, einen *Rolph Krage* und vielleicht auch bald eine *Hermannsschlacht*, einen *Götz* und *Hofmeister**) zu sehen.

*) Dieses vortreffliche Schauspiel empfehl' ich hiemit meinen Lesern sehr dringend. Es ist im echten *deutschen* Geiste geschrieben und verdient, an *Götzens* Seite zu stehen. Nächstens eine weitere Anzeige davon!

Aus dem 30. Stück vom 11. Juli 1774

Engelland

Es ist ein ganz eigentümlicher Zug im Charakter der Deutschen, daß sie von den Ausländern weit größere Begriffe haben als von sich selbsten. In welchem Taumelkreise von Bewunderung und Nachäffung haben uns nicht die Franzosen herumgetrieben! Und wer unter uns legt sein Gesicht nicht in die Falten der Ehrerbietung, wenn er das Wort *Engelland!* ausspricht! – Wahr ist's, der Engelländer hat etwas, das vor ihm keine Nation gehabt hat und nach ihm vielleicht keine mehr haben wird. Seine Ideen reichen beinahe ins Unendliche; Großheit in seinen Entwürfen und Götterstärke in der Ausführung derselbigen; Tiefsinn in seinen Untersuchungen und eine beinahe ganz unerreichbare Laune. Hartsinnig halten sie auf ihre Regierungsform; setzen sich dem Strome der Neuerung entgegen und wagen es mit unbeugsamem Mute, die Wahrheit dicht an den Schranken des Gerichts oder am Fuße des Throns zu sagen. Ihre *Baco, Locke, Newton* und *Shakespeare* haben eine solche Höhe in der Erkenntnis erflogen, daß man nicht ohne Schauer und Ehrfurcht zu ihnen emporblicken kann. Alles dieses sind wir so gerecht, schon seit langem einzugestehen; ja der Enthusiasmus einiger Deutschen fürs Ausland ist so weit gegangen, daß sie sich unter einem Briten fast ein Wesen von höherer Art dachten. Indessen fahren die Engelländer fort, höchst verächtliche Seitenblicke auf uns zu werfen und uns nichts weiter zu lassen als *unüberwindliche Geduld*. Alles, was der Deutsche weiß, sagt *Burney*, hat er dem Kunstfleiße und nichts dem Genie zu danken. Das ist nicht schön, ihr Herren Angelsachsen! daß ihr eure Väter ins Angesicht schlagt!

> Wir sind gerecht! Sie aber nicht!
> Hoch stehn sie; träumen's höher noch;
> Wir ehren fremd Verdienst!

Welcher Deutsche sieht nicht das unpolitische Betragen ein, mit welchem die Engelländer den *Bostonianern* begegnen! Man darf eben nicht den Adlerblick eines politischen Sehers haben, um den vielleicht ganz nahen Fall vorauszusehen, daß die mutigen Bostonianer die Fesseln der Knechtschaft abstreifen und sich selbst regieren werden. Nach dem *Büsching* hat sich dies Volk schon auf 3 Millionen Menschen vermehrt. Wie stark muß es nicht, nach Süßmilchs Gesetzen der Fortpflanzung, in einem oder zwei Menschenaltern werden! – Sollte nicht ein Volk, unter welchem die wahre ausübende Philosophie, diese Tochter der Liebe, ihre *Stoa* hat, die heiligen Gesetze der Toleranz am genauesten beobachten? Aber welchem Menschenfreunde schauert's nicht, wenn er liest, unter welcher Einschränkung die römische Kirche in den britischen Staaten lebe; noch mehr, wenn er das wütende Geschrei des aufgebrachten Pöbels hinter dem Wagen des besten Königes hört: Kein Papsttum! Kein Papsttum! Bald werden uns die Katholiken in der Verträglichkeit beschämen; denn nichts gleichet der Achtung und der ungezwungenen Gefälligkeit, womit man itzo den Protestanten in Frankreich,

Italien und in den katholischen deutschen Provinzen begegnet.

> Sagt mir doch, ihr unverträglichen Eiferer: Wo hat Jesus Christus, unser allgemeiner Lehrer, jemals gesagt: Verfolge den, der nicht glaubt, was du glaubst?

Sonst ist der Schluß der Rede des Königs im Parlamente sehr erquickend für die Freunde des Friedens. Ich kann Ihnen mit Vergnügen melden, sagte der König, daß die freundschaftlichen Versicherungen, die ich noch immer von den benachbarten Mächten erhalte, mir den stärksten Grund geben zu glauben, daß sie ebenden guten Willen haben als ich selbst, die Ruhe des übrigen Teils von Europa zu erhalten.

Aus dem 31. Stück vom 14. Juli 1774

Von der Handlung

Ein sehr abgedroschner Locus communis wär' es, wenn ich nach so vielen darüber angestellten Erfahrungen noch beweisen wollte, daß die Handlung einen großen Einfluß in die Glückseligkeit des Staats habe. Wer es einem *Montesquieu, Hume, Justi, Sonnenfels* und andern Theoristen nicht glauben will, der lese die Geschichte; die wird ihm sagen, daß kein Staat blühend und groß geworden, der nicht durch mächtige Ermuntrungen den Handel beförderte. Die Welt scheint dies sehr wohl einzusehen. *Engelland, Holland, Frankreich, Italien* und die meisten europäischen Staaten ergreifen deswegen Maßregeln, die dem Handel sehr günstig sind. Wie kommt's aber, daß in diesem aufgeklärten Jahrhunderte, wo man die verborgensten Mittel hervorgesucht hat, die Staaten zu vergrößern und zu bereichern, dannoch die Klagen über den Verfall der Handlung allgemein sind? Von allen vier Winden erschallt die klagende Stimme: Es sind itzt harte Zeiten; der Handel steckt, die Gewerbe wollen nicht fort; die alten Fabriken verfallen, und niemand hat Mut und Kräfte genug, neue anzulegen. Diese Klagen sind gerecht und werden täglich durch die traurigste Erfahrung bestätiget. Welche schreckliche Bankrotte sind nicht in wenig Jahren in Europa ausgebrochen, und welche traurige Folgen wirkt oft nicht ein einziger Bankrott! Nie kann das Kolossengebäude einer großen Handlung zerfallen, ohne daß nicht die herabstürzenden Quader die kleinern Handlungshäuser zerschmettern. Und was das betrübteste ist; so sieht man oft um diesen Schutt Witwen und Waisen jammern, die den Verlust ihres Vermögens beklagen. Selbst Engelland, diese erste Provinz im Reiche der Handlung, klagt itzt über schlechte Zeiten. Die Kaufleute empfinden mehr als jemals die Folgen von dem Streite des Parlaments mit den Bostoniern. Sonst haben sie jährlich in den Kolonien für 5 Million Pfund Sterling Güter abgesetzt; und nun verschließen sie nicht mehr den dritten Teil. Selbst die englische Fabriken, welche so stolz über alle andere europäische Fabriken hinwegragten, stehen nun größtenteils stille, und der Lebenssaft des Staats, die Handlung, ist in Stockung geraten. Im Jahr 1772 betrug die Ausfuhr aus Engelland nach den verschiedenen Weltteilen 16 Millionen 159tausend 4hundert und 12 Pfund Sterling; die Einfuhr hingegen 13 Millionen 298tausend 4hundert und 52. Im Jahr 1773 aber zeigte sich schon ein merklicher Abfall: denn die Ausfuhr war nicht höher als 13 Millionen 226tausend 7hundert und 40, und die Einfuhr nur 11 Millionen 832tausend 4hundert und 69 Pfund Sterling. Da der englische Handlungs-Barometer immer der richtigste ist, nach welchem wir die Witterung im ganzen übrigen Europa bestimmen können, so läßt sich leicht schließen, wie gerecht die Klage Merkurs über den Verfall seiner Altäre sei. Welchem Patrioten entfließt nicht eine Zähre, wenn er seine Blicke auf Deutschland wirft und lauter Klagen hört, die über den Sturz der Handlung in den ersten Städten unsers Vaterlands erschallen? Welch eine glückliche Epoche für die Handlung in Deutschland war jene, da Kaiser und Könige Schuldner von unsern *Fuggers* waren und wo *deutsche* Kaufleute ihren Verkehr mit allen Nationen der Welt hatten! Ich wünschte einmal von einem Sachverständigen eine pragmatische Geschichte der Handlung zu lesen, worinnen die Entstehung, der Wachstum und der Verfall des Merkantils von einem jeden Staate aufs genaueste angezeigt wäre. Wie würden wir uns wundern, wenn wir die plötzlichen und raschen Glücksumschwünge der vornehmsten Handelsstädte *Danzigs, Hamburgs, Lübecks, Ulms, Augsburgs* und *Nürnbergs* läsen! Wie kontrastieren die Zeiten des Hansebundes mit den unsrigen! Der alte deutsche Reim:

Nürnberger Witz
Straßburger G'schütz
Venediger Macht
Augsburger Pracht
Ulmer Geld
regiert die ganze Welt

Dieses ehrliche antike Verslein ist nun weiter nichts mehr als ein trauriges Denkmal, daß die größten Städte, wie einzelne Menschen, den Druck der Veränderlichkeit fühlen. *Herel* hat uns gesagt, was der heutige Nürnberger Witz bedeute; Straßburg gießt seine Kanonen nun für die Gallier; Venedigs Macht figuriert nun als Schattenspiel an der Wand; die Augsburger Pracht hängt nun in der Trödelbude; das Ulmer Geld ist abgewürdigt, und die übrige kleinere Städte ächzen unter den Trümmern der größern. – Eine schreckliche Nänie, werden meine Leser sagen! Aber was ist dann die Ursache dieses so augenscheinlichen Verfalls der öffentlichen Glückseligkeit? Hier entfern' ich mich, und mich dünkt, ich höre hinter mir den Genius der Deutschen mit dumpfem Tone sprechend: Verfall der Religion ist Verfall der Ordnung; stehende Heere drücken das Land und fressen das Mark der Bürger; Fürsten sind Monopolisten geworden, die wie Ozeane die kleinere Flüsse verschlingen; die unersättliche Maut sperrt wie die Hyäne ihren Rachen auf und verzehrt den Bissen, den die Handlung zu ihrer äußersten Notdurft erheischt; Mangel an Ermunterung zum Kunstfleiße; Gemächlichkeit, Luxus – O schone meiner, Genius der Deutschen, ich weiß schon genug, um mich über mein Vaterland zu härmen. – Nur noch eines zum Beschlusse dieses Artikels. Man sagt gewöhnlich, die Handlung sei periodisch; blühe bald dort, bald da; sei merkurialischer Natur und lasse sich nicht fixieren. – Aber traun! die Chineser müssen doch ganz andere Leute sein als wir. Noch blühet ihre Handlung wie vor vierthalbtausend Jahren. Noch atmet die heutige Nation den Geist ihres Konfuzius. Noch sind sie das Muster für alle andere Nationen, wie man die Gesetze der Ordnung und der öffentlichen Glückseligkeit von Generation auf Generation verpflanzen solle.

Aus dem 32. Stück vom 18. Juli 1774

Eine Anekdote aus dem russischen Lager

Ein türkischer Offizier wurde gefangen und in das Gezelt eines russischen Majors gebracht, der ein Deutscher war. Sie speisten zusammen, und über Tisch rufte der Deutsche seinem Hunde: Türk! de! de! – Mit edlem Ernste sagte der Türke: Ich glaubte, an euch ein gesittetes Volk zu finden; aber so seh' ich, daß ihr Barbaren seid! – Wie würd's euch gefallen, wenn ihr in Konstantinopel einen Saufänger rufen hörtet: Christ! de! de! – Nationen, die man nur halb kennt, muß man nicht beschimpfen.

Neuigkeiten unter der Rubrik: Soll

1

In den asiatischen Provinzen Rußlands zwischen der Wolga und dem Jaik steht noch *Pugatschow* mit einem Heere von 60000 Mann und wird von dem Schwärmer *Foma* begleitet, der im Gewande des Aberglaubens das arme Volk hintergeht und sie im Taumelkreise der Empörung erhält. Ja, man sagt sogar, Pugatschow habe den General Czerebaton, der an Bibikows Stelle kam, geschlagen.

2

Eine Hauptschlacht jenseits der Donau soll für die Russen übel ausgefallen sein.

3

Das Herzogtum *Lauenburg* soll gegen die Herrschaft Dromlingen in der alten Mark und einige Ämter in dem Halberstädtischen vertauscht werden, wodurch Hamburg die höchste Gnade erhielte, den großen Friedrich zum Nachbar zu bekommen.

Unter der Rubrik: Ist

2

Was alle Patrioten in *Mainz* wünschten und was man längst vermutete, das ist nunmehro geschehen. Der *Freiherr von Erthal* ist nämlich zum *Kurfürsten* erwählt worden. Man verspricht sich von diesem Herrn besonders viel Gutes. Er ist ein Freund der Wissenschaften und weiß sich durch sein Betragen die Liebe und Hochachtung aller Menschen zu erwerben. Ob er die Anstalten seines Vorfahren wieder geltend machen werde? oder ob er die Maßreglen des Domkapituls in der bisherigen Zwischenregierung ergreifen und die Lehrart der Jesuiten, die Anschläge der Mönche –

FAMA: Taratara! Taratara!

DER NOVELLISTE: Hast du mich nicht erschreckt, Göttin!

FAMA: Gib mir meine Schreibtafel! Du bist ein Deutscher; kannst nur die kalten Artikel brauchen, die man sich auf dem Markte und in den Kaffeehäusern vorerzählt; die warmen, interessanten Artikel, mit Freimütigkeit niedergeschrieben, sind vor den Briten. – Ich eile zu deinem Bruder, dem Chronikschreiber in London! – Gehab dich wohl!

Literatur

Dic *Akademie zu Toulouse* hat eine Preisfrage aufgegeben, die man aus Frankreich kaum erwarten sollte. Sie heißt:

„Ist die höchste Delikatesse des Geschmacks nicht ein Zeichen und eine Ursache von dem Verfall der Wissenschaften?"

So wichtig diese Frage für den Franzmann ist, so leicht ist sie zu beantworten. Laßt die Geschichte auftreten und sie sprechen! Die wird euch sagen, daß übertriebene Delikatesse allemal ein sicheres Kennzeichen vom Verfalle des wahren guten Geschmacks in den Wissenschaften und Künsten sei. Als dem Griechen sein *Homer* zu wild und zu kolossalisch war, fing man an, in epigrammatischen Spitzen zu schreiben; man studierte nicht mehr Form, sondern Schnörkel und Schnitzwerk. Wer die Lackfarben hoch und glänzend auftragen konnte, der war ein Virtuos. Ebenso in *Rom*!

Als *Seneca* in seinem gezierten und zugespitzten Stile schrieb: da stand der römische Geschmack am Rande seines Verfalls. Daß auch die heutigen Franzosen an diesem Abgrunde schwindlen, das sieht man aus ihren Schriften. Man weiß es, wie tief *Voltaire* und *Rousseau* drüber aufseufzen. Dicht an den falschen Witz grenzt die Barbarei. – Gott gebe, daß diese übertriebene Delikatesse nicht auch in unsrem Vaterlande einreiße! Aber sie wird es nicht. Denn, dem Genius der Deutschen sei's gedankt! noch lesen wir den Vater Homer, den *Ossian, Shakespeare, Milton* und unsern *Klopstock* mit Entzücken. Noch staunen wir den altdeutschen Harrismus unsers *Götzen* an, und unser Ohr ist nicht zu ekel, wenn er zum Trompeter sagt: Sag's deinem Hauptmann: vor Sr. Kaiserlichen Majestät hab' ich alleruntertänigsten Respekt! dein Hauptmann aber, sag's ihm: kann mich im A… lecken!

Tonkunst

Ich eile, meinen Lesern die vortreffliche Komposition der *Cramerischen Psalmen* von unserm großen *Bach* in *Hamburg* anzuzeigen. Sein origineller Schwung, die Stärke seines Ausdrucks, das Neue und Kühne in seinen Gedanken und der oft ungewöhnliche und überraschende Gang der Harmonie, wodurch sich seine musikalischen Kompositionen vor allen andern auszeichnen, herrschen auch in diesen Psalmmelodien, und man wird den Geist eines jeden Psalms in dem dazugesetzten Gesange ausgedruckt finden. Man sehe zum Beispiel den achten Psalm: *Wer ist so würdig als du* etc., in welchem die Singstimme eine besondere Begleitung des Klaviers hat. Der 33ste Psalm: *Jauchzt, ihr Gerechte, dem Herrn* etc., ist aus As-Dur und ein Meisterstück der Kunst. Die Bindungen darinnen sind dem Gesange nicht nachteilig. Der 96ste Psalm: *Erhebet Gott durch neue Lieder voll ungehörter Harmonie!* etc., hat im ersten Teil wirklich eine ungewöhnliche Harmonie, die hier am rechten Orte angebracht ist. Die Choralmelodien sind vortrefflich und die darin herrschende Harmonie ausdrükkend.

Überhaupt hat sich Bach durch diese Melodien ein neues Verdienst erworben, das seinem Herzen und seinem Genie gleich Ehre macht. Als dieser große Mann *Gellerts Lieder* in Musik setzte, so schrieb er ihm, über dessen Komposition entzückt, zu: Das beste Lied ist ohne die ihm eigene Melodie ein liebendes Herz, dem seine Gattin mangelt, die seine Empfindungen beseelet, indem er die übrigen erweckt.
[...]

Aus dem 35. Stück vom 28. Juli 1774

Aussichten in die politische Welt

5

Das Schicksal von *Boston* hat die Bürger von *Philadelphia* veranlaßt, einen Bußtag im Sack und in der Asche zu feiern. Die ganze Stadt schien eine fürchterliche Pause zu machen. Die Geschäfte standen still; die Bürger verschlossen ihre Läden; die Glocken wurden in Säcke eingehüllt, und ihr dumpfer Schall stimmte zu den Klagen der Inwohner; selbst die Schiffe im Hafen erniedrigten ihre Segel. Überhaupt muß der Mensch und der Christ über das Betragen der Engelländer gegen die Bostonier zürnen.

6

Hoch hat's mich gefreut, als ich die Verordnung des *Landgrafen von Hessen-Kassel* vom zweiten Juli las, des Inhalts: daß in Zukunft niemand von Bürgern oder Bauern, noch auch ein herrschaftlicher Livree-Bedienter, seine Kinder von den gemeinen Hantierungen ab- und zum Studieren oder zu dem Stande der sogenannten Honoratiorum erziehen soll, er habe dann vorher hinlängliche Attestata von der Fähigkeit, Talenten etc. und daß sie sich zu dem erwählten höhern Stande schicken, beigebracht, und die hohe gnädigste Einwilligung dazu erhalten; gestalten diejenige, welche ohne die Erlaubnis sich von nun an dem Studieren widmen, schlechterdings zu keinem Benefizio oder Stipendio sich Hoffnung zu machen, auch, daß sie nicht emploiert oder befördert werden und nach Befinden noch schärferen Einsehens zu gewärtigen haben.

Möchte doch diese herrliche Verordnung in unserm lieben Vaterland allgemein werden! Warum sind wir mit so vielen Stümpern und Dümmlingen im Reiche der Gelehrsamkeit überschwemmt? Weil nicht der *Staat*, sondern der *Vater* die künftige Bestimmung seines Sohns entscheidet. Ein Schneidersknabe oder Schuhflickersjunge darf nur seinen Katechismus flink herunterplappern oder seinen Corderius frisch exponieren, so schwindelt gleich den dummen Eltern der Kopf von künftigen Senioren, Konsulenten und Leibärzten. Dann erbetteln sie sich Stipendien, die Söhnchen studieren, kommen mit einer verworrenen Systemssprache zurück und werden dem Vaterlande zur Last.

Aus dem 37. Stück vom 4. August 1774

Das Neueste

3

Herr *Lichtenberg* in Gotha hat sich durch seine *Verhaltungsregeln bei Donnerwettern* ums menschliche Geschlecht sehr verdient gemacht. Er spricht in seinem schönen Buche zuerst von der Entstehungsart der Donnerwetter, dann werden Merkmale angegeben, daraus sich die Größe der Gefahr beurteilen läßt. Seite 9 wird bemerkt, wie ein Mann bei einem Gewitter mit einem andern unter einem großen Baum vor dem Regen Schutz gesucht. Beede standen eine Zeitlang ruhig und gelassen, als auf einmal der erste mit einer Bangigkeit überfallen ward, die so zunahm, daß er, alles Zuredens seines Freundes ohngeachtet, unter freien Himmel trat. Er war kaum 30 Schritte entfernt, so zersplitterte ein Blitz den Baum, und sein Freund lag zu einem Klumpen verbrannt. Diese Ängstlichkeit entstand aus der Anhäufung der elektrischen Materie um den Baum; vielleicht war des andern Körper nicht so empfindlich.

Dieses gemeinnützige Buch sollte durch Einrückung in die Kalender oder durch einen sehr wohlfeilen Nachdruck vorzüglich dem gemeinen Manne, der noch mit so vielen schädlichen Vorurteilen kämpft, bekanntgemacht werden. Der Gedanke, man könne sich nicht vor dem Wetter schützen, hat schon manchem das Leben gekostet.

Eine Anekdote aus Solanders Reisen

Ich landete mal auf einer Insel im Südmeer. Da kam mir der laute Schall der Inwohner entgegen, daß ich erschrak. Hörte aber bald, daß dies sehr lustige Leute waren. Versammelt auf einer langen Wiese, saßen sie und aßen, spielten, plauderten, liebten. Sie winkten mir. Ich trat zu ihnen, und weil die amerikanischen Inselsprachen nur im Dialekte verschieden sind, so konnt' ich mich ihnen bald verständlich machen. Die Leute waren schlecht gekleidet, hatten blasse aufgedunsne Gesichter; ihre Felder waren unbebaut, ihre Kinder wuchsen heran wie 's Vieh, und doch war alles lustig. Ich ging mit in ihre Stadt, Akaknana genennt; unter deren Toren las ich: *Glücklich durch den Müßiggang!* In der Stadt waren alle Wirtshäuser voll, und aus allen Wohnungen schallte die Stimme der Freude. Ihr Kalender war ohngefähr so eingerichtet: Im *Frühling* genießt man der schönen Jahrszeit: im *Sommer* kühlt man sich ab: im *Herbste* geht man in Obstgärten spazieren, und im *Winter* wärmt man sich. Sonntag, der Ruhe geweiht; Montag ist blau gefärbt; Dienstag ein Viehmarkt; Mittwoch Namenstag; Donnerstag und Freitag wird zu Ader gelassen; am Samstag schläft man aus. So lebte mein Hausherr in der Woche, da ich bei ihm war. Ein lustiges Volk, dacht' ich, bei dir ist gut sein. Ich blieb auch 4 Wochen da und hörte und sah nichts Trauriges – außer, daß die Bürger zuweilen über die Götter murrten, daß kein Geld unter den Leuten wäre.

Daß sich doch die Engelländer gleich breit machen, wenn sie ein bißchen gereist sind! Wir haben's nicht nötig, einer so possierlichen Kolonie zulieb, so weit zu reisen; gibt's doch mitten in Deutschland Akaknaner. – Komm nur, Solander, wirst's sehen!

Literatur

Man hat sonst den Teufel durch den Exorzismus aus Deutschland zu vertreiben gesucht; aber nun werden alle Exorzisten ihr Amt niederlegen müssen, denn das vortreffliche Buch: *Enquiring in the Menning of the Word Satan* &c., *Untersuchung über die Bedeutung des Worts Satan* etc. etc., ist nunmehro in Leipzig so gut ins Deutsche übersetzt und mit Anmerkungen bereichert worden, daß wir die Urschrift dabei entbehren können. – Ehrlicher *Becker*, was würdest sagen, wenn du deinen Kopf aus dem Grab strecken könntest und hören würdest, daß nunmehro *Engelland* und *Deutschland*, diese zwei aufgeklärtesten Provinzen der Welt, das einmütig behaupten, was du in deiner *bezauberten Welt* mit Verlust deines Amtes und deiner zeitlichen Glückseligkeit behauptet hast? – Die Übersetzung dieses wichtigen Buchs ist dem Pastor G*** in H*** und dem Spezial Z*** in L**, die immer Legionen Teufel im Pacht haben, ganz gehorsamst zugeeignet worden.

Aus dem 39. Stück vom 11. August 1774

Friede

So bange es den Patrioten und Menschenfreunden ums Herz war, wann sie überdachten, welche traurige Folgen die große Fehde zwischen *Rußland* und der *Pforte* nach sich ziehen könnte, so froh dürfen sie nunmehro sein, da von den Ufern der Donau die fröhliche Stimme erschallt: *Es ist Friede.* Wenigstens versichern uns das Privatberichte, die das Siegel der Zuverlässigkeit haben. Ich weiß nicht leicht in der Geschichte einen Krieg, der mit größern Erwartungen anfing und mit getäuschtern Hoffnungen aufhörte, als diesen. Jedermann glaubte, prophezeite, schrieb und sagt' es: Es sei aus mit der Pforte! In den ersten zwei Jahren würden die Russen Herren von Konstantinopel sein und in der ersten Moschee der Türken ein Siegsfest feiern. Sieg auf Sieg, Schlag auf Schlag unterhielten uns in dieser Hoffnung. Aber da hat man's nun! Sultan *Achmet IV.* beschließt den Krieg und bleibt, wer er war. Blut und Geld ist auf seiten der Russen größtenteils verloren; denn die Bedingungen, unter welchen der Friede soll geschlossen worden sein, sind weit geringer, als die Freunde Rußlands anfangs vermuteten. Die *Krim* bleibt nicht unabhängig; die *Moldau* und *Wallachei* fällt größtenteils wieder an die *Türken* zurück.
[...]

Aus dem 40. Stück vom 15. August 1774

Gelehrte Neuigkeiten

[...]
Mein Geist fliegt immer der Straße nach, darauf *Lavater* wandelt. Allenthalben wo er hinkam, flogen die gelehrten, empfindsamen und christlichen Seelen herbei, diesen großen und liebenswürdigen Mann zu sehen. Eben erhalt' ich ein Schreiben aus Ludwigsburg von einem Manne, der ein Enthusiast für alles ist, was psychologisch und moralisch groß ist. Hier ist's:
„Weiß, lieber Chronikschreiber, daß du gerne sprichst von großen Männern, und sie zu schätzen weißt, wenn Manntaten zeugen, daß sie es sind. Sag mir doch, wenn dir ein Seelenmaler wie Euripides ein Bild hinstellte, dicht für dein Auge hin, und du säh'st in dem Bilde: edle durchdringende Geistesgröße, eingehüllt in Bescheidenheit und Sanftmut; ausgebreitete Wissenschaft; scharfen Blick, im Gesicht die Seele zu lesen; weise und liebenswürdige Verträglichkeit; ganz Empfindung, ganz Entzückung fürs Große, Erhabene und Schöne; ganz Liebe fürs Gute; Richtigkeit im Urteil; Genauigkeit im Ausdruck, Anstand in den Handlungen, Wohlwollen gegen jeden, strömenden Ausguß von Zärtlichkeit gegen seine Freunde; Munterkeit im Umgang und freies offenes Betragen und alles, alles, um uns auf immer an sich zu fesseln. – Sage, kennst du nicht halb schon dieses Bild? Wenn dir nun noch ein *Gival*, ein *Graff*, ein *Desmarets* die Hülle dazu malte, ganz so, als wann diese Seele, dieser Geist ganz in die Gesichtszüge verblasen wäre. – Ha! rief'st du ungestüm, das ist *Lavater!* Hast recht! Er ist's!
Er war einen Tag in Ludwigsburg, ging von hier auf die Solitüde und dann nach Stuttgart. Kein Fürst könnte mir die anderthalb Tage, an Lavaters Seite hingelebt, bezahlen. Ist doch wahr, was Bruder Martin im *Götz von Berlichingen* sagt: Es ist eine Wollust, einen großen Mann zu sehen.

AUS DEM 41. STÜCK VOM 18. AUGUST 1774

Aus dem Württembergischen

Ist mir doch so wohl ums Herz, wenn ich von meinem Vaterland *Schwaben* was Guts schreiben kann. Laßt die Ausländer uns immer für Böotier halten; sind wir's doch nicht! Freue dich nicht deiner Verfeinerung, Sachse! Du bist fremder und nicht deutscher Art. Ist nicht recht, wenn man auf Brüder, die noch echter deutscher Sitten sind, verächtlich niederblickt. Oh! glaubt's, ihr habt noch vieles von den Schwaben, den Bayern, den Salzburgern, den Tirolern, die ihr für Barbaren haltet, zu erwarten. Denn hier ist noch die rohe deutsche Masse beisammen, und nicht, wie bei euch, in französischen Draht ausgesponnen. Sind auch französische Pickelheringe unter uns, so achten wir's nicht und spotten ihrer. Aber traun! die Liebe zum Vaterlande hat mich schon wieder zu einer Ausschweifung verleitet. Ich lenk' ein und teile meinen Lesern den Auszug eines Schreibens mit, den ein Reisender aus dem *Württembergischen* an mich schrieb: Wie vieles läßt sich noch von dieser vortrefflichen Provinz erwarten, wo wirklich Taten geschehen, die mit jeder deutschen Provinz wetteifern. Im ganzen Land ist zwar kein Ausrufer, der im feuerlärmenden Ton von *Hohentwiel* oder *Aschberg* in die Welt hineinschreit: Auch wir sind Leute! Und doch haben wir, was das Ausland nicht hat – einen *Fulda*, der in unsern Sprachschatz hinabblickt, wie noch kein Volk in den seinigen blickte; *Wieland* nennt ihn unseren *Ihre*; ich kenn' ihn auch, aber der däucht mich gegen Fulda ein Schulmeister zu sein. – Einen *Hahn*, den schwäbischen Dorfpfarrer, der erfand, woran *Leibniz* verzweifelte. Keine deutsche Provinz hat den Geschmack in der Tonkunst zu einer so erstaunenden Höhe emporgetrieben als Württemberg. Weiß eine Zeit, wo die größten Genies aus Europa herbeiströmten. *Karln* zu dienen, und wo oft Dinge realisiert wurden, die in der Phantasie eines *Ariost*, *de Muy* und *Crébillion* als Geisterchen aus dem Reiche der Möglichkeit schwärmten. Laß dich's nicht irren, Bruder! daß hier und dar noch symbolischer Bonzenton und Pregitzerwitz herrscht; Tausende lachen drüber, und wirst nicht leicht ein Land finden, wo so vieler guter Volksverstand herrscht, als dieses. Deutsche Bescheidenheit aber macht, daß der *Württemberger*, nach echter Schwaben Natur, nicht so ins Aug fällt wie seine Nachbarn. Er wirft mit britischem Kaltblut Goldstücke weg und sieht's gelassen an, wenn andre beim Hinwurf von Achtgroschenstücken trotzig tun. Welch eine Kriegsschule ist nicht Württemberg unter der Regierung seines großen *Karls* geworden! Laßt Offiziere von allen Provinzen vor *Friedrich den Großen* hintreten und Kriegsdienste verlangen, er wählt euch gewiß den *Württemberger* am ersten. Nicht genug, daß Karl selbst der vortrefflichste Soldat ist; er weiß auch Leute zu wählen, die seine große Ideen auszuspinnen wissen. Unlängstens hat er den *General Wimpfen,* einen Mann, der deutschen Geist in französische Anmut kleidet, zum Präsidenten seines Kriegsrats erwählt, und nun kommt der württembergische Soldatenstand wieder zu seinem alten Flor zurücke. Schon besteht er aus 12 der schönsten Regimentern, nämlich 4 zu Pferd und 8 zu Fuß. Die Reuterei ist größtenteils ganz wieder beritten, und den meisten Generals und Stabs-Offiziers ihr Gehalt merklich erhöht worden. Die *Solitüde* ist nicht nur eine Pflanzschule des Soldatenstandes, sondern eine Pflanzschule der Menschheit. Hier entwickeln sich, unter Karls Pflege, Menschenseelen, steigen wie Abdiel aus der Wolke des Nichterinnerns, lächeln ihren Schöpfer an und sprechen: Hier bin ich! – *Haug* fährt fort, durch passende Anstalten alles das Seine zur Aufklärung seiner Landsleute beizutragen. – Könnte dir noch vieles sagen, Bruder; aber die Sonne brennt mich. Leb wohl.

Aus dem 43. Stück vom 25. August 1774

Schöne Wissenschaften

Der Hofmeister oder Vorteile der Privaterziehung, eine Komödie, 8. Leipzig bei Weygand. 1774.

Ich kann's allen aufgeklärten Deutschen zumuten, daß sie diese neue, ganz eigentümliche Schöpfung unsers Shakespeares, des unsterblichen *Dr. Goethe*, schon werden gelesen, empfunden, angestaunt haben. Kann's ihnen auch zumuten, daß sie keinen Cicero brauchen, der ihnen die göttliche Natur dieses deutschen Torso anatomiere. Aber dir, Landsmann Schwabe! und dir, Nachbar Bayer! muß ich dies Werk vorlegen, mit der Faust draufschlagen und dir sagen: Da schau und lies! Das ist mal ein Werk voll deutscher Kraft und Natur. So mußt dialogieren, die Situationen anlegen, die Charaktere bearbeiten, wenn du ein echter Deutscher sein – wenn du auf die Nachwelt kommen willst. Sind gleich die drei Einheiten des Aristoteles, diese Krücken für Lahme, nicht mit französischer Ängstlichkeit beobachtet worden, so entschädigt dich davor die ganze Zauberei des Genies, der volle Strom der Leidenschaft, altdeutsche Kraft und Macht – Das ist Parenthyrsus, meinst du? So komm doch und lies nur! Wirst bewundern die gesetzte Vernunft des *Geheimenrats*; die heroische Laune des *Majors*; den abgeschmackten Französismus der *Majorin; Gustchens* und *Fritzgens* liebenswürdige Schwärmerei; die vornehme Unwissenheit und Unmacht des *Graf Wermuths;* den in Leipzig geschnitzelten Hofmeister *Läuffer*; das Burschikose der Studenten *Pätus* und *Bollwerk*; die kalte Moral des Hofmeisters von *Seiffenblase* und wie dieser Zögling so ganz der Abdruck von seinem Lehrer ist. Und was ist mit dem redlichen Pedanten *Wenzeslaus* zu vergleichen und mit der ländlichen Unschuld der *Lise*? Nur der alte *Pätus* ist ein Schurk, den ich auch nach seiner Bekehrung nicht leiden kann. Die Entwicklung ist etwas rasch und wunderbar. Was soll das liebe Lisgen mit einem Kastraten machen? Und der gute Fritz soll ein Mädchen nehmen, das schon ein Kind gehabt hat? Wenn sie gerad keine gemeine Metze ist, so fällt mir doch hier der altdeutsche Edelmann ein:

> Wer 'ne Hur nimmt wissentlich,
> Bleibt ein Hundsfutt ewiglich.

Der Major ist gewiß keine Nachahmung von Sir Western im Tom Jones. Denn der behält bei all seiner väterlichen Zuneigung gegen seine Tochter doch immer seinen Ahnenstolz bei. Sollst'n haben! Mußt'n haben! Kanaille! sagt er zu ihrem Unglücke. Aber hör den Major, wenn er sein Gustchen aus dem Wasser trägt; so kniet er bei ihr nieder und spricht: Gustel! was fehlt dir? Hast Wasser eingeschluckt? Bist noch mein Gustel? – Gottlose Kanaille! Hättst du mir nur ein Wort vorher davon gesagt; ich hätte dem Lausejungen einen Adelbrief gekauft, da hättet ihr können zusammenkriechen. –

Und denk doch, lieber Leser, der große Verfasser des *Götz* und des *Hofmeisters* hat ein neues Trauerspiel *Clavigo* herausgegeben, worinnen sein Genie – nicht auf Rosenbetten, sondern auf Brennesseln entschlummert ist. Lies mal diesen Auszug aus dem Brief eines Freundes: „Gestern las ich den *Clavigo*, ein neues Trauerspiel von *Goethe.* Himmel! wie unendlich weit unter dem Götz von Berlichingen! Wenn er doch seinen Namen nicht darauf gesetzt hätte! Aber es scheint, daß er durch das erste Lob zu stolz geworden ist. Mir ist es unbegreiflich, wie der Verfasser des Götz den Clavigo gemacht haben kann. Sollte es sein erster Versuch sein? Warum wird er *nach*gedruckt? Oder warum wird er gedruckt? Mich ärgert's in der Seele.

Und dann der stolze Titel: *ein Trauerspiel von Goethe.* Die Leute reden alle so buch- und romanenmäßig, daß einem dabei übel wird. Die besten Situationen sind verhunzt. Z. E. im 5ten Akt. Da hält Clavigo erst eine lange Rede, ungefähr von dem Schlage wie Clerdon in Brawens Freigeist, und dann, wie er schon den tödlichen Stoß von Beaumarchais bekommen hat, schwatzt er noch so albern wie ein altes Weib. Und die arme Marie! Gott weiß, warum die stirbt. Offenbar nur, damit man im 5ten Akt eine Leiche hat etc."

Aus der ersten Beilage, August 1774

Zweifel

Der letztere Krieg zwischen den Russen und der Pforte war zwar reich genug an großen Begebenheiten; aber diese Begebenheiten wurden uns alle in einem Tone erzählt, der Parteilichkeit atmete. *Alles* taten die Russen und die Türken *nichts*. Überhaupt hab' ich bemerkt, daß Heiden und Türken uns an Liebe zur Wahrheit übertreffen. Dort wurden wir geschlagen, büßten soundso viel Volk ein; dort siegten wir, aber der Feind tat brav: das war ungefähr die Sprache der Römer, der Griechen, der Perser und ist noch itzt die Sprache der heutigen Türken. Aber welche unglaubliche Parteilichkeit herrscht nicht in den christlichen Kriegstagbüchern! Zieht ein Christenheer ins Feld, so prahlen sie: wir sind zahllos wie die Sterne Gottes. Wird dieses Heer geschlagen, so sprechen sie ganz kleinlaut: wir waren zu schwach. Der letzte preußische Krieg ist davon ein unwiderlegbares Beispiel. Einer meiner Freunde machte sich den Spaß und rechnete aus den Reichszeitungen den angeblichen preußischen Verlust zusammen; nach dieser Rechnung hätte der König von Preußen über 1600000 Mann eingebüßt. Noch ist die lächerliche Beschreibung vorhanden, die damals von der Schlacht bei Roßbach publiziert wurde. Was hilft 's leugnen, wenn Schwielen zeigen, daß ich Schläge bekommen habe. Eben diese Verwirrung herrscht itzt wieder beim Friedensschlusse mit den Russen und Türken. Der spricht: Es ist Friede, und bestätigt es mit folgenden Friedenspunkten: Alle Tartarn sollen unabhängig von der Pforte bleiben; zweitens: der Hafen Kinburn mit

den dazugehörigen Distrikten wie auch Asow und die Festungen und Hafen Kerz und Jenikala in der Krim bleiben mit ihrem Gebiete bei Rußland. Drittens: Rußland behält die freie Schiffahrt ohne Ausnahme auf dem Schwarzen Meer. Viertens: der Dnepr soll künftig die Grenze zwischen Rußland und dem Ottomanischen Reiche bestimmen. Fünftens: die Wallachei und Moldau wie auch einige Inseln im Archipelagus sollen zu Republiken erhoben und durch ihre eigene Fürsten regiert werden. Sechstens: die Pforte bezahlt vier und eine halbe Millionen Rubeln Kriegsunkosten an Rußland. Man kann leicht denken, mit welch schwerem Herzen der Großwesir diese Artikel bewilligt habe. Die Bevollmächtigte, welche in Romanzows Lager geschickt wurden, unterzeichneten diese für sie so unrühmliche Artikel mit häufigen Tränen und riefen mit innigster Wehmut aus: Ach Gott! wie tief ist die Pforte gefallen, daß sie sich fremden Gesetzen unterwerfen muß! Dieser Friede ist für viele Politiker ein Rätsel.
[...]

Aus dem 45. Stück vom 1. September 1774

Eine Zeitung aus dem Jahr 1800

Wenn ich am Anfange des künftigen 19ten Jahrhunderts noch lebte und ich oder ein anderer eine deutsche Chronik schrieb, was würd' ich meinen Lesern wohl vom Erfolge der gegenwärtigen allgemein gewordenen Erziehungsanstalten sagen können? – Bis dahin muß man in der Tat tausend Früchte davon sehen. Vielleicht – ach Gott gebe! folgendes:
Ich durchreiste im letzten Jahre des vorigen Jahrhunderts einige Provinzen meines Vaterlandes und kam mit einem Entzücken zurücke, das mir nur der Patriot nachempfinden kann. Noch denk' ich's wohl, wie zur Zeit des Jesuitersturzes eine Art von Manie herrschte, Erziehungsplane zu machen und Pädagogiken zu schreiben. Was wird draus werden, dacht' ich damals, guter Gott? – Und nun hab' ich's erlebt und sehe meine geizigsten Wünsche erfüllt. Durch ganz Österreich scheint der Odem irgendeiner unsichtba-

ren wohltätigen Gottheit zu wehen. Ist es die Stifterin dieser Anstalten, die große *Maria Theresia,* die nun als Schutzgeist über ihre Nation wacht? – Ich kam auf ein großes weites Feld und wunderte mich, wie alles so weislich angebaut war. Der Geist des Kunstfleißes herrschte da überall – und das Ideal des philosophischen Bauren war hier realisiert. – Fruchtbare Äcker, Wiesen mit fettem, wallendem Grase bedeckt; Hügel, die Efeu und Reben umkrochen; eine wohlgehaltne grasende Herde, die ihren Dank für die weise Sorgfalt ihrer Pfleger gen Himmel zu brüllen schien; ländliche Gärten, in denen Schönheit, Ordnung und Nutzbarkeit vereiniget waren! – Das Dorf, worzu diese Felder gehörten, lag vor mir, so schön, so bezaubrend, als ich jemals eines auf den Landschaften eines *Teniers*, *Dietrichs*, *Harpers* und *Kobells* aus dem heiligen Dunkel der Bäume hervorstechen sah. Ein Landmann näherte sich mir mit fünf Söhnen, denen das Inkarnat der Gesundheit und der ländlichen Zufriedenheit auf den Wangen glänzte. Ihr Großvater, ein ehrwürdiger Greis, war in ihrer Mitte. Sie sprachen mit ihrem Vater in dem reinsten Deutsche von dem Ackerbaue, der Landwirtschaft und einigen gemeinnützigen Gegenständen der Naturlehre mit solcher Richtigkeit und in einem so gemeinsinnigen Tone, daß ich vor Freuden ganz außer mir war. Vorm zufriednen Auge des Vaters schwang sich die Seele der Knaben empor zu Gott, zur Religion, zur ausübenden Sittenlehre und streuten passende Beispiele aus der Bibel mit ein. Endlich schlossen sie mit der Wissenschaft, seine Gesundheit zu erhalten und mit dem Lobe ihres großen Kaiser *Josephs*, daß dem Alten die Tränen über die Wangen träufelten und der entzückte Vater ausrief: Wohl uns, daß unsere Tage in *Josephs* Tage fielen! Seid ihr die einzigen Glücklichen in diesem Dorfe? sagt' ich. – Herr, begleiten Sie uns! Sie sind gewiß ein Fremder? – sagte ein Baurenknabe. Ich ging mit ihm und fand im Dorfe Geschäftigkeit, Ordnung, einfältige Sitte durch Grundsätze erhalten; Reinlichkeit und eine Schulanstalt, die vortrefflich war. Der Lehrer saß unter seinen Schülern mehr mit der Miene des Vertrauten als des Lehrers. Er erklärt' ihnen eben ein Stück aus der Naturlehre mit solcher Wärme, daß einige empfindsame Knaben über die Größe ihres Schöpfers in den Werken der Natur weinten. Eben diese weise

Einrichtung fand ich auf allen andern Dörfern, und die Menge ihrer Bewohner ließ mich's fühlen, welchen Einfluß gute Erziehungs-Anstalten auf die Bevölkerung eines Staats haben. Auch die Mädgen genossen hier in besondern Schulen Unterricht im Christentume, in der Haushaltungskunst und in den Pflichten des Landmädgens – als Tochter, Weib und Mutter. Gesundheit glänzte wie Morgenrot auf ihren Wangen, ungekünstelt war ihre Sitte, einfältig ihre Kleidung, unschuldig ihre Spiele, und sie schienen mir so liebenswürdig wie die unverdorbne Töchter der Natur zu sein. – Die Prediger waren Leute voll Einfalt und Gottesmacht; – Vertraute dieser glücklichen Wohnungen; Richter in ihren kleinen häuslichen Zwistigkeiten; Pfleger der Gesunden und Kranken, und wenn sie predigen, so war's die Stimme der Liebe und nicht die Stimme des Fluchs –

– in donnrenden Wettern gesprochen. –

[...]

Der Kaiser Joseph – unser Kaiser Joseph, wollt' ich sagen, ist noch immer der große liebenswürdige Mann, der er schon längst war. Der Adel wollt' jüngst den Pöbel aus den Spaziergängen im Prater verdrängen und beschwerte sich deswegen beim Kaiser. *Oh*! versetzte dieser *menschliche* Monarch: wenn ich immer um meinesgleichen sein wollte, so müßt' ich zu den Ehrwürdigen Vätern der Kapuziner in die kaiserliche Gruft steigen und drinnen meine Tage zubringen. Ich liebe die Menschen ohne Einschränkung, und der hat einen Vorzug vor andern bei mir, der gut denkt und ehrlich handelt, und nicht der, der Fürsten zu Stammvätern hat. – Hat jemals Titus, Trajan, Vespasian, Heinrich IV. in Frankreich was Schöners gesagt als unser deutscher Kaiser? – Man muß beim schönsten Einfalle abbrechen, sagt Aristoteles, und das will ich tun.

Aus dem 46. Stück vom 5. September 1774

Literarische Neuigkeiten

Von *Klopstocks Gelehrtenrepublik,* von der wir eben den Mund zugetan haben, diesem originellen, aber von wenigen verstandenem Werke wird künftigen Februar der *zweete* Teil erschei-

nen. Ich gedenke in der nächsten Beilage zur deutschen Chronik etwas weitläuftiger davon zu sprechen und den armen Seelen hiesiger Gegend, die sie schmähen und doch nicht verstehen, ein wenig die Nase darauf zu stoßen. Aber wer sollte sich nicht freuen, wenn ich ihm sage, daß wir nächstens eine *Übersetzung des Tacitus* von diesem großen Manne zu erwarten haben! – Nach den Proben zu urteilen, die er uns bereits in Hermannsschlacht und in der Gelehrtenrepublik gegeben hat, muß das eine Übersetzung werden, die die *Gordons* und *d'Alembert,* ja selbst unsern *Patzke* weit hinter sich läßt. Auch haben wir ein eigenes Werk von Klopstocken: *Denkmale der Deutschen* betitelt, zu erwarten. Nichts gleicht der innigen Freude und dem patriotischen Vergnügen, womit ich heute die Nachricht in der ersten Beilage zur deutschen Chronik widerrufe, daß nämlich Goethe der Verfasser des *Hofmeisters* sei. Er ist's nicht; *Lenz* ist's, ein junges aufkeimendes Genie aus Kurland, der schon in seinen Lustspielen nach dem Plautus gezeigt hat, welcher Geist ihn beseele. Er hält sich wirklich in Straßburg auf; wird aber nächstens in sein Vaterland zurückkehren. Wer sollte sich nicht freuen, daß wir nun einen Mann mehr haben, den wir den Griechen und dem ganzen stolzen Auslande entgegensetzen können?
[...]

AUS DEM 47. STÜCK VOM 8. SEPTEMBER 1774

Beitrag zur Geschichte der Menschheit

Heil dir, große *Theresia*, und deinem großen Sohne *Joseph*, daß ihr die Folter, diese unmenschliche und dabei zur Erforschung der Wahrheit ganz unzulängliche Erfindung in euren weitläuftigen Staaten gänzlich abschafft. – Menschenfreund, wirf einmal einen Blick in eine Folterkammer; wirst sehen Querbalken, worauf die Leiber so vieler Unglücklichen ausgespannt waren; Geißeln, in Menschenblut getaucht; Sessel mit Nägelsitzen, woran noch das welke Fleisch der Missetäter hängt; Schrauben, die das Mark aus den Knochen trieben; Haarseile, die man um losgeschundene Flechsen flicht und womit man dem Unglücklichen die Schmerzen der Hölle verursacht – du zitterst? So denk dir einmal die wildverzückten Mienen des Missetäters auf der Folter, die Verzweiflung im vorgedrückten Auge; hör das Knacken der Glieder, wenn sie von Henkersarmen ausgespannt werden; schau die sichtbaren Schläge der Angst im hochemporschwellenden Herzen; hör den wilden Ton, womit der Arme im Unsinne des Schmerzens seinen Richtern und – oft Gott flucht. – Du gehst? Kannst diesen schrecklichen Anblick nicht aushalten? Wart', ich gehe mit dir! Wollen auf das Grab des Sünders, der die Folter erfand, und der Asche des Unmenschen fluchen. – Nein, sie ist schon zerstäubt, seine Asche, und auf den Glutströmen der Hölle ausgestreut. – Laßt euch segnen, ihr großen Wohltäter des menschlichen Geschlechts, *Katharina, Theresia, Joseph* und *Friederich.* Die Nachwelt wird eure Bildsäulen von Porphyr im Tempel der Menschheit aufstellen, und dicht neben euch werden *Montesquieu* und *Beccaria* strahlen!

Aus dem 48. Stück vom 12. September 1774

Tonkunst

Die Königl. Akademie der Wissenschaften zu *Mantua* legt folgende Preisfrage für dieses Jahr vor:

> „Welchen Anteil hatte die *Musik* bei der Erziehung der Griechen? und was für Vorteile wären zu erwarten, wenn dieselbe auch zu unsern Zeiten in den Erziehungsplan gesetzt würde?“

Eine wichtige Frage, die gewiß von der Schar unserer Pädagogen beherzigt zu werden verdient.

Ich habe seit Jahr und Tagen Erziehungsplane zu Dutzenden gelesen, und keiner fiel drauf, die Jugend beizeiten mit der Tonkunst, dieser reizendesten aller Künste, bekanntzumachen. Bei den Griechen hatte die *Musik* den größten Anteil bei der Erziehung; aber sie verstanden nach Plutarchs Zeugnis unter dem Wort *Musik* mehr als Tonkunst. – Verstanden drunter die Harmonie, die Zusammenstimmung aller Kräfte unserer Seelen. Wenn durch Philosophie und schöne Künste jede Seite der Seele gleichsam zum Guten und Schönen gestimmt war, so nannten sie diese liebliche

Harmonie – *Musik*. In diesem weiten Verstand nehmen wir das Wort nicht mehr, und doch sollte die Musik – auch so, wie wir's nehmen, einen großen Anteil an unserer Erziehung haben. Seelen, die frühzeitig zur Harmonie gewöhnt werden, haben weit mehr Rezeptivität zum Guten und Wahren als andre unharmonische Klötze, von denen selbst Sphärenmelodie ohne Würkung abprellen würde. Da fällt mir *Withofs* Epanorthose bei:

Hat dann kein Weiser noch dies harte Wort gesprochen,
Daß, wer die Tonkunst haßt, die klärste Harmonie,
Nichts gründlichs lieben kann, so wenig als
das Vieh.

Aus dem 50. Stück vom 19. Septemer 1774

Verschiedene Neuigkeiten

Kürzlich gab der berühmte Schauspieler *Garrick* in London ein Fest in seinem Garten, der mit 6000 Lampen beleuchtet war. Da konnte man sich mit Musik, Tanz und Feuerwerk belustigen, die vornehmsten Personen drangen sich herzu, Anteil von diesem Feste zu nehmen. – Unsere deutsche Schauspieler ziehen unstet und flüchtig auf deutschem Boden umher, beißen in ihre Brotrinde und haben kaum ein Plätzchen, wohin sie ihr Haupt legen können! Wenn wir auch ein Genie wie Garrick hätten, würde sich dies einem solchen Leben voll Ungemach und Unruhe aufopfern? – Sagt's nimmer, wir Deutsche haben keinen Garrick, wir *können* keinen haben. Ist Armut, Verachtung, ist ein Leben voll Unruhe das Mittel, ein Genie in Flamme zu setzen?

Aus dem 51. Stück vom 22. September 1774

Ein Gesicht

Hehr war die Nacht, und der Mond ging hinter einem Traubenhügel hervor so friedsam und schön wie das Antlitz der Unschuld, wann es betend gen Himmel blickt. Da kam in des Mondes Düften – *Germania*. Hoch und ernst; heiliges Eichenlaub rauschte in ihren wallenden Locken. Und mit einer Stimme, die wie des ältesten Barden Telyn ertönte, sagte sie: Folge mir, ich führe dich in mein Heiligtum! – Schaurend vor Ehrfurcht folgt' ich ihr. In einem Eichenwalde stand ein Tempel. Groß, majestätisch in altdeutscher Pracht, das Urbild der Münster zu *Straßburg* und *Ulm*. Tausendjährige Wodanseichen standen um ihn her. Ich trat in den Tempel, der von unzähligen Lampen beleuchtet war. Auf beeden Seiten glänzten die Bildsäulen der Patrioten: Hermann, Siegmar, Karl der Große, Heinrich der Vogler, Otto, Rudolf von Habsburg, Leopold, Karl der Sechste, Friederich Wilhelm der Große und einige andere gekrönte Vaterlandsfreunde standen auf der einen und die vaterländischen Weisen auf der andern Seite. Am längsten verweilt' ich mich an den Bildsäulen der Barden, deren Namen unter uns in unverdienter Vergessenheit ruhen. Plötzlich erscholl der Tempel von einem Päan auf die Göttin. Bald war's Donnersturm, bald sanftes Säuseln. Vor Freuden stürzte mir eine Träne herab: denn ich fühlt' es itzt ganz, daß ich ein Deutscher war. Komm, bist ein guter Kerl; liebst dein Vaterland, sagt' ein Priester und führte mich ins Heilige. Da lagen die Denkmale der Deutschen aufgeschlagen, mit Mönchenschrift auf Pergament geschrieben. Hört Taten der vorigen Zeit, ihr Enkel! so fing ein jedes Denkmal an, und enge ward mir's vor Freud' ums Herz. Nur wollten mir die Denkmale aus dem achtzehnten Jahrhundert nicht alle gefallen. Ach, deine Söhne, Germania! so hieß es, kämpfen nicht mehr um die heilige Freiheit, deine Reisigen lassen sich wie Knechte dingen und würgen sich um niedrigen Mietlohn. Anstarren und Nachäffen fremder Sitte hat ihre Sehnen abgespannt. Bei den Weichlingen drüben am Rhein holen sie weibische Moden, Seuchen und Verzagtheit. Ihr Ohr ist zu wälschen Trillern gewöhnt und verschließt sich dem rauhen kriegerischen Klange des Bardiets, das sich vom Felsengebürg wie ein Waldstrom ins Schlachttal wälzt. Traurig sehen die Geister der Väter von der Mondglanzwolke auf ihre ausgeartete Enkel nieder, die unter dem Geklimper eines gallischen Liedchens im Schoße geschminkter Dirnen es verlernen, daß sie von Thuiskons Stamm sind. Aber weine nicht, deutscher Mann, die Löwen erwachen, sie hören das Geschrei des Adlers, seinen Flügelschlag und Schlachtruf. Sie stürzen hervor, wie die Cherusker aus den Wäldern stürzten, reißen abgerissene Länder aus den Armen der Fremden, und unser sind wieder ihre fetten Triften und ihre Traubenhügel. Über ihnen wird sich ein deutscher Kaisersthron erheben und schrecklichen Schatten auf die Provinzen seiner Nachbarn werfen. – Leser, halte dies Gesicht für keinen prophetischen Traum, 's kann wahr werden. Die Zeichen der Zeit sind dieser Vermutung sehr günstig. Schon sind wir an Zahl, Maß und Gewicht allen Nationen überlegen. Bleiben wir einig, wie wir's itzt sind, so werden wir bald die erste Nation der Welt sein. Ich wollt', ich könnte dies im Wetter sagen, so ernst ist's mir.

Ein kalter entnervter Höfling schrieb mir neulich, daß die Mode auch in unsern Meinungen tobe. Sonst wär's Sitte gewesen, sein Vaterland zu verachten und mit dem Auslande zu narren; nun hätten wir unser Kurzweil wieder mit unserm eigenen Vaterland, weil *Klopstock, Kretschmann, Denis* und einige andere Patrioten den Ton angegeben hätten. – Wehe dem, der's zur Mode macht, was Pflicht sein sollte. Wer sein Vaterland nicht liebt, das er sieht, wie kann er 's himmlische Jerusalem lieben, das er nicht sieht?

Musikalische Neuigkeiten

Neulich hieß es, *Gluck* würde als Kapellmeister der Königin in Frankreich bleiben; da ging mir ein Stich durch's Herz. Muß sich denn alles expatriieren? seufzt' ich. Der Londner *Bach*, der, wie ich höre, nächstens für den Kurfürsten in der Pfalz eine neue Oper setzen wird, *Misliwiczek* – und *Schubert, Eckard, Fischer, Abel* und hundert andere geigen, pfeifen und spielen vor fremden Türen ihr Liedlein, weil sie nicht Kantors, Schulmeister und Stadtzinkenisten in Deutschland werden mögen. O ingrata Germania! ruft' ich mit jenem welschen Kardinale aus, als er den großen Melanchthon hungern sah. Aber dem Himmel sei's gedankt! ich hab' mich umsonst gegrämt. *Gluck* bleibt bei uns und ist kürzlich mit seiner angenommenen Tochter, einer trefflichen Sängerin, und dem großen Sänger *Milico* in Zweibrücken gewe-

sen, und nachdem dieser Orpheus die dasigen Kenner entzückte, so ging er auf das musikalische Athen der Deutschen – *Mannheim.*
[...]

Aus dem 53. Stück vom 29. September 1774

Von den bildenden Künsten

Daß doch die schönen Künste in Deutschland nicht recht fortwollen! Ist's Mangel an Genie? an Fleiß? an Ermunterung? – An Genie hat's den Deutschen nie gefehlt; unermüdeter Fleiß ist ihr Nationalcharakter; also muß es an Ermunterung und Belohnung fehlen. Weiß zwar wohl, daß Ehre und Lohn Genie nicht gibt dem, der's nicht hat; aber gewiß ist's, daß Armut und Verachtung die Flamme des Genies erstickt. Die Künste sind Kinder des Überflusses und nicht des Mangels. Man hat schon längst das eiskalte Phlegma mit Widerwillen bemerkt, womit die Deutsche ihren Genies zu begegnen pflegen. Nirgends aber ist dieser Kaltsinn sichtbarer als in der Behandlung der Künstler in kleinen Republiken. Oft nähren sie den größten Mann in ihrem Schoße: Ausländer kennen und bewundern diesen großen Mann; nur hier weiß man's nicht, will's nicht wissen – Gib deine Steuren und Abgaben: denn sei Häuseranstreicher oder *Holbein*, Steinmetze oder *Messerschmidt**; Maurer und Zimmermeister oder *Schuhknecht*, Münzknecht oder *Schega*, Helgleinsstecher** oder *Chodowiecki*. Auf größre Ehre darf er da nicht warten, wo das Verdienst des glücklichen Krämers das Verdienst des Künstlers überwiegt; auf Belohnung noch weniger; wer wird das belohnen, was er nicht versteht oder gar verachtet. Daher fort mit dir unter einen fremden Himmel, wenn du willst reif werden. *Winckelmann* wäre vielleicht als Rektor gestorben; *Wille* würde für Weidmanns Erben und Reich Vignetten stechen; *Mengs* gedankenlose Höflinge abkonterfeien und *Knutsen* Blasbälge flicken, wenn sie sich nicht expatriiert hätten. – Aber ich werde schwermütig ob dieser Betrachtung.
[...]

Aus der zweiten Beilage, September 1774

* *Messerschmidt*, ein großer Bildhauer in Wien, und *Schuhknecht*, einer der größten jetztlebenden Baumeister in Deutschland.
Eine Anmerkung um der Schwachen willen.
** Ein Provinzialismus, den mir meine Leser verzeihen werden. Diese Leute machen die kleinen andächtigen Küpferchen um 1 Kr.

Aus dem Brandenburgischen

Der neulich eröffnete Kanal in Westpreußen, welcher von Bromberg aus die Weichsel mit der Netze, Warthe, Oder und Spree und also auch mit der Havel, Elbe und Nordsee verbindet, ist eins der merkwürdigsten Werke neuerer Zeiten. Kein Land in Deutschland hat durch landesherrliche Vorsorge so viel Bequemlichkeit zum innern und äußern Verkehr vermittelst der Schiffahrt als die Mark Brandenburg. Reisende, welche den dasigen inländischen Handel nach den Landstraßen beurteilen, irren gar sehr, denn er wird zum geringsten Teil auf derselben, sondern vielmehr größtenteils auf unsern schiffbaren großen und kleinen Flüssen, Seen, Kanälen und Graben getrieben, auf welchen man immer Fahrzeuge, Boote und Flöße erblickt, welche die Frachtkosten ungemein erleichtern und doch vielen Leuten Verdienst verschaffen. Zur Erläuterung dieser Nachricht dient noch folgendes: Aus der Weichsel schifft man in die Brahe nach Bromberg und aus der Brahe, vermittelst des neuen Kanals, in die Netze, auf dieser schifft man in die Warthe und von dieser in die Oder. Aus der Oder geht die Fahrt entweder hinab nach Berlin und in die Ostsee oder hinauf nach Schlesien oder durch den Friedrich-Wilhelms-Garten in die Spree, auf dieser über Berlin und Spandau in die Havel und auf der Havel über Potsdam und Brandenburg entweder nach Rathenau und Havelberg und so in die Elbe oder durch den Plauischen Kanal in die Elbe und alsdann entweder diese hinauf nach Magdeburg, Dresden und Böhmen, auch aus der Elbe in die Saale nach Halle oder die Elbe hinab nach Hamburg und in die Nordsee. Welche vorteilhafte Verbindung vieler Länder, Flüsse und Meere! – Diese Nachricht war zu wichtig, als daß ich's dir nicht, mein Leser, wörtlich mitteilen sollte. Wenn die Handlung einmal in Preußen blühte, so wie Staatskunst, Kriegswissenschaft, Gelehrsamkeit und Kunst daselbst blühen, so wäre dieser Staat in der Tat unbezwingbar. Aber die Handlung findet dort noch zu viele Hindernisse, um so wie in Engelland und Holland zu blühen.

Aus dem 54. Stück vom 3. Oktober 1774

Wahrheiten und Gerüchte

Wie glücklich wäre der Zeitungsverfasser, wenn er alle seine Artikel unter der Ägide der Wahrheit niederschreiben könnte! – aber wie kühl wäre nicht eine Zeitung, die lauter Wahrheiten enthielte. Das, was wir nicht wissen, ist just das Wichtigste; und was wir wissen dürfen, ist so alltäglich, so langweilig, daß einem drob schläfert. – Eine interessante Wahrheit ist's, daß der Kaiser in den Königreichen Galizien und Ladomirien den Protestanten mit den Katholiken gleiche Rechte und Privilegien eingeraumet hat. Ein neuer Beweis, daß wir immer tiefer in die glücklichen Zeiten der christlichen Verträglichkeit kommen.

Wenn's mit den europäischen Republiken ein Ende sein wird, dann werden sich in Amerika Freistaaten bilden, die ebenfalls über kurz oder lang wieder von Monarchien verschlungen werden. Denn überhaupt scheinen die Republiken von so schwächlicher Natur zu sein, daß sie bei der sorgfältigsten Diät ihr Leben nie hoch bringen. – Einer sei Herr! sagt Vater Homer, und ich halt's mit ihm. Indessen bewundern wir den unbeugsamen Geist der Bostonier, der es wagt, sogar den stolzen Briten zu trotzen. Sie scheinen entschlossen zu sein, lieber Gewalt mit Gewalt zu vertreiben, als sich unter das Joch der Sklaverei beugen zu wollen, und das war von jeher der Anfang der Freistaaten. –

Der *Bischof* von *Senez* vergleicht in seiner Leichenrede auf den Tod Ludwig XV. die Jesuiten sehr witzig mit dem Propheten Jonas, welcher zwar von den Reisgefährten ins Meer geworfen, aber im Bauche eines Walfisches wunderbarer Weise erhalten worden. […]

Klopstock war kürzlich in Frankfurt und stieg bei seinem Freund *Goethe* ab. Da waren 'n paar Kerndeutsche beisammen. Die regierende Markgräfin von Baden-Durlach, Klopstocks große Beschützerin, gehört unter die einsichtsvollsten und belesensten Damen der Welt, und was das Sonderbarste ist, so hält sie sich nicht für zu groß und vornehm – *Deutsch* zu können.

Das *akademische Gymnasium* zu *Mitau* gewinnt eine treffliche Gestalt. Noch immer werden dahin Lehrer in allen Wissenschaften berufen, so daß der Kurländer daselbst ausstudieren kann, ohne anderswohin zu wandern. Da sie bisher in

Königsberg studierten, so geschieht dadurch dieser Universität großer Abbruch.
Den müßigen Seelen, die hinterm Ofen, bei einer Schnepfenpastete und Flasche Mosler Krieg wünschen, kann ich sagen, daß – wir so bald keinen Krieg haben werden. Große Mächte sind beschäftigt, das auflodernde Feuer der Zwietracht zwischen einigen abendländischen Potenzen zu dämpfen. Indessen können sich diese Herren mit dem Theater belustigen, wo nach *Romeo und Julie* der *Hanswurst* das hochansehnliche Auditorium mit Schwänken und Zoten belustigt. – Hobt's Geduld! 's wird gleich ongehn! –

Literatur

Aus dem *Metzlerischen Verlag* in *Stuttgart* erhalten wir den *Landwirtschaftskalender aufs Jahr 1775.* Eine Anstalt wie diese, die schon lange von Menschenfreunden angepriesen wurde, verdient auch unter uns Gönner und Beförderer. – Da nimm, Landmann, Freund und Bruder von Hirzels philosophischem Bauren, deinen Kalender! Wirst keine Gespenster- und Hexenhistorien, keine herzbefleckende Schwänke aus dem Vademecum oder Bienenkorb, sondern eine ganz einfältige Anweisung wirst du finden, wie du deiner Gesundheit pflegen, dein Feld bebauen, dein Vieh erhalten und auf die Witterung achthaben sollst. Hier ist kein gelehrtes Geschwätz, Bauer, über das du oft mit Recht spottest, sondern Erfahrungen sind's. Fette Wiesen, wallende Saaten, gesundes Vieh, ländliche Fülle wird dich belohnen, wenn du diesem Führer folgst. Laß deinen Schulmeister diesen Kalender mit deinen Kindern lesen; wird ihnen und dir wohl behagen. Gehab dich wohl und kaufe diesen goldnen Kalender! Kannst 'n haben, bei *Stage* in *Augspurg* für 12 Kr. Kost dich ja dein Bier und Brandenwein in einem Tage mehr, wenn du deine Frucht hieher in die Schrande bringst.

Aus dem 56. Stück vom 10. Oktober 1774

Philadelphia

Der Geist der Freiheit wird in diesen Gegenden immer lebendiger; aber nicht der ungestüme Geist, der in Zügellosigkeit ausartet, sondern ein Geist, der von Weisheit, Mäßigung und Standhaftigkeit gelenkt wird. *Philadelphia* ist schon seit vielen Jahren ein Zusammenfluß von zerschiedenen Nationen, insbesondere befinden sich daselbst sehr viele Deutsche, die mit deutschem Fleiße das dasige Land bearbeiten, so daß es an nichts einen Mangel hat, was zur Erhaltung und Gemächlichkeit der Menschen gehört. Sie haben also nicht nötig, fremde Produkte herbeizuschaffen: denn ihr Land bietet ihnen alles selbsten. Alle diese Umstände sind starke Reize zur Freiheit, und es wird viel sein, wenn sie nicht itzt oder in kurzem einen Freistaat bilden werden, der selbst dem Mute und der Weisheit der Briten trotzen kann. In *Boston* bilden sich bereits Gesellschaften, um Manufakturen und in denselbigen ihr Geld anzulegen. Man verschließt den dasigen Hafen und legt dadurch den Grund zu künftiger Erhöhung dieser Stadt. *Engelland* fängt schon an, in einem sehr gelinden Tone mit den Männern von Boston zu sprechen. Sie haben einen neuen Plan wegen der dasigen Angelegenheiten entworfen. Diesem Plan zufolge sollen die Kolonien in eine allgemeine Regierung oder Republik vereinigt werden, dessen Oberhaupt ein Vizekönig sein solle, den Engelland ernennen wird. Man rechnet in den englischen Kolonien 4 bis 5 Millionen Einwohner und über 100000 in den Waffen geübte Männer. Wenn diese Leute fortfahren, sich vom Geiste der Einigkeit regieren zu lassen, so sind sie gegen die Anfälle einer jedweden Macht unüberwindlich.

Aus dem 59. Stück vom 20. Oktober 1774

Kirchenstaat

Die Anhänger des *Jesuiterordens*, deren es noch eine große Anzahl gibt, erheben itzt aufs neu ihr Haupt und versprechen sich einen Papst, der ihre Lieblinge wieder zum alten Ansehn erheben werde. In Italien und Deutschland fliegen häufige kleine Schriften und Kupferstiche, meistens von der erbärmlichsten Erfindung, herum, die alle von diesen Hoffnungen voll sind. Der Pöbel glaubt den Prophezeiungen eines ekstatischen Müßiggängers, daß alle Verfolger der Jesuiten noch dieses Jahr sterben,* und 1775 der Jesuitenorden, dieser Atlas für die Kirche, wieder aufleben, seinen Glanz in der ganzen Welt verbreiten und bis ans Ende der Tage dauren werde. Der letzte Mensch, den die Verwandlung ergreifen und die Posaune des Weltgerichts wieder wecken wird, soll – ein Jesuit sein. Aber, armes Volk, täusche dich nicht; denn es wird nicht geschehen – *kann* nicht geschehen. Die Aufhebung dieses Ordens ist ein Werk der weltlichen Mächte und nicht ein Werk des Papsts. Um Frieden mit seinen mächtigen Söhnen zu halten, mußt' er es tun. Es mag also einer von der blauen oder grünen Partei Papst werden; so bleibt's beim alten, und der Jesuiterorden hofft vergeblich auf seine Palingenesie. Inzwischen haben die zerstreuten Glieder dieses Ordens gar nicht Ursache, sich zu beklagen. Die allgemeine Hochachtung, in der sie waren, ist durchs Mitleiden verstärkt worden. Die Großen begegnen ihnen glimpflich, und das Volk glaubt einen exilierenden Engel zu sehen, wenn sie einen Jesuiten erblikken. In den preußischen und russischen Staaten genießen sie, unter Friedrichs und Katharinens Schutz, alle ihre Vorrechte ungekränkt. Was wollen sie mehr?

Die Jesuiten trotzen so sehr auf ihr Verdienst um die Erziehung und Unterricht der Bürger. Aber mit Erlaubnis dieser würdigen Männer: just ihre Pädagogik ist das schlechteste Verdienst, das der Orden hat. Leute von tiefer Einsicht haben gefunden, daß sich von all ihren Kompendien beim öffentlichen Unterrichte kaum eins brauchen lasse. Daher werden jetzt in den meisten katholischen Staaten entweder neue Lehrbücher verfertigt oder protestantische zum Grunde gelegt.

Aus dem 61. Stück vom 27. Oktober 1774

* Daher kommen die unsinnigen Nachrichten vom Tode der höchsten europäischen Häupter, womit wir jetzt durch irgendeinen unsaubern Geist heimgesucht werden. Der König von Portugal (das glaubt' ich leider selbsten), die Kaiserin Maria Theresia, der König von Spanien, der Kurfürst von Bayern sind wenig Wochen nacheinander totgesagt worden. Aber dem Himmel sei Dank! es bedeutet ihr langes Leben.

Vermischte Nachrichten

[...]
Wie kommt's, sagte neulich ein Deutscher zu einem Franzosen, daß wir Deutsche kein Wort haben, um das *Genie* auszudrücken? Hm! erwiderte der Franzos, zu dem, was man nicht hat, fehlt uns immer der Name. – Da die ganze Gesellschaft aus Französlingen bestand, so wurde dieser Antwort allgemeiner Beifall zugeklatscht. Aber eine unverschämte Antwort! Oft kann man das nicht nennen, was man am meisten besitzt. *Witz* fällt im Charakter der Franzosen am meisten in die Augen, und doch haben sie kein Wort, dieses Vermögen der Seele *ganz* zu bestimmen. Wir Deutschen haben z. B. das Wort *wollen* von den Römern entlehnt; wäre der nicht ein Narr, der draus behaupten wollte, die alten Deutschen hätten keinen Willen gehabt.

Etwas Dunkles

Kürzlich sprang zu A*** ein Kurier vom Pferde, ging ins Kaffeehaus, goß eine Tasse hinab, sagt mit mystischer Miene: wenn ihr wüßtet, was ich weiß! – o eine Neuigkeit, eine Neuigkeit! – aber ich muß schweigen. Drauf schwang er sich aufs Pferd und ließ uns arme Durstende wie tantalische Verbrecher mitten im Wasser stehen und – lechzen. Seitdem verbreitet sich unter uns das Gerücht von einer schrecklichen Empörung in einem gewissen großen Staate. Da soll Blut geflossen sein wie Bäche. Das bisherige System ist gänzlich umgeändert worden. Und das große Reich? – Ist's China? Japan? die Türkei? – oder? – oder? – Kannst warten, Leser, muß auch warten!

Anspach

Herrlich sind die Anstalten, die der weise Fürst dieses Landes zur Glückseligkeit seines Volks trifft. Alle fließen aus der Quelle einer wahren Fürstenseele, und alle tragen Merkmale des besten, des gütigsten Herzens. Dieser Fürst kennt die Rechte der Menschheit; er sucht also sein Volk froh und glücklich zu machen. Gewerbsamkeit und Kunstfleiß wird auf die nachdrücklichste Art unterstützt. Da darf der Bauer nicht die Hand am Pflug herabsinken lassen und aufseufzen: Für wen bau ich das Land? – Darf nicht wegeilen und sein Land brachliegen lassen, denn er baut hier Brot für sich und seine Kinder. Auch auf die Handlung und Manufakturen richtet der gnädigste Fürst zur Beförderung des Nahrungsstandes sein Augenmerk. Kürzlich hat er die Stirnerische Cottonfabrike auf eine Art unterstützt, die Bewundrung und Nacheifrung verdient. Er überließ Herrn Stirner einen Vorschuß von 42000 fl. nicht nur 10 Jahre unverzinslich, sondern verband noch andre Vorteile damit, und setzte die Fabrike in Stand, den bisherigen starken Absatz mit schleuniger Bedienung zu befördern und noch mehrere Waren zu verfertigen, wodurch das Verlangen der Auswärtigen vollkommen erfüllt werden kann. Den Deutschen fehlt's niemals an Mut, Geschick und Fleiß, etwas Großes zu unternehmen, wenn sie von oben herab unterstützt werden. – Welch glänzendes Beispiel ist nicht die Cottunfabrike des Herrn von Schüle in Augspurg! Niemand, wer die Schwierigkeit eines solchen Unternehmens kennt, sieht sie, ohne den Mann zu bewundern, der Geist und Mut genug hatte, einen so großen Plan glücklich auszuführen.

Aus dem 62. Stück vom 31. Oktober 1774

Welt

Wenn mein Geist über dich emporflöge, Erde, mein mütterlich Land, was würd' ich sehen? Eine mit der schönsten musivischen Arbeit eingelegte Kugel, drauf die Menschen, die doch die Hauptrolle spielen, kaum bemerkt werden. Und doch macht man so viel Lärmens von den Taten, Handlungen, Geschichten, die auf diesem Weltkügelein vorgehen. An jedem Posttage guckt die Neugierde durchs Gitter, hungert nach Zeitungen und schilt den Novellisten, der – nichts Neues weiß. Hätte mein Lebtag nicht geglaubt, daß es ein so langweiliges Geschreib ums Zeitungsschreiben sei als jetzt, da ich 's Handwerk noch kein Jahr treibe. Eine Zeitung sieht aus wie die andere; da machen sie dir beständig vor den großen Herren knicks, lassen kein Geburts-, Namens- oder Vermählungsfest vorbeigehen, ohne mit dem Hütlein unter dem Arm in der demütigsten Stellung sich im Vorsaale der Großen einzufinden und sie im niedrigsten Gratulantentone zu komplimentieren. Alles in der Welt, nur kein Komplimentarius*. Wäre nichts Leichters, als nach Art des Hundertjährigen Kalenders eine Hundertjährige Zeitung zu schreiben. Was geschieht, ist schon geschehen und wird wieder geschehen. Also, lieber Leser, verzeih mir's, wenn ich mich aufs Bänklein stelle und dir die alten Mordgeschichten wieder vorleire.

Etwas aus dem Tierreich

Die Füchse zeichneten sich 'nmal im Tierreiche durch Verschlagenheit und Einsicht so aus, daß ihnen durch einen allgemeinen Reichsschluß die Erziehung der Jugend anvertrauet wurde. Aber sie waren so schlau, daß sie ihren Zöglingen nichts als Worte ohne Verstand lernten; dadurch erhielten sie eine Art von Oberherrschaft übers ganze Tierreich. Ein alter Pavian sah dies mit Unwillen, trat in einer Tierversammlung auf und sagte: Schämet euch der Fesseln, die euch die Füchse anlegen, und streift sie ab! Sie tyrannisieren über euch durch ihren Witz und bilden einen Staat im Staate. Mir, mir folgt! Ich will euch unterrichten! Ich will euch zeigen, daß die Weisheit kein Monopolium habe. Ich, ich. – Das ganze Tierreich brüllte dem Pavian Beifall zu und jagte die Füchse aus dem Lande. Und nun war der Pavian der allgemeine Pädagog aller Tiere. Seine Meinungen, seine Lehren galten allein, waren allein weise. Ein Uhu sah dem Unfug aus einer Felsenblende zu und sagte: O ihr Narren! Vor wart ihr Sklaven *aller* Füchse, und nun seid ihr Knechte eines *einzigen* Affen.

Und die Moral? Such's, wer will.

Aus dem 64. Stück vom 7. November 1774

* In N*** ist ein eigener Stadt-Komplimentarius, der zugleich Kapellmeister, Hochzeitlader und Leichenbitter ist.

Die Freiheit

Ein Märchen

Die Göttin Freiheit hat im Olympe ihren eigenen Thron. Warum, sagte sie einmal und stand von ihrem Throne auf, steigen die Opferwolken von der Unterwelt so sparsam zu mir empor? Hab' ich keine Altäre mehr wie ehemals in Karthago, Griechenland, Rom und in den Eichenhainen der alten Germanen? – Ich will zur Erde hinab und meine Altäre selbst aufsuchen. Begleite mich, Schwester *Gerechtigkeit*, und du, Schwester *Tugend.** Sie flammten wie Morgenröten herunter. Erst besuchten sie die Höfe der Großen, suchten Tempel und Altäre und fanden keinen. Der Pöbel wieherte zwar nach Freiheit; aber sie meinten nicht diese liebenswürdige Göttin, von ihren sanften Schwestern vertraulich begleitet, sondern Zügellosigkeit meinten sie, die mit zerstreuten Haaren und wilder Gebärde in Gefolge der Laster durch die Straßen lärmte. An den Höfen fanden sie meistens Pagodenköpfe, die die Göttin kaum dem Namen nach kannten. Zwar hätte sie, wegen ihrer himmlischen Schöne, hier und da als Maitresse ihr Glück machen können, aber sie blieb ihrer unbefleckten Gottheit getreu. Sie begab sich also in die sogenannten freien Staaten. Parteigeist – Ansehen einzelner Familien – niedergedrückte Rechte der Menschheit – Brahminengift –** – Seitdem vernimmt man, daß sich die Göttin in Boston niedergelassen.

Literatur

Liebe Lesegesellschaft,
danke dir recht biedermännisch und herzlich für die Aufmerksamkeit, die du meiner deutschen Chronik schenkst. Dein Tadel ist mir so lieb als das Lob eines seichten Kopfes,

* Es war aber nicht das Gespenst Tugend, wovon unsere modische Moralisten lallen, sondern es war die Arety und Virtus der Griechen und Römer.

** Ich muß meine Leser sehr um Verzeihung bitten, daß sich hier ein gewaltiger Hiatus im Manuskript befindet. Nächstens wird in Boston eine vollständige Geschichte der Freiheit erscheinen, worauf ich meine Leser verweise.

das den Geist mehr erniedrigt als erhebt. Nimm mir's aber nicht übel: ganz bin ich mit deiner Kritik nicht zufrieden; du gehörst zur Schule des Anmerkers über die deutsche Literatur, das merk' ich aus deinem französisch-deutschen Stile. Hast wohl recht, daß wir Deutschen noch nicht in allen Teilen der Literatur an Ludwigs XIV. stolzes Jahrhundert hinaufreichen; aber in vielen Stücken, z. E. in der Epopöe, lyrischen Dichtkunst, Idylle und Weltweisheit nach allen ihren Teilen, ragen unsere Teutonen über sie weit weg. Lessing, Klopstock, Herder, Goethe, die gewiß Französisch können und stattliche Männer sind, sagen's auch, darfst also mir gar nicht glauben. Klopstocks Gelehrtenrepublik möcht' ich eben nicht, wie du, verlachen. Lacht man über den Riesen Homer, wenn er nach vollbrachtem großem Tagwerke – eine Ilias ist doch ein Tagwerk? – ein wenig rastete? Und vielleicht find' ich etwas in der Gelehrtenrepublik, das du durch dein französisches Augengläsgen nicht sehen kannst.
Hast recht; mein Stil ist sehr ungleich; aber, lieber Gott, meine Laune ist's auch. Wüßtest du meine Umstände, was ich täglich lesen, schreiben, leiden und kämpfen muß und was es für ein mühsames Geschäft sei, ein periodisches Blatt ohne Gehülfen zu schreiben, so würdest du Nachsicht mit mir haben. Mein Geist arbeitet unter einem Aschenhaufen; ich bin zufrieden, wann hier und da eine Kohle glimmt. Indessen will ich mich bemühen, soviel es Kopf und Laune verstatten, deinen Beifall zu erringen: denn der Beifall der Biedermänner ist achtungswert. Lebe wohl, liebe Lesegesellschaft, und beehre mich ferner mit deinem Beifall oder Tadel.
[...]

Aus dem 65. Stück vom 10. November 1774

Politische Träume

Die Grundsätze einer gesunden Politik lassen sich zwar auf wenigen Blättern vortragen; aber, großer Gott, wie unendlich vieler Ausnahmen, Einschränkungen, Richtungen sind nicht diese Grundsätze fähig! Suche dich glücklich zu machen, ist ebensowohl der Grundsatz ganzer Staaten als einzelner Menschen; und so wie wir durch die Menschen, in deren Gesellschaft wir leben, zu manchen Handlungen bestimmt werden, die unserer eignen Neigung zuwider sind, so geht's auch ganzen Staaten. Mancher Staat ist sehr geneigt, friedliche Grundsätze anzunehmen; aber sein unternehmender Nachbar, der immer die Fackel der Zwietracht in der Hand schüttelt, läßt's nicht zu. Will er nicht von ihm verschlungen werden, so muß er von seinem friedlichen Systeme abweichen, muß mit dem Gelde, womit er Tausende beglücken könnte, Völker anwerben, muß den Werkstätten der Künstler und Handwerker und den Manufakturen die Arbeiter nehmen und sie in den Waffen üben, ja muß mehr Aufmerksamkeit auf seinen Nachbar als auf sich selbst richten.

[...]

Fragt nicht, warum die Handlung stecke, warum dort und hie und da schreckliche Bankerotte ausbrechen, warum die Musen aus den Hainen, in die sie kaum eingetreten sind, wieder schüchtern entfliehen und, welches am betrübtesten ist, warum die Bevölkerung sichtbarlich abnehme und warum der Nahrungsstand an manchen Orten auf Stoppeln sitze und seine müßigen Hände gen Himmel strecke? – Ein kriegerisches System, auf das sich nun ganz Europa stützt, kann niemals glücklich machen. Würde der einsame Unglückliche ruhig werden, wenn ihm ein trotziger Krieger das Schwert auf die Brust setzte, ihn andonnerte und sagte: sei ruhig! – Im Jahr 1724 hatte ganz Europa nicht so viel Volk auf den Beinen als jetzt allein Deutschland. Können wir aber jetzt ruhiger sein als damals? O ein Staat, dessen Kräfte sich bloß in der Verteidigung vereinigen, kommt mir vor als ein großer ungeheurer Körper mit starkem nervichtem Arm, der aber sonst am ganzen Leibe Skelett ist. Man hat kein Beispiel, daß Staaten von solchen Grundsätzen lange gedaurt haben.

[...]

Italien

In Rom vertreibt man sich die lange Weile der Zwischenregierung mit Lästerungen auf den verstorbenen Papst. Jedes neurömisches Geistlein brüstet sich, wenn es die Bildsäule des großen *Clemens* mit armseligen Concetti und elenden Epigrammen beschmitzen kann. Der verstorbene Papst war bekanntlich so heterodox, daß er die Juden nicht verfolgte und – welches freilich abscheulich ist, einigen vornehmen Protestanten Audienz erteilte. Ja man will sogar behaupten, er hätte gegen einen seiner Freunde den gotteslästerlichen Gedanken geäußert, es wäre wohl möglich, einmal den Sokrates, Newton, Leibniz und andere unglaubige und ketzerische große Geister im Himmel anzutreffen. Deswegen ist Pasquino unverschämt genug, ihn einen Papst der Heiden, Juden und Ketzer zu nennen. Es wird eine Zeit kommen, wo dies sein Lobspruch sein wird. [...]

Literatur

Patriotische Phantasien von Justus Möser. Herausgegeben von seiner Tochter J. W. J. v. Voigt geb. Möser. Erster Teil. Unter dieser Aufschrift sind diejenige Aufsätze gesammelt worden, die mehrenteils schon in den Beilagen zu den Osnabrückischen Intelligenzblättern abgedruckt gewesen. Möser gehört unter die besten deutschen Prosatoren, damit vereinigt er eine tiefe Einsicht in die Geschichte, vaterländische Rechte, Polizei- und Kameralwissenschaften, Religion, Weltweisheit und schöne Wissenschaften. Seine Phantasie ist bilderreich und sein Witz glänzend. Er hätte ebenso leicht ein vortrefflicher Dichter als ein vortrefflicher Prosator werden können. Seine Gedichte in den Musenalmanachen sind gewiß sehr schön. [...]

Aus dem 67. Stück vom 17. November 1774

Schweden

[...]
Sonst vereinigen sich alle Stimmen im Lobe dieses Monarchen. In seinem jugendlichen Gesichte glänzen lauter Züge der Gnade. [...] Nichts gleichet der Arbeitsamkeit und unermüdeten Geschäftigkeit dieses Königs. Er scheint auf den Schlaf zu zürnen, und gemeiniglich fliegt sein Geist der Morgenröte zuvor. Frisch und mutig wie der Gott der Gesundheit durchreist er seine kalten nordischen Provinzen, mustert unter Stürmen und Schneegestöber seine mutigen Kohorten und kömmt von Eisgebürgen so lächelnd wie der weiche Wollüstling aus seinen Hesperidengärten zurücke. Seine Mäßigkeit hat ihresgleichen nicht. Er ist ein erklärter Feind des Bacchus und der wollustatmenden Aphrodite; nur dem Komus opfert er zuweilen unter seinen Vertrauten ein Viertelstündchen, um dem Geiste Platz zur Erholung zu geben. Was er für die Wissenschaften tat, das weiß die ganze Welt. Die Universität *Uppsala* ist wirklich mit den trefflichsten Männern besetzt, und die ganze Einrichtung dieser hohen Schule ist so gut, daß sie mit jeder andern um den Lorbeer kämpfen darf. Auch die Akademie in *Stockholm* erhebt unter ihm ihr Haupt. Die Akademisten sind hier nicht Müßiggänger, Pedanten oder Bauren, sondern arbeitsame, weise und verständige Männer, die wissen, warum sie da sind – Einsichten und Geschmack unter der Nation zu verbreiten. Gustav unterhält auch mitten im Gedränge großer Geschäfte mit vielen europäischen Gelehrten einen Briefwechsel, der sich mit den wichtigsten Gegenständen beschäftigt. Mir selbst sind einige Briefe von ihm zu Gesichte gekommen, und ich mußte das Herz bewundern, das auf der gefährlichen Klippe des Throns so unverdorben bleiben konnte. Die ernste Miene höherer Erkenntnisse mildert an seinem Hofe der Anblick des Schönen in den Werken der Kunst. Die Galerie wird fast täglich mit Meisterstücken bereichert; Paläste erheben sich, bald da, bald dort, an denen Pracht und Geschmack in die Augen leuchtet. Sonderlich liebt der König, wie sein Vater, die Tonkunst, spielt selbst den Flügel und das Violoncell und hat bereits ein sehr wohleingerichtetes Orchester, das täglich

mit fremden Virtuosen bereichert wird* – O geht mir doch mit euren Freistaaten, wo ein ewiges Einerlei herrscht und wo eingerissene Mißbräuche tiefere Wurzeln fassen als die ältesten Eichen. Kann was Herzerquickenders sein als in einer Monarchie zu leben, deren Haupt – *Gustav* ist? –

Aus dem 68. Stück vom 21. November 1774

Literatur

Ich armer Sünder habe bishero mit tausend andern geglaubt, daß *Gellert* ein vortrefflicher Mann gewesen, daß er die Kraft des Christentums verstand und daß sein ganzes Leben der praktische Teil seiner Moral war. Seine Vorlesungen waren Ausflüsse des empfindsamsten und vom Geist des Christentums ganz durchdrungenen Herzens. Seine Schreibart ist so rein wie sein Herz, und dann wird er noch gelesen werden, wenn die rauhen Töne unserer neumodischen Barden längst an der Felsenwand abgeprallt und in der Luft zerflattert sind. Wer wollte nicht die Schriften eines solchen Mannes unserer Jugend zur Bildung ihrer Herzen in die Hände geben? Aber siehe da, hier steht der Hochwürdige und hochgelahrte Herr *D. Goldhagen* von *Mainz* und beweist in seiner schriftmäßigen Moral gerade das Gegenteil. Nein, spricht er mit vorgedrücktem Pastoralkinne, du sollst *Gellerten* nicht lesen, denn er bringt den katholischen Lesern, die doch einzig und allein Anspruch auf die Seligkeit machen können, leicht und unvermerkt eine Hochachtung für die protestantischen Sitten und Glaubenslehren bei.** Sollst den *Gellert* nicht lesen, denn er bringt dich zur Verachtung der in der katholischen Kirche gebräuchlichen, vollkommen heiligsten Lebensart und Schriften.*** Ja sollst den *Gellert* nicht lesen, denn nach dem

* Viel Glück, Bruder Leß, auf die Reise! Auch du wirst bald dieses Orchester schmücken und ganz Stockholm mit deinem Flügel bezaubern.

** Aber, Hochwürdiger Herr, ist man dann ein Heide, wenn man den Sokrates bewundert?

*** Freilich, Herr Doktor, wenn ich warm von *Mosheim, Jerusalem, Spalding, Lavater, Heß* und *Gellert* bin, so mach ich's wie Don Quixo-

Ausspruch des *Konziliums zu Trient* sind alle von ihnen ausgeschlossene Religionslehrer, wären sie auch lauter *Gellerte*, – verflucht. Leser, mich übermannt die Wut; kann nicht weiter schreiben. Urteile selbst! Sind das nicht Schmähungen, von einem Rasenden ausgeschäumt?

AUS DEM 69. STÜCK VOM 24. NOVEMBER 1774

Was Dramatisches

Marchand, dem der Deutsche Soccus und Kothurn anpaßt, wie Kurierstiefel einem Zwergen, ist nun mit seiner Truppe, diesen Goten und Vandalen im Reiche des guten Geschmacks, von *Frankfurt* abgegangen. Ich hab' ihn in *Mainz* und *Frankfurt* einige Stücke aufführen sehen, und noch möcht' ich vor Ärger ersticken, wenn ich denke, wieviel Mühe sich dieser seichte Französling gibt, unser bißchen Deutschheit an den Ufern des Rheins und Mains wegzudeklamieren.

Dichtkunst

Gedichte, die Empfindung atmen, sind mir willkommen, wenn sie auch Fehler haben. Hier ist eins:

An Elisen

Am Abend des 21ten Novembers 1774

Mit den Abendwolken eilet
Meine Seele hin zu dir;
Findet einsam dich und teilet
Sorgsam jeden Gram mit dir.

Wie der Tau aus Wolken, quillet
Deine Träne still hervor;
Und dein helles Auge hüllet
Sich in düstern Trauerflor.

tes Barbierer und werfe ihre Schriften wie jener die Ritterbücher samt und sonders in Entengraben.

Denn der Sonnenschein des Lebens
Floh auf ewig unsern Blick.
Ach! das Auge sehnt vergebens
Ihn vom Abendrot zurück.

Die ihr unser Herz verbandet,
Stunden erster Zärtlichkeit,
Schnell, mit jeder Spur, verschwandet
Ihr in dunkle Ewigkeit.

Ach Elise! schöner kehret
Bald zurück der Sonne Pracht;
Aber ewig, ewig währet
Dieser Leiden bange Nacht.

Freuden sahen wir entsprießen,
Die uns fromme Liebe gab;
Aber von der Blüte rissen
Menschen neidisch sie herab.

Und du weinst! und meinem Herzen
Ist auch dieser Trost versagt,
Daß, vereint zu gleichen Schmerzen,
Es in deinen Kummer klagt:

Aus dem 70. Stück vom 28. November 1774

Engelland

Da sitzt dir der Brite auf seinem Wollsack mit verschränkten Beinen, sieht bald mit dem politischen Sehrohr nach Boston, bald auf die europäischen Angelegenheiten. Man fürchtet, Frankreich werde sich der Bostonier annehmen; man hat schon ziemlich deutliche Anzeigen davon. Sollt' in Europa – hier! oder dort! oder da! ein Kriegsfeuer auflodern, so dürfte wohl der Brite auch nicht müßig bleiben, sondern mit Geld oder Volk seine Partei verstärken. [...]
Auch in London sind nun die Hasardspiele verboten worden. Nichts war für einen Fremden interessanter als ein Spieltisch zu London. Dort häuften sich in einem Augenblicke Goldberge – und hier ward 's Gebirg Tal. Angst ei-

nes Missetäters war im Angesichte des Verlierenden, und die Freude der Hölle (denn Freude über den Verlust eines andern ist doch Höllenfreude?) glüht' auf den Wangen des Gewinners. Das Glück ganzer Familien wurde oft in einer einzigen Nacht hingerichtet, und Dolch, Gift, Terzerol oder die Themse ward nicht selten die Letze des unglücklichen Spielers. – Den Hofdamen ist's auch kürzlich verboten worden, sich zu schminken. Macht's nach! Macht's nach, ihr deutschen vornehmen Zinnobergesichter! Laßt mich wieder sehen das Inkarnat der Natur oder – die Zerstörungen der Weichlichkeit, Schlaflosigkeit, Wollust auf euren verbleichten Wangen! – Auch tragen die Königin und die Prinzessinnen als ein Unterscheidungszeichen wieder *Schürze.* Was ist niedlicher an einem wohlgemachten Mädgen als ein Schürzchen, mit dem ein Lüftchen spielt. Ein Mädgen ohne Schurz ist, sagt das Sprüchwort, schußfrei. Vielleicht daß nun manche Schöne mit frommer Scham wieder nach ihrem vergeßnen Schürzchen greift.

Aus dem 71. Stück vom 1. Dezember 1774

Literatur

[...]
Die berühmte Komödie von *Lenz: Der Hofmeister,* die ich noch hundertmal mit Entzücken lese, ist wieder frisch angekommen und für 15 kr. bei *Stage* in *Augsburg* zu haben. Herbei, ihr Freunde des Schönen, und kauft's!
Da sitz' ich mit zerfloßnem Herzen, mit klopfender Brust und mit Augen, aus welchen wollüstiger Schmerz tröpfelt, und sag' dir, Leser, daß ich eben die *Leiden des jungen Werthers* von meinem lieben *Goethe* – gelesen? – nein, verschlungen habe. Kritisieren soll ich? Könnt' ich's, so hätt' ich kein Herz. Göttin Critika steht ja selbst vor diesem Meisterstücke des allerfeinsten Menschengefühls aufgetaut da. Mir war's, als ich Werthers Geschichte las, wie der Rahel im 11ten Gesang des *Messias,* wie sie im himmlischen Gefühl zerrann und unter dem Gelispel des wehenden Bachs erwachte. – Ein Jüngling, voll Lebenskraft, Empfindung, Sympathie, Genie, so wie ohngefähr Goethe, fällt mit dem

vollen Ungestüm einer unbezwinglich haftenden Leidenschaft auf ein himmlisches Mädgen. Die ist aber schon verlobt und vermählt sich mit einem braven Manne. Aber diese Hindernis verstärkt nur Werthers Liebe. Sie wird immer unruhiger, heftiger, wütender, und nun – ist jede Wonne des Lebens für ihn tot. Er entschließt sich zum Selbstmorde und führt ihn auch aus. Diesen simplen Stoff weiß der Verfasser mit so viel Aufwand des Genies zu bearbeiten, daß die Aufmerksamkeit, das Entzücken des Lesers mit jedem Briefe zunimmt. Da sind keine Episoden, die den Helden der Geschichte, wie goldnes Gefolg einen verdienstlosen Fürsten, umgeben; der Held, *er, er* ganz allein, lebt und webt in allem, was man liest; *er, er* steht im Vorgrunde, scheint aus der Leinwand zu springen und zu sagen: Schau, das bin ich, der junge leidende Werther, dein Mitgeschöpf! so mußt' ich volles irdenes Gefäß am Feur aufkochen, aufsprudeln, zerspringen. – Die eingestreuten Reflexionen, die so natürlich aus den Begebenheiten fließen, sind voll Sinn, Weltkenntnis, Weisheit und Wahrheit. Thomsons Pinsel hat nie richtiger, schöner, schrecklicher gemalt als Goethes. Soll ich einige schöne Stellen herausheben? Kann nicht; das hieße mit dem Brennglas Schwamm anzünden und sagen: Schau, Mensch, das ist Sonnenfeur! – Kauf 's Buch und lies selbst! Nimm aber dein Herz mit! – Wollte lieber ewig arm sein, auf Stroh liegen, Wasser trinken und Wurzeln essen als einem solchen sentimentalischen Schriftsteller nicht nachempfinden können. Ist bei Stage zu haben.

Nachricht

Die Liebhaber der *Schubartischen deutschen Chronik,* welche sie auch in dem künftigen Jahre fortzusetzen gedenken, kann man versichern – *sie wird fortgesetzt.* Man ersucht sie also, ihre Bestellung entweder bei den löblichen Postämtern oder bei den in der *Chronik* angezeigten Orten noch vor Verfluß des Jahres zu machen und bei Bezahlung der bisher gelieferten *drei Quartale* auf künftiges Jahr zu subskribieren. Schläfrige Zahler sind so unerträglich als schläfrige Skribenten. Frisch weggeschrieben, frisch weggelesen und frisch wegbezahlt; so denk'

ich Verleger.

Aus dem 72. Stück vom 5. Dezember 1774

Württemberg

Die *Herzogl. Militärschule* auf der *Solitüde* ist wirklich ein Augenmerk von Deutschland, und was kann aber auch Größers sein als ein Fürst, der seinen meisten Ergötzlichkeiten entsagt, um dem Staate weise und tugendhafte Bürger zu hinterlassen. Man hat zwar verschiedene Militärschulen in Deutschland, aber gewiß keine, wo der Fürst selbst den größten Anteil der Sorgfalt übernimmt, für die Leibs- und Seelengesundheit der Zöglinge wacht, und wo er den Fleiß mit einem Aufwande ermuntert, der seinesgleichen nicht hat. Kürzlich haben die jährlichen Examina wieder ihren Anfang genommen. Die Zöglinge der Zeichenkunst, die die Unterweisung eines *Guibal, le Jeune**, *Harper, Scotti,* dieser vortrefflichen Männer, genießen, wurden zuerst von dem Professor der Akademie *Schott* geprüft. *Le Bret* prüfte in den römischen Altertümern, *Harper* in der Theorie der Malerei, *Uriot*** in der *deutschen* – nicht doch, in der *französischen Geschichte* und *Haug* in der politischen Erdbeschreibung. In der Folge wurde Latinität, Baukunst, Ästhetik, griechische Sprache, Osteologie, Universalhistorie und Philosophie vorgenommen, und jedermann erstaunte, der das Glück hatte, diesen Untersuchungen beizuwohnen und die Fertigkeit der Zöglinge in den Wissenschaften und Künsten nebst ihrem äußerlichen schönen Anstande und guter Sitte zu bewundern. Der *Herzog* erlaubt bei dieser Gelegenheit jedem Fremden, Fragen an die Zöglinge zu tun, und da ist's eine Lust zu sehen, wie oft der Gefragte den Fragenden in Verlegenheit setzt. Zu wünschen wäre es, daß wir von diesem herrlichen und unserm Vaterlande so zur Ehre gereichenden Institut eine bessere, unterrichtendere Beschreibung hätten. Was drüber geschrieben wurde, ist für die Ausländer nicht befriedigend genug, und darzu hat ihr Hauptverfasser eine zu steife zeremoniöse Sprache, als daß er ganz

* Mit *Guibal* wird Deutschland durch die *Miszellaneen* näher bekannt werden; aber einen *le Jeune* kennt es noch nicht. – Ich sah seinen *Apoll*, und bei Gott! *Verschaffels* Apoll in *Schwetzingen* kam mir wie Steinsetzenarbeit dargegen vor.

** *Uriot* ist auch ein Männchen, der auf deutschem Grund und Boden den deutschen Geist in französischen Brühen ertränken möchte.

gefallen könnte. Dieser Gegenstand ist für mich selbst so angenehm, daß ich meine Leser nächstens noch einmal damit zu unterhalten gedenke.

Politisches Spreu

Der *Pfarrer* zu *Klösterle, Gaßner,* fährt fort, den dummen Schwabenpöbel zu blenden. Er heilt Höcker, Kröpfe, Epilepsien – nicht durch Arzneien, sondern bloß durchs Auflegen seiner hohepriesterlichen Hand. Kürzlich hat er ein herrliches Buch herausgegeben, wie man dem Teufel widerstehen soll, wenn er in Menschen und Häusern rumoret. Und da gibt's noch tausend Menschen um mich her, die diesen Narrheiten glauben. – Heiliger Sokrates, erbarme dich meiner! Wann hören wir doch einmal auf, Schwabenstreiche zu machen?
[...]

Literatur

Ein Gespräch

Jüngst stand ich im Buchladen und las eben ein Buch, das noch von der Presse dampfte.
Der Buchhändler saß am Pulte und überrechnete, wie er es anzustellen hätte, daß er bei der überhandnehmenden Gleichgültigkeit seiner Nation und Geschmack nicht verhungerte. Da trat ein Gelehrter herein, jung, mutig und voll Feuer, in einen abgelebten Frack gehüllt. Gleich sprach er in Hast zum Buchhändler:
Herr, 's ist doch nicht erlaubt, daß ihr so Spitzbuben seid und doch unter dem Volke als ehrliche Leute herumstreicht.

DER BUCHHÄNDLER *fährt zornig auf:* Was sagt der Herr? Spitzbuben? Das sagt ein –

DER GELEHRTE: Hör der Herr erst, eh er schimpft! Ist der nicht ein Spitzbub, der dem andern den armen Bissen Brot aus dem Munde reißt und ihn selbst so gierig wie ein Hund verschluckt? Ist der *Nachdruck* etwas anders als *Dieberei, Spitzbüberei?*

Der Buchhändler *betroffen:* Was Nachdruck – Hab' in meinem Leben nichts nachgedruckt als Habermanns Morgen- und Abendsegen, eine Postill und ein Rechenbuch, und dafür hat mir das Volk gedankt – Ich –

Der Gelehrte: Da schauen Sie mal Klopstocks Gelehrtenrepublik, den Götz von Berlichingen, die Leiden des jungen Werthers – sind die nicht nachgedruckt? Hat man nicht damit die rechtmäßigen Verleger bestohlen, frevlerweise bestohlen? Da les der Herr den Pütter; wird gleich sehen, wie man göttliche und weltliche Gesetze beleidige, wenn man das Eigentum eines andern, das er mit schwerem Geld an sich gekauft und noch schwerern Kosten drucken ließ, an sich reißt.

Der Buchhändler: 's kann wohl sein, aber Pütter hin, Pütter her. Sag er vor den Verlegern, sie sollen ein hübsches Buch, das man an andern Orten, wo man nicht so hübsche Bücher schreibt, auch gern lesen möchte, in einem billigen Preis geben. Ist's nicht auch sündlich, wenn man für etliche Bogen holländisch Papier, worauf oft die Zeilen so sparsam stehen, wie Bäume im Forste eines verschwenderischen Edelmanns, Gulden, Taler in lauter glänzenden Konventionssorten bezahlen muß. Ist's nicht auch sündlich! He? – Schau der Herr! da gehen dann andere Buchhändler her, die's mit dem Publikum gut meinen, und drucken das hübsche Ding säuberlich nach. Was braucht's Vignetten und Postpapier! Ein saubers Buchdruckerstöcklein und gut Druckpapier tut's auch. Für wenig Geld hat man denn ein hübsches Buch. Und Geschmack und Liebe zur Leserei wird dadurch immer allgemeiner.

Der Gelehrte: Wenn ihr aber die Waren verfälscht! Wenn ihr uns statt eines korrekt gedruckten Buchs einen verstümmelten, mit tausend Druckfehlern gebrandmarkten Nachdruck liefert? Wie da? – Vergleichen Sie einmal die nachgedruckten *Leiden des jungen Werthers* mit dem Originaldrucke! – Welch elendes Papier, elende Lettern und abscheuliche Druckfehler verunstalten das Werk! Werden nicht unsere Damen und Süßlinge, die kaum anfangen, deutsch zu buchstabieren, erschrecken, wenn sie dies ihnen mit so vielem Recht angepriesene herrliche Werk in die Hände nehmen – sie, die von jeher gewohnt sind, den Mann nach dem Rocke und das Buch nach seinem typographischen Werte zu beurteilen? – Werden sie nicht mit dem gewöhnlichen kalten Hofair den großen Deutschen im schmutzigen Kittel wegwerfen und den fadesten Franzosen in Gravelot und Eisens Flitterstaate ergreifen? – Nicht? Red der Herr!

DER BUCHHÄNDLER: Ei, larefare! Bleiben Sie bei Ihrer Autorschaft und stümpern Sie nicht in die Buchhandlung! – Weib, 'ne Flasche Sechszer her! Wollen eins trinken! Können's wohl brauchen! – Ist 'n rarer Wein! Mir nichts, dir nichts! Auf gute Zeiten für Autoren und für die Buchhändler!

Der Gelehrte trank mit, und die Freuden des Weins endigten den Streit.

AUS DEM 74. STÜCK VOM 12. DEZEMBER 1774

Klagen eines Republikaners

Wenn der Geist der Freiheit bloß in den Republiken wehte, so hätten die Freigebornen Ursache, über den gegenwärtigen Zustand Europens sehr tief aufzuseufzen. Noch niemalen stand's um die Republiken mißlicher als jetzo; und man sieht gar deutlich, daß im Rat der Großen etwas wider sie beschlossen sein müsse. Die Freistaaten merken's und setzen sich in Verfassung. *Venedig* und *Genua* haben sich miteinander verstanden, sich mit Gut und Blut im Fall der Not beizustehen. Auch der *Kanton Bern* hat Ahndungen, daß eine gewisse Macht sehr gefährliche Absichten auf seine Freiheit habe, und hat deswegen 80000 Mann aufgestellt, die wie die alten Griechen fürs Vaterland um die heilige Freiheit sterben wollen. *Holland* hat bekanntlich seine Seemacht auf einen respektablen Fuß gesetzt und einmütig beschlossen, die Landmacht bis auf 60000 Mann zu vermehren. Eine von den Haupt-Ursachen, warum alle Republiken untergehen müssen, ist wohl diese: Mut, Entschlossenheit, unerschütterte Tapferkeit waren die Eigenschaften ihrer ersten Bürger, die die Fesseln der Monarchie abschnellten und sich einen Freistaat errichteten. Sie erkämpften sich die Freiheit mit ihrem Blute und errangen sich dadurch die

Hochachtung der benachbarten Staaten. Nun war es ruhig; man legte die Waffen aus der Hand; der Bürger bediente sich seiner Freiheit und fing an zu hantieren, übers Meer zu schiffen und aus fernen Welten seinen Gewinst zu holen. Ein allgemeiner Kaufmannsgeist beseelte nun den Staat, der den kriegerischen Geist erdrückte; die Waffen im Zeughause verrosteten; ein unternehmender Nachbar fällt mit einem geübten Heere über sie her und unterjocht sie. Keine Staatsverfassung ist natürlich daurender als die monarchische; wird ja doch Himmel und Erde monarchisch regiert.

Literatur

Marchand ist kürzlich von einem ungenannten Kunstrichter so abgefertigt worden, wie er's verdient. Er beweist mit unwiderlegbaren Gründen, daß Marchand ein affektierter, weinerlicher, französierender Kunstrichter sei, daß er nicht Deutsch verstehe, daß er die guten Schauspieler, die weit über ihn emporragen, durch niederträchtige Kunstgriffe unterdrücke, daß er meistens Stücke ohne Geschmack wähle und daß er, durch die komischen Operetten, worinnen er allein erträglich ist, den echten deutschen Geschmack verderbe; dann charakterisiert er mit vielen dramaturgischen Einsichten die Schauspieler und Schauspielerinnen und seine geschmacklosen Ballette, wo der Tänzer und die Tänzerin alles getan zu haben glauben, wenn sie wie Frösche, die man an ein Seil gebunden, die Füße bis zur Stirn emporziehen. Affekt, Ausdruck, rührende Stellung sucht man da vergebens. – Hast recht, lieber braver Mann, der du dieses laut und mit Gründen vor dem Publikum sagtest. Marchands Antwort drauf ist so elend, daß man wohl sieht, wie schwer es sei, eine ungerechte Sache zu verteidigen. Herr von Nesselrode, ein sehr mittelmäßiger Dramenschreiber, hat bei dieser Gelegenheit einen sehr mittelmäßigen Brief an den Marchand geschrieben.

Freu dich, Leser, der du feinen Witz, gesunde Vernunft und wahre Laune liebst; wir bekommen einen deutschen *Don Quixote* nicht mehr aus dem Französischen, sondern

aus dem spanischen Original ins Deutsche übersetzt und mit der launischen, aber höchst seltnen und unter uns Deutschen gar nicht bekannten Fortsetzung des *Avellaneda* bereichert. Ein Mann unternimmt das Werk, der dem Ding gewachsen ist. Der Titul wird sein: *Leben und Taten des weisen Junkers Don Quixote von Mancha,* in 6 Bänden, zum erstenmal aus der Urschrift übersetzt. Die ersten 4 Bände enthalten das vollständige Werk des *Cervantes,* die zween letztern aber gedachte Fortsetzung des *Avellaneda.* Voran steht eine Nachricht von dem Leben und Schriften des Cervantes, und durchgängig sollen erläuternde Anmerkungen hinzugefügt werden. Kupfer, Papier, Druck soll dem Werte des Werks entsprechen. Möchte doch mein Liebling *Chodowiecki,* der im Berliner Kalender schon gezeigt hat, was er zu leisten vermag, dir Zeichnungen dazu liefern.
Liebes Publikum, unterstütze doch dies Werk; ohne Subskription kann's der Verleger nicht unternehmen, und dann kämst du ja um ein großes und wirkliches Vergnügen. Schau, darfst nur eine Redoute weniger besuchen; darfst nur eine Schlittenfahrt einstellen: so sind schon die 4 Taler bezahlt, die dich dies originelle Werk kost't, und die darfst du erst bezahlen, wenn man dir schon 3 Bände geliefert hat. Stage in Augsburg nimmt mit Freuden Subskription an, nicht aus Vorteil, sondern aus Freude, wenn sich die Gönner und Freunde des guten Geschmacks vermehren.
Möchtest den Namen des Übersetzers wissen? Bertuch heißt er. Wenn du kein Fremdling in der deutschen Literatur bist, so wirst ihn schon aus einigen drolligten Romanzen und gut geratenen Gedichten kennen und sehen, daß er Deutsch kann und eigne Laune hat.

Aus dem 75. Stück vom 15. Dezember 1774

Schreiben an mich

Bruder, störe mich doch nimmer in meiner philosophischen Ruhe und behalt deine Zeitungen für dich! Seitdem ich aufm Land lebe, ist mir deine Stadt und die ganze Welt gleichgültig. Ich versehe mein Amt, unterhalte mich mit meinen Lieblingsautoren, füttere meine Tauben und herze mein liebes Weibchen. Tausend Staatssysteme mögen dann um mich her gemodelt und umgemodelt werden; man mag Heere errichten oder abschaffen; mag Verbindungen knüpfen oder zerreißen: was kümmert's mich! Kann ich doch nichts tun, als für meine Brüder, die Menschen, beten! Hast recht, Bruder! Dem Menschenfreunde möcht 's Herz im Leib zerspringen, wenn er das gegenwärtige politische System in Europa in Betrachtung zieht. Krieg ist's nicht; aber es ist noch viel ärger als Krieg. Stell dir ein Dörfchen wie das meinige vor, etwan von 15 Familien; jede Familie hätte beständig das Haus verrammelt; alle Hausgenossen wären mit Prügeln bewaffnet; ein großer Kettenhund laurte vor der Türe, und die Herren des Hauses gingen am hellen Tage mit bloßen Degen und ein paar geladenen Terzerolen in der Tasche durch die Straßen, und einer lächelte dem andern verstellte Freundlichkeit ins Gesicht – wäre dieser Zustand nicht weit ärger als ein offenbarer Krieg? Der Zustand zwischen Erwartung und Ausbruch eines Kriegs ist Hölle; und in dieser Hölle ist jetzt das *christliche* Europa. Die Kolonien der Wilden leben gewiß jetzt nicht in einer so qualvollen Unsicherheit als wir Europäer.

[...]

Ein menschenfreundlicher Weiser wird 'mal auftreten – er komme aus Amerika, Afrika, Asien –, wird auftreten und aufs Grab der europäischen Glückseligkeit schreiben: *Armes Europa*. Mein Julchen zupft mich am Schlafrocke. Ich brech' also diese traurige Betrachtung ab und zeig' meinem Mädchen die Küpferchen in *Basedows Elementarwerke* – Bin

Dein S.

Aus dem 76. Stück vom 19. Dezember 1774

Engelland

[...]

Erstaunend ist's, mit welcher Freiheit der Verfasser einer *Abendzeitung* jetzt in England schreibt! Er sagt Sachen laut, die man in Deutschland kaum denken darf.

Wir Deutsche haben keine so freimütige Schriftsteller wie die Engelländer! – Glaub's wohl, Hunger, Schmach, öffentliche Schande erwarten den, der's wagt, frei von der Brust zu schreiben. Wenn in den Stunden der Begeisterung uns die Freiheit einen kühnen Gedanken zuschickt und er mit dem Flammenblicke und dem fliegenden Haare ans Pult tritt, so schleicht gleich die kalte Behutsamkeit auf den Zehen herbei und führt ihn ganz langsam wieder zum Zimmer hinaus. Wenn man die verschiedenen Zeitungen, Tagbücher, Zueignungsschriften, Lobreden, Programmen u. dgl. aus allen Provinzen Deutschlands sammelte, so sollte man glauben, Deutschland würde von lauter Göttern, Seraphims und Cherubims beherrscht. Mein Fürst ist ein Gott! Meine Obrigkeit untrüglich! Welche Polizei! Welche menschenfreundliche Anstalten! spricht der Lobredner auf der Kanzel und im Rednerstuhle. – Und unten steht der Patriot, macht zwei Fäuste in seine Tasche, beißt die Zähne zusammen, und Tränen rieslen in seinem Bart.

Noch eine Schnurre aus Engelland! Da die Mannspersonen jetzt so unverschämt sind und größtenteils ihr eigenes Haar tragen, so hat ein witziger Perückenmacher in Engelland diesem Unfuge durch einen launischen Einfall steuren wollen. Er ließ den Absalom auf einen Schild malen, wie er mit seinen Haaren an einer Eiche hängt und von Joab durchstochen wird. In der Ferne steht David und winselt die Threnodie: O Absalom, mein Sohn! mein Sohn! warum trugst du keine Perücke?

Die Perückenmacher und Haarkräusler sind jetzt in Europa so wichtige Leute geworden, daß sie wirklich einen eigenen Staat bilden. Sie sind stolzer auf ihre Kräuseleisen und ihre Puderquaste als der Professor auf seinen akademischen Zepter. Freilich, da es in unsern windichten Zeiten mehr auf einen gut gebildeten Kopf von *außen* als von *innen* ankömmt, so ist ein Friseur im Puderkittel und im bestäubten Hute ein sehr wichtiger Kerl. – Pudergott, wie sehr hat sich seit Zachariä Zeiten dein Gebiet unter uns erweitert!

Eine Fabel

In Libyen starb mal ein Löwe. Ein Fuchs war sein Parentator: Traurt, ihr Wälder, fing er an, eure Zierde ist dahin! Heule, erhabene Tierversammlung! dein Haupt ist nicht mehr! *Tierliebe* war die Stütze seines Throns. *Ordnung* begleitete ihn im weiten Gebiete seines Reichs. Er war ein *Freund der Wissenschaften* und *Künste* und – ach! er ist nicht mehr! Klaget, ihr Eichen! jammert, ihr Felsen! heulet, ihr Tiere! – Was der Kerl lügt! sagte der Luchs zum Hunde. – Des Löwen Thron waren Knochen zerrissener Tiere. Im Walde herrschte die schrecklichste Unordnung – Der Schwache war immer ein Raub des Starken. Unter seiner Regierung flohen die weisen Elefanten in Wüsteneien; der häusliche Biber zerstörte seine Wohnung und starb im Flußsande; und Pavian Matz, der größte Maler an seinem Hofe, der ihn wohl 20mal abkonterfeite und seine Höhle in Fresko bemalte, krepierte vorgestern vor Hunger. Und das wundert dich, Luchs? sagte der Hund. Man sieht's wohl, bist noch niemal unter den Menschen gewesen.

Aus dem 77. Stück vom 22. Dezember 1774

Wien

Aus dieser ersten Stadt Deutschlands erhalten wir von Zeit zu Zeit Nachrichten, die Interesse haben. Der Kaiser wendet außerordentlich viel Sorgfalt auf die Verschönerung dieser Residenz; es erhebt sich ein Palast nach dem andern vom besten Geschmacke. In der Leopoldstadt werden neue Alleen gepflanzt und ein Lustgebäude errichtet, vielleicht zur Sommerlust des Kaiserl. Hauses. Die glückliche Niederkunft der Infantin Herzogin von Parma hat den ganzen Hof in Freude versetzt. Mitten unter den wichtigsten Staatsgeschäften richtet der Kaiser sein Augenmerk auf die Ausbreitung der Wissenschaften. Der große Hofastronom Hell hat bereits den Auftrag erhalten, eine Akademie der Wissenschaften zu errichten, wovon er selbst Direktor sein soll. Es wäre nichts Leichters, als dieser Akademie in einer solchen Stadt und unter einem solchen Schutze einen Grad der

Vollkommenheit zu geben, den noch keine europäische Akademie hat. Wenn doch der weise Danischmende mal der Welt seinen Plan von Tifans Akademie mitteilte; vielleicht könnte man ihn jetzt in Wien realisieren. Aber mit Gunst! ich glaub' immer, die Errichtung einer Akademie, die ihrer Absicht vollkommen entsprechen soll, kann nie das Werk eines *einzelnen* Mannes sein, wenn dieser einzelne Mann kein *Leibniz* ist. Wenn *Bernoulli*, *Euler* und *Hell* Akademien errichten, so wird gewiß die mathematische und astronomische Klasse immer die erste sein; denn was tut man nicht für seine Lieblingswissenschaft?*)

*) Ich erinnere mich, in einer gewissen Akademie an dem Geburtstage des Fürsten von einem Mitgliede, dessen Steckenpferd der Landbau war, eine Abhandlung vom Dung angehört zu haben. Die Höflinge standen alle in Gala um den Katheder und griffen all Augenblick nach der Schnupftobaksdose, wenn der Akademist die Natur des Pferd-, Küh- und Menschenmists anatomierte. – Noch eine Anmerkung liegt mir aufm Herzen, die ich bei dieser Gelegenheit raussagen muß. Tief in der Seele liegt mir noch der Plan, den *Leibniz* bei der Errichtung der Berliner Akademie verfertigte. Warum studieren doch die neuen Akademiendrechsler diesen nicht? Da ist keine Wissenschaft übergangen, die unmittelbaren Einfluß auf das Wohl des Staats hat, natürliche Religion, Sittenlehre, Weltweisheit in ihrem weitesten Umfange, Mathematik, Physik, Kameralwissenschaften, schöne Künste und (Gott segne dich dafür in der Ewigkeit, deutscher Mann, Leibniz) *Kultür der deutschen Sprache*. Die ruhige Ahndung eines Aldermanns auf einem Landtage in der *Gelehrtenrepublik* wird gewiß unsere undeutsche Akademisten so bald nicht vermögen, *deutscher* zu denken und den wichtigen Artikel der *Landessprache* in eine Hauptklasse ihrer Akademie zu ziehen. Im Jahr 2440 wird gewiß der Geschichtschreiber unsers Volks die Anmerkung machen: In dem stolzen 18ten Jahrhunderte wurden mit schweren Kosten viele Akademien in Deutschland errichtet. Die Akademisten sammelten ihre Ausarbeitungen in schweren Quartanten. Weil sie aber in einer ausländischen Sprache schrieben, so rächte sich die Zeit sehr schwer an ihnen, und alle ihre Abhandlungen sind verlorengegangen.

Daß wir Deutsche herkulische Schwierigkeiten überwinden können, auch im Gebiete der Wissenschaften, so ist doch wohl ziemlich ausgemacht. Man sage nur, dies Buch ist unübersetzlich; witsch! ist dir einer da und übersetzt dir's, daß 'ne Lust ist. *Shakespeare* ist nicht zum Übersetzen, schrie man, und *Wieland* übersetzte ihn größtenteils glücklich.* *Zückert* übersetzte den *Tristram Shandy*. Hundert, die nicht Englisch verstunden, lasen ihn. Wer aber den ganz originellen *Sterne* in seiner eignen Sprache humorisieren hören konnte, warf den *Zückert* weg und sagte: *Tristram* ist unübersetzlich. Aber sieh da, der Mann, der in den *empfindsamen Reisen* und in *Klinkers Reisen* schon gezeigt hat, wes Geistes Kind er sei, tritt auf und überreicht uns mit der ruhigsten Miene eines Deutschen, der was Großes getan hat, den ganzen *Tristram Shandy* mit Haut, Haar, Nerven, Flechsen, Knorpeln, Arterien, Geist, Seele, Herz und Laune. Die Übersetzung läßt sich weglesen wie das schöne deutsche Original. *Bode* lebt' und webt' in seinem *Sterne*. Dieser warf oft mit reicher Hand neue große Gedanken hin, ohne Gebrauch davon zu machen; brachte aber dadurch sehr viel Undeutlichkeit in die Urschrift. Der Deutsche macht alles deutlich, ohne deswegen die Maße in Draht auszuspinnen. Nicht leicht wird man einen Mann finden, der so tiefe Kenntnis seiner Sprache besitzt als *Bode*. – Aber weg, kaltblütige Kritik! Leser, komm und lies! wirst am verewigten *Sterne* eine Mann finden, der die seltenste Welt- und Menschenkenntnis besitzt, der dir seine Helden mit so treffenden Zügen hinmalt, daß du sagen mußt: ja wahrhaftig, das ist Fleisch von meinem Fleisch und Bein von meinen Beinen! – Wie lieb wird dir der alte *Shandy*, wie lieb der gute

* Man sagt schon lang, *Eschenburg* werde den *Shakespeare* besser und vollständiger übersetzen. Aber ich glaub's nicht. Englisch mag er wohl genug verstehen, aber seine eigne Arbeiten zeigen, daß seine Ärmlein viel zu kurz sind, nur einen Schenkel vom Kolossus Shakespeare zu umspannen. Ein Mann, der Schiebelers Muse, dieses Mensch in alltäglicher Tracht, der Welt anpreisen kann, muß gewiß seine Flügelein versengen, wenn Shakespeares Feuermuse auftritt.

redliche *Toby*, wie lieb der Korporal *Trim* und der gute *Yorick* werden! Wirst's nicht achten, wenn sie auf ihren Steckenpferden einhertraben, sondern niederschauen auf dein eignes hölzernes Pferd, auf dem du dahertrottest. Nur nimm dich in acht; lies fein hübsch langsam, denn das Ding läßt sich nicht so weglesen wie die *Insel Felsenburg* und *Pater Cochims* Legenden. Mußt deinen Kopf dran strecken; mußt den *Tristram* studieren; und reiche Kenntnis, wahre Geist- und Seelenlabung wird dein Lohn sein! – Landsmann Schwabe, der du auf gute Leserei fahndest, da komm und lies! Lehrreich und heiter werden deine Winternächte sein, wie Sommerabende in einer Grotte, wann ein sokratischer Weiser auf der Rasenbank neben dir sitzt. Kostet bei Stage in 9 Teilen mit Kupfern 6 fl 30 kr.

Aus dem 78. Stück vom 26. Dezember 1774

Eine Vision

Da wir itzt ohnehin in Zeiten leben, wo zur Ehre des menschlichen Verstandes *Gespenster* und *Hexenhistorien, Teufelsbesitzungen* und *Bannungen* wieder Mode werden, so wird man mir's verzeihen, wenn auch ich Stunden der Verzükkung habe und am hellen lichten Tage *Geister* sehe. *Schwedenburg, Oetinger* und *Gaßner* salben meine Augen, daß sie durch den dicken Nebel der Vernunft in die hellen Regionen der Schwärmerei hinüberblicken! – *Kronos*, ich war in deinem Tempel. Hoch, starkmauricht, alternd, majestätisch war er. Die Jahre und Monate, diese Töchter der Zeit, standen um den Altar und sangen dem Gott *Kronos* eine feierliche Hymne:

> Heil dir, Sohn der Ewigkeit!
> Heil dir, Kronos, Gott der Zeit!
> Weit reicht deine Herrschaft, weit!

Indessen kamen die *Horen*, kleine rosenwangigte Mägdchen, und stellten Opferschalen mit Rauchwerk auf den Altar. Plötzlich stand der Wagen des Gottes vor dem Tempel stille. Noch glüht' ihm die Wange, noch flog sein schwarzes

Haar wolkicht um seine breiten Schultern. Er setzte sich auf seinen Thron am Altar und foderte den Geist des letzten Jahrs vor sich. Rede, Tochter, sprach er, was bringst du für Botschaft? Wenige Minuten, so kett' ich dich au' Thron der Ewigkeit! – Mit bescheid'nem Stolze sah die Tochter dem Gott ins Antlitz und sprach: Vater, du weißt's, ich bin eine deiner würdigsten Töchter! Mich nennet der *Nord* mit Ehrfurcht und Freude. Mit Schauder und Entsetzen hört der *Ost* meinen Namen erschallen, denn ich habe den Trotz der *Ottomanen* gedemütigt. Im *West* und *Süden* steht schon die Geschichte mit dem Griffel in der Hand, meine Taten in ewigen Marmor einzugraben. Ich nahm *Frankreich* seinen König und gab ihm einen bessern. Ich riß den großen *Clemens* vom Thron: denn sie waren seiner nicht wert. In *Spanien* und *Portugal* schüttelte schon die Zwietracht die verheerende Fackel; aber ich tauchte sie in Ozean, und sie verlosch. Die *Freiheit* schien von der Erde verbannt zu sein; aber ich baut' ihr in *Boston* einen Thron. Der *Deutsche* jauchzt, wenn er mich nennt: denn er ruht unter den Flügeln des großen Adlers *Josephs*. – Halt, Stolze, rief die *Weisheit*, indem sie vor Kronos' Thron trat; du verweilst dich zu lange bei deinem Ruhme und bedeckst damit deine Schmach. Sind die Menschen unter dir weiser geworden? Haben sie Tugend und Religion liebergewonnen? – Du stolze Tochter des 18ten Jahrhunderts, hat nicht unter dir der *Schwärmergeist*, den ich schon unter den Füßen hatte, wieder seine alten verjährten Rechte zu behaupten angefangen? Sahst du nicht den *Aberglauben* mit Hohn meinen Tempel vorbeigehen, und – ach, ein unglückliches Volk in Fesseln schlagen? Welchem neuen *Genie* gebotest du aufzufliegen? Welche Entdeckungen im Reiche der Erkenntnis hat man dir zu danken? Sinken die Menschen nicht immer tiefer von ihrem ursprünglichen Adel zum Tier herab? Hörtest du nie hektische Gerippe, die studierte Wollust entnervte, durch die Straßen keuchen? Sahst du nicht niedrige Gewinnsucht und verderbliche Üppigkeit weit um dich her? Hörtest du nicht mehr Geschrei nach Vergnügen als nach Nutzen? – Ach, dort jammert die leidende Tugend; hier ächzt die verfolgte Unschuld; da krümmt sich der redliche Weise unter den Füßen des tückischen Heuchlers, dort – *Kronos* erhob sich vom Throne und begann: Es ist Zeit, Göttin, wieder meinen Flug anzutreten. Du aber, meine Tochter, setze dich an diese Pforte; es ist die Pforte der Ewigkeit. Gott wird dich richten! –

Aus dem 79. Stück vom 29. Dezember 1774

DEUTSCHE CHRONIK
1775

Neujahrswunsch

Schwerlich wird eine Provinz in Deutschland sein, wo die Neujahrswünsche mit einer so gewissenhaften Pünktlichkeit auf Kanzeln, Kathedern, Rathäusern, Gassen und Straßen beobachtet werden als in *Schwaben.* Da saust einem der Weidspruch: *Prosit das neue Jahr,* wenigstens 14 Tage lang ums Ohr. Gedruckte und ungedruckte Zettelchen flattern wie Schneeflocken von Hand zu Hand. *Ich wünsche, was du dir selber wünschen möchtest,* damit pflegt man gemeiniglich die Neujahrswünsche aufzustutzen. Und ich wünsche, daß Gott diesen Wunsch nur in dem höchstseltenen Falle gewähren möchte, wenn der Wünscher vernünftig ist. Wenn Gott alle Wünsche der Menschen erfüllen wollte, so würde es bald um die Harmonie in unserer Welt getan sein. Der Arm des Menschen würde bis an die Sterne reichen und Welten aus ihren Sphären reißen. Folge mir, mein Leser, mit der Phantasie nur einige Augenblicke nach. Da steht der Thron der Vorsicht. Myriaden Sterblicher um ihn her – *Wünschet*! spricht die Vorsicht. He, welch ein Getöse von Stimmen! – Erst ein paar kahle Provinzen hab' ich meinen Nachbarn abgerissen, ruft der *Eroberer*, gib mir mehr! Gib mir Königreiche! gib mir die Welt! – Ewige Vorsicht, Blut! Leichen! Siegsmahle! schreit der *Held.* Stürz diesen aufgeschwollnen Höfling am Throne des Fürsten nieder, und *mir – mir* gib seinen Platz! ruft der *Staatsmann*! – Krieg! Krieg! gib uns Krieg, guter Himmel! Wir verschmachten ja vor Hunger und Langer Weile, wünscht der *Soldat.* Ärzte, Apotheker, Bader, Quacksalber und Totengräber wünschen epidemische Seuchen. – Der blinde Eiferer wünscht seinen Anhängern die schimpflichen Fesseln der Unwissenheit und des Aberglaubens, um die Elenden, wie Dalai-Lama, noch länger mit seinem Kote füttern zu können. – Der Sachwalter wünscht der Kabale einen Thron, um unter ihrem Schutze durch Betrug und Ränke fett zu werden. –
Der *Gelehrte*: Tinten, Feder, Papier und leichtglaubige Verleger! –
Der *Dichter* ruft sehr genügsam: Gott, erhalte mir nur meinen Witz, mein Mägdgen, meine Weinflasche und meinen Rock! – Uhren, Dosen, Dukaten wünscht sich der *Tonkünstler* für eine Kadenz und einen Triller. –

Sofa, Phrynen, Honigbäche, Feenschlösser, Genuß ohne Mühe, ruft der *Wollüstling!* – Midas' Gold, nur nicht seine Ohren! wünscht der *Geiz*! – Der *Heuchler*: Gott behüt mir nur meine Maske! –

Auch unter den gemeinsten Ständen des Lebens würde man die unsinnigsten Wünsche hören. Laß die Mode närrisch werden, würde der Schneider sagen, und alle Wochen die Kleider verändern! – Laß den Hagel die Fenster zerschmettern! der Glaser. – Totenbahren wünscht der Schreiner! – Spitzbuben, Jauner und Huren wünschen die Gerichtsdiener – und ich wünsche vielleicht törichter als sie alle: Vorsicht! gib mir weit mehr ungestümes Feuer in Busen, daß die Wahrheit nicht kalt, wie Wasser von der Felsenwand, sondern heiß, siedheiß, wie Lava am Vesuve von mir herabströme! Will's alsdann nicht achten, wenn der Dümmling wider mich schreit, wenn der Fanatismus mich angrinst, die Schüler des Aberglaubens in den Hüllen der Nacht auf mich lauren – ist's nur wahr, ist's nur vaterländisch, was ich geredet habe. – Indessen kniet die ruhige *Weisheit* am Throne der Vorsicht, hebt ihre Händ' empor und fleht: *Gott! erfülle die wenigsten Wünsche und tu, was DU willst!* –

Lassen wir dann die Welt ihren leidlichen Gang fortgehen und unsere Sachen so einrichten, daß wir wenig Wünsche übrighaben. Sind doch die Mittel zur Glückseligkeit in unserer eigenen Hand. Leb mäßig, so bist du gesund; sei rechtschaffen, so hast du Seelenfrieden! Was kann man weiter wünschen, wenn's einem an Leib und Seel wohl ist? Und also tret' ich unter Kronosflügeln meine Laufbahn mit ziemlich erleichtertem Herzen aufs neue an. Ich weiß es, *Joseph* wird leben und noch lange der Stolz unseres großen Volks sein; Weisheit wird um den Thron des deutschen Fürsten wachen und das Gewebe so manchen luftigen Staatskünstlers zerstören; vernünftige Polizei wird Ordnung, Sicherheit, Bequemlichkeit in allen Provinzen Germaniens einführen, der trunkne Fanatiker wird seinen Rausch ausschlafen und der Vernunft Gehör geben; die Abderitenbrut wird in Germaniens Städten nach und nach aussterben; der Handel wird durch die Sorgfalt vernünftiger Kaufleute wieder emporsteigen; der Gelehrte wird *nützliche* Erkenntnisse sammeln, und der Geschmack wird sie in gefälliger Tracht dem Volke vorführen; die Künste werden ihr

Haupt wieder aus dem Staub erheben und freudig zur Sonn' emporschauen; Fleiß und Ehrlichkeit wird den Handwerker beseelen, und Anbaulichkeit (man erlaube mir hier dies neue Wort!) wird die Fäuste des Landmanns härten; die so verderbliche Nachahmungssucht des ausländischen Flittergolds und Verachtung der einheimischen Schätze wird abnehmen, und Vaterlandsliebe wird wieder wie zu den Zeiten unserer Väter unsern Busen erwärmen; die Ratsherren werden weise Väter der Stadt, die Prediger friedsame Lehrer der Wahrheit, die Sachwalter Verteidiger der Unschuld, die Lehrer weise Führer der Jugend werden; der Akademiker wird den Kathederstaub abschütteln; der Schriftsteller wird heiß und vaterländisch schreiben; der Dichter wird uns durch seine zauberische und empfindsame Gemälde in Elysium versetzen; der Künstler wird nicht immer *nachäffen*, sondern *erfinden*; das stolze Ausland wird mit Staunen auf uns herblicken und gen Himmel rufen: *Welch ein Volk sind die Deutsche!*

Aus dem 1. Stück vom 2. Januar 1775

Politisches Nichts

Es ist sehr schnackisch anzusehen, wie jetzt die Zeitungsschreiber den Gänsen gleich die Hälse lang machen, mit spähendem Auge nach Neuigkeiten umhersehen und vor Ungeduld schreien, daß nichts Neues vorgeht. Wahr ist's, nicht leicht sind die aus allen Gegenden der Welt einlaufende Berichte unwichtiger gewesen als jetzt. Der Puls von Europa scheint gleichsam stillezustehen, kaum sind noch hier und da Lebensschläge merklich. Seitdem *Friedrich* seine Staatsgeschäfte unter der Wolke des dicksten Geheimnisses verbirgt und seitdem Verschwiegenheit gleichsam das erste Gebot im Staatskatechismus der Großen geworden: seitdem kann der arme Chronist dem Publikum nichts anders als kühle und höchst unwichtige Nachrichten mitteilen. Wenn's nicht noch Hochzeiten und Leichen, Galatäge und Maskeraden, Erdbeben und Mordgeschichten gäbe oder wenn man nicht die Schellen an den Kappen der Narren im Vademekum klingeln hörte, so würden die zweihundert Zeitungsschreiber in Deutschland wirklich eine erbärmliche

Figur machen. Erlaub's mir also, christlicher Leser, daß auch ich mit andern annalistischen Schächern zu dir ins Zimmer trete, die Achsel zücke und spreche: der ganze Artikel ist – *ein politisches Nichts.*

Aus dem 4. Stück vom 12. Januar 1775

Engelland

Leser, streife mit mir in die Insel der Freiheit. Hier strömen die Neuigkeiten, wie die Reichtümer, aus allen Weltteilen zusammen. Keine Nation ist gründlicher von dem unterrichtet, was um sie her vorgeht, als die britische. Will also heute nicht mit dir im verzagten Ton einer deutschen Chronik, sondern im freimütigen Ton eines britischen Annalisten sprechen.
Was doch die Engelländer für ein Volk sind! Sie bewundern das Erhabene auch an ihren Feinden. Alle ihre Blätter sind voll von Lobeserhebungen auf die Bostonier. Diese mutigen Verfechter der Freiheit fahren fort, die Aufmerksamkeit der Nation auf sich zu ziehen. In der letzthin zu Philadelphia gehaltenen allgemeinen Versammlung trat einer ihrer ersten Patrioten auf und hielt eine sehr nachdrückliche Rede, worinnen einige sehr starke und freimütige Züge sind. Ich rede mit Männern, sagt der Patriot, und nicht mit Weibern, die ein Windstoß umlenken kann. Die Freiheit ist mitten unter uns; verdient den Schutz dieser wohltätigen Gottheit, sonst verläßt sie euch auf ewig. Laßt den Europäern die Schmach, ihren feigen Rücken unter Sklavenjoch zu schmiegen; ihr aber seid edel und frei! Fühlt die Rechte der Menschheit und leiht euren Rücken nie den Tyrannen zum Fußschemel. Unsere bisherigen Beherrscher fühlen's, mit wem sie zu tun haben; denn ein Freier ist dem Despoten so fürchterlich als ein Frommer dem Bösewicht. Die Vorschläge des Parlaments zu London sind wie Würmer am Angel. Dumme Fische wärt ihr, wenn ihr euch an Angeln locken ließt. Wir können uns mit Engelland unter keinen andern Bedingungen einlassen, als daß wir unsere Rechte und Freiheiten behaupten. Soll der Bürger in London mehr Vorrechte genießen als der Bürger in Boston? Sollen wir

Sklaven von der Laune des Parlaments sein? – Ihr wißt's, wie sehr unsere Beschwerden seit dem letztern Kriege angewachsen sind; wißt's, mit welcher Geduld wir den Fußtritt unsrer Peiniger ertrugen; wißt's aber auch, daß man unsere Geduld für Feigheit auslegte. Jetzt ist es Zeit, daß wir uns vom Staube erheben und unsere Rechte mit allem Mute behaupten, der den Edlen und Freien so anständig ist. Ihr wißt's, die Natur hat uns mit allem versorgt, was wir zur Bequemlichkeit und zum Vergnügen brauchen. Laßt also den Großbritanniern und Irländern ihre Güter; wir wollen die unsrige behalten. Laßt uns dem General Gage das Schwert aus den Händen winden, womit er unsere Freiheit und Ruhe zerstören will; laßt uns alle Einwohner in den Kolonien ermuntern, ihre natürlichen Rechte und Freiheiten wieder zu behaupten; und wollen sie's nicht, so zeigt ihnen den Abgrund, dran sie bereits schwindeln. Selbst die Großbritannier wollen wir fragen, ob sie zusehen können, daß ihre eignen Brüder und freien Mituntertanen in Amerika unterjocht und ihrer Geburtsrechte beraubt würden. Wenn der Brite nicht auffährt und unsre Schmach rächt, so müssen wir's tun. Hilft die Güte nichts, so haben wir Waffen, womit wir uns verteidigen können, und, meine Hoffnung täuscht mich nicht, Mut genug, Schlachtopfer der Freiheit zu werden. Das Resultat des Kongresses war dieser heroischen Anrede gemäß. Die Kolonien verbanden sich, weder die Einfuhr fremder Waren noch die Ausfuhr eigner Produkte zu verstatten – verboten den Sklavenhandel – gaben Gesetze zur Aufnahme der Manufakturen, der Künste und des Landbaus und geboten, alle unnötige Ausgaben, Pferdrennen, Spiel, Hahnengefechte, Komödien, kostbare Kindtaufen, Hochzeitmahle und prächtige Trauren in Zukunft aufzuheben.

> O Vaterland, eine Bitte an dich! Laß dir einen Amerikaner eine weise Lehre geben. Zerstöre deine Spieltische, jage deine elenden Marionettenspieler (denn was sind unsere Schauspieler anders als Drahtpuppen?), deine Taschenspieler und Gaukler aus dem Lande. Ich kenne leider Städte in Deutschland, wo die drei Hauptszenen des menschlichen Lebens: Geburt, Hochzeit und Tod, Bacchanalien sind. Verwende dein Geld nicht auf eitlen Prunk, sondern auf die Erziehung deiner Bürger!

Aus dem 5. Stück vom 16. Januar 1775

Rußland

Obgleich die nordische Tomyris Helm und Speer auf die Seite gelegt hat, so gibt's doch immer in ihrem weitläuftigen Reiche Dinge, die wissenswürdig sind. Nach einem Sturme ist das Meer nicht gleich wieder ruhig, sondern schäumt und wirft noch immer Wellen, bis sich der wolkenfreie Himmel wieder über ihm spiegelt und die Delphinen in den vergoldeten Fluten tanzen. *Pugatschow* hat mit dem Schwerte des Aufruhrs dem Lande tiefe Wunden geschlagen. Verheerung bezeichnete die Stelle, wo er auftrat. In Sibirien, in Kasan und in einigen astrakanischen Provinzen hat er ganze große Striche verödet, und die wenigen Einwohner sind dem Hunger preisgegeben, wenn nicht die wohltätige Katharina diese Unglücklichen rettet. Pugatschow führt sich in seinem Gefängnisse sehr trotzig auf. Bei seinem ersten Verhöre sagte er zu den Richtern: Ihr nennt mich einen Rebellen und blickt mit richterlichem Trotze auf mich – jetzt, da die Kette an mir klirrt. Ihr würdet euren sklavischen Nacken vor mir beugen, wenn mir das Glück günstig gewesen wäre. Ich hatte Mut genug, was Großes zu unternehmen; aber die feigen Ottomanen schmiegten sich unter das Joch des schimpflichsten Friedens, und meine mutlosen Freunde verließen mich. Weiß wohl, daß die Menschen alles nach dem Erfolge zu bestimmen pflegen. Wär' ich mit den Waffen in der Hand bis nach Petersburg vorgedrungen, so würde die erstaunte Welt um mich her ausgerufen haben: Pugatschow ist ein großer Mann! ein zweiter Timur Beg! Nun da das launische Weib Fortuna ihn verließ, heißt er ein Rebelle. – Ich will's sein. Was ich euch sagen könnte, das wißt ihr schon. Quält mich mit richterlichen Untersuchungen nicht. Führt mich ins Gefängnis und bittet eure Kaiserin, daß sie meinen Tod beschleunige. – Man glaubt, die Kaiserin werde ihm diesen Wunsch gewähren und noch vor der großen Friedensfeier seinen Prozeß endigen. Die außerordentliche Kälte hat bisher die Reise des Hofs nach Moskau verhindert. Sogar die Lebensmittel, die man dahin abführte, sind verdorben. Indessen ist das russische Ministerium nichts weniger als ruhig. Die Kuriere von Berlin bringen Briefschaften mit, die dem Geiste des ersten Ministers Panin große Rätsel vorlegen. Der preußische Gesandte, Graf Solms, hält häufig geheime Unterredungen mit diesem Minister, und in kurzem muß es sich zeigen, ob die Verbindung dieser zwei großen nordischen Höfe noch länger dauern oder in eine offenbare Fehde ausbrechen werde.

Die Tatarn können sich gar nicht in die Unabhängigkeit schicken. Die Kaiserin muß ihnen mit dem Schwert in der Faust zeigen, daß diese Sklaven nicht wert sind, frei zu sein.

Es gehört mehr Geist dazu, sich in die Freiheit als in die Sklaverei zu schicken. Ein dummes Volk muß man, wie Hunde, unter der Pritsche halten. Nur die Weisen, die Edeln, die Rechtschaffenen sollten unter allen Nationen frei sein. Sie sind's auch, wird mir hier mancher kühler Republikaner ins Ohr flüstern. Ich aber sage: Nein, sie sind's nicht. Ist der frei, der Flamm' im Busen fühlt, der, wie der Vogel Jupiters, gen Himmel fliegen möchte; dem man aber mit der kalten Schere einer phlegmatischen Regierungsform die Flügel stutzt? Ich liebe mein Vaterland; ein heißer, heißer Gedanke brennt mich aufm Herzen; laßt mich ihn heraussagen vorm Volk, aushauchen diese patriotische Glut! – Halt 's Maul, sagt ein Scherge der Gerechtigkeit. Da steh' ich dann, und die Flamme versengt mich.

[...]

Aus dem 6. Stück vom 19. Januar 1775

Vaterländische Klagen

Man darf weder den Hypochonder noch den Spleen haben, so wird man doch Ursachen genug zum traurigen Mißvergnügen finden, wenn man mit prüfendem Auge und redlichem Herzen auf sein Vaterland hinblickt. Leser, sei 'nmal ein Mann, verschließ die Augen nicht aus sklavischer Furcht, schau nicht durchs Prisma einer übertriebenen Vaterlandsliebe, sondern stell dich mit mir auf einen Berg, atme die feinern Lüfte der Freiheit, tu die Augen weit auf und waffne dich mit dem Sehrohr der Weisheit. Was siehst du? Scheint nicht dein Vaterland um dich her in der fürchterlichen Stille zu liegen, worauf ein Sturm folgt? Scheinen nicht deine Mitbürger mutlos Kopf und Hand sinken zu lassen? Scheint nicht die Gewerbsamkeit mitten auf'm Wege stillezustehen, vor tiefem Gram, an irgendeinem Felsen zu sinken und ihren Tod zu erwarten? Die Furie Zwietracht hat da und dort ihre Fackel angesteckt und schwingt sie durch die Lüfte, um sie in Flamme zu bringen. Die ruhige Weisheit, der Friede und die Töchter der Fülle, der Geschmack, von Grazien umgeben, scheinen schon irgendwo ein besseres Volk zu suchen, um es glücklich und froh zu machen. –

Oh, ich mag das ganze finstere Gemälde nicht ausmalen. Will die Farben nur klumpenweis hinwerfen, magst sie selber verwaschen:

Die Uneinigkeit der evangelischen und katholischen Gesandtschaften zu Wetzlar vermehren sich täglich. Wir wollen die Ursachen reif werden lassen, ehe wir sie dem Publikum vorlegen. Der König von Preußen hat kürzlich ein sehr nachdrückliches Schreiben, voll von Protestationen, durch seine Gesandtschaft übergeben lassen, wovon man begierig den Erfolg erwartet.

Der *Fanatismus* fängt an, wieder seine alte Rolle zu spielen und seine Götzen auf die Altäre der Wahrheit zu stellen. –

Die herrlichen *Erziehungsanstalten*, die das Herz des Patrioten mit mancher süßen Ahndung erfüllten, sind in Gefahr, wieder in der Geburt zu ersticken. –

Die *wahre Gelehrsamkeit* wird von falschem Witze verdrungen. Man darbt an wahren Gelehrten und macht Schulknaben zu Professoren. –

Unsere *Kameralisten* sind nicht weise Verwalter des Staatsschatzes, sondern Plusmacher geworden. –

Das *Verdienst* wird nicht mehr nach Kopf, Herz und Taten, sondern nach der Biegsamkeit unseres Rückgrats bestimmt. –

Die *Polizei* – oh, mir kocht das Herz, eine vaterländische Träne stürzt, und ich schließe vor Unmut, weil ich nicht alles sagen darf, was ich wollte, diesen tragischen Monolog.

AUS DEM 9. STÜCK VOM 30. JANUAR 1775

Aus Engelland

Die Nachrichten aus diesem Reiche werden für die Neugierde immer lockender. Der Brite, der nicht durch die Brille, sondern mit eignen Augen sieht, weiß gar wohl, in welch einer gefährlichen Lage jetzt die europäischen Angelegenheiten sind. Er geht mit Mut und Weisheit dem Sturm entgegen und wird zu seiner Zeit, als ein erfahrner Pilot, sehr gut zu lavieren wissen. Zwischen *Engelland, Preußen* und *Rußland* wird mit ehestem ein Schutz- und Trutzbündnis errichtet werden, wozu man *Sardinien* und *Holland* einladen wird. Die Nachrichten aus Amerika stören jetzt die brünstigsten Beter in ihrer Andacht. Sie denken mehr an die neue als an die zukünftige Welt. Die ganze Klugheit des General Gage war unzureichend, das Ungestüm der Bostonier zu besänftigen. Die Kolonien sind wirklich in den Waffen. Wer weiß, was ein Volk, das aus drei Millionen Seelen besteht, vom Geiste der Freiheit beflammt, tun kann, wird über die Lage der amerikanischen Angelegenheiten mit den Briten zittern. Der Greis wie der Jüngling, der Mann wie das Weib, selbst die Kinder rufen durch die Straßen das Losungswort: *Freiheit,* und Amerika scheint jetzt einer großen entscheidenden Revolution nahe zu sein. Der Engelländer sucht mit aller Macht diesem gefährlichen Aufruhre zu steuren, und verschiedene neue Regimenter haben Befehl erhalten, die Fahrt nach Amerika anzutreten. Tief in die Seele 'nein hat mich das Schreiben verwundet, welches ein englischer Schiffsprediger aus Jamaika an seine Freunde nach London schrieb. Unter andern heißt es drinnen:

> Nichts ist schrecklicher und stimmt mit dem Betragen – will nicht sagen des *Christen,* sondern nur des *Menschen,* weniger zusammen als die Grausamkeiten, die die Europäer an ihren Sklaven, den Negern, ausüben. Hier ist ein reicher Kaufmann aus London, der seine Sklaven ärger als Bestien mißhandelt. Er spannt sie an seinen Wagen und zerfleischt sie mit seiner Geißel, daß sie oft unter seinen Schlägen niedersinken und den Tod von ihrem Peiniger als eine Wohltat erflehen. Er läßt sie Lasten tragen, die wir uns schämen sollten, Lasttieren aufzubürden. Stockschläge, hartes Brot, in faulem Wasser aufgeweicht, und ein Stall mit fauler Streu ist die Belohnung dieser Elenden. Bei diesen himmelschreienden Grausamkeiten gibt sich dieser Barbar noch die Miene des Christentums. Er liest

seinen Morgen- und Abendsegen, besucht den Hausgottesdienst und singt seinen Psalm. O Christentum, das du dich ganz auf Sanftmut und Menschenliebe gründest, welche Ungeheuer erzeugst du in deinem Schoße! Unbeschreiblich ist, was die Negern für einen Abscheu vor unserer Religion haben. Ist's aber Wunder, wenn sie eine Religion hassen, die ihnen von solchen Teufeln empfohlen wird.

Aus dem 11. Stück vom 6. Februar 1775

An die Schwaben

Ihr lieben Schwaben insgesamt,
Wenn noch ein Fünklein in euch flammt
Von Ahnenglut, so höret mich,
Dann biderb, frei und deutsch bin ich.
Unüberwindlich groß und stark,
In ihren Knochen Löwenmark,
War eurer großen Väter Art;
Jetzt seid ihr zärtlich, winzig, zart,
Tragt statt der Waffe Degelein,
Mit Bändern dran, gar hübsch und fein,
Und sprecht mit eurem lieben Sohn
Franzosensprach im Nasenton.
Ihr lauft verbuhlt um eure Weiber,
Wie Maulwurf, Sperling oder Täuber.
Wer Komplimente schneiden kann,
Wer schmeichlen, kriechen, heuchlen kann,
Der ist bei euch ein braver Mann.
Ihr haschet nur nach Rauch und Dunst
Und nicht nach Wissenschaft und Kunst;
Drum gilt bei euch der Gauch und Tropf
Mehr als der Weise und der Kopf.
Der Jüngling sitzt beim Wein so kalt,
Als wär er achtzig Jahre alt
Und säße auf der Alpen Höh
Mit bloßem A*** im ew'gen Schnee.
Ist's Wunder, wenn man euch entehrt,
Als wenn ihr Yahoo wärt?
Schnipst euch der Sachs und Brenne doch
Verächtlich unters Nasenloch.

O denkt einmal im Ernste nach,
Was einst Bohemus von uns sprach:
Der Schwabe wird erst spät gescheit.
Ach denkt daran, 's ist hohe Zeit.
Seid klug, schon vor den vierzig Jahren,
Wie's eure brave Väter waren.
Wie schön, wenn einst der Enkel spricht:
Die Narrenkappe paßt mir nicht.

Aus dem 19. Stück vom 6. März 1775

Franzosenwitz

Du dummer vierschrötiger Deutscher, der du da wie Fingal an der Felsenwand lehnst, dem Brausen des Waldstroms horchst und auf Taten sinnst, fahr auf vom Schlachtentraume und sieh, wie dich dort in Paris die Enkel deiner Söhne, die witzigen Franken, beschämen. – Erstaunend ist's, welche große unsterbliche Erfindungen jetzt in Frankreich zum Vorscheine kommen! Der Witz flattert mit Schmetterlingsflügeln von Haube zu Haube, von Tapon zu Tapon, von Berlocken zu Berlocken. Der Geschmack duftet aus den Haaren und aus den Lavendelfläschgen, hüpft dort leichtgeschürzt im Tanze, weint in der Komödie, lacht im Trauerspiele und kluckt in der Oper. Da der Franzose zu fein ist, den rauhen Geist der Zeiten Heinrich IV. nachzuahmen, so kleiden sie sich jetzt wenigstens in die Tracht der damaligen Heldenzeit.

Da fällt mir der Bub in seines Vaters Küraß ein.

Die Damen türmen jetzt ihr Haar und ihre Hauben immer weiter den Wolken entgegen. Sonst malte man Furien mit emporgesträubten Haaren, jetzt ist's Mode, Schönheit, Geschmack geworden. Man trägt jetzt hieroglyphische, symbolische und physiognomische Hauben. Sie bilden bald ein Dorf, einen Wald, eine Wiese, eine Brücke, eine Windmühle. Vorzüglich sollen die Windmühlenhauben den größten Beifall haben, weil sie mit dem Charakter der Nation zu sympathisieren scheinen. Eine witzige Dame hat kürzlich eine Haube erfunden, die man an einem Draht wie einen Zeisigschlag auf- und zuziehen kann.

Du kleiner loser Amor du,
Mit deinen losen Blicken,
Man muß dich jetzo nach Paris
Zu einem Zofen schicken.

Die dich, wann sie an Drähtchen ziehen,
Wie einen Zeisig fangen.
Ach – Perlentränchen tröpflen dann
Von deiner Mutter Wangen.

Wo ist mein Sohn? So girrt sie bang,
Wie eine Turteltaube,
Und sucht und findet dich – o pfui!
In einer Weiberhaube.

Aus dem 20. Stück vom 9. März 1775

Vaterländische Nachrichten

[...]
Die übrigen deutschen Höfe liefern uns wenig Stoff zu interessanten Berichten. Vom *König von Preußen* erfährt man erst nach vollendeter Tat, was er tun will. Alles übrige, was in Berlin geschieht und was man wissen darf, ist nicht viel ungewöhnlicher als Begebenheiten in andern großen Städten. Es sind Fremde angekommen – Fürsten, Grafen und Baronen, aus dieser oder jener europäischen Provinz; sind auch wieder fortgegangen. So groß die Freiheit zu schreiben in den preußischen Staaten ist, so eingeschränkt sind daselbst die Zeitungsschreiber. Das Machtwort *Spandau* lähmt daselbst ihre Arme; man kann also von diesem Hofe, wo alles unter dem dicksten Schleier abgehandelt wird, soviel als nichts sagen. Gewiß ist's indessen, daß der große Prinz Heinrich nach Moskau abgegangen; ja man sagt sogar, daß Alexander Friedrich die Katharina Thalestris künftigen Sommer selbst besuchen werde.
Im Kurfürstentum Sachsen werden Anstalten gemacht, die, wo nicht kriegrisch, doch wenigstens sehr vorsichtig sind. Das Heer wird täglich vermehrt und soll bereits auf 45000 Mann angewachsen sein. Es ist auch bereits ein Kommando

nach der Ukraine abgeschickt worden, Remontepferd' einzukaufen. Sonst ist's am sächsischen Hofe ziemlich stille; das ganze Staatssystem scheint sich auf Beibehaltung der Ruhe und Verträglichkeit mit seinen Nachbarn zu stützen. Der Kurfürst und sein weises Ministerium trifft lauter Anstalten, die zum Glücke des Landes abzwecken. Vorzüglich sind die dasigen Schulanstalten so gut, daß sie Nacheiferung verdienen.

Brandenburg und *Sachsen* sind unter den Protestanten in Deutschland die Länder, wo das Volk am besten erzogen ist. Da trifft man oft Bauren an, die gesundere Begriffe von der Religion, ihrer Bestimmung, der Naturlehre, der Moral haben als in – und in – und in – mancher – und mancher – und manche – –*

[...]

Aus dem 21. Stück vom 13. März 1775

Literatur

Die *Freuden des jungen Werthers* sind jetzt in tausend Händen und verdienen 's traun nicht. Man hat neulich dem *Nothanker* einen Kopf mit 'm Fratzengesicht aufgesetzt, das wollt' Nicolai nicht leiden. Drum ward er zornig, wollte dem *Werther* den Kopf runterschlagen und ein französisches Milchgesichtlein draufstellen, à la Vestris frisiert und mit Lyonerrot bemalt; aber 's wollte niemand behagen als den artigen Herrchen, die nur gewohnt sind, Porzellanfiguren auf den Toiletten zu sehen. Da spöttelt der Mann über den gerupften Stil und über den Geniestrom, der hoch einherbraust und auch ihm sein Tulipanenbeetchen wegzuschwemmen droht. Das Ding kömmt mir just so vor, als wenn ein bebalsamter und beduftetter griechischer Süßling zum Skopas gekommen wär und gewinselt hätte: Gib doch deinem Lao-

* Dem geneigten Leser, dem diese Querstriche unverständlich sind, will ich sie 'nmal mündlich entziffern; aber nachts, zwischen zwölf und ein Uhr, beim Scheine meiner Lampe, zwischen vier dikken Mauren und bei einer mit drei Riegeln und zwei Mahlschlössern verschlossenen Tür, und zwar mit dem leisen furchtsamen Laute – eines *Freigebornen.*

koon ein Alltagsgesicht. – So *Nicolai* zu *Goethe*: mach doch aus deinem Werthers einen guten Jungen, der sich nicht gleich vor 'n Kopf schießt, wann er 's Mensch nicht kriegen kann. Laß lieber den Albert 'n Hasenfuß sein! Soll dann das *Genie* handeln wie die kalte *Vernunft*? Soll *Feuer Wasser* sein? – 'nunter mit dem Quark in Entengraben!

Stärkung

Da kömmt ein Harlekin mit der Peitsch in der Hand und geißelt alle Rezensenten des Werthers vom Theater herunter.

Prometheus, Deukalion und seine Rezensenten. Voran ein Prologus und zuletzt ein Epilogus. Hamburg 1775.

Die Personen dieses schnackischen Drama sind Prometheus, Deukalion, Papagei, Gans, Esel, Nachteul, Frösch, 'n Reuter ohne Kopf, Löwe, Starmatz, Merkur, Iris, Orang-Outang und Hanswurst. *Prometheus Goethe,* der Feuer vom Himmel stahl, schickt seinen Deukalion Werther, nachdem das arme Deutschland von der französischen Sündflut fast weggeschwemmt ward, in die Welt. Da kommt dann 's Rezensentenvieh und plaudert dir allerlei lustiges Zeug über diese Göttergeburt. Der Papagei schmeichelt sich,

daß er Witz besitz,
trotz einem in Leipzig, dem Musensitz.

Als dummer Bewunderer lallt er bloß die Urteile der andern nach und pappert:

Gewiß, Prometheus ist ein großer Mann,
Macht unserm Weltteil, Gott b'hüt ihn, viel Ehre.

Drauf tritt der Chorus auf und lärmt:

Ga ga ga ga ga
Ja ia uhu uhu
I hi hi hi ha ha ha
Koax, koax – U – h.

Die Gans kann nicht mit *Werthern sympathisieren;* der Esel tadelt ihn, weil er Misonos, ein Eselfeind, ist; die Eule kann den Adlerblick ins Sonnenlicht nicht leiden; die Frösche wollen, er soll mit ihnen in der Pfütze ihr koax, koax anstimmen;* der Altonaer Postreuter ohne Kopf sieht Werthern das *Gift aus den Augen blinken;* dann kommt der Hamburger Löwe mit dem halben Stadtwappen in den Tatzen, sagt was von des Jungen Löwenmut; der Starmatz mit dem Trompetchen im Schnabel *berichtigt* in Breidenbachs Geschmack; drauf kömmt *Merkur*:

Muß meinem Alten was Neues aufjagen,
Sein grauer Plinius will nicht jedem behagen,

gesteht aber im Vertrauen, als er *Deukalion Werthern* erblickt:

Ei sieh doch! guck! das nenn' ich mir Original!
So was macht Jupiter Wieland nicht mal.

Und Prometheus erwidert drauf mit liskowischer Laune:

Davor hat's nun wohl gute Ruh:
Wo nähm er dann den Zeug dazu?

Heisa, nun kömmt Miß Iris mit dem zuckersüßen Gesichtchen und dem jacobischen Milchbart, tritt näher zum Prinzen Deukalion und schwätzt à la Jacobi

Viel Stunden lang
Von Herz und Empfindung und Minonens Gesang.

Orang-Outang verscheucht sie; der will gar dem Deukalion den Kopf runterreißen und seinen scheußlichen draufsetzen:

Macht Freuden und Leiden und wiederum Freuden.

Der Hamburger Löwe preist den verehrungswürdigen Affen; der Postreuter Wittenberg ohne Kopf jauchzt hoch drob, daß ein anderer auch 's Gift merkt; die Eule freut sich, daß der Junge Werther nun hübsch nüchtern und leer geworden; und der Schafskopf – blökt gar von Beschimpfung der Asche des unglücklichen Mannes, der den Stoff zum Werther hergab. Endlich schließt Hanswurst mit 'm launischen Epilog:

* 's wäre mir nicht lieb, wenn man den Wandsbecker Boten, den ehrlichen Asmus, in Froschlachen verbannte.

Tut doch, bitt' üch ums Himmels willä,
Die glehrte Welt nit immer mit Unsinn füllä,
Schwätzt ä bissel wen'ger unn denkt desto mehr,
's greicht euch währli zur größeren Ehr.

Hätte dich nicht so lange, trauter Leser, mit dieser Posse aufgehalten, wenn's nicht ein Produkt eines trefflichen Kopfs wäre, der Mut, Genie, Witz, Laune genug hat, den unempfindsamen Kritikern entgegenzugehen, die Originalwerke anplappern, angigacken, angrinsen, und wenn sie's gesehen haben, wieder dahin gehen, wohin sie gehören – in Stall.

Dir aber, Schwabe, der du immer nach Moral in Werthers Leiden schnappst, muß ich noch sagen: so hat 'nmal 'n Mensch gehandelt; aber so sollst du nicht handeln. Es ist Schuldigkeit des Genies, manchmal einen Menschen aus Millionen herauszuheben und ihn zum Anschauen darzustellen. Wer Moral sucht, kann Mosheims und Millers Quartanten lesen.

Aus dem 22. Stück vom 16. März 1775

Frankreich

[...]

Sonst fällt der Geist der Nation immer tiefer ins Kleine. In nichts verraten die Franzosen mehr einen sichern, festen, männlichen Geschmack. Ihre Politiker sind süße Schwätzer, ihre Weltweisen seichte Köpfe, ihre Redner Kleinmeister, ihre Dichter gereimte Prosatoren, ihre Geschichtschreiber schön lallende Anekdotenkrämer. Die Doktoren der Sorbonne glauben noch an Hexen, Gespenster und Teufelsbesitzungen, und die Äbte außer der Sorbonne sind die gröbsten Materialisten. Ihre Musiker haben das wahre große Gefühl der Harmonie verloren und trällern Rondeau. Der Maler malt geschminkte Süßlinge; der Kupferstecher sucht nicht Festigkeit des Griffels und Keckheit in der Wahl seiner Partien, sondern Feinheit und samtnen Angriff in seinen Stichen; der Baumeister macht Gartenhäuser zu Tempeln und marzipanerne Häuslein zu Palästen. Ein Modebüchelgen geschrieben, einen neuen Aufsatz, einen neuen Kopfputz, neue Frisuren, neue Pompons erfunden zu haben, überwiegt jetzt in Paris bei den meisten das Verdienst des redlichen Mannes, des Patrioten, des Weisen, des Genies. Wehe dem Lande, wo *Witz* mehr gilt als *Verstand! Allzu große Anhänglichkeit ans weibliche Geschlecht* ist bei allen Nationen der Vorbote gewesen, daß der Geist der Nation von der Mannheit zur Weiblichkeit ausarte. Man denke nur an die weibischen Perser und an die Griechen zur Zeit, als Psychen und Aspasien ihre Männer beherrschten. – Jetzt schreibt man in Frankreich Astronomien, Physiken, Philosophien, Geschichten, Enzyklopädien fürs weibliche Geschlecht. Ja vor eben den Schranken des Gerichts, vor denen die Beredsamkeit eines Daguesseau und Thomas donnerte, treten jetzt Weiber auf und verteidigen ihre Sache. Kürzlich hat die Gräfin von Béthune ihre Sache vor dem Parlament selbst geführt, und zwar zum höchsten Wohlgefallen der entmannten Franzosen. O ihr Unmänner, wenn ihr's Weibern erlaubt, die Stellen der Demosthene und Ciceronen zu vertreten; so schnallt euer Schwert ab und gürtet es euren Amazonen um!

Ein heißer Vaterlandsgedanke glüht in meinem Herzen. Muß 'n raus stürmen. Möchte doch dieser Geist der Kleinheit niemals von uns biderben Deutschen nachgeäfft werden! Wenn Buben mit 'm Ball spielen, müssen's dann Männer gleich nachmachen? Leider haben wir schon Philosophien, Naturlehren, Enzyklopädien vors *schöne Geschlecht*! Leider gibt's auch bei uns Gelehrte und Artisten, die so lang an Wissenschaften und Künsten schnitzeln, bis 's eine Porzellanfigur auf einem Putztische wird. Gott weiß, ich liebe das Frauenzimmer mit der innigsten Zärtlichkeit: aber wenn sie meine Richter in der Literatur und Kunst werden wollen; wenn sie meinen deutschen Geschmack mit ihrem Zuckerwerk, ihren Brühen und Sülzen verderben wollen; dann ruf' ich mit dem edlen Unwillen eines Archimedes: Zerstört mir meine Zirkel nicht!

Aus dem 28. Stück vom 6. April 1775

Aus den Provinzen der Freiheit

Merkst wohl, Leser, daß ich Boston drunter verstehe. Die Kolonisten harren mit unbeugsamem Sinne auf der Behauptung ihrer Freiheit. Durch ganz Nordamerika herrscht ein so einstimmiger, tiefgewurzelter Freiheitshang, daß die Engelländer Herkulskräfte haben müssen, wenn sie sich diesen trotzigen Verteidigern ihrer Rechte entgegenwerfen wollen. Die junge Mannschaft der Kolonisten wird beständig in den Waffen geübt; selbst die erfahrensten englischen Offiziere staunen, wenn sie im verborgnen den Kriegsübungen dieser mutigen Leute zusehen. Die englische Handlung in diese Gegenden ist in eine gänzliche Stockung geraten. Kein Tobak wird ausgeführt. Die Parlementsakten werden als der Tod der Freiheit verflucht. Die Amerikaner sind alle entschlossen, die beleidigten Rechte ihrer Freiheit zu rächen. Knaben und Greise greifen nach den Waffen, und überall herrscht die schreckliche Losung: *Sterben, sterben wollen wir für die heilige Freiheit! Sieg oder Grab unter den Trümmern unsrer zerfallenen Glückseligkeit!* Man muß aber nicht glauben, daß die Kolonisten Rebellen sein. Sie äußern die größte Ehrfurcht gegen ihren König Georg; nur empören sie sich gegen die Ratschläge seines Ministeriums. 's wird viel Geld, Arbeit und Blut kosten, wenn die Engelländer die Kolonisten zum Gehorsam bringen wollen.

Fidibus

Hast hier alle meine Neuigkeiten. Kann's, traun, nit baß machen. Mußt nicht drüber griesgramen. Darfst sie nur zusammenrollen und – Fidibus draus machen.
Könnte dir gar viel Liebliches erzählen, von dem französischen Netz, womit man Spatzen fängt, und dem spanischen Mägdelein mit drei Augen und drei Mäulern, lieblich und herrlich anzusehen, wie ein Medusenschild; und von dem Spitzbuben, Brockmann, der einen Kaufmann zu Königsberg ermordete und nun auf'm Giebichenstein im Sachsenland im Loch liegt; und von 'm wütigen Mann, der mit 'm Holzbeil seinen Sohn und seine Söhnerin in Stücken zer-

hackte. – 's ist mir aber nichts Widerlichers, als wenn ich, wie 'n Bänkelsänger, Brand- und Mordgeschichten herabheulen soll. [...]

Der König von Preußen hat noch vor der Wahl des neuen Papsts die Sache der Jesuiten untersuchen lassen und den Befehl gegeben, den Orden auch in seinen Landen aufzuheben. Also runter mit 'm Brustharnisch, ehrwürdiger Vater Loyola! Siehst's nicht, daß der preußische Adler mit 'm großen schattichten Fittich nimmer über deinem Haupt schwebt? –

Eine Anekdote aus der Welt

Ein paar hundert Poststationen von hier überreichte vor einiger Zeit ein andächtlender Hofmann dem Fürsten eine Liste von den Freigeistern seines Landes und machte einen von den verdienstvollsten Geheimden Räten zum Anführer derselben. Der Fürst, der eben am Kamin stand, überblickte die Liste und sagte zum Höfling, indem er das fürchterliche Verzeichnis ins Feuer warf: Wann ich alle diese Leute als Freigeister zum Teufel jagen wollte, so brächt' ich mein Land um die besten Köpfe und vortrefflichste Männer. Ein ernster Fürstenblick verscheuchte den Höfling. Gleich darauf übergab der beleidigte Geheime Rat dem Fürsten eine Liste von den Dummköpfen des Landes und setzte seinen Ankläger obenan. Der weise Fürst lächelte und sagte: Man muß die Esel füttern, denn sie tragen auch Lasten.

Aus dem 31. Stück vom 17. April 1775

Böhmen

Der Geist der Unruhe steckt noch immer den Bauren im Kopfe. Da in Böhmen bei 60000 bis 70000 Mann kaiserlicher Völker stehen, so gehört in der Tat sehr viel Mut dazu, sich wider die Obrigkeit des Landes zu empören. Dem Ansehen nach hat bloß die Verzweiflung die Bauren zu diesem Entschlusse gebracht. Die Robaten oder Frondienste waren in den meisten Kreisen so weit gestiegen, daß der Baur oft kaum einen ganzen Sonntag vor sich hatte. Das Klagegeschrei des unterdrückten Baurenstandes drang vor die Ohren des kaiserlichen Hofes, und schon 1770 und 71 sind Verordnungen nach Böhmen ergangen, wodurch die unmäßigen Fronen eingeschränkt werden sollten. Die Bauren, die, wenn man ihnen den kleinen Finger bietet, gleich nach der ganzen Hand greifen, glaubten, es wäre ein kaiserliches Patent vorhanden, wodurch sie auf ewig von allen Robaten befreit wären. Sie versagten demnach von dieser Zeit an ihrer Obrigkeit alle schuldige Frondienste. Verschiedene Ortschaften rotteten sich zusammen und foderten von den Obrigkeiten die Herausgabe des Patents. Durch Überredung, mehr aber durch Zwang, rissen Tausende Zehntausende fort, so daß ihre Anzahl bereits auf 30000 bis 40000 Mann angewachsen ist. Der General Graf Wallis ist aber vor einiger Zeit wider sie ausgezogen, hat 1000 dieser Aufrührer bei Prag gefangengenommen, verschiedene andere Kommandos mit Priestern und Scharfrichtern in die tumultuarische Kreise geschickt, mit dem Befehle, die Anführer, sobald man sie habhaft würde, sogleich hinzurichten und die übrigen durch Bande, Schläge und Drohungen zum Gehorsam zu bringen. Dies hat bereits den heilsamen Erfolg gehabt, daß die Bauren mit ihren Äxten, Dreschflegeln und verrosteten Flinten selbst wieder nach Hause gegangen und durch den ganzen Sturm nichts gewonnen haben, als daß sie ihren Zustand verschlimmerten.

> *Peter der Große* pflegte zu sagen: Ein Volk, das zu keinem Aufruhr geneigt ist, ist gemeiniglich feig, phlegmatisch und unbrauchbar im Kriege. Die größten Rebellen, wenn sie durch weise Mäßigkeit zum Gehorsam gebracht werden, geben die besten Soldaten.

Noch ist der Aufruhr nicht ganz gedämpft; man hofft aber, er werde durch die treffliche Anstalten der Generalität in Böhmen ehestens beigelegt werden, ohne die Felder in Böhmen mit Untertanenblut zu düngen.

Beitrag zur neusten Handlungsgeschichte

Wünsche mir schon lange ein Buch, darinnen die *Geschichte der Handlung* zu allen Zeiten und unter allen Völkern genau, zuverlässig und pragmatisch beschrieben wäre, ohngefähr auf den Schlag, wie der kürzlich von uns gerühmte *Eichhorn* die Geschichte des wichtigen ostindischen Handels beschrieben hat. Einzelne Beiträge haben wir wohl genug, aber noch kein Ganzes. Ein merkantilischer Geschichtschreiber nach meinem Ideal müßte nicht nur reiche Sprachkenntnis und vollkommene Einsicht in die Verfassung eines jeden Staats besitzen, sondern noch überdas von Jugend auf mit den Geheimnissen der Handlung vertraut gewesen sein. Aber die Kaufleute, besonders die in fremde Weltgegenden handlen, sind so geheimnisvoll mit ihrer Geschichte und den Vorteilen ihres Gewerbs, daß sie es den Gelehrten nicht erlauben, in das Heiligste ihres Comptoirs hineinzuschauen. Die neuere Handlungsgeschichte scheint jetzt so wichtig zu werden, daß sie wohl die Betrachtung eines tiefsehendern Mannes verdiente, als ein Chronikschreiber sein kann und sein darf. Die Handlung einer Nation ist so genau mit der Staatsverfassung verwebt, daß unter einer Veränderung der letztern auch immer die erstere entweder leidet oder gewinnet. Durch die Dunkelheit, die mich umgibt, bemerk' ich doch einen allgemeinen Eifer der Nationen, den Vorteil der Handlung einander aus den Händen zu winden. *Frankreich* und *Spanien* ringt mit *Holland* und *Engelland*, und *Engelland* kämpft mit der ganzen Welt, um aus *London* einen Ozean zu machen, drein alle Ströme aus fernen Welten herüber zusammlaufen. Die Handlung in *Deutschland*, die seit einiger Zeit in Stockung zu geraten schien (daher das Herabsinken so vieler großen Handlungshäuser zu Krämerbuden), nähert sich jetzt einer gewaltigen Revolution. Der *Kaiser* und der *König von Preußen*, die wie zwei Riesen auf einem Pfade einhergehen, geben sich, seitdem ihre Waffen ruhen, die äußerste Mühe, die Handlung in ihren Staaten in Aufnahme zu bringen. Der Kaiser ist nicht nur entschlossen, eine ostindische Kompagnie zu errichten, sondern er räumt auch in allen seinen Staaten den Kaufleuten so große Vorteile ein, die dem Handlungsstande ausnehmenden Fortgang versprechen. Teschen ist

zu einem freien Handlungsort erklärt worden, und man sagt sogar, es würde daselbst eine Messe angelegt werden. Die Wege und Landstraßen sollen dies Jahr noch in den besten Stand gesetzt werden. Man behauptet, daß dies einen Aufwand von einer Million Gulden verursache. Da Teschen nahe an Polen und Ungarn liegt, und daselbst lutherische Kirchen für die protestantischen Kaufleute sind (überhaupt halten sich bei 20000 Protestanten in dasigen Gegenden auf), so kann das bisher so ganz verkannte Teschen vielleicht bald ein Platz werden, dessen Aufnahme *Polen*, *Sachsen* und *Brandenburg* fühlen wird.
Auf der andern Seite ist der große Geist Friedrichs beständig beschäftigt, die Handlung von Polen an sich zu ziehen, den Handelsstand in allen seinen Staaten in Aufnahme zu bringen und die Flaggen seiner Kauffahrteischiffe bald in fremden Weltteilen wehen zu lassen. Die Handlung liebt *Freiheit*; wenn diese große Monarchen dem Kaufmanne den Arm frei lassen, daß er *handlen* kann, so wird die deutsche Nation bald unter den handelnden Völkern eine sehr wichtige Rolle spielen.

Aus dem 32. Stück vom 20. April 1775

Literarische Neuigkeit

Der berühmte Chorherr, *Breitinger*, ist kürzlich zu *Zürich* mit Tod abgegangen. Sein Vaterland hat an ihm einen seiner würdigsten und brauchbarsten Bürger und die gelehrte Republik einen Aldermann verloren, dessen Andenken sie in ihren Annalen verewigen wird. *Er* und *Bodmer* sind gleichsam die Väter der deutschen Kritik. Durch seine *Kritische Dichtkunst* hat sich Breitinger ein Denkmal gestiftet, das bis auf die spätesten Zeiten dauren wird. Wie viele neumodische lieblichplaudernde Ästhetiken, Poetiken und Kritiken überwiegt nicht dies vortreffliche Werk, das leider im Staub liegt, verkannt, wie der redliche Mann unter'm Moosdache, und niemand achtet seiner. Überhaupt gehört *Breitinger* unter die ersten und besten Kunstrichter, die wir jemals gehabt haben. Seine Ausgabe der siebenzig Dolmetscher, seine einzelne kritische Abhandlungen in lateinischer und deutscher Sprache sind voll einsichtiger, tiefforschender Kritik. Es wäre zu wünschen, daß – etwan der jüngere *Fueßli Breitingers Kritische Dichtkunst* neu herausgeben und dasjenige dran verbessern oder hinzusetzen würde, was die 35 Jahre, die seit ihrer Herausgabe verflossen sind, erfunden, entdeckt und notwendig gemacht haben. *Breitinger* hatte einen vortrefflichen moralischen Charakter; er liebte die Menschen, sein Vaterland, vorzüglich die Religion über alles. Biderb war er, wie ein echter Schweizer, und starb mit dem vollen Mute, den uns das Vertrauen auf die Verheißungen der christlichen Religion gewährt. Friede sei mit seiner Asche!

Aus dem 33. Stück vom 24. April 1775

Auszug eines Schreibens aus Wien

Der Baurenkrieg in Böhmen ist geendigt. Um Prag herum stehen Schnellgalgen, woran die Hitze der Rädelsführer abgekühlt worden, und die übrigen Bauren haben ihre Dreschflegel ganz ruhig in den Tennen aufgehängt und beugen ihren Nacken wieder unter'n Gehorsam. Die gnädigste Kaiserin hat, um fernern Unruhen zu steuren, den böhmischen Obrigkeiten das strenge Gebot gegeben, künftig den Bauren nicht mehr als drei Tage Frondienste in der Woche anzurechnen und die übrigen Tage ihnen zur Bebauung ihrer eignen Felder freizulassen. Bei dieser Gelegenheit hat eine ökonomische Gesellschaft in Prag die Frage aufgeworfen: Ist's besser für den Staat, wenn die Bauren im Wohlstande leben, oder wenn man ihnen nur so viel läßt, als zu ihrer dürftigen Erhaltung hinreicht?

Diese Frage muß sehr eingeschränkt werden. Ein Baur, der zu reich wird, ist ein tolles Tier. – Wenn die Bauren in einem Lande nicht mehr zu Fuß gehen mögen, wenn sie ausländische Weine trinken und herrische Leckerbissen essen, wenn sie um große Taler karten oder würfeln, dann muß man dem Tier Zaum und Gebiß in's Maul legen, sonst leiden andere Stände drunter Not; denn das Geld, das der Baur verschlingt, müssen diese hergeben. Wenn aber der Baur ärger als Vieh behandelt wird, wenn er in armseligen Lumpen unter seinem Moosdache hervorkriecht und hinterm Pfluge keucht, wenn der barbarische Grundsatz: man muß den Bauren schinden, bis weder Haut noch Fleisch mehr an seinen Knochen ist, in einem Staate ausgeübt wird, dann haut sich der Staat die rechte Hand ab, womit er 's Brot dem Munde bietet. Wie leicht wär es, diesen Text mit Beispielen aus der neusten deutschen Geschichte aufzuklären! Aber – Der jüngere Herr *von Moser* preist den Staat sehr glücklich, wo die Bauren sonntags scharlachene Brusttücher mit silbernen Borten und Knöpfen tragen. Weise Mäßigkeit ist wohl auch hier das beste.

[...]

Aus dem 35. Stück vom 1. Mai 1775

Wunden unsers Jahrhunderts

Da kommt n' Bürschlein daher im ellenhohen Tapon, riecht wie 'ne Apothek, ist hohl und dürr, daß er hallt; hat nach der neusten Parisermode weder Waden noch Hirn; macht 'n Hasenmäulchen und spricht im Falsettenton: Wohl uns, daß unsere Tage in das aufgeklärte philosophische Jahrhundert fielen! Was müssen die Alten für Schöpse gewesen sein! Traten in der Sturmhaube, im schweren Panzer einher; turnieren einander nieder; hatten Bärte wie Hetzennester; waren große starke Bengels; soffen (hier zog der Philosoph nach der Mode das Eaudelevantfläschchen heraus) aus Hirnschalen; brüllten Bardengesänge vom Felsen ins Schlachttal hinab; kleideten ihre Weiber in Wolfshäute und ließen ihre Kinder unter den Bestien kriechen. – Heil uns! wir haben Freigeister, Stockfische, Putztische, Uhren mit Berlockengetändel, Eaudelevante, ungarisch Wasser, Rondeau, Zuckerwerk, Feenmärchen, Liedlein von Amoretten und Grazien auf Postpapier hingetändelt; haben modische Gesichtlein, hübsch blaß und nicht plump rot; können tanzen, singen und Filetstricken. – Hol' dich der Henker, du Hasenfuß, sagt ein Philosoph von der rauhen Klasse! Solche Zuckerpüppchen, wie du bist, beweisen's gar schön, in welchen abscheulichen Zeiten wir leben. – Warum mußte doch Gott meine grauen Haare aufbewahren, um ein Jahrhundert in dieser tödlichen Ermattung zu erblicken? – Könntest du, Weichling, wie Mann *Herder* die Völkerwaage regieren; würdest finden, wie weit der Morgenländer mit seiner erhabnen patriarchalischen Einfalt, der Phönizier mit seiner unaufhaltbaren Regsamkeit, der Grieche mit seiner Freiheitsliebe und der Römer mit seiner Seelenstärke uns Europäer mit dem hellen lichten Kopfe und dem eiskalten Herzen, mit unsrer scheinbaren Stärke und wirklichen Todesschwäche und Ermattung unter Unglauben, Despotismus und der Üppigkeit hinaufwäge. Als schwindsüchtige Kranken liegen wir im Bette und sprechen keuchend: Wir sind nicht krank! – Welcher Lehrer, Prediger, Rechtschaffene im schwarzen und roten Rocke, welcher Arzt, Naturforscher, Hausvater kann da heilen, wo man seine Wunden nicht fühlt? – Ein Sokrates in unsern Tagen würde von schalen Witzlingen in seine Klause zurückgespöttelt werden. Kannst, Sokrates, unsrer Zeit nicht mehr wie Sokrates wirken; denn dir fehlt der kleine, starkregsame, zusammengedrängte Schauplatz; die Einfalt der Zeiten und des Nationalcharakters; die Bestimmtheit deiner Sphäre; das sichere Gefühl dessen, was du tust; die Freudenempfindung von dem, was du ausgerichtet hast. – Sokrates, trink noch ’nmal den Schierlingsaft und stirb!

Herder – mit Ehrfurcht nenn’ ich seinen Namen, hat kürzlich auch eine *Philosophie der Geschichte zur Bildung der Menschheit* herausgegeben, die mir unter den *Beiträgen zu den vielen Beiträgen des Jahrhunderts* am meisten behagt hat. Wohlgewählter Standpunkt, Engelblick, der viele Gegenstände auf einmal wie mit goldnen Linien umschreibt, freies Rausstürmen großer, kühner, heilsamer Wahrheiten, Ideendrang, unerreichbare Sprachgewalt, reiche Welt- und Bücherkenntnis, charakterisieren dies vortreffliche Buch. s’ war für mich Labung aus der kühlen Quell im brennenden Durste. Leider aber kam mir Herder, der Zeitenwäger, wie der Todesengel vor, der an Belsazers Marmorwand schrieb: Hab’ dich gewogen! warst zu leicht. Schwabe, hast noch ’n Magen, der starke Speisen verdauen kann, so studier dies Buch: ’s wird dich im Bauch grimmen, ist aber heilsame Speise. Werd’ noch oft Gebrauch davon machen.

Wahr ist’s; tief ist unser Jahrhundert herabgesunken. Hat nicht mehr morgenländisches Knabenfeur, nicht mehr griechisches Jünglingsgefühl; nicht mehr Römermannheit; sitzt da wie ’n müder Greis vor der Tür und sonnt sich – läßt sich Marktschreier täuschen, Liedlein vorsingen und Märlein von Gaßnern und seinen Teufeln vorerzählen. Wir prangen mit Politur des Geistes und mühen uns doch, die schönsten erhabensten Ideen, die das im Sittlichen uns weit überlegene Altertum hinterlassen hat, ihre besten Erbschaftsstücke, die *Idee Gottes*, der Brunnquelle alles Guten, und die *Idee der Religion*, der treusten Freundin der Menschen, die den Übermut der Könige zähmt, und den Unglücklichen der Verzweiflung entreißt, zu zerstören. [...]

Von der Mode

Die Mode und der Wahn erteilt der Welt Befehle,
Die eine vor den Leib, der andre vor die Seele.

Die Mode ist eine Tochter der Eitelkeit, und da wir philosophische, törichte, hochgelehrte, unwissende, empfindsame, unempfindliche, naseweise, aufgeklärte, ungläubige, weise, abergläubische Europäer wohl die eitelsten Geschöpfe unter der Sonnen sind, so herrscht auch Madame Mode mitten unter uns und spielt bald da, bald dort die lustigsten Komödien. Daß die Franzosen Sklaven der Mode sind, ist einem hüpfenden leichtsinnigen Volke gern zu verzeihen; daß aber die ernsthaften Briten die Kindereien der Süßlinge, Schneider, Friseur und barmherzigen Schwestern in Paris nachmachen, kommt mir ganz unbegreiflich vor. Ein Volk, über das die Mode tyrannisiert, wird bald leichtsinnig und verliert die Stetigkeit und Festigkeit seines Charakters. Die jungen Herrchen in London sind jetzt so wunderlieblich anzusehen als die Zuckerpüppchen in Paris. Sie tragen ellenhohe Frisuren und Haarbeutel von ungeheurer Größe, ihre Wangen sind mit Londnerweiß und Pariserrot gar lieblich bemalt. Die Damen tragen große Federn auf dem Kopfe, vor welchen sie öfters nicht ins Zimmer gehen können. O ihr Weiblein nach der Mode, wollt ihr dann mit Gewalt Gänse werden?

Was doch der Modeton für Wunder wirken kann!
Mit *Federn* prangt das *Weib*, mit *Hörnern* prangt der *Mann*!

Wenn doch die deutschen Weiber, die zu einem so großen, alten, ernsten Volke gehören, sich nicht auch von der Modesucht tyrannisieren ließen! Aber so sind sie leider ebenso abgeschmackte Modengänslein als die Weiber in London und Paris. Schon tragen Krämers- und Barbiers-Frauen, Perückenmachers- und in * gar Schneiders-Töchter hohe Hauben, Tapon und Chignon und Schnickschnack nach der Mode. Die Polizei sollte sorgfältig wachen, daß durch die Beobachtung einer vernünftigen Kleiderordnung die Stände nicht so wie jetzt untereinandergemengt würden, daß man Mühe hat, das Bürger-Töchterlein aus den adelichen Fräuleins hervorzusuchen.

> Unsere Zeiten rühmen sich so hoch mit ihrem Gefühl der Schönheit. Das sieht man, meiner Seel, alle Tag weniger. Unsere Häuser, Gärten, Bücher, Gemälde, Musiken, Tänze, Kleidungen entfernen sich immer weiter vom Ideal der Schönheit und arten in ein leichtsinniges, buntscheckiges, schwelgerisches, komisches, tändelndes, genieloses und kindisches Wesen aus, das die größte Satire auf unsern Verstand und Geschmack ist. Was würden Skopas, Praxiteles, Lysipp sagen, wenn sie erwachten und unsere Adonis in Haarbeuteln und eine Venus nach der Mode mit einer anderthalb Ellen langen Reigerfeder, einem Chignon und am ganzen Leibe kindisch bemascht, bebändert, befranzt sehen würden!

Aus dem 36. Stück vom 4. Mai 1775

Literatur

Ich teile meinen Lesern nachstehendes Schreiben mit, welches ein Vorurteil straft, das schon an manchen Orten in Schwaben viel Unheil gestiftet hat:
„Sie sind ein eifriger Verteidiger der Schwaben: Es kann Ihnen also nicht gleichgültig sein, wann Ihre Landsleute durch unvorsichtige Handlungen dasjenige widerlegen, was Sie zur Ehre dieser Nation so herzlich wünschen und verteidigen. Folgende Geschichte werden Sie in den Stand setzen, näher davon zu urteilen. Es sind ohngefähr acht Jahre, daß sich ein ganzes Collegium Medicum in Schwaben zusammengesetzt und durch die tiefsinnigste physikalische Untersuchungen herausgebracht hat, daß der Gips, als ein mineralisches Gift, die Mägen und Darmhäute der Tiere angreife, welche von dem mit dieser Materie bestreuten Kleefutter fressen, daß also die in einigen Gegenden damals

grassierende Viehseuche ganz allein eine Wirkung des Gipses und mithin das Ausstreuen desselben auf die Felder bei hoher Strafe zu verbieten sei, welches Verbot auch sogleich darauf erfolgte. Unsere Kühe und Ochsen kehrten sich am mindesten nicht an den Ausspruch dieser Weltweisen, sondern fraßen je länger je beherzter drauflos, ob wir gleich jährlich viele tausend Zentner Gips auf ihr Futter streuen. Sollte dieses nicht Ihre Naturkündiger vorsichtiger gemacht haben? Nichtsdestoweniger drohen neue Mordgeschichten dem Gips den abermaligen Untergang.
Die schreckliche Hagelwetter, welche seit zwei Jahren die fruchtbare Gegend von Heilbronn so hart mitgenommen, sind Wirkungen des Gipses. Ein Schäfer hat es gesehen, daß bei Sonnenaufgang ein weißer Nebel über denen mit Gips bestreuten Kleeäckern stund, da die darnebenliegende unbestreute von Dünsten befreiet waren.
Verschiedene haben diese Lüge zu einem Grundsatz gemacht und suchen durch die lächerlichste Demonstrationen zu erweisen, daß sich diese giftige Dünste über die Atmosphäre erheben, daselbst aber Donnerwetter, Hagel, Viehseuchen, Pest und wer weiß was für Zeug noch mehr herfürbringen. Der gemeine Mann, welcher durch das Wunderbare betrogen sein will, fällt diesen Rockenphilosophen bei, schreiet um Hülfe gegen das Gipsstreuen und verlangt sogar an einigen Orten von seiner Obrigkeit, diesen Aberglauben durch ernsthafte Gegenanstalten weiter auszubreiten.
Herr Doktor Weber in Heilbronn hat sich die Mühe genommen, diesen Vorurteilen Gründe der Vernunft in einer gedruckten Abhandlung entgegenzustellen, und ein Freund aus dortiger Gegend fragt mich, ob nicht die Kurpfälzische Ökonomische Gesellschaft in ihren Schriften hievon gehandelt habe? Ich bitte Sie also, Ihren Landsleuten zu sagen, daß wir ihnen die Ehre dieser wichtigen Entdeckung ganz allein zugestehen, dann bei uns sehen die Schäfer bis jetzo noch keinen Nebel auf den Gipsäckern, und ob ich gleich viele hundert Zentner ausstreuen lasse, so habe ich es doch nicht bis zum Donnerwetter bringen können. Hierzu muß man schon ein wenig hexen können, und dieses Privilegium besitzen bei uns nur die alten Weiber. Unsere gelehrte Landwirte werden sich sehr hüten, dergleichen Gril-

lenfängereien nur zu träumen, viel weniger in öffentlichen Schriften zu verteidigen, und bei uns sind die Bauern, gottlob! auch so gescheit, daß sie nicht alles glauben, was die Gelehrte lügen.
Raten Sie doch gefällig solchen Naturkündigern, daß sie künftigen Sommer selbst auf das Feld gehen und sehen, wie sie betrogen worden sind. Bei jetziger Frühlingswitterung möchte es indessen gut sein, wann diese Herren etwas dünnere Kappen trügen, damit die Sonne ihr Ingenium erwärmen und ihr Gehirn ein wenig von den phlegmatischen Kruditäten befreien könnte, die jetziger Zeit in einigen Gegenden von Schwaben so häufig aufsteigen und zur Schande unsers Zeitalters wie Sturmwetter die gesunde Vernunft wegbrausen. Ich bin“ etc.

Die alte und neue Poesie

Sonst paarten sich mit Wonn und Tugend
Die heitre Sonn und muntre Jugend;
Auf diamantenhartes Herz
Kam wermutbittrer Liebesschmerz,
Und rief man eifrig zu den Musen,
So zeigte sich ein schöner Busen.
    Die dummen Zeiten sind vorbei,
    Wir sind von solcher Barbarei,
    So abgeschmackter Reimerei –
    Dank sei es der Philosophei!
    Dank sei es unserm Witze! – frei.
Jetzt fesseln uns mit Blumenketten
Ein Schwarm mutwill’ger Amoretten
Und leiten uns zu Rosenbetten,
Umhüpft von jungen Zephyretten,
Frisiert, gepudert, mit Manschetten,
Schön, ganz Natur, wie – Marionetten.

Aus dem 38. Stück vom 11. Mai 1775

Frankreich

Der Geist des Aufruhrs ist auch in diese glückliche Provinzen eingedrungen. Es scheint, der Friede daure den Europäern zu lange; daher diese Tätigkeit, dies Murren, dies Ungestüm in den meisten Provinzen. Die Bauren in Reims empörten sich wider die Fruchtteurung, die ohne Not, bloß durch die abscheuliche Gewinnsucht der Kornwucherer so hoch angewachsen, daß es den Untertanen unerträglich fällt. In Versailles ist das Volk ebenfalls in Aufruhr, so wie in St. Germain. Am meisten befürchtet man wegen Paris; dann Aufruhr in einer Stadt, wo beinahe eine Million Menschen wohnet, ist was Schreckliches. Man hat bereits die nötigen Maßregeln ergriffen, um diesem Aufruhre vorzubeugen. Jeder Bäcker daselbst hat eine Wache vor dem Hause, um ihn vor Anfällen des Pöbels sicherzustellen; und an verschiednen Plätzen der Stadt stehen Soldaten in Bereitschaft. Es sind bei 120 Aufrührer eingesetzt worden, mit welchen man, um ein strafendes Beispiel zu geben, sehr hart verfahren wird. Dieser Umstand soll im verborgenen von den Feinden der Regierung ausgedacht worden sein, und man hat Hoffnung, diese Frevler zu entdecken.
Schon weit hat dieser Geist der Unruhe um sich gegriffen. Sonderlich äußerte er sich in Versailles, dicht am Throne des Königs, am heftigsten. Der Graf von Artois setzte sich zu Pferd, um die Aufrührer zu stillen. Er warf Geld unter sie aus; allein das Volk rief: *Wir wollen kein Geld, sondern Brot!* Alle Bäckerläden wurden geplündert und das vorrätige Korn und Mehl weggenommen. Der König äußerte bei diesem Vorfalle ungemein viel Standhaftigkeit und sagte: Aufrührer verdienen's nicht, ein wohlfeiles Brot zu essen. Dreißigtausend königliche Truppen stehen vor Paris, und 50000 sind in andere Provinzen zerteilt worden, um die Flamme des Aufruhrs zu dämpfen. Stehende Heere sind überhaupt ein treffliches Mittel, den Rebellen ihren Kitzel zu nehmen.
Sonst dauren die Kriegsrüstungen in Frankreich immer fort; der König will der Nation eine auswärtige Beschäftigung geben. Ob es auf England gemünzt sei, muß die Zeit lehren. So wohltätig und gnadenvoll der Charakter Ludwig XVI. ist, so wenig ist das Volk mit ihm zufrieden. Es

werden täglich in Paris die schändlichsten Pasquille wider den besten König ausgestreuet.

> Wir Deutsche unterscheiden uns auch dadurch auf eine rühmliche Art von andern Völkern, daß wir mit unsern Regenten zufrieden sind, sie mögen sein, wie sie wollen. Deutsche sind die besten Untertanen, ob sie gleich auch unterm Drucke des Despotismus niemals das Gefühl ihrer eigenen Würde verlieren.

Aus dem 43. Stück vom 29. Mai 1775

Zeichen der Zeit

Europa scheint jetzt nach dem Gemälde, das die Zeitungsschreiber von ihr machen, ein so langweiliges, schläfriges Weibsstück zu sein, daß, wenn dies ihre Urgestalt wäre, sie Jupiter gewiß niemals entführt hätte. Alles, was jetzt von unsern Kaisertümern, Königreichen und Fürstentümern in den Zeitungen steht, ist bloß *Vegetation* und nicht *Leben*. Feste, Jagden, Galatäge, Opern, Komödien, Soldatenmusterungen, mystische Audienzen – dies ist's alles, was wir jahraus, jahrein von den Höfen der Großen hören. Das übrige, was wir gern wissen möchten, gehört unter die Rubrik von Staatsgeheimnissen, wovon mein Schneider Hildebrand soviel weiß als ich. Folgender Artikel ist ebensogut als eine Universalmedizin zu gebrauchen:
Seine Majestät, oder seine Durchlaucht, befinden sich in allerhöchstem und höchstem Wohlergehen. Sie lassen sich das Wohl ihrer Untertanen außerordentlich angelegen sein. Die Völker wurden gemustert. Ein Galatag wurde gefeiert. Dieser oder jener Fremde ist angekommen. Es war Gewaltjagd.

> Ein neues deutsches Wort für Perforcejagd. Ich wünschte, man hätte in keiner Sprache ein Wort für dies grausame Vergnügen. Hab 'nmal 'n Hirsch g'sehen, der sich in der Todesangst von einem Felsenhang stürzte und im Blute zuckte. Mußte herzlich weinen übers arme Tier, dessen Fleisch, d'rein Blut wie Feuer floß, kein Mensch mehr genießen konnte. Seitdem schaudert mir die Haut vor einer Gewaltjagd.

Man ist tief im Kabinette beschäftigt und arbeitet an Din-

gen, die – du nicht eher wissen sollst, bis in Reutlingen ein Mordgesang drüber gedruckt wird.
Dieser Artikel ist ebensogut als der Hundertjährige Kalender zu gebrauchen. Alle unsere Zeitungen sind nichts anders als wiederkäute Gewäsche von Alltagsgeschichten und Lobsprüchen auf Regenten, die wir nicht einmal kennen. Den Zeitungsschreiber möcht' ich sehen, der vors Publikum hinträte und mit Gewitterberedsamkeit spräche: Dieser Fürst legt seinen Untertanen unerträgliche Lasten auf; jener Staat verkennet die Grundgesetze der Menschlichkeit; dort klirren die Fesseln des schrecklichsten Despotismus; da leckt ein gieriger Selbstherrscher an den Grenzen einer friedsamen Republik; in jenem Freistaat ächzt der Freigeborne unterm Fußtritt eines Archonten; hier oder da oder dort schleicht der Aberglaube, schwarz wie die Nacht, und verbirgt den blinkenden Dolch unterm Priestergewande; hier weht die schreckliche Fahne des Unglaubens und läßt tausend Betrogene den schrecklichen Schwur schwören, Gott zu verleugnen und das Blut des Mittlers zu verspotten, das im Allerheiligsten raucht; hier gelten veralterte Symbole mehr als Vernunft; dort gilt Tyrannei des Herkommens mehr als Weisheit; hier wird das Ebenbild der Gottheit, der Mensch, durch schlechte Erziehungsgrundsätze zum Vieh herabgewürdigt; dort schleicht ein Gerippe von einem Untertan oder Bürger, der gen Himmel ächzt und den letzten blutigen Heller seinen gierigen Regenten hinzählt; in jenem Eichenwalde irren die Künste mit aufgelöstem Haare, werfen Pinsel, Meißel, Griffel, Rastral, Feder weg und jammern zum Eichwipfel 'nauf: Alles ist verloren! hier vor meinem Fenster hämmert der Handwerker, und mit jedem Hammerschlage rieseln Tränen übers öffentliche Ungemach auf den Amboß –
– !!!
Eine solche Zeitung möcht' ich lesen. Aber wo ist der Curtius, der sich fürs Vaterland in Pestschlund stürzt? Wo ist der Märtyrer, der, mit vaterländischer Glut im Gesicht, auch den Fürsten heiße Wahrheiten ins Antlitz spricht? Da heißt's immer: Setz dich hin, Zeitungsschreiber, sei kalt wie Alpenschnee und schreib, was die Handwerksbursche auf den Bierbänken leiren, kriech vor jedem goldrockichten Schurken, verbräm deine Zeitungen mit Steckbriefen auf

Spitzbuben und Lottozahlen; erzähl Hanswurstpossen, daß der Müßiggänger im Kaffeehaus laute Lache drüber aufschlägt! –
O Vaterland, das ich so heiß, so heiß liebe, dir schwör' ich's mit dem feierlichsten Schwure; sobald ich irgendwo ein Stücklein schwarzes Brot und einen Labetrank aus der Quelle bekommen kann, so will ich weder ein gedungener Politiker noch (ich schüttle mich für Unmut) ein Kunstrichter sein.
Mir rieseln die Tränen von den Augen; denn mir ist's Ernst.
Also, dich, Wintergott, der am unbetrachteten Nordpole thront und über Schnee und Eis gebietet, dich ruf' ich an, gib mir Gefrornes, daß ich mit abgekühltem Blute meine Zeitung niederschreibe, daß mein Stil sei nackt wie ein Eichenast im Winter und kalt wie 'n Eiszapf.
[...]

Schreiben eines Reisenden

Es sind schon etliche Jahre, mein Freund, daß ich Europa bereise und da vorzüglich die Werkstätte der Künstler, den regsamen Fleiß und die Erfindungen des Landmanns, die Einrichtung der Fabriken und Manufakturen, den Riß großer Gebäude auf der Erden und unterm Wasser und alles, was dem Verstande des Menschen zur Ehre gereicht, sorgfältig studiere. Sie können sich also wohl vostellen, daß ich mich besonders wunderte, als ich im Kloster *Königsbronn* Gegenstände antraf, die der Aufmerksamkeit eines Reisenden so würdig sind. Wer sollte sich träumen lassen, hier einen Wasserbau von Eisen anzutreffen, 138 Schuh in der Länge und 38 in der Breite, alles mit Schrauben so sorgfältig zusammengetrieben, daß nicht ein Tropfen Wasser verlorengeht. Die ober- und unterschlächtige Räder sind alle von Eisen, die durch die Hälfte Wasser, das sonst die hölzernen Räder brauchen, in Bewegung gesetzt werden können. Welche Dauer! welcher Nutzen! In 100 Jahren hat man noch das halbe Kapital, da hingegen die Holzgebäude im Wasser längstens in 20 Jahren verfault sind. Der Erfinder und Unternehmer dieses originellen

Baues ist Herr *Blezinger*, ein Mann voll Erfindungsgeist und Kunstfleiß, dem die Akademien in *London* und *Stockholm* schon längst Prämien erteilt hätten, wenn er ihr Landsmann wäre. Er machte den Brenzfluß schiffbar, den Leinfluß floßbar; legte einen Triebsee zwischen zwei Bergen an, wo das Holz aus allen benachbarten Bergen und Tälern herbeigeflößt werden kann; entdeckte Erzgruben, wo das Erz die Güte des Königsbronner Eisens um die Hälfte verbessert; er ließ einen Blechhammer bauen, wo jetzt das beste Blech gemacht wird, da man sonsten mit schweren Kosten das Blei aus Sachsen beschreiben mußte; er läßt für die Bierbräuer Maischkasten und Grand von Eisen gießen, die bekanntlich sonsten nur von Holz waren, und verbreitet weit um ihn herum die reichsten Früchte der unermüdetesten Gewerbsamkeit und des tätigsten Kunstfleißes. Männer wie dieser verdienen weit mehr als alle Spekulatoren und weit mehr als so viele goldne Müßiggänger in den Annalen ihres Vaterlandes zu glänzen und mit Ehre und Beifall von ihren Mitbürgern belohnt zu werden.

Aus dem 49. Stück vom 19. Juni 1775

Der Maler und die Kenner

Wollt 'n Maler 'n Apoll malen – schön,
in der vollen Gotteskraft, wie ihn Lysipp schuf. –
Da sprach ein Kenner: Mußt die Strahlen da
besser sammeln, konzentrieren, zuspitzen. –
Der Maler tat's.
Ein andrer Kenner sprach: Mußt da unter der
Nase tiefen Schlagschatten anbringen.
Der Maler tat's.
Ein dritter sprach: Mußt ihm fein auch ein hübsch
saubres buntscheckichtes Jäcklein malen!
Der Maler tat's!
Mußt 'n modernisieren! mußt 'm Hosen und 'n
großen Hosenknopf geben!
Und der gefällige Maler tat's auch.

Aber siehe da! – da war's kein Apoll! es war – ein Hanswurst.

So geht's, wenn man sich allemal nach 'm Geschmack des Publikums richtet.

Aus dem 53. Stück vom 3. Juli 1775

Schweden

Der weise *Gustav* macht auch auf seinen Reisen Anstalten, die ihm gleichen. Hinter seinen Fußstapfen läßt er Segen und Fülle für sein Volk. Er reist nicht bloß, Soldaten zu mustern und unterm Kriegsgeräusche das Ächzen eines bedrängten Volks zu überhören, nein, er reist, wie die Götter reisten, als sie vorzeiten die Erde besuchten. Die Armut und Unwissenheit der Finnen hat sein königliches Herz so gerührt, daß er ihnen die Abgaben erleichterte und die heilsamsten Verordnungen zur Erziehung des Volks hinterließ. Sein Gefolge breitete die Nachricht aus, der König würde keine Bittschriften annehmen. Aber Gustav zürnte darüber, als er's erfuhr, und der Untertan durft' ihm schriftlich und mündlich seine Not klagen. Wieder ein Beweis, daß Könige das Ebenbild der Gottheit sind. Jener Bettler winselte an der Landstraße nach Hülfe. Die Jünger des Erlösers untersagten ihm sein Geschrei. Aber der göttliche Menschenfreund trat aus ihrer Mitte, hörte die Klage des Bettlers und half ihm. So macht' es auch Gustav. Eine arme Frau kam vor ihn und bat ihn, weil er doch Briefe annehme, auch einen Brief an ihren Sohn in Stockholm zu bestellen. Mit gnädigem Lächeln nahm der Monarch den Brief an, beschenkte sie und versprach ihr, für ihren Sohn zu sorgen. Wie schön ist's, wenn Könige ihr Volk nicht für *würgbares* Vieh halten, sondern für ihre Mitgeschöpfe!

Aus dem 54. Stück vom 6. Juli 1775

Schweden

Keine wohltätige Fee hat jemals mütterlicher für ihr Land gesorgt als der weise *Gustav* für das seinige. Er scheint einen Talisman zu haben, mit dem er, wo er auftritt, ein Eden hinzaubert; denn wo die Leute vergnügt sind, da ist 's Paradies. Die Finanzen sind in diesem Reiche auf einem so vortrefflichen Fuße, daß der Schatten Colberts, wenn er niederblickte, drüber staunen würde. Die Schulden der vorigen Regierung sind abbezahlt; ein ansehnlicher Schatz liegt in der Schatzkammer;

> Die größte Weisheit eines Regenten besteht darinnen, wenn er kein Geld sammelt und doch immer Geld hat. *England* ist davon ein Beispiel. Daher will mir das Schätzesammeln der Großen, welches heutiges Tages so sehr Mode wird, gar nicht in Kopf. Geld ist das Blut des Staats; wenn dies nicht in seinem beständigen Kreislaufe erhalten wird, dann – Gute Nacht, Gesundheit!

dabei sind die Abgaben so weislich reguliert, daß es der Untertan kaum merkt, was er in die Staatskasse opfern muß. Auf der letztern Reise hat der König vielen Untertanen die Abgaben gemildert oder auf viele Jahr gar erlassen. *Bestimmte Abgaben* sind das Verderben eines Staats. Man muß sie nach den Umständen der Provinz, der Leute, der Zeiten und selbst nach den Begebenheiten des Zufalls einrichten. Von einem Dorfe, wo das Wetter schlug, kann man nicht so viel fodern als von einem, wo man den Segen des Feldes glücklich in die Scheuren brachte. Die Verpachtungen, dieser Tod des Kunstfleißes, sind in ganz Schweden abgeschafft. Dem Handlungsstande hat der König große Privilegien eingeräumt. Zur Errichtung einiger Fabriken hat er selbst große Summen hergegeben, damit der Unternehmer nicht Gefahr laufe, vor der Zeit zugrunde gerichtet zu werden. Die Erziehungsanstalten, die der König in seinem ganzen Reiche macht, sind so vortrefflich, daß sie ein Muster für der Welt zu sein verdienen. Die Universitäten sind mit den vortrefflichsten Männern besetzt, und man findet hier Gelegenheit, in allen Wissenschaften Meister zu werden. Das Verbot der vorigen Regierung, daß kein Theolog mehr eine deutsche Universität, wo die Freidenkerei so herrschend wäre, besuchen sollte, ist nunmehro aufgehoben. Der König ist auch entschlossen, eine Akademie vor Künstler zu errichten, um auch die schönen Künste unter seiner Regierung in Aufnahme zu bringen. Da die Künste, wie Schanddirnen, jetzt aus den meisten deutschen Provinzen vertrieben werden, so haben sie doch eine Freistätte in Stockholm.

> Liegt's mir doch wie 'n Stein aufm Herzen, wenn ich sehe, wie die Künste in den ersten und schönsten Städten *Deutschlands*, wie Kinder am Blatterngift, wegblühen. Hier und da sitzt noch einer, dem Genieflamm im Busen brennt; aber Nahrungssorgen ersticken das glimmende Döchtlein. Ich kenne Maler, Kupferstecher, Stahlschneider, Musiker, Instrumentenmacher, Baumeister, die in abgetragenen Kleidern wie Gespenster durch die Straßen spuken, in ihr saures Bier 'neinweinen und voll Unmut in ihren Rettich beißen. Hingegen füllen Juden und Plusmacher ihre Börsen. O Vaterland, was denkst du! Weißt's dann nicht: Wer den Geschmack am Schönen verliert, verliert auch den Geschmack an der Tugend? –

[...]

Aus dem 62. Stück vom 3. August 1775

Freiheitslied eines Kolonisten

Hinaus! Hinaus ins Ehrenfeld
    Mit blinkendem Gewehr!
Columbus, deine ganze Welt
    Tritt mutig daher!

Die Göttin Freiheit mit der Fahn –
    (Der Sklave sah sie nie)
Geht – Brüder, seht's! sie geht voran!
    Oh, blutet vor sie!

Ha, Vater Putnam lenkt den Sturm
    Und teilt mit uns Gefahr;
Uns leuchtet wie ein Pharusturm
    Sein silbernes Haar!

Du gier'ger Brite, sprichst uns hohn? –
    Da, nimm nur unser Gold!
Es kämpft kein Bürger von Boston
    Um sklavischen Sold!

Da seht Europens Sklaven an,
In Ketten rasseln sie! –
Sie braucht ein Treiber, ein Tyrann
Für würgbares Vieh.

Ihr reicht den feigen Nacken, ihr,
Dem Tritt der Herrschsucht dar? –
Schwimmt her! – hier wohnt die Freiheit, hier!
Hier flammt ihr Altar!

Doch winkt uns Vater Putnam nicht?
Auf, Brüder, ins Gewehr! –
Wer nicht für unsre Freiheit ficht,
Den stürzet ins Meer!

Herbei, Kolumbier, herbei!
Im Antlitz sonnenrot!
Hör, Brite, unser Feldgeschrei
Ist's Sieg oder Tod.

Aus dem 64. Stück vom 10. August 1775

Holland

So kritisch die gegenwärtige europäische Lage ist, so eifrig sich alle übrige Nationen mitten im Frieden zum Krieg rüsten; so sehr bleibt dennoch der Holländer seinem Systeme treu: Sammle Geld, und fürs übrige laß den Himmel sorgen. Dieser Grundsatz scheint sich, wie die Lebenswärme über einen Menschenkörper, über die Holländer verbreitet zu haben. Daher mag der *Kaiser* von *Marokko* drohen, wie er will; daher mag Wettergewölk an den benachbarten Himmeln zusammziehen, soviel es will – der Holländer verstärkt seine Macht nicht – Aber wenn 's Wetter losbricht, und du hast keine Leute, Batavier? *Wer Geld hat, kann Leute haben, soviel er will.* – Aber sind die Leute gleich exerziert? – *Gut Geld, gute Schweizer.* Wenn wir den Sold der Soldaten erhöhen, so werden die geübtesten Streiter ihre Fahnen verlassen und zu uns kommen. Der Holländer hat recht; denn leider ficht man jetzt nicht mehr für Freiheit und Vater-

land, sondern wir verkaufen auf eine sklavische Art unser Leben, so hoch wir's anbringen können.
[...]

AUS DEM 68. STÜCK VOM 24. AUGUST 1775

Aus dem Lande der Freiheit

Die Freiheit scheint so gut auf der Wanderschaft zu sein als Religion und Wissenschaft. Sie schlägt bald da, bald dort ihren Thron auf, bleibt aber nirgends lange, weil das arme Geschöpf, der Mensch, eine *gegenwärtige Gottheit* nicht ertragen kann.

> Warum hat die Freiheit noch unter keinem Volke der Welt, auch unter den Völkern, die alles zu personifizieren pflegten, einen Tempel gehabt?

Es scheint, das Klima der Freiheit müsse weder zu heiß noch zu kalt sein, denn die Göttin hat noch nie den Orient und höchst selten den Norden besucht. Jetzt hat sie unsere Hemisphäre beinahe gänzlich verlassen und zeigt sich den Bewohnern der andern Halbkugel. Ihr glücklichen Antipoden, kämpft noch eine kurze Zeit den Kampf der Ehre, zeugt *Curiusse, Brutusse, Regulusse, Catone,* dann wälzt euch vor Freuden unterm Baum der heiligen Freiheit. Ein unbekannter Freund schickte mir neulich so wahre und gedachte Reflexionen über die amerikanischen Kolonisten, daß ich meinen Lesern draus Fragmente mitteilen muß:
Freiheit, Freiheit stählte die Knochen unsrer Urgroßeltern, schlug Winfelds Schlacht und türmte von niedergewürgten Römern Knochenberge auf. –
Ach, sie hat uns verlassen, die Tochter des Himmels, ihre wenigen Anbeter keuchen, wie schwindsüchtige Gerippe, in den Eichenhainen, und der Schatten unsrer Väter blickt zornig aus der Mondwolke auf uns ausgeartete Enkel herab.
Wir nennen die Amerikaner, dies Volk, das unter der Fahne der Freiheit ficht – *Rebellen.* O der Schmach! o der Schande!
Unsern Zeitungsschreibern ekelt's vor diesem reichhaltigen, herzerhebenden Stoffe, machen lieber unsern Fürsten

kriechende Komplimente und erzählen niedrige Schwänke, um das Kaffeehaus oder die Bierbänke zu belustigen.
Ja, wir spotten der heiligen Freiheit, und mit Ketten und Fußeisen wird sie ihre Schmach rächen.
Man vergleicht den Bürgerkrieg in Amerika mit dem böhmischen Baurenaufstand. Eine niedrige, schiefe Parallele! Hier ist meine Meinung, die sich auf eine genaue Kenntnis der Länder und der Streitursachen gründet.
Wer sind die streitenden Personen?
Hier der König, seine Minister und ein Teil des Parlaments, der aus tausend Gründen dem Hof ergeben sein muß.
Dort die größten amerikanischen Provinzen, worunter sich sogar das friedfertige Volk der Quäker befindet; die Briten, die Irländer und alle Patrioten, der große *Chatham*, die vortrefflichen Staatsmänner *Camden*, *Temple* und *Rockingham* an ihrer Spitze, die lieber den Haß des Hofes tragen als seine despotische Maßregeln gutheißen wollen.
[...]
Dem Menschenfreunde erstarrt 's Blut, wenn er in London über *Smithfields* geht, wo die abscheulichsten Schauspiele gespielt wurden. Wenn der Brite nun die damaligen Zeiten mit seinem jetzigen glücklichen Zustande vergleicht, wenn er überzeugt ist, daß die bürgerlichen und Religionsfreiheiten mit der Handlung und folglich auch mit der Macht Englands unzertrennlich verbunden sind – ist's wohl zu verwundern, wenn seine Liebe zur Freiheit schwärmerisch wird? Daher entsteht die unmäßige Freude der Engländer über die geringsten Vorteile der Amerikaner, die Subskriptionen zu ihrer Unterstützung und der laute Beifall, den sie ihren Unternehmungen zujauchzen. Die aufs höchste getriebene Eifersucht über die Freiheit ist ein Fels im Meer, an dem die Anschläge des kühnsten Ministers wie Wogen abprallen. Oft entstehen draus bei dem Pöbel Ausschweifungen, die der Ausländer mit Recht Unbändigkeit und Raserei nennt. Allein, wie kann ein Volk, das die Freiheit als sein höchstes Gut ansieht, die Mittelstraße wählen? Tritt doch oft in diesem Falle der Weise selbst aus dem Gleise.
Der Unname *Rebell* paßt also, nach seiner philosophischen Etymologie, gar nicht auf das großmütige amerikanische Volk, und uns Deutschen ist's Schande, wenn wir unsre Urteile über die wichtigsten Angelegenheiten der Menschheit

bloß von der englischen Hofzeitung abziehen. Der Erfolg wird zeigen, in welchem Werte bei den Briten – Bürgerblut, unermeßliche Schätze und selbst die Ehre der Krone sein. Der glücklichste Erfolg wird England eine weit offne, heiß blutende Wunde schlagen. Und ohne ein Wunderwerk ist nicht einmal ein glücklicher Erfolg zu erwarten. Die Krone wird einen nachteiligen Vergleich eingehen müssen und noch Gott danken, wenn's beim Vergleich bleibt. Wie aber, wenn sich die Kolonien gänzlich von England losreißen? – Ha, welch ein unabsehbares Unglück wäre das für England! Die Ostindische Kompagnie befindet sich seit einigen Jahren in kritischen Umständen; sollte die Handlung nach Amerika ewig aufhören, so kann nichts ihren Umsturz aufhalten, und die Bank ist zugrundegerichtet. Wovon würden alsdann die 143 Millionen Pfund Sterling *Nationalschulden* bezahlt werden, da nach den besten Kalküln das zirkulierende bare Geld in England nur 18 Millionen Pfund Sterling beträgt? Dieser mächtigen Insul würden alsdann nichts als ihre natürlichen Produkte, Zinn und Steinkohlen, übrigbleiben. Welchen Einfluß dies erschreckliche Unglück auf alle Handelstädte in Deutschland haben würde, kann man sich leicht vorstellen. Es gehört nur Kenntnis der Länder und kein prophetischer Geist dazu, um diese Unglücksfälle zu weissagen, die ein Streit verursachen könnte, den man für viel unbedeutender hält als die Erzählungen von Mordgeschichten und Teufelsprozessen.

Die *Nachrichten aus Amerika* lauten für die Engländer noch immer sehr ungünstig. *Putnam*, der in der großen preußischen Schule das Kriegshandwerk lernte, vernichtet alle Anschläge der Engländer, und der Geist der Nation nimmt täglich einen feurigern Schwung. Es soll auch unter ihnen bereits ein *Tyrtäus* oder *Gleim* aufgestanden sein, der durch kriegerische Gesänge die Glut der Freiheit zum hellen hochauflodernden Feuer anfacht. […]

Aus dem 71. Stück vom 4. September 1775

Rhapsodien

Es gehört sehr viel Mut dazu, sich in einem Lande zu empören, wo über 60000 geübte Krieger stehen. Und doch schwindelt den Bauren in *Böhmen* noch immer der Kopf vom Geist der Unruhe. Strick und Schwert, Zuchthaus und Geldstrafe ist nicht hinreichend, sie zu zwingen, ihren Herrschaften zu fronen. Zurückgehaltne Wut blitzt ihnen aus den Augen und wartet nur auf Anlaß, losbrechen zu können. Lieber will ich am Galgen sterben, sagte neulich ein Baur zu einem Reisenden, als von ewigen Frondiensten ausgemergelt ins Grab sinken. Ist's Gefühl der Freiheit oder Tollkühnheit, was hier der Baur spricht?
Den mutigen Freiheitskämpfern in Amerika ist nun auch förmlich der Krieg angekündigt. Aber sie fechten unterm Flammenschilde der heiligen Freiheit. Männer und Weiber, Greise und Knaben wollen lieber den letzten Tropfen Bluts verspritzen, als ihren Nacken dem Joche des Despotismus leihen. Nach sichern Berichten haben sie ein Heer von 80000 Mann auf den Beinen, das mir lieber ist als unsre um ein paar Groschen Taggeld gedungne Sklaven in Europa. Nicht Enthusiasmus, sondern der Stock ist's, der unsre europäische Soldaten furchtbar macht.

Raum zu einem Kommentar, der aber in *Boston* geschrieben werden muß.

Lieber Gott, wie weit kann's noch kommen? – Da setzt man schon in *Frankreich* Preise auf die *Tugend.*

Einen Preis vors gute Mädgen
Unschuldig, häuslich, zärtlich, fromm, gefällig, folgsam soll das gute Kind sein. Weg mit dir, du geschminkte, unempfindsame, romantische, aberwitzige Pariserdirne – kriegst nichts!

Sah ein deutsches Mädgen, hatte Kornblumen im Schürzchen, goß sie auf ihter Mutter Grab hin und weint' und sagte:

Wir waren im Felde,
Mein Michel und ich:
Da pflückten wir Blumen
Vom Acker vor dich.

Mein Michel, der weinte,
Gutherzig ist er;
Ich aber sprang barfuß
Auf Stoppeln hieher.

Sieh, Mutter, ich steh' nun
Im Mondschein vor dir.
Nimm, trauteste Mutter,
Dies Opfer von mir.

Ich weiß noch, o Mutter,
Dein frommes Gebot;
O sollt' ich's vergessen;
So strafe mich Gott!

Graf Artois, bitt' dich vor einen Preis vor dies gute Landmädgen! Du, Stadtmädgen, bekommst – nichts.
Pfui dem, der die Tugend aus Interesse liebt! Guts tun, wann's auch ewig unbelohnt bliebe, das ist edel.

Tonkunst

Hätte wohl Lust, mich um Mitternacht, vom Vollmond beglänzt, an meinen Flügel zu sitzen, und das kläglichste *Lamento* aus es-Moll über den Verfall der Tonkunst in Deutschland zu spielen. Wenn's so fortgeht, so haben wir bald keinen Meister mehr, der der sterbenden Musik unter uns ein *Requiem* schreibt, und keine Künstler mehr, die es am Gebeinhause aufführen können. Wo sind die großen Komponisten, die ehmals unser Stolz und unsre Ehre waren? *Hasse* ist vor die Welt tot; *Gluck* schreibt vor's Ausland und nimmt seine Hermannsschlacht mit ins Grab; der Londner *Bach* ist nicht mehr unser; *Schweizers* Genie wird durch die elende Belohnung seiner Zeitgenossen unterdrückt; der große *Bach* in Hamburg schläft auf seinen Lorbeern; *Hiller* läuft dem Leipziger Modegeschmack nach und fängt – Schmetterlinge; *Homilius* wird von wenigen gekostet; und unsre übrigen guten Köpfe essen englische Rindsbraten oder schlürfen französische Brühen oder sitzen unter italienischen Pomeranzenbäumen und studieren welsche Triller. – Mit Sängern und Instrumentalisten wird's immer schlechter bestellt. Viele Höfe, die's zahlen könnten, finden gar keinen Geschmack mehr an der Singkunst. Fällt dieser – denn gute Nacht, *Musika*, häng deine Leier an' Weidenbusch und ersäuf dich! – Die Musik ist, wie ihre Schwestern, die schönen Künste, eine Tochter des Überflusses; sobald man sie, wie itzt, aus ökonomischen Grundsätzen zwingen will zu singen, zu spielen und in der Küch' und im Stall zugleich zu dienen, dann empört sich die Göttin, es wachsen ihr Flügel, und sie schwingt sich zum Olymp auf. [...]

Aus dem 74. Stück vom 14. September 1775

Miszellaneen

Will heute meine Zeitungen und Briefe mischen, wie man die Karte mischt, und meinen Lesern vorerzählen, was mir am ersten ins Gesicht fällt:
Die königliche Armee hat gegen die Freien in Amerika eine Schlacht gewagt und – gesiegt. Diese Nachricht wird selbst aus *London* so kalt erzählt, daß ich sehr an der Wahrheit dieses Vorfalls zweifle. Mein Kollega, der Chronikschreiber in England, sagt bloß: Es sind einige Offiziersbriefe hier, welche behaupten, daß der General *Gage* in der Nacht vom 6ten auf den 7ten August mit 5000 Mann aufgebrochen sei und die Freiheitskämpfer bei Roxburg angegriffen habe. Dieser Haufe sei auch so glücklich gewesen, die Verschanzungen mit dem Degen in der Faust zu erobern, die Kolonisten aufs Haupt zu schlagen, die Generale *Putnam* und *Lee* nebst 3000 Mann zu Kriegsgefangnen zu machen, Geschütz, Kriegskasse und alles aufzuheben und – 300 Kolonisten niederzumachen. Von den königlichen Völkern wären an Toten und Blessierten nicht mehr vermißt worden als 75 Mann. Diese Nachricht sieht ebenso glaubwürdig aus als der Brief eines Freiwilligen von der Reichsarmee, den er den 6ten November 1757 an seine Mutter schrieb:
Gestern haben wir den *König* von *Preußen* nicht weit von *Weißenfels* angegriffen und ihn anfangs totaliter geschlagen. Weil er aber nicht nachlassen wollte, auf uns zu schießen und zu hauen, so sind wir aus christlicher Liebe lieber ausgewichen, als daß wir da so viel Christenblut vergießen las-

sen sollten. Über 50000 Preußen sind auf dem Platz geblieben; von uns aber blieben nur sehr wenige auf dem Platz, weil wir beizeiten auswichen und unsre Leute schonen wollten. In wenig Tagen bin ich bei Ihnen, liebe Mama, wo ich Ihnen mündlichen Rapport von dieser großen Schlacht bringen will. – Ungefähr so wird dieser Offiziersbrief aus Amerika auch gelautet haben; denn seine Nachricht ist äußerst unwahrscheinlich. Überhaupt muß man vor abwarten, wie sich die Begebenheiten in Amerika aufhellen, eh man im Tone der Entscheidung von ihnen spricht. Den Zeitungsschreibern ist nichts Liebers, als wenn sich die Begebenheiten recht weit von ihnen zutragen, weil sie da die beste Gelegenheit haben, ihre Hyperbeln an Mann zu bringen.
[...]

Der *Bischof* von *Fulda* hat in einem sehr männlichen Schreiben an seinen Agenten in *Rom* der Nachricht widersprochen, als wäre daselbst ein großes Wunder an einer Klosterfrau geschehen. Dies Schreiben verdient als ein Beispiel von der aufgeklärten Denkungsart unsrer deutschen Bischöfe in einer Chronik aufbewahrt zu werden.

> „Kaum sollte man es glauben, daß es Leute gibt, welche verwegen genug sind, in öffentlichen Blättern die Nachricht von einem Wunderwerk zu verbreiten, welches sich in meiner Diözese zugetragen haben soll und wovon ich, der ich doch Bischof davon bin, nicht das geringste weiß. Ich danke Ihnen vor die mir davon gegebene Nachricht und ersuche Sie, weder Geld noch Mühe zu sparen, um den Verwegenen zu entdekken, welcher die vorgegebene Heilung einer Nonnen in die Florentinerzeitung setzen lassen. Lassen Sie sich zu dem Ende von den Zeitungsschreiber selbsten die genaueste Rechenschaft geben. Ich werde gleichfalls die strengste Untersuchungen anstellen, um auf den Grund zu kommen. Sollte ich den Urheber dieses Betrugs entdecken, so soll er empfinden, was für Ehrfurcht man der Religion und der bischöflichen Autorität schuldig seie, denn dieser kommt allein zu, dergleichen Begebenheiten auf das genaueste zu untersuchen, [...]"

Aus dem 78. Stück vom 29. September 1775

Nachricht

Welcher Magister hat Lust, Schulmann in * zu werden? – Er muß gut Latein, Griechisch und Hebräisch verstehen, auch etwas Französisch und Italienisch. Im Christentum, Rechnen, Schreiben, Zeichnen, Historie, Geographie, Feldmessen muß er Meister sein. Informieren darf er nicht mehr als tags 12 Stunden, darneben kann er sich noch mit Privatstunden was verdienen. Da man den Organisten mit ihm ersparen möchte, so wär's gut, wenn er die Orgel spielen, gut geigen und den Zinken aufm Turm blasen könnte. Den Geistlichen assistiert er zuweilen im Predigen und Katechisieren. Weil er die Leichen hinaussingen muß, so muß er eine sehr gute Stimm' haben. Seine Besoldung besteht aus 100 Gulden an Geld, etwas Naturalien, freie Wohnung, 6 Ellen Krautland, freie Eichelnmast und eine Miststätte vor seinem Haus. Den Rang hat er gleich nach dem Burgerstädtmeister, der gegenwärtig ein Gerber ist; außerdem soll's den Buben nicht erlaubt sein, ihn mit Erbsen zu schießen.
Es wäre dem Magistrat sehr lieb, wenn der Kandidat ledig wäre. Der Vorjahr im Amt hat eine sehr häusliche und gottsfürchtige Witwe hinterlassen. Sie ist zwar schon eine Funfzgerin, kann aber doch noch lang leben, weil sie die körperlichen Unreinigkeiten durch Fontanelle ausführt.

Aus dem 79. Stück vom 2. Oktober 1775

Auszüge

Der *Markgraf* von *Anspach* und *Bayreuth* hat einige Verordnungen in Ansehung der Schulen und des Studierens ergehen lassen, die auch in andern Staaten Nachahmung verdienen.
Die Landeskinder dürfen nur bloß auf den Landesschulen studieren. Sie müssen Zeugnisse von der Schule und dem Konsistorium ihrer Fähigkeiten halber auf die Universität *Erlang* mitbringen. Wer ein Stipendium haben will, wird öffentlich und scharf geprüft.

Die Stipendien im Bayreuthischen erstrecken sich nicht bloß auf Theologen, sondern auch auf Rechtsgelehrte, Ärzte,

Schulleute und Künstler. Unsere Alten haben aus frommer Einfalt ihre Stiftungen bloß auf die Geistlichen erstreckt. Den Verwaltern der Stiftungen liegt es also ob, die Bestimmung dieser milden Stiftungen zu dirigieren und sich fleißig zu erinnern, daß man nicht lauter Prediger, sondern auch Juristen, Mediziner, vorzüglich *Schulleute* und *Künstler* in einem Staate brauche. Leider hat der geistliche Stand durch ganz Deutschland die schönsten Stiftungen und Vermächtnisse an sich gezogen! –

Die Schulämter werden mit *tüchtigen* jungen Leuten besetzt –

Tüchtigen? Wo nimmt man die her, wenn's keine Seminarien in einem Lande gibt, wo tüchtige Subjekte gebildet werden? Didaktik, Pädagogik, Methodik sind so wichtige Wissenschaften, daß sie auf allen deutschen Universitäten von eigenen Lehrern vorgetragen werden sollten. Eben daher sind mir die Philanthropine so schätzbar.

Die Schulleute werden nicht *lange* bei dieser mühsamen Arbeit gelassen, sondern zur Belohnung zeitig in das *Predigamt* befördert; die sich aber zeitlebens freiwillig dem Schulstande widmen, haben ganz besondere Belohnungen zu erwarten.

Dieser Artikel hat Haken. Warum soll man tüchtige Subjekte nicht *lange* beim Schulwesen lassen? Kann man die Bildung des Menschen, dies edelste Geschäft, das ein Weiser unternehmen kann, nicht minder *mühsam* machen? Warum müssen just *Prediger* dem Schulstande gewidmet werden? – Wie manches Kapitel ließ sich über diese Texte schreiben? –

Kein Beamter soll einen Schreiber annehmen, der nicht gute Schulwissenschaften hat. –

Ein Modekleid, den Fuß voraus,
Sexternenbrief an Frauenzimmer,
Dies machet einen Schreiber aus;
Mich sehen sie nimmer.

Leute ohne Fähigkeiten zum Studieren werden beizeiten davon abgehalten und zu Professionisten angewiesen.

Mancher Professor und Superintendent, sagt der große Luther, treibt Roß auf die Weid, und mancher Roßhirt steht auf der Kanzel und aufm Katheder. Wohl dem Staate, der die Fähigkeiten seiner Bürger zu prüfen weiß! –

Aus dem 85. Stück vom 23. Oktober 1775

Haag

Ums politische Räsonnement ist's eine verzweifelte kritische Sache. Hat man auch Katzenaugen und sieht, was in der Nacht der Kabinetter vorgeht, so darf man's nicht laut sagen. *Raten* ist auch verzweifelt schwer, und man lacht einen aus, wenn die Sachen ganz anders laufen, als wir vermuten. Und am Ende läuft's doch alles da hinaus, daß wir zu erfahren suchen, was *ein Dutzend Menschen* in Europa, die über 150 Millionen erhaben sind, mit uns vorhaben. Wenn sie Götter wären, so wär's freilich Frevel, nur von ihnen zu stammeln. Da sie aber Menschen wie wir sind und ebensowohl als wir von den Leidenschaften herumgezerrt werden, so kann ein Menschenforscher doch zuweilen etwas erraten. Nur ist nicht jeder Himmelsstrich den politischen Propheten günstig. In England tummelt sich die Staatskunst mit der Philosophie beständig herum. In einem der neusten englischen Wochenblätter steht eine so kühne Schilderung von den europäischen Monarchen, daß sie ein Deutscher ohne Lebensgefahr nicht nachträumen dürfte. Warum, fängt seine Predigt an, sollen die Fürsten allein das Recht haben, zu tun, was sie wollen, und uns andern Erdenwürmern soll's nicht einmal erlaubt sein, über ihre Handlungen zu schreiben, zu reden, zu denken, zu muchzen? [...]

Aus dem 89. Stück vom 6. November 1775

Todesfall

Durch Schwagern Postillion erfuhr ich soeben, daß kürzlich der *Wandsbecker Bote* an einer Auszehrung sanft und selig im Herrn entschlafen sei. 's war 'n ehrlicher Kerl, lief durch Wind und Wetter, durch Staubwolken und Schneegestöber, sang sein herziges deutsches Liedlein und gab mit dem Stiftstecken den Takt dazu. Hatt' auch wohl sein Späßlein mit 'm Narren, der ihm in Weg lief, trank sein Gläschen Lachs, rauchte sein Pfeifchen und hatte meistens gute, deutsche Laune. Er starb und sank freudig seinem Freund *Hein* in die Arme. Gott verleih ihm sanfte Ruhe und 'ne fröhliche Urständ! –

Aus dem 92. Stück vom 16. November 1775

Der Vater seines Volks

Die Fürsten lassen sich so gerne mit dem großen feierlichen Gruß begrüßen: *Vater deines Volks!* – 's ist in der Tat ein schöner, herziger Name, wenn ihn nur der Fürst in seiner vollen Bedeutung verdient. Wenn *Joseph*, der menschlichste Kaiser, die Erlassung der Schuldensteuer von seiner erhabenen Mutter als ein Geschenk erbittet; wenn *Friedrich* dem schlesischen Adel mit Millionen aufhilft und auf seine Kosten neue Dörfer in Wüsteneien hinsät: dann verdienen sie den ehrwürdigen Titel: *Väter des Volks.* – Was halten aber meine Leser von nachstehender Anekdote? – Die Untertanen des Fürsten von Anhalt-Dessau sollten im letzten deutschen Kriege eine starke Kontribution an Preußen bezahlen – Das wird ihnen weh tun! dachte der edelmütigste Fürst, verkaufte sein Silberzeug, Juwelen und andre Kostbarkeiten und zahlte die Summe selbst; und da er die Not seiner Untertanen erkannte, verließ er sein Land und reiste einige Jahre als bloßer Kavalier, in der Absicht, seinem Volk die Abgaben zu ersparen und Schulden, die er nicht gemacht hatte, abzutragen. Er war neulich zu Bath und wohnte daselbst in einem sehr geringen Hause, äußerst eingeschränkt, und ist nun nach einer vieljährigen Abwesenheit auf dem Heimwege in seine Staaten begriffen. – Geht ihm entgegen, ihr Jünglinge und Jungfrauen, kriecht an euren Stäben, ihr Greise, wenn ihr nicht gehen könnt! Freue dich, Mann an der Seite deines Weibes! Schaut empor, ihr Kinder, in das Engelantlitz eures Fürsten. Euer Genius schauet vom Himmel herab und hört's, und weint Tränen der Wonne, wenn ihr ihn (ach! er verdient's!) *Vater des Volks* nennt! –

Aus dem 93. Stück vom 20. November 1775

Literatur

Da liegen 3 Musenalmanache vor mir. Hätt' ich Liscows Geisel, so würd' ich diesen poetischen Unfug rügen. 's ist doch schrecklich! Die Franzosen sammeln das ganze Jahr durch mit wahrer kritischer Ängstlichkeit, um der Nation einen einzigen ganz kleinen Almanach von Nationalgesängen zu liefern, und uns gibt man auf einmal, eh das Jahr rum ist, 300 bis 400 Stücke vortrefflich, gut, mittelmäßig, schlecht, elend durcheinander. In den goldnen Zeiten Griechenlands, Italiens, Frankreichs, Englands wär' es nicht möglich gewesen, alle Jahr nur 100 gute Stücke zu liefern; und wir Deutsche sind so wenig für unsern Ruhm bedacht, daß wir Meisterstücke und Bubenarbeit vors Publikum hinwerfen und damit nichts ausrichten, als daß die Feinde unsrer Literatur die Nase rümpfen und der wahre deutsche Mann voll edlen Unmuts den Kopf schüttelt. [...]

AUS DEM 95. STÜCK VOM 27. NOVEMBER 1775

Nachricht

Ein paar Worte, Leser, für mich und meinen Verleger!
Ich werd' auch künftiges Jahr, so Gott will und ich lebe, die Chronik fortsetzen und, soviel sich's tun läßt, die verschiednen Wünsche verschiedner Leser zu vereinigen suchen. Mein Plan ist der: uninteressante Dinge *kurz* und Dinge von Wichtigkeit so weitläuftig zu erzählen, daß sie deutlich und auffallend werden. Um mehrere Bücher anzeigen zu können, werd' ich künftig die neuesten Schriften nur mit einem kurzen Urteile begleiten und bei denjenigen Werken allein weitläuftig sein, von denen ich wünschte, daß sie allgemein unter meinen Landsleuten bekannt sein möchten. Ich verspreche meinen Lesern, alles zu tun, was sie von mir verlangen können. Nur bitt' ich um Gottes willen, mir nicht zuzumuten, lustig zu sein, wenn ich betrübt bin, und zu lachen, wenn mir die Tränen im Aug stehen. Immer gleiche heitre Laune ist wenigen Sterblichen gegeben. Wenn Wolken auf der Seele liegen, so hat der Witz Mühe durchzublitzen.
Noch einmal und abermal bitt' ich meine Leser, mich mit Beiträgen zu beehren. Jede neue Anstalt zur Glückseligkeit des Menschen, jede Erfindung, jede Tugend, im stillen getan, jede edle vaterländische Tat, sei's vom Herrn oder Knecht, wird mir willkommen sein. Sollen die Ausländer allein das Recht haben, Züge der Wohltätigkeit, der Men-

schenhuld, der Großmut, der Vaterlandsliebe vor uns auszukramen und uns trotzig unter die Nase zu sagen: Ihr seid Bettler?

Fulda hat mich gelehrt, daß *teutsch* unsere Nation und *deutsch* soviel als Deutlichkeit anzeige; ich werde also in Zukunft eine *teutsche Chronik* schreiben und in Gesinnung und Vortrag mich bemühen, *teutsch* und *deutsch* zugleich zu sein. – Im Namen meines Verlegers bitt' ich die Leser, ihn mit der Zahlung nicht aufzuhalten, damit er noch ferner den Mut behält, guten Druck und gutes Papier zu liefern. 's ist 'n guter Mann, hat so viel Hochachtung fürs Publikum, daß er den Hut mitsamt der Perücke 'runterzieht und sich seinen gnädigen und hochgeneigten Gönnern und Freunden auch aufs künftige Jahr bestens empfiehlt.

Für diejenigen, welche meine Chronik gesammelt haben, wird nächstens Titel und Register ausgegeben werden.

Schubart

Aus dem 102. Stück vom 21. Dezember 1775

Totalrechnung

[...]

Wahr ist's, wir leben in betrübten Zeiten. Vorbei sind die glücklichen Jahre der Kindheit; vorbei das edle Jünglingsungestüm; vorbei die Jahre der Mannheit, und ach! wie schlagflüssige Greise nicken wir zum Grabe. Daher die tödliche Ermattung unsers Jahrhunderts; daher der versiegte, ausgetrocknete Empfindungsquell; daher das frostige Klügeln der eiskalten Vernunft; daher die weibische Bedächtlichkeit, mit der wir – ha, nicht wie der Jüngling, *kalt und kühn, mit gemessnem Sprung* – sondern wie Blinde mit prüfendem Stab zur Tat schleichen; daher die tote Einbildungskraft, die mit zerknicktem Fittig im Staube zuckt; daher das Raketenfeuer des Witzes, das aufflammt, verpufft und stinkt; daher die Anatomen der Schönheit mit dem Vorschneidmesser in der Hand; daher die kalten Rechenmeister, die Sphärengesang mit der Algebra richten; daher das Abglitschen des kalten Blicks von himmlischen Naturszenen und daher das Verweilen auf Werken der toten Kunst;

daher endlich (Gott sei uns gnädig und barmherzig!) die modische Wasserreligion, in der wir alles Gottes- und Christusgefühl ersäufen.

Ach, Gott vom Himmel, sieh darein,
Und laß dich's doch erbarmen!

Welches sind dann die Taten des 1775ten Jahrs, die auf die Ewigkeit aufbewahrt zu werden verdienen? Ach, großer Gott, sind ihrer wenige! Die bescheidnen Taten des Weisen und Christen werden nur von Gott genennt, und die geräuschumgebne Taten der Großen sind meistens ein narkotisches Einerlei. Rechne mit mir, Leser!

Portugal. Erstickte Aufruhrsflamm; zweideutige Miene gegen Spanien; gute Haushaltung –

stehende Kriegsmacht im Frieden.

Spanien. Trauriges Ebenteur vor Algier; reiche Gold- und Silberflotten; Mißmut des Königs, der beständig die Regierung niederzulegen denkt; noch immer Stolz und Armut unter der Nation und

stehende Kriegsmacht im Frieden.

Frankreich. Königskrönung, lebendiger Quell, der vom Thron fleußt und 's ganze Land erquickt; Wiederherstellung des öffentlichen Kredits; biderbe Ratgeber dicht am Throne; Friedensgesinnungen und

stehende Kriegsmacht mitten im Frieden.

England. Brausender Nationalgeist; Sklaven und Freie im Kampf; gewaltige Rüstung gegen Stiefkinder, die 's Vorrecht der leiblichen Kinder verlangen; bedenkliche Lage! –

Italien. Turin, Florenz glücklich durch die vortrefflichsten Regenten; *Rom* zufrieden mit seinem weisen Pius, reich durchs Jubelfest und durch die hinströmende Schätze deutscher Fürsten; hingestorbner Jesuitismus. *Neapel* erfreut durch die glückliche Niederkunft der Königin; Leben und Weben wie im Garten Gottes. *Venedig, Genua*: unruhiges, ängstliches Lauren der Aristokraten, unterdrücktes Freiheitsgefühl, ein Ball der benachbarten Souveränen, verfallne Größe.

Der Papst ist ein großer Liebhaber der Pracht. Seine Besitznehmung der römischen Kirche übertraf den stolzesten römischen Triumph. Gold, Silber, blitzende Steine, mannigfaltige

> Kleidungen, Hofbediente, Edelleute, Prälaten, Kardinäle und Senatoren, zu Fuß und zu Pferd. Pius VI. im fast überirdischen Glanze auf einem schneeweißen Pferde. Alle Häuser mit kostbaren Tapeten behängt, das Kapitol, wo die alte Helden ihre Lorbeere bei Jupiters Donner niederlegten. Triumphbögen, durch welche der feierliche Zug ging; alles dies brachte die Zuschauer zum Erstaunen.

Schweiz. Das Vaterland großer Männer; merkliche Erkaltung des Freiheitsgefühls; Nachgiebigkeit gegen die Monarchen; Ausartung der alten eidgenossischen Biederherzigkeit; Verachtung des alten Schweizerkittels und Stolzieren im französischen Lustkleide –

Deutschland, von Joseph und Friederich bewacht, mitten im Frieden von einer halben Million Krieger beschützt; durch Fruchtbarkeit und weise Anstalten der Regierung gesegnet; philosophische Gelassenheit auch in den widrigsten Lagen; Reisen der Fürsten; merklicher Zerfall der kleinen und größern Republiken; Geldmangel und – erwachter Nationalstolz!!! ☜

Rußland. Pugatschows Hinrichtung und allgemeine weitherrschende Ruhe; Römertriumphe; sichtbares Aufsteigen zu einer fürchterlichen Größe; geheime noch tiefversteckte Absichten in Polen. –

> Man wird schwindlicht über die widersprechende Nachrichten, die man aus Polen hört: Jetzt soll der Ausbruch eines Kriegs mit Preußen sehr nahe sein, ja man behauptet, es wäre eine russische Flotte vor Danzig angelangt; eine andere Nachricht sagt, daß der Prinz Heinrich nächstens nach Petersburg gehen und das Mißverständnis zwischen diesen zwei großen nordischen Höfen heben werde. Wer hat recht? –

Schweden. Wiederhergestellte Ehre der Krone; alter schwedischer Mut unter den Heeren zu Wasser und zu Land; wohlgeordnete Finanzen; blühende Handlung; Aufmunterung der Wissenschaften und Künste – alles Schöpfungen des weisen Gustavs. – Noch am Ende des Jahrs hängt ein Gewitter vom Himmel herunter, das in einen Krieg mit Rußland ausdonnern soll.

Und das Resultat? Überall anscheinende Untätigkeit an den europäischen Höfen; majestätisch-fürchterlich, wie Naturpausen vorm Gewitter; gewaltsame Anstrengungen mitten im Frieden; allgemeines Mißtrauen (beständiges Bewaffnen beweist doch wohl Mißtrauen?); traurige Kriegsvorboten in

Ungarn, Polen, England und – langsames Hinsterben der Freistaaten und sichtbares Hinneigen zu einer großen weitumfassenden Monarchie ist, deucht mich, 's Resultat der neuesten politischen Beobachtungen. Aber ein Jahr ist nur ein Glied von der großen Kette der Dinge. Wer kann bis zu ihrem ersten Ring hinaufsehen, der am Throne Gottes hängt?

Aus dem 104. Stück vom 28. Dezember 1775

Schluß

Dem vortrefflichen Freunde, der mir einen so biederherzigen Rat gab, dank' ich innig und laut. Er sagt die Wahrheit und verdient befolgt zu werden. Hier ist eine schöne Stelle aus seinem Briefe. Nachdem er Behutsamkeit in Sachen der Religion und der Höfe rät, so setzt er hinzu:

> „Wir sind nun in die traurige Notwendigkeit versetzt, zwo Rollen zu spielen. Des Philosophen auf unserer Stube und des Bürgers in der Gesellschaft. Der Philosoph kann den reichen Taugenichts, den adelichen Dummkopf, den mächtigen Bösewicht verachten, dem der Bürger eine untertänige Aufwartung machen muß. Sie wissen, ohne meine Erinnerung, was Cicero als Philosoph vom Cäsar in den Briefen an seine Vertraute gedacht hat: aber wie freigebig streut nicht der Staatsmann Cicero eben diesem Cäsar Weihrauch in seine Reden? Wie ehrerbietig nennt er vor dem Volke auf der Rednerbühne die unsterblichen Götter seiner Nation, über deren Menge und Charakter er sich als Philosoph so lustig macht!"

Überhaupt wünscht ich diesen vortrefflichen Mann näher zu kennen; wollt mich ihm mit deutschem Freimut öffnen und in vertraulichen Briefen zeigen, wie ich gern schreiben möchte, wann ich dürfte. Heil ihm und allen Zeugen der Wahrheit! Schlangenklugheit und Taubeneinfalt ist freilich allen Novellisten nötig; aber wer's immer hätte! Der Sturm stürmt, und das wankende Rohr knickt! –
Du aber, Leser, walle friedlich 'nüber ins neue Jahr und 'nmal ruhig 'nunter ins Grab, wo 's Weltgetümmel über dei-

nen Gebeinen wegbraust und wo dein Geist ewig das Glück der Freiheit, der Ruhe und des steten Anschauens der Schönheit und Wahrheit genießt.

Eia! wären wir da!

Aus dem 104. Stück vom 28. Dezember 1775

TEUTSCHE CHRONIK
1776

Das Münster

Münster! ehrwürdiges Denkmal *teutscher Größe,* sei mir gegrüßt in deiner Majestät! Du trägst heilige Spuren *teutscher Kraft* und *teutschen Geistes.* Nie geh' ich an dir vorüber, ohne vor Ehrfurcht aufzuschauern; dann fließen den kühnen Bauleuten, die dich himmelan türmten, Tränen des Danks und der entzückten Bewundrung. – Wie fürchterlich ehrwürdig streckst du dein schwarzgraues Haupt in die Wolken! Und wie leuchtet deine Zinne in der Winternacht, wann dich der Mond vergüldet und der Polarstern über dir flammt! – Muß hinauf! Hinauf auf deine Höhen und mein Herz lüften auf deinem majestätischen Kranze! – Das sind ja die steinernen Hüften, die seit Jahrhunderten dem Sturmwinde trotzten! Und dies die Brust, von der Gottes Gewitter selbst nur Schiefer splittern konnten! – Wohl mir! diese Schneckentreppe bringt mich immer näher zur Heitre des Himmels empor! – Da steh' ich, Gott! wie ist mir's! – O wieviel anders, als wann ich am Staube kröche. Hoch über mir Gottes Himmel! und unter mir seine Welt! – Darf ich hinaufschauen zum höhern Ozeane, der unterm Silberschleier des Lichts blauwogicht dahinfließt? – O der erstikkenden Wonne! Muß ausruhen und auf meinen Brüdern, den Menschen, verweilen, die dort unter mir wandeln und durchs Leben kriechen, hinken, gehen, taumeln, fliegen. – Dort drunten liegen ja ihre Hütten, mit Schnee wie mit Wolle bedeckt, meist umstürmt von des Lebens Sorgen und selten besucht vom leisen Tritt der Ruh' und dem Tanz der Freude! – Seid mir gegrüßt, meine Brüder, mit dem ersten Strahle des erwachenden Jahrs! Edle und Unedle, Weise und Toren, Reiche und Arme, Tugendhafte und Sünder, Nahe und Ferne, Freunde und Feinde, seid mir alle gegrüßt! Mit euren Wünschen, Sorgen, Kämpfen, Arbeiten, mit euren Tugenden und selbst mit euren Fehlern, seid mir gegrüßt! – Noch wölbt sich diese blaue Decke des Himmels über euch hin; noch träuft aus sanften Wolken, wie aus Schläuchen, Segen auf euch hinab; noch kreist sich das Jahr mit fröhlichen Monden und tanzenden Stunden harmonisch um euch; Sollt ich euch nicht auch lieben, ihr Lieblinge Gottes? nicht für euch zum benachbarten Himmel hinaufbeten:

Schau hinab, o Gott, auf deine Erde,
  Sieh der Menschen ängstliches Gewühl.
Ach, da gibt's, du weißt's ja, viel Beschwerde,
  Und des Stoffs zu Tränen gibt es viel.

Christen gibt es, die sich's scheu'n zu sagen,
  Daß sie Christus', daß sie Gottes sind!
Weise gibt es, die die Toren tragen,
  Und mit ihren Seufzern spielt der Wind!

Tugendhafte, die den Strom der Laster
  Fürchterlich vorüberziehen sehn!
Auf dem Strome segelt ein verhaßter
  Wüterich, taub bei der Menschheit Flehn.

Greise, die mit dünnen weißen Haaren,
  Mit des Fluches schrecklichem Gewicht,
Ach, hinunter in die Grube fahren! –
  Dann ihr Enkel ist ein Bösewicht.

Unschuld, die am Todeshügel jammert,
  Wo der Vater, wo die Mutter ruht;
Wie sie da das Totenkreuz umklammert!
  Wie sie ächzt: ach, rettet euer Blut!

Dann sie scheucht der Böswicht, der zum Raube
  Im Gebeinhaus tückisch sich verbirgt;
Wie der Geier, der die fromme Taube
  Selbst auf Tempelzinnen niederwürgt.

Patrioten, die am Eichenstamme
  Mit gesenktem, trübem Blicke stehn;
Ach, sie sehn, mit unterdrückter Flamme,
  Teutsche Sitt' und Freiheit untergehn.

Jünglinge, beim dumpfen Traurgeläute
  Langsam schreitend zu der schwarzen Gruft;
Um die schönste, edelste der Bräute
  Jammert ihre Klage in die Luft.

Vater, alle diese Menschen unten
  Müssen sterben: – deine Engel nicht!
Sterben – ach! mit heißen, offnen Wunden!
  Zittern vor Verwesung und Gericht!

Schöpfer; Vater! ach, erbarm dich ihrer!
  Sieh dies Wimmeln deiner Kinder an;
Alle brauchen Hülfe; sei ihr Führer
  Auf des Lebens dornenvollen Bahn!

Sieh, auf dieses Turmes luftgen Höhen
  Bitt' ich dich mit hochgehobner Hand:
Wie die Eiche tiefgewurzelt stehen
  Laß mein Vaterland! mein Vaterland!

Unsern *Kaiser*! Laß die *Fürsten* leben!
  Dir nachahmend, ohne blutgen Zwist!
Aber laß sie vor dem Donner beben:
  Daß du Richter aller Fürsten bist!

Reiß dem Heuchler in der Wahrheit Lichte
  Seine schwarze Larve vom Gesicht!
Aber ist die Larve vom Gesichte;
  So beschäme, nur verdamm ihn nicht!

Wenn der Wald, wann Felsen widerschallen,
  Frevler, deinen Greul und deinen Spott;
Oh, so tönen dieses Tempels Hallen:
  Eine feste Burg ist unser Gott!

Gib uns Dichter, die von Tugend glühen,
  Die wie Klopstock, von der Ewigkeit
Kühn den lichtgewebten Vorhang ziehen;
  Und von teutscher Biederherzigkeit.

Dient das rasche Feuer kühner Jugend,
  Dient die Himmelsflamme, das Genie
Nicht der Wahrheit, nicht der Schönheit, Tugend;
  So verlösch es! so vertilge sie!

Stärk den Müden, der des Lebens Plagen,
  Seine Lasten duldet; friedsam! still!
Donner sollen den Tyrannen schlagen,
  Der des Schweißes Frucht ihm rauben will!

Gib dem Mangel Speis und Trank und Hülle!
  Gib dem Armen – ach, mir bricht das Herz!
Gib dem Armen von des Reichen Fülle!
  Lindre du des müden Pilgers Schmerz!

O dann wölbt sich ruhig einst der Hügel
  Meines Grabes über mir. O Glück!
Laß ich doch, beweht von Gottes Flügel,
  Dich, du liebes Vaterland, zurück!

Mit diesen Gesinnungen, Leser, die mir, weiß Gott! von Herzen gehen, tret' ich mit dir ins neue Jahr. O glaub, 's ist gar 'n ernsthafter Gedanke, wenn wir so vorschreiten und immer älter werden und uns offne Gräber und Totensang erinnern, was wir zu erwarten haben. – Wer 'n lustigern Neujahrswunsch verlangt, kann sich von unserm teutschen Gerundio 'ne Schwanzpredigt halten lassen.

Nachlese

Amerika wird vermutlich in diesem Jahr ein Schauplatz großer Begebenheiten werden. Die Rüstungen der Engländer und Provinzialen gegeneinander sind gewaltig. Regulusse, Epaminonde, Aristide, Sertoriusse werden dort aufstehen. – Hinstaunen werden wir, und Tausende werden hinwallfahrten, so große Leute in der Nähe zu sehen. – Wir Europäer aber haben jetzt wichtigere Dinge vor. Haarfrisuren, Schnupftobaksdosen, Stockknöpfe, Fächer und Berlocken zu erfinden, ist doch wichtiger als Freiheitsschlachten schlagen. –

Die Teutschen, mehrenteils Pfälzer und Würzburger, sind jetzt unter den Kolonisten die *einzige*, die England getreu bleiben. Der Verfasser des britischen Magazins macht bei dieser Gelegenheit die bittere Anmerkung: daß der Teutsche unter allen Nationen das beste Geschick zu einem

Sklaven habe. – Wahr ist's, 's Gefühl der Freiheit ist unter uns Teutschen ziemlich erstorben. Aber es ist gewiß: weder Dummheit noch Phlegma, sondern reife Überlegung und Ordnungsliebe ist's, die uns zur Subordination so geschmeidig macht.
Die *Hessen* und *Braunschweiger* sind bereits aufm Marsch, sich einschiffen zu lassen, um, vor Sold und Lohn gedungen, die Kolonisten unterjochen zu helfen. Meines Wissens trieft das Schwert der Teutschen noch nicht vom Blute *fremder Welten,* aber jetzt –
[...]

Aus dem 1. Stück vom 1. Januar 1776

Vom Bettel

Man dringt jetzt in den meisten teutschen Provinzen auf die Abstellung des Bettels, und die Schriftsteller befeuren den Eifer der Fürsten mit ihren Schriften, worinnen sie den Übelstand und selbst die Schädlichkeit des Bettels mit sehr starken Gründen beweisen. Die Polizeiverständige machen die sehr natürliche Abteilung des Bettelordens: entweder sind's Leute, die sich von Jugend auf an den schändlichsten Müßiggang gewöhnt haben; oder sind's wirklich Dürftige, Alte, Presthafte, Krüppel, die eine tätige Unterstützung des Staats erheischen. Die erstere Gattung ist sehr zahlreich. Sie befinden sich in ihren Lumpen und bei ihrer gänzlichen Unabhängigkeit von allen Pflichten der Gesellschaft sehr wohl. Wenn man *Mösers* Beschreibung der Bettler in London* liest, so möchte man fast selbst ein Bettler werden. Diese schädliche Leute müssen in einem Staate keineswegs geduldet werden. Errichtet Arbeitshäuser, Fabriken oder gebt dem wollüstigen Müßiggänger die Spade in die Hand und laßt ihn am Straßenbau arbeiten. Dem Kerl wird der Kützel vergehen; er wird sich nach und nach an Arbeit und Ordnung gewöhnen und dem Staate nützlich werden. Der arme Alte, dessen Kräfte vertrocknet sind, und der Prest-

* Sie steht in seinen *Phantasien,* wovon kürzlich der 2te Teil herausgekommen, die ich meinen Lesern als die unterhaltendste und nützlichste Lektur empfehlen kann.

hafte, der zu allen Geschäften untüchtig ist, braucht Hülfe, und wehe dem, der's ihm versagt. Wann ich sieche Bettler auf den Straßen keichen sehe oder wenn mir gar Bettelfuhren begegnen, wo der elende Kranke unter freier Luft auf hartem Stroh sein Leben wegseufzt; o! dann dreht sich alles in mir 'rum, und ich verwünsche den hartherzigen Staat, der die Menschen trostlos verschmachten läßt. Die barmherzigen Brüder unter den Katholiken sind mir deswegen ein sehr ehrwürdiger Orden, und ich bin niemals in München, in Köln, in Mainz und andern Orten vor ihren Lazaretten vorbeigegangen, ohne ihre menschenfreundliche Anstalten, ihre christliche Sorgfalt vor den schmachtenden Kranken mit meinen Tränen zu preisen. Die Errichtung der Findelhäuser, der Spitäler und Siechhäuser sind also Anstalten, die die Menschheit ehren. Wenn's nur nicht da und dort abscheuliche Aufseher über diese Wohnungen der öffentlichen Barmherzigkeit gäbe, die den Bissen, der dem schmachtenden Kranken zur Stärkung gehört, heißhungrig mit gesundem und gemästetem Leibe verschlingen. Fluch! – Br! Mir schaudert das Herz.

In den kaiserlichen, preußischen, hannöverischen, pfälzischen, bayerischen und andern teutschen Staaten sind im vorigen Jahr sehr weise Verfügungen in diesem Punkte getroffen worden. Der Starke und Gesunde wird zur Arbeit angehalten und der unmächtige Kranke in Spitälern und Siechhäusern versorgt. Daher gibt's in diesen Staaten der Landstreicher immer weniger, und in den Arbeitshäusern, beim Damm- und Straßenbau vermehren sich die Arbeiter, die Peitsche und Stock vom Müßiggang entwöhnt. Bei all dieser weisen Sorge der Großen wird doch des Bettelns niemals ein Ende werden. Sind wir doch alle Bettler vor Gott und Bettler untereinander. Oft bettelt der Höhere bei dem Niedrigen und die Untertanen bei ihrem Fürsten. Der Soldat nennt seinen Bettelbrief Kontribution, der Zahnarzt Patent, der Handwerksbursch Paß und der Skribent nach der Sanduhr Merkur, Alter Deutscher, Korrespondent, Postreuter oder Chronik. Der Virtuose bettelt mit seinem Instrument und einigen armseligen Konzerten durch die Welt. Unsre Hochzeiten, Kindstaufen und Leichen sind Betteleien. Wir betteln mit Neujahrwünschen, Panegyren, Päanen, Motetten, Zinken und Posaunen, heiligen Dreikönigsstern und Kühhörnern durch die Welt, und der Nachtwächter verkündet am hellen Tage die Stunde der Mitternacht, und das alles darum – weil wir Bettler sind; arme, arme Bettler, die noch nach dem Tode der Mutter Erde ein Plätzchen abbetteln müssen.

Aus dem 2. Stück vom 4. Januar 1776

Über die politische Ruhe

Die gegenwärtige tiefe Ruhe in Europa macht jetzt den mehrsten Zeitungsschreibern und ihren Lesern die Zeit sehr lange. Wenn diese Ruhe eine bloße Folge von den friedlichen Gesinnungen unserer Fürsten wäre, so kümmert' ich mich wenig um diese politische Langeweile (gibt's doch bessere Dinge für Herz und Verstand), freuen wollt' ich mich vielmehr und ganz Europa als einen Palast ansehen, in dem die Hausgenossen in der stolzesten und seligsten Ruhe beieinander wohnten. Aber das ist's nicht; *Furcht* ist's vielmehr, die einer vor dem andern hat und die jetzt alle Schwerter der Mächtigen in der Scheide zurückhält. Unsere Zeitungen und Sackkalender legen uns jetzt eine so erschreckliche Berechnung der europäischen Kriegsmacht vor, daß einem ehrlichen Manne drob die Haut schauert. Wenn ganz Europa mit schrecklichen Wäldern umgeben wäre, aus deren jedem ein Attila stürzen könnte, so wär doch kaum eine fürchterlichere Kriegsrüstung möglich. Zwei Millionen Soldaten stehen jetzt in Europa mitten im stolzesten Frieden auf den Beinen. Da bekanntlich die jüngsten, gesündesten, stärksten und belebtesten Mannsleute zu Soldaten genommen werden, so muß das übrige männliche Geschlecht jetzt bloß ein Ausschuß sein, der bei all seiner körperlichen Unmacht doch noch die schwersten Lasten des Staats zu tragen hat. Stell dich, zumal in einigen europäischen Provinzen, wo der Soldatengeist alles angefressen hat, auf die Landstraßen: wirst sehen hagere, ausgehöhlte, gelbhäutigte Bauren, klein und ungestalt hinterm Pflug keichen, vor dem Pfluge einen koppenden, mehlmaulichten Gaul, den ein Soldat zuschanden geritten; wirst sehen Handwerksbursche wie Zwergengerippe auf den Straßen schleichen; Kerls, die kaum mehr ihre Bündel tragen können, sollen Zentnerlasten heben, mit nervichtem und gewissem Arme den Hammer führen und sich an der Feueresse zum Stahl härten; das Marzipangesicht von einem Kaufmannsbürschchen soll die Welt durchreisen, sich jeder Witterung preisgeben und da und dort zur Aufnahme seines Handlungshauses Warenlager anlegen. –

Indessen schreitet der müßige Soldat mit gesundheitglühendem Gesichte und mit eisernen Knochen hoch einher und spottet des Zwerchenmännleins, das ihm Brot schaffen muß. Die Handlung verfällt; der Kunstfleiß ermüdet, und die Künste, diese schüchternen Töchter der Ruhe und des Überflusses, verlassen den Hain, den Mars' oder Wodans kriegerische Rosse durchwiehern.

Die weisesten Männer fangen zwar jetzt an, den Soldatenstand dem Staate nützlicher zu machen. In den kaiserlichen und preußischen Landen werden die Krieger zum Festungsbau und andern öffentlichen Arbeiten angehalten; so hat auch kürzlich der weise Graf St. Germain eben diese Verordnung unter der französischen Armee bekanntmachen lassen. Aber was hilft dies? Zieht der Soldat ins Feld, so läßt er den Fleck, den er bearbeitete, wieder als eine Wüste zurück, und das ganze Land sieht einer Einöde gleich, die Eulen und Uhus durchheulen und Fledermäuse durchschwirren. Ich meinesteils wünsche mir die Erhaltung der gegenwärtigen Ruhe – Gott weiß es! von ganzem Herzen; und du, guter Leser, wünsch es mit mir, denn fürchterlich muß es sein, wenn all diese zahllose Heere erwachen, im Grimm aufeinanderstoßen, Städte und Dörfer zertrümmern und des Blutstroms nicht achten, der im Schlachttale dahinbraust.

Aber, sagte neulich ein müßiges Untier bei der Weinflasche, es gibt keine Rebellionen mehr, keine Überschwemmungen, keine Feuersbrünste, nicht Krieg, nicht Hunger, nicht Pest! – Die Zeitungen sind so langweilig, daß man sie wie Wiegensang zum Einschlafen brauchen könnte! – Unmensch, sollen Tausende vor dir ein schreckliches Schauspiel aufführen, um deine unchristliche Neugierde zu sättigen? Wie, wenn du auch dabei eine Rolle zu spielen hättest? Simson faßte die Säulen des Hauses, es stürzt' ein

und begrub Schauspieler und Zuschauer unter seinen Trümmern.
Wie gesagt, Gott erhalt uns nur die Ruhe! Aber leider! ist sehr wenig Anschein vorhanden, daß sie von langer Dauer sein werde. Das Mißverständnis, das jetzt an vielen europäischen Höfen herrscht, greift immer mehr um sich; selbst die Weisheit eines Nestor Friederichs, der gern im Frieden sterben möchte, kann es durch seine geheime und öffentliche Bemühungen nicht heben, und ich fürchte, ich fürchte: die Sturmglocke werd' ihm zu Grabe läuten.

Über einige teutsche Kalender

Die Aufmerksamkeit, die wir Teutsche seit einigen Jahren auf die Verbesserung unserer Kalender wenden, freut mich im Herzen. Die elenden Gespenster- und Hexenhistörchen, die Rätsel und Schweinereien haben nun der vaterländischen Geschichte, ökonomischen, landwirtschaftlichen und diätetischen Abhandlungen Platz machen müssen. Das ist gut, und doch wünscht der Baur meistens wieder seine Historchen zurück. Denn, sagt er, d' Kalendermacher sind rechte Narren, schreiben da, was der Dung ist, und wollen uns lehren, wie wir 's Feld bauen sollen; – da wären wir Bauren rechte Kerls, wenn wir's nicht tausendmal besser wüßten als die G'studierte hinterm Ofen, die gleich Schnupftobak nehmen, wenn sie 'ne Mistgabel sehen. – Der Baur hat so gar unrecht nicht. Man sollte also, um seine Kalenderliebe nicht erkalten zu lassen, mehrenteils ländliche Begebenheiten, Charaktere von guten Bauren, wie Hirzels philosophischer Baur ist, Beispiele der Arbeitsamkeit, der Mäßigkeit, der Ordnung, der ehlichen Liebe, der vernünftigen Kinderzucht und schreckende Beispiele der gegenseitigen Handlungen mit einrücken, und der Nutzen wird augenscheinlich größer sein, als wenn wir fortfahren, dem Bauren zu demonstrieren, was ein Rechen oder 'ne Mistgabel ist. Auch mit unsern Sackkalendern hat man Ursache, immer mehr zufrieden zu sein. Die Berliner, Braunschweiger, Gothaer und Stuttgarter suchen einander den Rang streitig zu machen. Der Braunschweiger hat, nach meiner Empfindung, dies Jahr den Vorzug vor allen an-

dern. Die Zeichnungen sind von dem großen *Chodowiecki* und verdienen all in Rahm' und Glas gefaßt und in einem Kunstkabinett aufgehängt zu werden.
Welch unaussprechliche, unnachahmliche Charakteristik auch in der kleinsten Figur! In diesem Betracht läßt Chodowiecki, außer Hogarth, alle Kupferstecher zurück, die jemals gelebt haben. Ich verweise dich, Leser, auf die zwei herrlichen Stücke: der *Brite* und der *Neger*. Beede werden dir Tränen entlocken, wenn dein Empfindungsquell nicht versiegt ist, Tränen der Freud über die häusliche Glückseligkeit der großbritannischen Familie und Tränen des zürnenden Mitleids über den armen Neger. Wie der Neger da steht! Wie er Mitleid zu erflehen sucht! Wie der emporgetriebene Augapfel und das Weiße im Aug die Verzweiflung ausdrückt! Viel tiefer hat mich diese Vorstellung gerührt als Claudius' Schwarzer in der Zuckerplantage. Mit der Faust schlug ich aufs Kupfer, verfluchte den portugiesischen Juden und den spanischen Teufel; aber Tränen entquollen mir über dein Schicksal, du armer, schwarzer Mann! [...]

Aus dem 3. Stück vom 8. Januar 1776

Langeweilen

Die Göttin *Langeweile* herrscht jetzt mit ihrem bleiernen Szepter über die Novellisten; da stracken sie im Lehnstuhle, und die Leser stehen um sie 'rum und gähnen und nicken und schnarchen. Morpheus braucht keinen Mohnsamen mehr; darf nur Zeitungsblätter statt der Schlummerkörner auf die Welt streuen. – Gibt's auch langweiligere Kerls, als wir Zeitungsschreiber sind? Da fahren wir immer von Lissabon nach Moskau, von Moskau nach Lissabon; von Boston nach Algier, von Algier nach Boston, wie Unsinnige im Kreis herum, bis wir schwindeln und niedertaumeln und entschlummern. Will sehen, ob ich die Wolke der Langenweile nicht mit einigen Blitzen aufhellen kann.
Von dir will ich reden, erhabner Kaiser *Joseph*! Denn noch immer verweilen die Augen deiner teutschen Söhne auf dir!

Noch immer gibst du uns Stoff, an dir den großen Monarchen wie den großen Menschen zu bewundern,

> Denn jedes Tröpfchen Zeit
> Fällt, hell von dir, ins Meer der Ewigkeit.

Ich red' aber jetzt nicht von Joseph dem Kaiser, dem Helden, dem Staatsmann; ich rede nur von Joseph dem Menschenfreunde. Hier ist eine Geschichte aus unsrer Nachbarschaft:
Der einzige Sohn einer Witwe aus dem Württembergischen, der in Heilbronn die Handlung erlernte, ließ sich in der Stunde der Verführung bei den Kaiserlichen als Soldat anwerben. Er kam nach Görz zum Regimente, fühlte aber bald den Druck des Klima und des Soldatenstandes und schrieb daher die kläglichsten Briefe an seine Mutter. Die zärtliche Mutter tat alles, ihren Sohn zu retten; aber umsonst. Ein Geistlicher, ein Mann nach dem Herzen Yoricks, erbarmte sich ihrer und schrieb geradenwegs an Vater Joseph. Das Schreiben wurde sehr gnädig aufgenommen und noch am nämlichen Tage dem Hofkriegsrat der Befehl erteilt, den einzigen Sohn seiner Mutter wieder zu schenken. Der flog nun in ihre Arme, und der erste Schlag seines Herzens und seiner Mutter erste Träne war heißer, inniger Dank für den gnädigsten besten Kaiser. Welchem Teutschen muß hier nicht die Brust in stolzer Freud' emporschlagen, daß er einen Kaiser hat, dem er frei seine Not klagen darf, ohne die Starken zu fürchten, die um seinen Thron stehen.
Aus der diesjährigen Geburts- und Totenliste von *Wien*, die vortrefflich und recht nach Süßmilchs Sinn eingerichtet ist, ersehen wir die merkliche Bevölkerung dieser ersten deutschen Stadt. Vor 100 Jahren wurden daselbst jährlich höchstens 1500 Menschen geboren, und jetzt erstreckt sich die Anzahl der Gebornen auf 7658. Die Mortalität übertrifft aber dies Jahr die Geburtsliste beinahe um 3000 Menschen; auch in London sind 3000 Menschen mehr gestorben als geboren worden. Schrecklich! Noch schrecklicher ist's, daß wir uns durch diese fürchterlichen Todeslisten der schwelgenden Städter nicht vom Luxus, von der Weichlichkeit und Wollust abschrecken lassen. Aber so machen wir's ausgeartete Enkel! Da gehen wir an den Gebeinhügeln der

Selbstmörder vorüber und zücken mit kaltem Blute den Dolch nach unserm eigenen Leben.

Toleranz! Toleranz schreit jetzt ganz Frankreich. Umsonst verdammt der Zelot die Ketzer auf der Kanzel. Die edlern Stimmen der Nation dringen durch, schallen an Ludwigs Thron 'nauf, und schon ist der Befehl gegeben, das Edikt von Nantes, durch dessen Aufhebung *Ludwig XIV.* seine grauen Haare beschimpft hat, wiederherzustellen. Die angesehensten französischen Familien, die aus dem Reich flüchten mußten, weil sie Protestanten waren, werden nun unter den vorteilhaftesten Versprechungen wieder zurückberufen. In den Franzosen, die durch Holland und Teutschland zerstreut sind, erwacht die Vaterlandsliebe wieder sehr merklich. Ganze Familien sind schon heimlich nach Frankreich gezogen und machen jetzt ihren zurückgebliebenen Freunden ein so reizendes Gemälde von dem glücklichen Zustande Frankreichs, daß sich die Enkel wieder nach der Heimat ihrer Väter sehnen. In Preußen und Holland sind deswegen schon scharfe Verbote wider die Auswanderungen bekanntgemachet worden. Die Franzosen haben ihre Künste zu uns gebracht; wie, wenn sie nun mit teutschem Geiste nach Frankreich kämen? Welch ein Verlust für uns, und welch ein Gewinn für die Franzosen! – ☜

In den meisten aufgeklärten Provinzen wird jetzt der Befehl geben, mit der Begrabung Schnellverstorbener nicht zu voreilig zu sein, sondern selbige wenigstens zweimal 24 Stunden liegen zu lassen. Vor ein paar Jahren hat Herr Professor Leveling in Ingolstadt wider diese grausame Gewohnheit sehr nachdrücklich geeifert und es mit einigen entsetzlichen Beispielen erwiesen, daß es möglich sei, die Menschen aus Unvorsichtigkeit lebendig zu begraben. Lieber Gott! stell sich einer den Zustand eines Menschen vor, der nach einer langen Unmacht erwacht, die gefalteten Hände auseinanderreißt, dicht über sich den Sargdeckel fühlt und unter sich die Hobelspäne rauschen hört. Vielleicht wiegt er den Deckel los; aber dann stürzt Erd auf ihn hinab und erstickt ihn. Was ist der Tod unter den Händen des Henkers gegen einen solchen?

's ist noch gar nicht lange, daß ein Edelmann in Sachsen dies Schicksal hatte. Man setzte ihn, als er in einer apoplektischen

Betäubung lag, für tot bei. Der Küster hörte, als er die Betglocke läutete, ein Gepolter im Totengewölbe. Furchtlos ließ er das Glockenseil fahren, rief Helfer herbei und wog das Gewölb auf. Da fand er den Deckel neben dem Sarge liegen, den Edelmann neben ihm mit blutig zerarbeiteten Nägeln an beeden Händen und in den letzten Verzuckungen des wahren Todes. Mir schaudert die Haut bei solchen Beispielen.

Aus dem 7. Stück vom 22. Januar 1776

Literarische Fragmente

Folgendes Schreiben erhalt' ich soeben. Will's meinen Lesern als Muster der Denkart mancher unsrer hochgebornen und gnädigen teutschen Fräuleins mitteilen.

Mein Herr!

Da legt mir mein Papa *Klopstocks Oden,* von *Neefe* komponiert, aufs Flügelpult. Es ist viel rauhes und barbarisches Zeug drin, daß mich's wundernimmt, wie man der delikaten Welt solche Mißtöne vorheulen mag. Das einzige *teutsche Mädchen* ist noch erträglich. – Glaub' aber, der Dichter hab's nur für eine Baurendirne gemacht. Ich hab' das Lied verändert, damit 's doch auch in Gesellschaften vom guten Ton gesungen werden kann. Machen Sie meine Veränderung bekannt und leben Sie wohl.

Charlotte von Y.

Das teutsche Mädchen:
Ich bin ein teutsches Mädchen!
Mein Aug ist blau und sanft mein Blick,
Ich hab' ein Herz,
Das edel ist und stolz und gut.
Das gnädige Fräulein:
Ich bin ein gnädig's Fräulein!
Mein Aug ist schwarz und wild mein Blick.
Ich hab' ein Herz
Voll Zärtlichkeit und Sentiment.
Das teutsche Mädchen:
Ich bin ein teutsches Mädchen!
Zorn blickt mein blaues Aug auf den,
Es haßt mein Herz

Den, der sein Vaterland verkennt.
Das gnädige Fräulein:
Ich bin ein gnädig's Fräulein
Zorn blickt mein schwarzes Aug auf den,
Den haßt mein Herz,
Der ahnenlos, der Pöbel ist.
Das teutsche Mädchen:
Ich bin ein teutsches Mädchen!
Erköre mir kein ander Land
Zum Vaterland;
Wär mir auch frei die große Wahl!
Das gnädige Fräulein:
Ich bin ein gnädig's Fräulein!
Erköre mir Franzosenland
Zum Vaterland;
Wär mir nun frei die große Wahl!
Das teutsche Mädchen:
Ich bin ein teutsches Mädchen!
Mein hohes Auge blickt auch Spott,
Blickt Spott auf den,
Der Säumens macht bei dieser Wahl!
Das gnädige Fräulein:
Ich bin ein gnädig's Fräulein!
Mein hohes Auge blickt auch Spott,
Blickt Spott auf den,
Der nicht Paris – Paris gesehn.
Das teutsche Mädchen:
Du bist kein teutscher Jüngling,
Bist diesen lauen Säumens wert,
Des Vaterlands
Nicht wert, wenn du's nicht liebst wie ich.
Das gnädige Fräulein:
Ich bin ein gnädig's Fräulein,
Von gallischem Esprit genährt.
Zur Göttin macht
Lyonerrot und Kopfputz mich.
Das teutsche Mädchen:
Du bist kein teutscher Jüngling!
Mein ganzes Herz verachtet dich,
Der 's Vaterland
Verkennt, dich Fremdling und dich Tor!

Das gnädige Fräulein:
Du bist ein rauher Teutscher!
Bist meines Hohngelächters wert;
Des hohen Blicks
Nicht wert, der siegreich Sklaven macht.
Das teutsche Mädchen:
Ich bin ein teutsches Mädchen!
Mein gutes, edles, stolzes Herz
Schlägt laut empor
Beim süßen Namen: Vaterland!
Das gnädige Fräulein:
Ich bin ein gnädig's Fräulein!
Bald schlägt mein eitles, stolzes Herz
Auch laut empor
Beim süßen Namen: Gnäd'ge Frau!
Das teutsche Mädgen:
So schlägt mir's einst beim Namen
Des Jünglings nur, der stolz wie ich
Aufs Vaterland,
Gut, edel ist, ein Teutscher ist!
Das gnädige Fräulein:
Mein Herze schlägt beim Namen
Des Jünglings nur, der hüpft wie ich,
Und singt wie ich,
Der teutsche Sitte schmäht wie ich.

Antwort

Gnädiges Fräulein!

Klopstock hat seine Oden nicht für Sie gemacht und *Neefe* nicht für Sie gesetzt. Diese Männer ohne Ahnen sind zufrieden, wenn sie von unadelichen Seelen tief gefühlt und mit stillen Tränen belohnt werden.
Ich küss' Ihnen Ihre hundsledernen Handschuhe und bin

Ihr untertäniger
Sch.

Aus dem 9. Stück vom 29. Januar 1776

Apologie der Schwaben

An den Verfasser der teutschen Chronik

Mein Herr!

Sie sind ein Schwabe, und ich auch. Es freut mich herzlich, daß sie Teutschland als Ihr Vaterland lieben und zu seiner Ehre nicht wenig reden und handeln; aber ich bitte Sie, zuweilen noch besonders auf Ihr eigentliches Vaterland, *Schwaben*, Rücksicht zu nehmen und es gegen die kahlen Angriffe, die man bald mündlich, bald schriftlich hören muß, zu rechter Zeit zu verteidigen. Dummer Schwabe! ist ein Sprichwort, das in Sachsen jeder Straßenjunge weiß – und wenn ein schlechtes Buch gedruckt wird, so sagt der Rezensent, es sei schlecht, weil es aus Schwaben kommt, da man doch bei dem feinen Leipzig diesen Schluß nicht macht, wo fast in einer Messe mehr schales Zeug herauskommt, als man in einem ganzen Jahr in ganz Schwaben druckt – Neulich sprach ich mit einem Narren, welcher sagte: Das Sprichwort: Der Schwabe werd' erst mit 40 Jahren klug, hätte die Grenze wohl auf 60 Jahren hinaussetzen können. Mit solchen Kerls will ich nun nicht streiten, aber doch einiges für die Schwaben anführen, welches Sie in Ihrer Chronik noch sehr oft, gelegenheitlich bereichern können.

Es ist überhaupt Torheit, einem ganzen Volke Tugenden oder Laster *ohne Ausnahme* zuzuschreiben. Man beurteilt gewöhnlich eine ganze Provinz nach den wenigen, die man aus dieser Provinz hat kennen-, und oft nur sehr flüchtig kennenlernen. Man nennt die Schwaben dumm. Haben sie nicht Teutschland weise Herrscher gegeben? Sieht man's den schwäbischen Kaisern an, daß sie, das Wort nach dieser Beschuldigung genommen, Schwaben sind? Haben nicht die Schwaben in den Zeiten der Minnesänger, die man das Schwäbische Zeitalter nennt, herrliche Dichter aufgestellt, die's mit unsern heutigen Liederdichtern aus allen Teilen Teutschlands aufnehmen? Haben sie nicht Gefühl der Menschheit und der edlen Freiheit von jeher gehabt: Wo findet man mehr freie Reichsstädte als in Schwaben, die sich durch weise Gesetze selbst regieren und bei ihrer Freiheit schützen? Hat Tübingen in Schwaben nicht immer sich und andern Universitäten gelehrte Männer auferzogen?

Pfaff und *Bengel* werden immer, ungeachtet ihrer Schwachheiten, in der gelehrten Geschichte wichtig bleiben. *Bilfinger* hat beinahe den ganzen Kreis der Menschenkenntnis ausgemessen, und *Canz* vereinigte die Philosophie mit der Theologie auf eine Art, wie es noch wenig Ausländer taten. Was wäre *Gemmingen*, wenn er das für die Welt sein wollte, was er für sein Land ist. *Brucker*, dieser Riese in der Literargeschichte, ist ein Schwabe. [...]

Engelland

O du, dem 's Herz beim Elend einzelner Menschen mitleidig emporschlägt, was fühlst du beim traurigen Schicksale ganzer Staaten? Möchtest nicht blutige Tränen 'runterstürzen, wenn du Engellands gegenwärtige Lage denkst? denn, aller menschlichen Wahrscheinlichkeit nach, scheint der fatale Zeitpunkt nahe zu sein, den alle Staaten früh oder spät zu erwarten haben. Hebe dein Haupt empor und sieh! Wenn ein durch sich selbst großer Staat von seiner Höhe fällt, so geschieht's *allmählich*. Aber Engelland, das nur durch den Handel, durch eingebildete Reichtümer, durch Banknoten und durch unermeßlichen Kredit mächtige Engelland, wird nicht *fallen*, sondern *stürzen*. Amerika ist nicht als Hauptzweig, sondern als Wurzel des großbritannischen Handlungsbaumes anzusehen. Vom Wipfel dieses Baums schwang sich Engelland seit 40 Jahren im Handel über Holland hinaus. Die edlern Briten nennen nun ganz öffentlich mit Patriotenungestüm das Ministerium Rasende, die nakkend an Ketten liegen. Vor einigen Monaten, da die Amerikaner noch Bittschreiben übergaben, war der glückliche Zeitpunkt, wo man der Notwendigkeit hätte den Anstrich der Gnade geben können, allein nun, da die Amerikaner die höchste Gewalt sich angemaßt haben, ist alle Hoffnung verschwunden. Engelland wird und muß sich ganz erschöpfen, um ein Gut wiederzuerlangen, das für dasselbe unwiederbringlich verloren ist. Werden sie bei diesen ermattenden Anstrengungen noch in einen Krieg verwickelt, so wird ihr schleuniger Untergang der einzige in der Geschichte der Welt sein. Welchem Weltbürger muß dieser Gedanke nicht Tränen auspressen!

Noch was, das hieher gehört, aus der Haarlemer Zeitung:
Die Irländer schickten eine Bill ans Parlament, worinnen sie einige ihrer Gerechtsame handhaben wollten; sie erhielten die Bill zugestanden wieder zurück, sie war aber so verändert, daß sie die Iren nicht mehr für die ihrige erkannten, sondern kurz und gut durch den Henker verbrennen ließen, ob sie gleich vom Könige unterschrieben war. Das war noch eine Zückung der sterbenden Freiheit!
Noch ein Brief aus Philadelphia, wie Trommelschlag und Trompetenstoß vor der Schlacht:
Aller Vergleich scheinet zu Ende, und ein Wetter stehet bevor. Ich befürchte, ein Sturm werde die ganze Eskadre des britischen Reichs zugrunderichten. In ganz Amerika höret man nichts als das Geräusch der Waffen und Kriegsgeschrei. Vulkan erscheint in feurigen Legionen. Die Erde schafft in den Provinzen Salpeter herbei. Die friedfertige Künste verstecken sich heimlich in die Winkel, und die zunehmende Philosophie von Amerika überläßt ihren Anspruch auf ihren patriotischen Busen. Der mühsame Akkersmann, welcher bis auf das Blut streitet, bearbeitet seinen Herbst für die östliche Welt; emsig wirft er seinen Pflug beiseite und klopfet seine friedfertige Pflugschare in einen glänzenden Degen. Das gewöhnliche Abendgespräch ist Krieg, horrida bella. Wendungen, Manövres, Angriffe ist die tägliche Unterhaltung ihrer Zusammenkünfte, und die Kinder trommeln schon auf ihrer Mutter Brust. Kurz, ein kriegerischer allgemeiner Geist durchdringt Alte und Junge, so daß Engelland gewiß den Tag bereuen wird, an welchem es Amerika versucht hat, seine Stärke zu zeigen.
Generals Gage Armee ist gleichsam in Boston gefangen. Der Generalkongreß befahl, ein Regiment zu werben. Gleich boten sich 100 zu Soldaten an, und 30 junge Leute der besten Familien baten sich Dienste darunter aus. Der Himmel scheint sonderlich den General Washington als einen großen Kriegshelden, uns vom Verderben zu retten und für uns aufbehalten zu haben. Er hat ein kriegerisches Ansehen, und es ist leicht, ihn als einen General und Soldaten unter 1000 Mann zu erkennen. General Lee, der zwar schlecht aussiehet, ist bei dem Volk sehr beliebt. Ihm haben wir die Subordination, die uns bei unserer Armee noch fehlte, zu verdanken. Unsere Flotte kommt in guten Stand,

und ich glaube, der Himmel scheint beschlossen zu haben, daß Engelland und Amerika künftig zwei Reiche sein werden.

Nachricht

Künftigen Mittwoch und den drauffolgenden Sonntag werd' ich allhier im Baumstark *Konzert* geben, und auf einem ganz neuen von Herrn Schmahl verfertigten *Fortepiano* einige der neusten Klavierkonzerte und Sonaten spielen, so gut's Herz, Kopf und Finger vermögen. Was mich aber am meisten freut, ist, daß ich meinen lieben Zuhörern einen Virtuosen auf meinem Leibinstrument, auf'm tonvollen, herzerhebenden *Waldhorn* vorführen kann. 's ist dies der berühmte Herr *Korber* aus der Schule des großen *Punto*, der sich schon an Kais. Kön. Höfen als Meister gezeigt hat. Kann also wohl mit gutem Gewissen – Leuten, die *Herz* und *Ohr* haben, ein gutes Konzert versprechen. Für Leute aber, die mit Faulhabers Rechenbuch unterm Arm kommen, und da, wo sie *empfinden* sollen, *grübeln*, ist weder Freund Körber noch ich. 's Konzert beginnt beidemal abends um halb 6 Uhr.

Aus dem 13. Stück vom 12. Februar 1776

Von meinem Afsp. aus Amsterdam

den 1. Hornung, 1776

Mit dem Anfange dieses Jahrs begann sich der Winter bei uns, und zwar mit einer solchen Heftigkeit, daß in zween Tagen die Gewässer stille standen, worauf sogleich die Winterbelustigungen mit Schlittschuhlaufen und Schlittenfahren anfingen. Es ist wirklich ein originelles Schauspiel. Tausende da fahren und laufen zu sehen, wo sonst die größten Schiffe segeln; denn am heitern Tage sieht man das Ey (so heißt der Meerbusen, den die Südersee bei unsrer Stadt macht) ganz voll von Menschen. Auch sah ich hier (was man vielleicht nur hier sehen kann) ein kleines Schiffgen auf dem Eise segeln, dessen Geschwindigkeit unglaublich ist, besonders, wenn es mit ganzem Winde segelt, welches aber nur selten geschieht, weil die, so darinnen sitzen, es nicht aushalten würden, indem durch die allzu große Geschwindigkeit die Luft zuviel verdünnet wird – doch hat der diesjährige sehr harte Winter (dann seit dem 16. Jan. bis jetzt ist der Fahrenheitische Barometer fast nie höher gestanden als 12 Grade, und den 27. Jan. stand er gar 4 Grade unter 0) auch sehr tragische Szenen verursacht, denn es sind nicht nur vielen Leuten einzelne Glieder verfroren, die man ihnen nun abnehmen muß, sondern es wurden auch sehr viele hin und wieder tot gefunden, unter andern auch eine Frau mit ihrem Kinde, die mitten in der Stadt auf einer Brücke saß und bettelte, die erfror im Angesicht vieler – Sollte man es wohl glauben, mein Freund, daß man in einer Stadt, wo es Privatleute von 200000 bis 300000 Gulden jährlicher Einkünften gibt, zu Tode frieren könnte? Und doch geschieht's! Nie sah ich die größten Reichtümer und die äußerste Armut so nahe beisammen wie hier. Es ist aber auch natürlich, denn wieviel tausend Arme müssen nicht sein und werden, bis einer 4, 5, 6 Millionen zusammenhäufen kann; und deren gibt's hier nicht wenige – [...]

AUS DEM 14. STÜCK VOM 15. FEBRUAR 1776

Literatur

Patriotische Vorstellung an seine liebe Obrigkeit, die Notwendigkeit einer Schulverbesserung betreffend, von Johann Michael Afsprung, Bürger zu Ulm.

O proceres, censore opus est, an haruspice nobis?
Juvenalis. Amsterdam 1776.

Ob alle deine Klagen gegründet sind, edler, vaterländischer Mann, will ich nicht entscheiden; bin nicht unterrichtet genug. Aber das seh' ich wohl, daß du ein Patriot bist, ein Burger, noch edler als Rousseau, dem all das Gute, was er sagt, so recht aus 'm Herzen zuströmt, und der's verdient, daß er *gehört* wird. *Gehört* sag' ich? Nein, Biedermann, *befolgt* sollst du werden, und Barbarei, Unwissenheit, Eigendünkel, Pedantismus und die ganze Schlangenbrut einer falschen Erziehung wird der Aufklärung, der Vaterlandsliebe, der guten Sitte, der Religion und Weisheit – dem lichten Gefolge einer guten Erziehung weichen müssen, und *Ulm* wird das Vaterland großer Männer und brauchbarer Bürger werden.

Deine Vorschläge sind zwar nicht neu, es sind Basedows Grundsätze auf dein Vaterland angewandt; aber das freut mich, daß nichts Schimärisches in diesem Plan ist und daß sich alles leichter ausführen ließe, als mancher steife Pädagog, der zu stolz oder zu dumm ist, die Fesseln des Herkommens abzustreifen, glauben möchte. Was du von den Leibesübungen sagst, vom Religionsunterricht, von Erklärung teutscher Dichter, von der Erziehung der Geistlichen, von der Musik und 'm Zeichnen; das alles unterschreib ich von Herzen; 's ist alles so wahr, so einleuchtend, daß sich einer ärgern muß, wenn's nicht so ist.

Den *einzigen* Mann, der fähig ist, das morsche Gebäude niederzutrümmern und ein anderes, daurenders, herrlicheres Gebäude zu errichten, kenn' ich wohl auch, und wer sollt' ihn verkennen? Taten machen den Weisen und Patrioten kennbar, wie die Lichtkrone den Heiligen.

Aber dir, *Afsprung*, der dort am Meer wandelt, und gerissen aus 'm Schoße seiner Mutter noch immer der zärtlichste Sohn bleibt; dir, heißer Zeuge der Wahrheit, wünsch' ich die Erfüllung deines heißesten Wunsches – die allgemeine, ausgebreitete Glückseligkeit deines Vaterlandes.

Aus dem 15. Stück vom 19. Februar 1776

Revision

Es scheint, *Afsprungs Patriotische Vorstellung* und meine Anzeige im 15ten Stück der Chronik davon hätte da und dort zu einem Mißverstande Anlaß gegeben, der sowohl wider meine als wider Freund Afsprungs Absichten streitet. Meine ganze Anzeige ist, wie jedermann sieht, bloß *bedingungsweise* zu verstehen. Sind Afsprungs Klagen gegründet, so verdienen sie gehört zu werden. Sind's aber ungegründete, im übelverstandnen Vaterlandseifer ausgestoßne Klagen, so überhört sie wie ein Lamentabile, das in Dissonanzen wimmert und den freundlichen, herzerhebenden Grundton nicht finden kann. Über beedes *kann* ich nicht entscheiden, *dann ich bin davon nicht unterrichtet genug.* Indessen seh' ich wohl so viel, daß das *Ulmische Gymnasium* noch niemal und *jetzt am wenigsten* den Vorwurf der Barbarei, Unwissenheit, des Eigendünkels und Pedantismus verdient habe und bei so augenscheinlicher Sorgfalt der verehrungswürdigen Herren Scholarchen und Lehrer auch nie verdienen werde. Man müßte blind und undankbar sein, wenn man die großen Verdienste des Herrn Rektor *Millers* ums hiesige Gymnasium verkennen sollte. Mit jedem steigenden Lebensjahre scheint sein Eifer für das Erziehungswesen zu wachsen. Sein vortreffliches Handbuch ist ebensosehr ein Beweis seiner großen, weit ausgebreiteten Gelehrsamkeit als seiner rühmlichen Bestrebung, gemeinnützige Kenntnisse unter den Bürgern des Vaterlandes zu verbreiten. Die Folgen davon zeigen sich täglich, und Afsprung hat nicht wohlgetan, daß er sie stillschweigend verkannt hat. Daß aber demohngeachtet noch immer Mängel und Gebrechen vorhanden sein müssen, zeigen die wiederholten mündlichen und schriftlichen Vorstellungen des verdienstvollen Herrn Rektors an eine hiesige hohe Obrigkeit: Aber, wie's halt geht im Leben voll Stückwerk; sobald wir Hand an Hebung der Mißbräuche und Verbesserungen legen, so zeigen sich unvorhergesehene Hindernisse, und der mutige Ritter muß immer vorher einige Ungeheuer erlegen, eh' er in Feenpalast dringt und seine bezauberte Schöne entfesselt.

Man hat mich also ganz unrecht verstanden, wenn man glauben könnte, ich hätte vom hiesigen Gymnasium gesprochen.

Nicht von einer *besondern Anstalt zum gelehrten Unterrichte* war hier die Rede, sondern von der *öffentlichen Erziehungsart,* so wie sie mehrenteils verbreitet ist, hab' ich gesprochen. Und da wird mir jedermann recht geben, wenn ich behaupte, daß so viele selbst schlecht unterrichtete Präzeptoren und Schulmeister in der Folge Barbarei, Unwissenheit, Eigenliebe, Pedantismus einführen und das Nest bauen müssen, worinnen die Schlangenbrut einer falschen Erziehung nisten kann.

Wem diese Erklärung noch kein Genüge leistet, dem geb'

ich hiemit öffentlich die Versicherung, daß ich jedes Wort im 15ten Stücke der Chronik widerrufe, das einen beleidigenden Sinn hat.

Aus dem 17. Stück vom 26. Februar 1776

Von den Künsten

Bei der Magerkeit der politischen Nachrichten will ich meinen Lesern nachstehendes Schreiben von einem meiner Freunde in der Schweiz mitteilen, das wenigstens interessanter ist als ein halb Dutzend saft- und kraftloser politischer Artikel –

Du sagst nichts, trauter Bruder, vom augenscheinlichen Verfall der schönen Künste in Teutschland? Sagst nichts vom erstorbenen Gefühl unserer Fürsten gegen sie? Nichts vom Todesfrost, der in den ersten teutschen Städten alle Hochachtung gegen ihre Künstler und selbst jede Empfindung des Schönen ertötet zu haben scheint? – O Bruder, flennen möcht' ich wie ein kleines Kind, wenn ich sehe, wie undankbar unser Vaterland mit Gottes reichem Segen, mit seinen Genies, umgehe. Weiß zwar wohl, daß Fürstengnade keine Genies bilde, weiß aber auch, daß Armut und Mangel die Genieflamm auslösche und daß dem Künstler, der 's Bewußtsein seiner Größe mit sich herumträgt, nichts höllischer schmerze als Verachtung. Und wird er jetzt nicht allenthalben in Teutschland verachtet? Wird nicht der Dichter beinahe zum Hofnarren, der Redner zum Marktschreier, der Maler zum Häuseranstreicher, der Kupferstecher, Stahl- und Steinschneider zum Schlossersgesellen, der Bildhauer zum Steinmetzen, der Baumeister zum Maurersgesellen, der Schauspieler und Tänzer zum Landstreicher und der Musiker zum Dudelsackspfeifer herabgewürdigt? Daher werden jetzt unsere größten Genies gezwungen, ihr Vaterland zu verlassen, weil sie sich mit blöden Mägen nicht an Kartoffel, Haberbrei und schales weißes Bier gewöhnen können.* Von Lissabon bis nach Moskau prahlt

* Zu den Zeiten des Perikles war es den Künstlern bei Lebensstrafe verboten *auszuwandern*. – Und wir ungriechische Teutsche stoßen sie zum Land 'naus.

man mit unsern großen Köpfen und lacht des dummen Teutschen, der Brillante wie Kieselsteine wegwirft. Erbärmlich ist's, wenn man große Künstler, die das ewige Griechenland als seine ersten Söhne würde gepflegt und ernährt haben, wie Zigeuner oder liederliche Vagabunden von Städten zu Städten in Teutschland herumziehen sieht. Da guckt ihnen der Hunger aus den hohlen Augen, und doch sollen sie noch, von Elend und Kummer niedergedrückt, dem stolzen Auslande beweisen, daß wir auch Genie haben. – 's möcht einer vor Unmut Glas kauen und mit blutigem Munde den Undank unsers Vaterlands strafen. Der vortreffliche Graf zur *Lippe* in *Wien* hat schon vor zwei Jahren den Fürsten Teutschlands die Künste in einer eignen sehr warmen Schrift empfohlen. Will mit einer Stelle d'raus meinen Brief beschließen: „Wollt ihr, würdige Fürsten Teutschlands, einen richtigen Geschmack am Schönen und am Wahren zeigen, einen Geschmack, wie ihn staatskundige und weise Regenten haben müssen, so laßt euch in genauer Freundschaft mit den schönen Künsten bewundern, bildet eure Seelen nach echten Grundsätzen des Wahren und Guten und macht euer Volk mit der Dicht- und Redekunst, mit dem großen Maler und Bildhauer, mit der Musik und allen schönen Künsten bekannt. – Schlaget Denkmünzen, ihr Herren, und ihr werdet Wunder tun; ihr werdet große Meister bilden in allen Klassen der Künste. Liebet sie, redet von ihnen mit Eifer; ihr werdet das Genie in Flammen setzen, Talente bilden, Länder blühend und eure Staaten reich machen." –
Meinst, 's werd was helfen? Nun schlaf wohl, 's ist 12 Uhr.

F.

Antwort

Hast Gespenster gesehen, Bruder F., die dich mit leerer Furcht täuschten; 's ist nicht halb so arg. Freilich in vielen Städten haben die Künste heutigs Tags wenig Unterstützung, und das hat seine ökonomische Ursache. Gibt's aber nicht noch ein *Hamburg* in Teutschland, wo Dichter, Musiker, Schauspieler und Künstler von aller Art hochgeschätzt und mit Fülle beströmt werden. In *München, Stuttgart,* sonderlich *Mannheim, Wien* und *Berlin* stehen die Künste in einem Flor, so gut als in einer Stadt in der Welt – freilich *Rom* ausgenommen, dann dies bleibt noch immer der Olympus der Künste. *Friederich* ließ die Bilder seiner *Graune, Quantze, Schmidte* in Marmor aufstellen; *Hamburg* errichtet seiner *Ackermännin* zu *Wandsbeck* ein Monument, und eben der von dir angeführte vortreffliche Graf weissagt von unserem Kaiser *Joseph*: „Glücklich bist du, mein Vaterland! wenn du viel solche Fürsten aufweisen kannst. Fürsten, die ihrem großen Anführer folgen! Laß dir wahrsagen, Germanien! daß noch in späten Zeiten man fragen wird: Wer war es, dessen Name große Künstler schuf? Wer, der die Erwartung der Patrioten erfüllte: War es nicht *Joseph* der Kaiser?“

Nachricht

Ein vor allemal will ich hiermit meine Leser gebeten haben, mich mit anonymischen Briefen zu verschonen, die personelle Ausfälle enthalten. Ich will meine Chronik durch solche eingesandte Pasquille niemals zu einem Kloak machen. Aber das wünscht' ich, mein Stück Rindfleisch und Trunk Bier im Frieden verzehren zu können. Die Herren F. und E. und A. und X., D. und Z. können also versichert sein, daß ich mit ihren Briefen nichts anzufangen wisse, als Fidibus draus zu machen und ein geselliges Pfeifchen mit meinen Freunden dran anzustecken.

Aus dem 18. Stück vom 29. Februar 1776

Politische Physiognomik

Wenn jeder Staat, wie St. Réal sagt, seine eigene Physiognomie hat, so muß es freilich auch eine politische Physiognomik oder eine Wissenschaft geben, aus den Lineamenten und äußerlichen Zeichen eines jedweden Staats auf seinen innern, politischen, physischen, moralischen Wert zu schließen. Jeder Staat hat, wie der einzelne Mensch, seine Tugenden, seine Laster, seine Schönheit und seine Häßlichkeit, und wer das Auge eines *Montesquieu*, eines *Hume* oder *Richardson* hätte, könnt' in der Tat eine politische Physio-

gnomik schreiben, die die Krone aller statistischen Werke wäre. Weise Gesetze und eisernes unbeugsames Harren über diesen Gesetzen sind eben das in einem Staate, was das gute Gewissen bei einem einzelnen Menschen ist. Beedes verhütet alle Verzerrungen und widrige Lineamenten in den äußern Teilen des Staats- und Menschenkörpers und breitet Ruhe und Schönheit wie einen Lichtschleier über ihn hin. Eine häßliche Staatsphysiognomie setzt allemal Verachtung der Gesetze, der Ordnung und Tugend voraus, und je mehr der politische Physiognomist Verzerrungen und Mißzüge wahrnimmt, je sicherer kann er auf den unausbleiblichen oft sehr nahen Verfall des Staats schließen. Die Physiognomie kann sich in einem Staate wie bei einzelnen Menschen verschlimmern oder verbessern. *Rom* unter seinen Konsuls hatte weit festere, männlichere, geniereichere Lineamenten als unter seinen Kaisern, die alles Freiheitsgefühl erstickten und ihr Volk zu Sklaven herabwürdigten. Cicero sah die ersten widerlichen Züge im Antlitz seines Vaterlandes, und der große Staatsphysiognomist Tacitus bemerkt jede Furche, die niedrige Leidenschaften in dies männlich schöne Antlitz zogen, es zerrissen und verunstalteten. Jedes einzelne Römergesicht aus den ältern bessern Zeiten – wie fest, wie gewiß, wie sicher hinschauend, wie gesund gegen die Gesichter aus den Zeiten des allgemeinen Verderbs! Dem größten Mann hängt etwas von seinen Zeiten an; Wolken reißen sich vom Throne los und dämmern sein Antlitz. Geh einer durch eine Galerie hin, wo die Gemälde unser Väter hangen, ob er nicht da in jedem Gesichte etwas von dem starken, simplen, männlich schönen Geist der Vorzeit auffindet! – Seh einer die Milchgesichter unserer Zeitgenossen an, ob sie nicht wie eine Satire aufs weibische, sieche, kränklende 18te Jahrhundert aussehen.
Die Physiognomie der heutigen europäischen Staaten ist nicht allzu vorteilhaft. 's ist viel Aufgedunsnes, Angestrengtes, Heuchlerisches, Mißtrauisches, Schiefes, Lebenssattes drinnen. Das gute Weib *Europa* scheint sich vom lebendigen Naturquell zu weit entfernt zu haben, irrt nun in Wüsteneien und griesgramt, daß ihr die Tränen über die Backen laufen. Unmut, Mißvergnügen, tödliche Ermattung scheint ihr aus den Augen 'raus und gibt ihrem Gesichte

alle die unangenehme Beugungen, Falten, Runzeln, Schiefen, die unbeherrschte Leidenschaften ankündigen.
Wenn man nach diesen Grundsätzen die Physiognomie jedes einzelnen europäischen Staats untersuchen wollte, welch ein reichhaltiges, aber auch welch ein unendlich delikates Thema wäre dies! *Montesquieu* und *Lavater* in einer Person müßten mir's bearbeiten und in Boston bei Warwell drucken lassen.

Aus Preußen

Das Schicksal der Jesuiten in unsern Staaten ist nun auch entschieden – ihr Orden ist aufgehoben. Der *König* hat lange unterderhand mit dem Papst traktiert und, um künftigen Irrungen und Verdrießlichkeiten vorzubeugen, es nicht anderst machen *können*. Die Jesuiten aber verlieren doch nichts dabei; sie bleiben alle samt und sonders bei ihren Bedienungen, Ansehen und Besoldungen – Nur müssen sie – ihre Gesinnungen? nicht doch, ihre Kleidungen verändern.

In ganz Europa kann man also keinen Jesuiten mehr in seiner eigentlichen Kleidung sehen als in Augspurg.

Wien

Wer singt mir ein Lied im höhern Chor auf Kaiserin *Maria Theresia* und ihren Danischmende *Sonnenfels*? – Die *Tortur* ist nun in allen kaiserlichen Landen abgeschafft. – Im Heiligtum der Menschheit wird deine Bildsäule in Göttergestalt dastehen, erhabene *Maria Theresia*, und *Sonnenfels* und *Beccaria* um dich her.

AUS DEM 19. STÜCK VOM 4. MÄRZ 1776

Engelland

Engellands Lage wird immer verwickelter, trauriger, gefahrvoller, schrecklicher. Die Hofpartei mag sich verstellen, wie sie will, so sieht man ihr's doch an den gewaltigen Anstrengungen ihrer Kräfte an, wie mißlich es mit ihr aussehe. Die Patrioten merken's, stehen auf vor allem Volke, schlagen an ihre Brust und rufen: Das Vaterland ist in Gefahr! Wir werden Amerika verlieren! Unsre heimlichen Feinde werden erwachen und den Trotz rächen, womit wir ihnen seit vielen Jahren begegneten. Die Herrschaft des Meers wird uns abgenommen werden! Unsere größten Handlungshäuser werden wie Felsengebürge im Erdbeben versinken! Hin sein wird unser Reichtum, unsre Freiheit, unsre Größe! – Und leider! scheinen die gegenwärtigen Aspekten diese Threnodie zu rechtfertigen. Noch nie hat Engelland alle seine Kräfte so zusammengenommen; all, all seine Macht so in einem vereinigt, so dicht in einen Käul zusammengepreßt wie jetzo. – Will es neue Welten erobern? Schwimmt eine zweite unüberwindliche Flotte gegen sie im Meer? Steht ganz Europa wider diese Insulaner im Bund? – Nein! Mit ihren bisherigen Untertanen in Amerika haben sie's zu tun, die's tief in der Brust fühlen, daß sie Gott nicht zu Sklaven schuf. Unbegreiflich ist mir die Kaltblütigkeit, womit wir's ansehen, daß der Kern teutscher Soldaten jetzt übers Meer schwimmt, um Leuten, die sie nie beleidigt haben, den Schädel 'neinzuschlagen. Ein braver Hannoveraner schrieb jüngst: Unsre streitbare Männer gehen aus dem Lande! wie leicht wär's jetzt den Franzosen oder jedem Fürsten, der Gelusten bekäme, uns zu unterjochen! Frankreich, Hessen, Mecklenburg sind leer von Soldaten. Kommt die Zeit der Not, braust der Strom hoch einher, so wird kein Damm dasein, der ihn aufhalte. Warum sollen Teutsche als Knechte dienen!!! ☜ –

Ha, Hannoveraner, du wählest dir ein Thema, das mir 's Herz spaltet! –*

Nimm noch dazu, Leser, daß jetzt Engelland beinahe den Beutel umkehret, um so viel Geld herauszupressen, als zur Bestreitung der Kriegskosten gehört; und denk dir noch die laurenden Figuren im Hintergrunde – Frankreich, Spanien, Holland darzu; so wirst du beim Anblick dieses Gemäld's,

* Wer diese herrliche, mit vaterländischer Wärme geschriebene Schrift ganz lesen möchte, der frage nach ihr unterm Titel: *Gedanken eines Hannoveraners über die amerikanischen Angelegenheiten.* Das Resultat davon ist: Was gehen sie uns an, wollen uns lieber selber schützen! –

wann du's mit den Engelländern gut meinst, sehr mißmutig den Kopf schütteln. Zu dem kommt noch der Umstand, daß alle Boten, die aus Amerika ankommen, hinkend sind und immer vorher seufzen, eh sie sprechen. Die Soldaten sterben, eh sie 'neinkommen; die Viktualien gehen mehr als halb zugrunde; das Schlachtvieh krepiert größtenteils von der Seeluft; der Soldat harrt also vergeblich auf frische Lebensmittel, wird stutzig und geht zu den Provinzialen über, die an allem Überfluß haben.
[...]

Aus dem 20. Stück vom 7. März 1776

Für den Bürger

Nicht alles, was ich in der Chronik schreibe, ist für den Bürger. Ich denke eben dran, welch eine edle Beschäftigung es sei, für gute Bürger zu schreiben, und werde mir in Zukunft Mühe geben, ihnen eine eigene Klasse in meiner Chronik anzuweisen.
Daß *Gustav*, schreibt mir ein Freund aus *Stockholm*, das Verdienst belohne – wo es auch stecke, im Galarocke oder im Bauernkittel, im Studierzimmer oder in der Werkstätte des Künstlers oder Handwerkers, beweist das Denkmal, welches er kürzlich einem würdigen Bürger in Stockholm setzen ließ. Was Kleinjogg in der Schweiz als Bauer ist, war der als Handwerksmann – *Gustav Croll* ist sein Name; gebürtig aus Stralsund, kam arm hieher, ward von einem Rotgerber als Lehrjunge aufgenommen, hielt sich gut und bekam seines Meisters Tochter zur Ehe. Mit einem Vermögen von ungefähr 500 Taler Kupfergeld fing er 1742 an zu hausen und bracht es durch seine Arbeitsamkeit, Kunstfleiß, Klugheit, Häuslichkeit, auch ungeheuchelte Gottesfurcht und Tugend dahin, daß er der größte Lederhändler in ganz Schweden wurde und, als er am 13ten Febr. dies Jahrs starb, ein Vermögen von 500000 Taler Silbergeld hinterließ. Sein rechtschaffner Lebenswandel, sein redliches Betragen im Handel und Wandel, sein gerader gesunder Menschenverstand, der in allen seinen Handlungen sichtbar war, sein weislich geführter Ehestand und vortreffliche Kinderzucht

erwarben ihm die Liebe und Hochachtung von ganz Stockholm. Selbst bei Hof war er ungemein beliebt, und der jetzige König besuchte ihn als Kronprinz mehr als einmal. Er stiftete ein Vermächtnis, vermög dessen man alle Jahr 4 Prämien, jede zu 50 Taler, an die fleißigsten und rechtschaffensten Handwerker im Lande austeilen sollte. Der König, der den augenscheinlichen Nutzen dieser Stiftung einsah, vermehrte jede Prämie noch mit 50 Talern und gab einigen Leuten von gutem Ruf und Einsicht Befehl, die Handwerker in ihrem Fleiße zu belauschen. Dem Gustav Croll aber ließ er ein Denkmal errichten, mit der Aufschrift:

Dem guten Bürger
Gustav Croll, Gerber in
Stockholm,
setzt dies Denkmal
sein König
Gustav.

Könige, die wie *Gustav*, das Verdienst so zu schätzen wissen, müssen noch mehrere gute Bürger erwecken und dem schlechten Bürger, der durch Faulheit und Liederlichkeit vor der Zeit zu einem Kandidaten des Spitals herablumpt, 's Rot aus den Wangen jagen. – Malern, Bildhauern, Musikern, Komödianten haben Könige schon Denkmale gesetzt: aber einem Handwerksmann, der seine Fäuste im Dienste des Staats abhärtete – noch niemalen. Die erste Ehre ist also dein, erhabner *Gustav*! – Dem guten Bürger wird nun ein Geistlicher in Stockholm durch eine richtige Lebensbeschreibung eben die Ehre erweisen, die Hirzel seinem Kleinjogg erwies, und damit, so Gott will, eben den Nutzen stiften, den letztere Geschichte augenscheinlich gehabt hat.

Aus dem 23. Stück vom 18. März 1776

Literatur

Im 21ten Stück des 27ten Bandes der *Allgemeinen teutschen Bibliothek* steht am Ende eine zusammenhängende Beschreibung des Gaßnerischen Unfugs. Die Haut schaudert einem, wenn man diese Geschichte hier, wovon wir Schwaben Augenzeugen waren, nun mit einem Blick übersieht. O Nachwelt, Nachwelt, was wirst du darzu sagen! – Bewundern

mußt' ich die Geduld dieses Rezensenten, der's übers Herz bringen konnte, so viel unsinniges Zeug, das für und wider diese Sache geschrieben wurde, durchzulesen. – O hätt' ich einen Talisman, um diesen Artikel in der Bibliothek auf ewig unsichtbar zu machen! Und einige Flaschen Wasser aus dem Strome Lethe und könnt's allen Menschen so lang zubringen, bis sie's vergäßen, was wir in den neusten Zeiten (man nennt sie die aufgeklärtesten) vor eine erniedrigende Rolle gespielt haben! – Doch Schwärmer und Pöpel, der ihnen glaubt, wird's geben bis an der Welt Ende.
Die Urteile über Lenz und Klinger, auch zum Teil über Goethe, sind in diesem Stücke von Herzen schlecht. Achselzucken und ewiges Plaudern von Regeln bessert solche feurige Genies nicht. Der rasche Baurenjunge richtet sich selber auf, wenn er fällt; nur der flennende, verwöhnte Zärtling liegt da und zappelt und schreit, bis der Hofmeister oder die Kinderwärterin ihm aufhilft.
Die Anmerkungen über meine teutsche Chronik werd' ich mir sehr zunutzemachen; ich hoffe, der Kunstrichter werd' mir's jetzt schon ansehen, daß ich auf'm Weg der Besserung bin. Nur bitt' ich um menschenfreundliche Nachsicht, wann ich, wie fast jeder Schriftsteller, nach der Uhr meine Launen habe. – Schreiben muß ich; ich mag Kopfweh oder Grillen oder Verdruß oder Nahrungssorgen haben, und daraus müssen natürlicher Weise Ungleichheiten entstehen.
Nur der Seitenblick auf mein Vaterland Schwaben: man wundre sich, daß einer drin teutsch schreiben könne! ist mir unangenehm. In Augspurg lebt ein *Stetten* und ein *Mertens*, die sehr gut teutsch schreiben, und hier in Ulm – *Miller*, dessen Sprachstärke man schon aus den Almanachen kennt, und der, so Gott will! in kurzem zeigen wird, daß er eine so gute Prose zu schreiben wisse als der zugeschnitzelste, geleckteste Berliner.

Aus dem 24. Stück vom 21. März 1776

Einige politische Texte

Engelland höre die Stimme des Sehers Price! Er ist einer der weisesten deines Volks, liebt Gott und sein Vaterland und hat in der Stunde der Weihe einen deiner größten Könige, *Georg I.*, gesehen; traurend und fürchterlich bleich erschien er ihm wie der Geist Hamlets. Er schlug die luftigen Arme über sein Haupt zusammen und jammerte: O Britannia! Britannia! du stolzeste unter den Königstöchtern; warum verschwendest du deine Schätze? opferst deine Starken dahin? schwimmst übers Meer, um deine jüngsten und liebsten Kinder zu töten? – Amerika ist der hellste, glänzendste Stein in deiner Krone; und schau! die Weisheit hat ihn gefaßt, und die Torheit wird ihn verlieren! Das Meer wird deine Edlen verschlingen, und was übrigbleibt, wird das Schwert der Freien fressen! Deine Reichtümer werden wie Bäche im Sande zerrinnen! Dein Kredit wird fallen! Dein Genius wird dich verlassen, und daliegen wirst du auf den Trümmern deiner verfallnen Glückseligkeit und heulen und wehklagen, daß es an fernen Ufern widerhallt! –

Dieser Text ist genommen aus den Klagliedern des Doktor Price unter dem Titel: Constitutional Liberty, den man jetzt in London unter dem Namen des britischen Jeremias verehrt.

Im Monat Februar sind in Engelland 52 Bankerotte ausgebrochen. Schreckliche Folge des bürgerlichen Kriegs! – Noch schrecklichere kommen! –

Hier ist eine Probe der neusten Menschenschatzung! – Der *Landgraf von Hessen-Kassel* bekommt jährlich 450000 Taler für seine 12000 tapfere Hessen, die größtenteils in Amerika ihr Grab finden werden. Der *Herzog von Braunschweig* erhält 65000 Taler für 3964 Mann Fußvolks und 360 Mann leichter Reuterei, wovon ohnfehlbar sehr wenige ihr Vaterland sehen werden. Der *Erbprinz von Hessen-Kassel* gibt ebenfalls ein Regiment Fußvolk ab, um den Preis von 25000 Taler. 20000 Hannoveraner sind bekanntlich schon nach Amerika bestimmt und 3000 Mecklenburger für 50000 Taler auch. Nun sagt man, der *Kurfürst von Bayern* werde ebenfalls 4000 Mann in englischen Sold geben. Ein fruchtbarer Text zum Predigen für Patrioten, denen 's Herz pocht, wenn Mitbürger das Schicksal der Negernsklaven haben und als Schlachtopfer in fremde Welten verschickt werden. –

Über 50000 Mann werden also in Amerika gegen die Provinzialisten kämpfen, die da stehen und die Hasser ihrer Freiheit mutig erwarten. Sie nennen sich schon Amerikanische Freistaaten, entwerfen Gesetzbücher, entreißen sich

dem Schoß der Weichlichkeit, um für ihre heiligen Rechte zu fechten. –
[...]

Aus dem 25. Stück vom 25. März 1776

Eine Sage

Der *Herzog von Württemberg* soll 3000 Mann an Engelland überlassen, und dies soll die Ursache seines gegenwärtigen Aufenthalts in London sein. ☜ – !!!

Aus dem 26. Stück vom 28. März 1776

Engelland

[...]
Nichts gleicht dem Freimute, womit die Engelländer im Parlamente sprechen. *Burke, Fox* und *Barre* hielten neulich dem General *Montgomery*, der vor Quebec blieb, eine Lobrede. Sie nannten ihn einen tapfern, weisen, leutseligen General und beklagten seinen Verlust in den rührendsten Ausdrücken. Lord *North* mocht's nicht recht ertragen; er fiel ihm also in die Red und sagte: Wahr ist's, Montgomery hat seinen Wert; aber das Beste, was man von ihm sagen kann, ist doch dies: Er war ein tapferer, weiser und leutseliger Rebell.
Hm, sagte *Fox*, das Wort Rebell ist nicht allzeit schimpflich; denn alle, die jemals für die Freiheit gefochten, wurden Rebellen genennt; selbst dies Haus hat es den Rebellen zu *Jakobs II.* Zeiten zu danken, daß es noch die Freiheit hat, hier zu sitzen. Eine mutige Antwort, in der viel Wahres ist für den, der's fühlt.

> *Price* sagt in einer seiner neusten Schriften: Leute, die im dummen Gehorsam sich unter das Joch jeder despotischen Obrigkeit beugen, sind nicht viel besser als das Vieh, das vor seinem Treiber hergeht und nichts mehr hört als das Klatschen der Geisel. Ein unruhiges, zu Rebellionen geneigtes Volk ist gewöhnlich ein großes Volk. – Hu! 'r hat recht!

[...]

Preußen

[...]
In *Berlin* hat der *König* ein sehr prächtiges Schauspielhaus errichten lassen, aber nicht zum Besten der teutschen Schauspielkunst, dann schon ist ein Abgeordneter nach Frankreich geschickt worden, französische Schauspieler anzuwerben.

> Glücklich wären wir Teutsche, sagt *Klopstock*, wenn wir eine große Stadt in Teutschland hätten, die von der Nation als Richterin der rechten Aussprache und des guten Geschmacks angenommen würde. Aber noch immer ist *Berlin* eifersüchtiger darauf, den zweiten Platz nach Paris als den ersten in Teutschland zu behaupten.

Von Staatssachen erfährt man bekanntlich aus diesem Reiche nichts, und doch ist Preußen die Spindel, um die sich beinahe ganz Europa dreht. Privatbriefe aber aus dem Brandenburgischen lauten noch immer sehr kriegerisch, und man glaubt, die Preußen würden noch dies Jahr einen wichtigen Streich ausführen.

Aus dem 28. Stück vom 4. April 1776

Aus Schwaben

Der Herzog von Württemberg ist noch immer in London und empfängt daselbst alle die Ehrenbezeugungen, die ein so erhabner Fürst verdient. Er wird durch Holland wieder zurückreisen und unterwegs Göttingen besuchen, um die Einrichtung der ersten teutschen Universität näher kennenzulernen. Man behauptet, der Herzog habe an alle seine beurlaubte Offiziers von London aus den Befehl ergehen lassen, sich künftigen Mai bei ihren Regimentern einzufinden. Wäre dies wahr, so könnte wohl das jüngst verbreitete Gerücht gegründet sein, als würde der Herzog ebenfalls Truppen in englischen Sold geben. Aber wer steht mir dafür, ob diese Nachricht nicht wieder eine Seifenblase ist, die 's Publikum durch ihr Farbenspiel Augenblicke belustigt und – zerplatzt.
In Augspurg wird nun auch nächstens nach dem Vorgange von ganz Europa der Jesuiterorden aufgehoben werden;

doch so, daß sie bloß ihre Kleidung verändern und im übrigen im Besitz ihrer bisherigen Ämter und Verrichtungen bleiben.

[...]

Kurze Waren

In Frankreich ist der teure Aufwand aufs Meisterrecht, wodurch mancher sich runierte, eh er zu hausen anfing, gänzlich aufgehoben worden, dann jeder, der's versteht, darf nun für sich arbeiten und sein Handwerk treiben. Dieser königl. Befehl hat unter den Handwerken in ganz Frankreich große Freude veranlaßt.

> Die Handwerkszünfte werden, meinem Erachten nach, mit gutem Grunde zur Handhabung der Ordnung in Teutschland beibehalten. Die alte Ehrbarkeit, der wohlanständige Ernst und die Würde, womit die Handwerksältesten in ihren Zusammenkünften an ihrer Bundslade sitzen und den Unfug unter ihren Handwerksgenossen abstrafen, erhält Fleiß, Ordnung und Sittlichkeit unter ihnen und erleichtert der Obrigkeit ihre ohnehin so beschwerliche Obsorge für Ordnung und Wohlstand in allen Ständen des Staats. Nur das beständige Schmausen, wodurch manchem ehrlichen Manne sein dürftiger Notpfenning entzogen wird, sollte man einschränken. – Laß 'n Jungen einschreiben – geschmaust muß es sein! – Laß ihn ausschreiben; geschmaust muß es sein! – Laß ihn Meister werden; 's Meisterstück machen; geschmaust muß es sein! – der unzählichen Schmäuse bei andern oft mit den Haaren herbeigezogenen Anlässen nicht einmal zu gedenken. Das schwächt Kopf und Beutel und Arm und – guter lieber Bürger, nimmt dir den Lust zur Arbeit.

Der erste Haufen Braunschweiger ist von Stade den 19ten März nach Amerika abgesegelt; die Hessen – ein Haufe teutscher Kraft, wird bald nachfolgen. Man betet auf allen Kanzeln für ihre Erhaltung, und ich bete mit – sind sie doch Landsleute, Mitbürger!

> Einer meiner akademischen Freunde, M. Rühl, geht als Feldprediger unter den Hessen mit und verspricht, ein sehr getreues Tagbuch über alles Merkwürdige zu führen und es durch den Druck bekanntzumachen. Ich verspreche mir viel von ihm, denn er hat Kenntnisse und Kopf.

[...]

Aus dem 29. Stück vom 8. April 1776

Amerika

Nachstehendes Schreiben eines teutschen Predigers aus Baltimore in Maryland vom 3ten Jan. 1776 an seinen Bruder im Nassauischen ist so wahr, so mit teutscher Redseligkeit niedergeschrieben, daß ich's auch in meine Chronik verpflanzen muß.

Mein Freund Herr H*** wagt die jetzt so gefährliche Reise nach Europa. Er selbst wird dir am besten das Elend unsers Weltteils schildern. Ehrliche und begüterte Leute sind dermalen ein Raub der Böswichter. Verwegene Aufrührer, unruhige Schwärmer sind es, welche unsre Kolonisten, die sonst so zufrieden ihre Wohlfahrt baueten, zu den Waffen gezwungen haben, und gegen wen? gegen unser Mutterland, das uns mit unsäglichen Kosten gepflanzt und geschützt hat. Wenn wird doch die teutsche Hülfe kommen, auf welche so viele tausend Rechtschaffene und Wohldenkende hoffen? Von denen hier befindlichen Engelländern ist nichts zu erwarten. Sie hängen mehr den Rebellen als ihren Pflichten an. Täglich kommen Deserteurs von ihnen, und sie selbst sind es, die unsere gezwungene Soldaten und Landläufer verraten, wenn Munition oder Lebensmittel für sie unterwegs sind. Du darfst nicht denken, daß diese Verräter bloß gemeine Soldaten wären. O nein! englische Offiziere von Rang begehen die Schandtaten. Man kann also leicht begreifen, was die wenige, welche ihrer Ehre und ihrem Könige treu sind, auszurichten vermögen. Bekommen wir teutsche Landsleute, so wird die Ruhe bald wiederhergestellt sein. Über die Hälfte unsrer Armee sind teutsch, und diese werden bei den rebellischen Fahnen nicht lange standhalten. Alles Gewerbe liegt. Geld haben wir nicht, und um den Kredit ist's auch getan. Die benachbarten Wilden verabscheuen uns und halten sich ganz neutral, doch scheinen sie mehr entschlossen zu sein, der Krone als uns beizustehen. Ich wollte, daß ich mein Haus und alles, was ich habe, verkaufen könnte, dann dies Land, das ich doch bisher meinem Geburtsland vorgezogen habe, ekelt mir. Ich suche in meinen Predigten den Satz: Gebet dem Kaiser, was des Kaisers ist, meinen Zuhörern mit allen nur möglichen Gründen zu beweisen; es muß aber auch mit aller nur möglicher Behutsamkeit geschehen. Ein mehrers wird der Überbringer sagen. Ich bleibe dein treuer Bruder.

Aus dem 31. Stück vom 15. April 1776

London

Hier trifft man jetzt beinahe die Exkremente aller Nationen an, die in Amerika ihr Glück machen wollen. Sonderlich ist die Anzahl der Teutschen hier so groß, daß alle Gassen und Straßen, Bierschenken und Kaffeehäuser von ihnen wimmeln. Verbrecher, Aushauser, Ebenteurer, junge feurige Waghälse, die ihr Vaterland wie Unrat auswarf, strömen daher und suchen Dienste bei der Krone. Von diesen Leuten, die meist die Verzweiflung zusammenpeitschte, verspricht man sich sonderlich große Dienste. Allein, kann der in fremden Welten treu dienen, der seinem eigenen Vaterlande untreu war? Diese Ebenteurer werden sich immer zu der siegenden Fahne halten und in der Folge den Engelländern mehr schaden als nützen. Sind die Provinzialen glücklich, so werden sich die meisten Teutschen in Amerika niederlassen, da ohnehin unter uns die Klage immer allgemeiner wird: *Es ist nichts mehr in Teutschland zu machen.*

Diese Klage, die jetzt von einem Ende Teutschlands zum andern erschallt, verdiente von einem Denker, der Erfahrung hat, sehr genau untersucht zu werden. Ist's dann wahr, daß der Despotismus unter uns immer mehr einreißt und alles Freiheitsgefühl erstickt? Ist's wahr, daß unsre Krieger bloß um niedern Sold gedungne Sklaven sind? Ist's wahr, daß die Gerechtigkeit die Binde wegrückt und die Gerechtsame der Unschuld mit Gold aufwiegt? Ist's wahr, daß der Gelehrte bloß der Lohnknecht gewinnsüchtiger Buchhändler ist? daß der Künstler von Krämern sein Brot erbetteln muß? daß unter uns nichts mehr durch Gewerbsamkeit und Kunstfleiß zu gewinnen ist? daß der Handwerker umsonst seinen Schweiß am Arbeitsstuhle oder an der Feueresse vertröpfelt? daß der Baur seine Egge und Pflugschar mit Tränen benetzt, weil ihm die Habsucht kaum Kleienbrot und Aussaat übrigläßt? Ist's wahr, daß ein Sturm durch unser Vaterland braust, der unsre ersparte Pfenninge alle auf einen Haufen zusammenweht? Ist's wahr, daß unter allen diesen Drangsalen auch Religion, Tugend und Sitte leidet? Daß der Geist des Verderbens im Hinterhalte laurt und den schrecklichen Augenblick erwartet, den Garaus mit uns zu machen??? Ist dies alles wahr, so wäre freilich nichts mehr in unserm Vaterlande zu machen. Aber wie vieles ist nicht an diesen Klagen übertrieben! Teutschland ist bei all diesem noch das einzige Land in Europa, wo sich's am besten und sichersten leben läßt, wenn man es durch ein weises und edles Betragen verdient, ein Bürger seines Vaterlandes zu sein.

[...]

Wollen sehen, was unsre Landsleute in Amerika ausrichten, dann dies sind, meines Wissens, die ersten, die in diesem Weltteile fechten. Bald wird auch dort ein ewiges Monument teutscher Tapferkeit stehen, mein Herz schwillt von Ahndung!

Ein elendes Zeitungschreiberlein, dessen Blätter nur wie Kreuzspinnen in Winkeln hangen, triumphiert gewaltig darüber, daß sich die Protestanten durch Versendung ihrer Truppen in fremde Welten schwächen; als wenn ihre Macht nicht noch groß genug wäre, und als ob wir Pulver und Schwert nötig hätten, unsre durch ewige Verträge gegründete Rechte zu behaupten!

Abgenötigte Nachricht

Leser, was denkst, wenn ich dir sage, daß es Menschen gibt, die mich unaufhörlich mit pasquillantischen Briefen wie mit giftigen Pfeilen verfolgen und mich das Porto vor diese Briefe noch bezahlen lassen? – Die mit Höllenfreuden aussprengen, es wäre mir ein sehr unangenehmer äußerst schimpflicher Zufall begegnet? – Die nicht einen einzigen Brief mit ihrem Namen bezeichnen, weil sie, als Kinder der Finsternis, das Licht scheuen? – Was denkst? Zürnst über diese Menschen? Ich zürne nicht! – Ich darf nur meinen edlern Freunden ins Gesicht sehen; nur ihre Briefe lesen; nur Beispiele von bessern Menschen denken: so bin ich mit dem Menschengeschlechte so ausgesöhnt, daß ich meinem grimmigsten Feinde nicht schaden könnte. Ich verabscheue die Bosheit und bemitleide die bösen Menschen. – Indessen kann ich meine Leser versichern, daß die ausgesprengten Gerüchte dieser bösartigen Menschen grundfalsch seien, daß ich vielmehr unter dem Schutze der Gnädigsten

Obrigkeit ein ruhiges und glückliches Leben führe, daß ich gegen keinen Menschen auf Gottes Erdboden, auch gegen den, der mein Feind ist, Groll im Herzen trage und daß ich mit jedem Vorschritte in mein männlichers gesetzteres Alter meinen heimlichen Hassern weniger Anlaß geben werde, mich heimlich oder öffentlich zu schmähen.

Aus dem 32. Stück vom 18. April 1776

Toleranz

In Frankreich nimmt seit der Regierung des jetzigen Königs die Toleranz gegen die Protestanten mit jedem Tage zu. In Paris sind vieltausend Protestanten, denen wegen der Religion nicht das geringste in Weg gelegt wird, und ein Schreiben aus Nieder-Languedoc berichtet, daß auch die dortigen Protestanten sich dieser weisen Verträglichkeit zu erfreuen haben. Hier ist eine Stelle aus diesem Brief:
„Können Sie sich vorstellen, daß jetzt in unserer Provinz, wo vor einigen Jahren die Protestanten noch so verhaßt waren und der unschuldige Calas ein Opfer der Wut des Aberglaubens ward, Zusammenkünfte von einigen Tausenden derselben gehalten werden, die ihre Prediger haben, welche ihnen des Sonntags den Gottesdienst verrichten und die Sakramente austeilen? So ist zum Beispiel in einem nicht weit von diesem Ort gelegenen angenehmen Felde alle Sonntage, wenn es das Wetter erlaubt, eine Gemeinde von 8000 Menschen versammelt und hört Predigten, und unsere Magisträte und Kriegsbeamte wissen es und – billigen es stillschweigend. O lange lebe Ludwig XVI., der diese Gewissensfreiheit geschenkt hat!

Aus dem 37. Stück vom 6. Mai 1776

Über den Vaterlandsstolz

Aufs Vaterland stolz sein, ist löblich und schön; aber Vorzüge am Vaterland entdecken, die es nicht hat, und stolz auf das sein, was uns entehrt, ist Torheit, vor der uns Gott bewahre. Höre, was dir ein weiser Mann zuruft:

Du bist ein Teutscher. Wohlan, sei stolz auf deinen *Hermann*, auf den Helden *Friederich*, auf *Katharina*, die Wohltäterin der Menschen! Nenne *Leibniz, Klopstock* und *Lessing* der Nachwelt! Nenne Teutschlands Erfinder, wenn Engelland seine Darsteller neben Königen begräbt und Gallien seine Dekorateurs unter die Vierziger setzt! Uns fehlen zwar Geschichtschreiber und Redner, aber weder Dichter noch Taten. Dennoch laßt uns gerecht sein und nicht vergessen; daß kaum vor 30 Jahren noch *Gottsched* der teutsche *Addison* war, daß jetzt noch Laune, Witz und Grazie im teutschen Boden nur mühsam gedeihen und daß Vaterland und Freiheit in unsrer Sprache nicht vielmehr als Töne ohne Meinung sind. Wenn die Abenakis und die Mikimakis, die Chawanesen und die Cherokesen bei jedem Krieg ihrer Nachbarn die Axt gegen ihre Brüder erheben, kämpfen sie für's Vaterland?
Wo ist der lebendige Geist, der uns allgewaltig und zu einem Endzweck ergreifen? der uns an einer Kette halten sollte, wie Jupiter die Schicksale hält? Wo ist Regulus' Tugend? Leidenschaft, ein Opfer zu werden fürs Vaterland?
Sprich den Fürsten nicht hohn, freiheitstrunkner Jüngling, der du vielleicht als Mann zu ihren Füßen kniest! Und sie verdienen auch deinen Bardeneifer nicht, denn viele unter ihnen sind freundlich und gut und verleihen selbst den Fürstenhassern Brot. Aber träume nicht von Freiheit, solange noch an jedem Hof jeder Laut des Muts verstummt, solang unser Eigentum nur von einer Schatzverordnung zur andern sicher ist, solang unser Blut eine Lands- und Domänenware bleibt, solang wir auf jeden Wink wie Cäsars Kriegsknechte ausrufen:

> Pectora si fratrum, gravidare in viscera matris
> Imperat, invita peragam tamen omnia dextra.
> Gebiete! den Bruder zu töten!
> Zu wühlen im Leibe der Mutter!
> Zwar bebt unsre Rechte! – doch tun wir's! –

Tröste dich damit, daß Freie nicht immer glücklich sind, daß es Sokrates und Phokion nicht waren und daß es Sklaven sein können unter Antoninen.

Aus dem 42. Stück vom 23. Mai 1776

Tonkunst

Majestätisch tönt die Orgel, schwermütig süß der hohe Flügel; herzerhebend die Geige und die flisternde Hoboe und die girrende Flöte und das tonvolle Horn; – aber was sind sie gegen Menschensang, dem Sieger? Ist's einem doch wie Nachhall aus dem Himmel, wenn wir im Tempel, vom Theater herab, im Konzertsaale oder aus belaubten Hecken eine schöne Menschenstimme hören; – aber Göttin Polyhymnia, wie wirst du behandelt, seitdem dein vertrauter Porpora tot ist! Das Mädchen verschreit ihre Engelstimme bei der Kunkel und der Knabe im lärmenden Chor. Unser Choralgesang (wie himmelerhebend könnt' er sein!) ist jetzt kaum was mehr als ekles Geplörr, verwirrtes Stimmengetös. Unsre Opernsänger ermüden sich mit Grimassen und haschen meist nach Läufern, Schnörkeln, Trillern; – Wohltat ist's, wenn ihr Sang im Strom der Begleitung ersäuft. Es ist also hohe Zeit, daß wir wieder Singschulen errichten, wenn wir nicht ganz die Wohltat des Menschengesangs bald gar verschleudern wollen. In Dänemark, Schweden, Rußland werden schon Singschulen errichtet und mit königlicher Freigebigkeit unterhalten. *Berlin* lebt jetzt durch seinen Kapellmeister *Reichardt*, der so glücklich Grauns Pfad und zugleich den Mittelweg zwischen steifer, todkalter theoretischer Gravität und zwischen dem Harlekinsgenius der neuesten Zeit auffand, auch wieder ein neues musikalisches Leben. Groß war die Arbeit, die er vor sich fand. Ein Orchester von 51 Personen, die 15 Jahr her ohne Anführer unter den größten musikalischen und moralischen Mißbräuchen fortlebten; Leute, die 43 Jahr nur Forte und Piano, nur Schwarz und Weiß gekannt und ausgeübt, in den feinsten Schattierungen der Tonkunst, im Crescendo und Diminuendo üben und ihnen zeigen, daß sich mit Stärke auch Diskretion verbinden lasse; ist in der Tat ein Riesengeschäft. Auch das französische Orchester steht unter Reichardts Aufsicht, und es ist wirklich sehr gut und hat trotz des alten Mißbrauchs französischer Theater in Berlin einen Flügel. Kurz, meine Prophezeiung wird eintreffen und die gewünschte heilsame musikalische Revolution in Berlin gewiß erfolgen.

Aus dem 45. Stück vom 3. Juni 1776

Wirrwarr

In *Helmstädt* war kürzlich ein Aufruhr gegen die Waldeckischen Werber, die manchen braven Handwerksbursch wegfischen, um ihn nach Amerika zu schleppen. Der Teutsche begreift sehr wohl den goldnen Spruch: Bleib im Lande und nähre dich redlich.

[...]

In Oe*** wurden verschiedene Hausarme alle Wochen von einem unbekannten Wohltäter reichlich begabt. Plötzlich blieb die Gabe aus, dann ihr Wohltäter starb. Erst nach seinem Tode erfuhr man, daß es – doch ein Priester? doch ein Christ? – nein, daß es ein Jud war, namens Isaak Meyer. Er hinterließ noch viel milde Stiftungen für die Armen und den Ruhm der Ehrlichkeit, Rechtschaffenheit, Menschenliebe. Mendelssohns Phädon war nebst dem Alten Testament sein liebstes Buch. Sollt' ihn der Gott Abrahams, Isaaks und Jakobs nicht belohnen?

Gebeugter Vaterlandsstolz

Jüngst trat ich hoch und stolz einher
  Und sang den Bardensang:
Wohl mir, daß ich ein Teutscher bin!
Treu ist mein Herz, frei ist mein Sinn,
  Die Brust voll Tatendrang!

Ein Teutscher ist ein braver Mann,
  Ficht nicht für fremden Sold.
Für Freiheit, väterliche Flur,
Für Weib und Kinder ficht er nur
  Und nicht für sklavisch Gold.

So sang ich neulich, als ein Greis
  Urplötzlich vor mir stand.
Sein sanftes Aug war trüb und naß,
Die Stirn gerunzt, die Wange blaß,
  Und Traur floß vom Gewand. –

Was ist dir, Alter? sprach ich, ist
   Dein Sohn nicht Held genug?
Hat ein Franzos dein Mädgen dir
Verführt? – o Alter, sag es mir!
   Ihn treffe Tod und Fluch!

Schweig, Jüngling! Oder stimm die Harf
   Zum tiefsten Klaglied an!
Rauscht, Eichen, meine Klage nach!
Ihr Barden leiht mir eure Sprach
   Klopstock und Ossian!

Zum Dienst der reichen Briten schwimmt
   Der Teutsche auf dem Meer!
Nimmt von dem stolzen Krämer Geld,
Schwimmt hin in eine neue Welt
   Und würgt ein freies Heer.

Der Vater, der in seinem Sohn
   Des Vaterlandes Held
Und Stütze sah, – wie jammert er:
O Gott, mein Sohn schwimmt auf dem Meer –
   Da schwimmt er hin ums Geld!

Geuß Ungestüm in Ozean!
   Wühl auf, o Gott, die Flut!
Zerschmettre eh des Sohnes Schiff,
Eh er den lasterhaften Griff
   Nach seinem Degen tut!

Wie irrt das teutsche Mädgen jetzt
   Verlassen in dem Hain
Und seufzt: ihr Engel, schützet ihn!
Tragt meinen Lieben sanft dahin,
   Wo er ums Geld muß sein!

Die Mütter suchen Totenfeld
   Und schreien, Gott, zu dir:
Auf wilden Wassern schwimmt er schon!
Nun sterb ich bald – und ach, mein Sohn
   Verwest nicht neben mir!

Verlassen, ohne Schutz sind jetzt
Die unsre Mädgen bloß,
Dir Franzmann! – Nun komm übern Rhein!
Nun komm, und du wirst Meister sein
In Teutschlands leerem Schoß.

Dem Stolz, dem Geiz der Briten front
Ein freier, teutscher Mann! –
Ihr Barden, leiht mir eure Sprach
(Der Eichenwipfel saust sie nach,)
Klopstock und Ossian. –

So sang der Alte und verschwand,
Starr stand ich und schwieg still.
Geh' nicht mehr hoch und stolz einher;
Ha! fragt' mich einer, wer ich wär'?
Beim Hermann, ich schwieg still! –

G*** von Koblenz.

Aus dem 47. Stück vom 10. Juni 1776

Literatur.

Siegwart, eine Klostergeschichte. Erster Teil bei Weygand 1776.

Unter den Genieprodukten der letztern Messe verdient gewiß dieser Roman eine der obersten Stellen. Zwar ist das Genie dieses Verfassers kein Feuer, das mit Geprassel aufflammt und mehr sengt als erwärmt; aber stilles ruhiges Altarfeuer ist's, das in der Seele des Dichters wie in einem Tempel unter Weihrauchdüften sanft emporlodert und den Gegenständen um ihn her Licht und Wärme erteilt. Dies tiefe Naturgefühl, diese blühende Phantasie, die sich nie oder doch selten über die Wolken versteigt, dies weiche, für jeden Eindruck des Guten und Schönen immer geöffnete Herz, diese alles umfassende Menschenliebe, dieser richtige Verstand, der alles so weislich ordnet und zu einem schönen Ganzen bildet, und dieser Dichtergeist, der durch die ganze Geschichte weht und Handlung und Leben in sie zaubert – ist in keinem der neusten Romane so sehr, bis zur stillen Verwunderung miteinander verbunden als in dieser Klostergeschichte. Der Stil des Verfassers ist so harmonisch, so schön und lieblich blühend, daß auch von dieser Seite wenig mit ihm verglichen werden kann. Harmonisch wie Geßner, aber herziger und wärmer als er, richtig wie Gellert, aber weniger ängstlich und teutscher als er, ist so ungefähr der Verfasser in seinem Vortrage. Das Empfindsame, ob dem uns seit einiger Zeit mit Recht ekelte, dann es war meist lose Speise, in Brühen und Sulzen aufgetragen, behauptet hier wieder sein volles Recht; dann da ist nicht nachgeäffte Empfindsamkeit eines Sentimentalgekken, sondern würklicher Ausguß eines vortrefflichen Herzens, das alle Menschen, die nicht gänzlich verdorben sind, in sein Interesse ziehen muß. Die Szenen des Scheidens, des Wiedersehens, des Krankenbetts und des Todes der Gerechten – wer hat sie außer Klopstock und Lavatern eindringender, herzschneidender geschildert als dieser Verfasser!

Welche Gruppe von herrlichen Charakteren in diesem Romane! *Siegwart*, ein feuriger Jüngling, der jedes ihm dargebotene Schöne mit Enthusiasmus ergreift, kommt in ein Kapuzinerkloster, und die edlen Taten einiger ehrwürdigen Väter, die im Stillen und ohne Geräusch vor Gott wandelten, geben seiner Einbildungskraft einen so feierlichen Schwung, daß er sich entschließt, selbst ein Kapuziner zu werden. Der Verfasser hat diesen Entschluß Siegwarts vor unsern Augen entstehen und reif werden lassen. In einer benachbarten Piaristenschule trifft Siegwart einen jungen Edelmann an, namens *Kronhelm*, der so gefühlvoll, aber weniger Schwärmer ist als er. Kronhelms Vater ist ein dummer Landedelmann, den nichts mehr auf der Welt als seine Mätresse und Jagd beschäftigt. Dieser Charakter ist dem Verfasser so gut gelungen, daß wir ihn immer Fieldings Western an die Seite setzen können. Siegwarts Schwester *Theres* ist beinahe die personifizierte Natur, voll Einfalt und himmlischer Unschuld. Zwischen ihr und Kronhelm entspinnt sich eine Liebe, die in der Folge viel Reichtum in die Handlung bringen muß. Ihre Schwester, die Affektation der Stadt und Hofsitte widerlich macht, ist die Folie, die Theresens Charakter hebt. So wenig Begebenheiten man auch in diesem so simpeln Plane vermuten sollte, so unterhaltend weiß doch der Verfasser seine Geschichte zu machen, und man muß seine Phantasie bewundern, die ihm hundert interessante Episoden immer zu gelegener Zeit herbeizuführen weiß. Ob der Charakter der Theres nicht mehr Ideal als Natur sei, ob nicht auch der Charakter der Kapuziner sehr übertrieben worden (uns wenigstens würde es schwerfallen, Leute von diesen unverdorbenen himmlischen Gesinnungen anzutreffen), ob nicht einige Naturschilderungen für viele Leser zu weitschweifend und zu ermüdend seien, will ich andere untersuchen lassen. Ich danke vielmehr dem Verfasser für die süßen Tränen, die er mir entlockte und jedem Leser von gutem Herzen entlocken wird, und noch mehr für das Gute, das ein solches so schön geschriebenes Buch notwendig stiften muß.

Aus dem 50. Stück vom 20. Juni 1776

Schreiben aus London

Kannst's nicht glauben, Freund, was einem hier für chaotisches Gewimmel von Menschen, ihren Meinungen, ihren Freiheiten und Zügellosigkeiten, ihrem Gerede, ihrem Geschreib, ihren Wünschen, Prophezeiungen, Flüchen den Blick wirre macht, und wie sich einer wieder in sein liebes Teutschland zurücksehnt, um in friedseliger Hütte der Lieb und Freundschaft zu pflegen. Amerika hat ganz Engelland toll gemacht, und da es hier der Strudelköpfe mehr gibt als in Teutschland, so kannst dir vorstellen, was jetzt für wütige Schriften ausgeheckt werden. Einem Teutschen, der gerechter und billiger ist als die meisten europäischen Nationen, muß es im Herzen weh tun, wenn er sieht, wie jetzt in London der beste König in unzähligen Schriften so grausam mißhandelt wird. Bald nennen sie ihn einen Zigeunerkönig und parodieren unter diesem Titel seine letztern Parlamentsreden, bald vermaladeien sie ihn als den einzigen Urheber des gegenwärtigen verderblichen bürgerlichen Kriegs. Glaub mir, Bruder, die Amerikaner werden sich gewiß frei machen und nach der Prophezeiung eines politischen Sehers noch vor 1876 vielleicht den ersten Freistaat in der Welt bilden. Selbst die Engelländer helfen ihnen darzu. Sie schicken ihnen von hier aus heimlich Geld, Kriegsbedürfnisse und drucken ihre aufrührerische Schriften selbst hier in London nach. Hier sind einige Stellen aus einer amerikanischen Schrift, unter dem Titel: *Gemeinsinn.*

Es streitet mit der Vernunft, mit der allgemeinen Ordnung der Dinge und mit den Beispielen alter Zeiten, wenn man behaupten will, daß dies Land länger unter der Gewalt einer ausländischen Macht bleiben könne. Aussöhnung ist ein leerer Traum. Die Natur hat das Band der Vereinigung zerrissen, und die Kunst kann es nicht wieder knüpfen. Milton hat daher weislich gesagt: Nie findet wahre Versöhnung statt, wo tödlicher Haß zu tiefe Wunden schlug.

Alle ausgeschlagene Mittel zur Versöhnung sind fruchtlos gewesen, unsere Bittschriften sind mit Verachtung von der Hand gewiesen und haben bloß dazu gedient, uns zu überzeugen, daß nichts dem Stolz der Könige mehr schmeichle und sie in ihren despotischen Absichten gegen die Menschheit mehr stärke als wiederholte Bittschriften. Die flehende Menschheit vor den Füßen der Tyrannen – ein schöner Anblick für Tyrannenknechte und Teufel –

Wenn uns Engelland nicht überwinden kann, so kann es auch uns nicht regieren. Beständig eine Reise von 3000 bis 4000 Meilen machen müssen, um eine Bittschrift zu überreichen; 4 oder 5 Monat auf eine Antwort warten müssen und abermals 5 oder 6 Monat, bevor die Sache zur Vollführung kommt, dies wird in wenig Jahren für töricht und kindisch geachtet werden. Es war eine Zeit, wo dies geschehen mußte, und es kommt eine Zeit, wo es endlich aufhören muß.

Solche kühne Schriften, die jetzt die Engelländer in London verbreiten, sind wie Blitze, die in ein Pulvermagazin fahren – aufdonnert der ganze Vorrat, und die losgestürmte Quader fliegen umher, schmettern, töten und verwüsten. Mich dauren nur die braven Teutsche, die jetzt nach Amerika schwimmen und das, was die Engelländer durch ihren Trotz verdorben haben, wieder gutmachen sollen. Glaub mir's, sie werden dort meist ihr Grab finden.

Außerordentlich ist der Enthusiasmus der Amerikaner. Sie machen sich Verschanzungen von Eis und Schnee und härten sich durch die schrecklichsten Strapazen ab, ihre Prie-

ster rufen beständig von den Kanzeln: Der Himmel ist mit uns! Der Wind, die Meereswellen und alles vereinigt sich, uns zu helfen.
[...]

AUS DEM 51. STÜCK VOM 24. JUNI 1776

Amerika

Die Nachrichten aus diesem Weltteile werden immer wichtiger: Die britischen Kolonien müssen sich auf eine so fürchterliche Fehde sehr weislich vorbereitet haben, dann bis jetzo geht ihnen noch nichts ab – Geld, Mannschaft, Schiffe; nichts! Sie wissen so klüglich nach den verschiedenen Häfen Europens zu fahren, daß sie in den unübersehlichen Gewässern zwischen Amerika und Europa auch den wachsamsten englischen Kriegsschiffen entwischen. Es sollen sogar schon mehrmals Provinzialschiffe mit Getreid befrachtet an einem an der Elbe gelegenen Handelsplatz angekommen sein, wo die dasigen Kaufleute so viel Vorteil bei dieser Handlung finden, daß sie die Amerikaner durch den Tausch aller Artikel, die sie verlangen, aufzumuntern suchen. Neu York ist nach den neusten Briefen so traurig wie eine Eremitenhütte – keine Gesellschaft, kein Besuch, keine Versammlung: Den Engelländern fehlt's sogar an frischem Wasser, hingegen haben die Provinzialen holländische Waren und Produkte aus fremden Ländern genug. Den Engelländern, denen die Lage des Landes, die vielen Meerbusen und Häfen, nicht so genau bekannt sind wie den Inländern, wird's also schwerfallen, die Provinzialen zu verderben. Die erste Kolonne der Braunschweiger ist nun glücklich in Amerika angekommen und soll sich mit dem General Karlton vereinigt haben. Auch die Hessen können jetzt dort angelangt sein, und nun werden die Nachrichten aus Amerika erst recht merkwürdig werden. Inzwischen warn' ich meine Leser für den meisten amerikanischen Nachrichten, die sie über London erhalten, dann die meisten dasigen Zeitungsschreiber paraphrasieren aus Parteilichkeit jeden kleinen Vorteil der Amerikaner und verkleinern hingegen die Vorteile der Engelländer. Mit philosophischer Gelassenheit den Gang der Begebenheiten betrachten, gehört zum Charakter der Teutschen; wir werden also von unsern Brüdern in Amerika die besten und zuverlässigsten Nachrichten zu erwarten haben.

In der Weltgeschichte von Guthric und Gray, die dem Fleiße der Teutschen ihre Berichtigung und Brauchbarkeit zu verdanken hat, steht eine so größtenteils falsche, nur mit einem englischen Tubus betrachtete, also gänzlich einseitige Nachricht vom letztern teutschen Kriege, daß mich wundernimmt, wie man dies stolze, in Tag 'nein räsonierende Zeug ins Teutsche übersetzen konnte. Da ist der Engländer immer alles, und andere Nationen, die ihm an Tapferkeit und Klugheit so oft überlegen sind, nichts.

Aus dem 56. Stück vom 11. Juli 1776

Engelland

[...]
Der große Schauspieler Garrick hat nun das Theater auf immer verlassen. Das ganze Parterre brach in laute Tränen aus, als er seine Abschiedsrede hielt. Ich glaube nicht, daß je ein Schauspieler in der Welt mit so viel Beifall belohnt worden wie dieser; aber er verdiente es auch, denn seine Stelle wird wohl schwerlich wieder ersetzt werden. Die Natur ist gar karg mit Ausspendung so vielen Genies, so vieler Empfindung und körperlicher Anlage. [...]

Etwas von Lotterien

Die Natur straft die Türken mit der Pest, die Christen aber mit Lotterien, sagte neulich ein witziger Kopf. Wären alle Lotterien unter uns auf dem Fuß der Mannheimer eingerichtet, die bekanntlich mit baren 300000 Gulden garantiert worden, so wären sie ein sehr unschädliches, oft heilsames Institut zu nennen. Wenn wir aber uns an die Streiche erinnern, die dem leichtglaubigen Publikum schon bei den Lotterien sind gespielt worden, so sollte jeder Patriot aufstehen und das Publikum dafür warnen. Die Wettkomptors des in

Bonn errichteten Kurkölnischen und Stadtkölnischen Lotto sind auf den sonderlichen Einfall geraten, auf die Mannheimer Ziehungen Einsätze sammeln zu lassen. Aber sie haben kürzlich sehr starke Stöße erlitten; dann die Brüder Bonafond in Rastadt gewannen im Basler Wettkomptor 144000 Livres und Herr von Stang zu Regenspurg 72220 Gulden.

Die Gewinner bemühen sich jetzt sehr, ihre Bezahlung zu erhalten; aber ihre Forderungen sind bisher ebenso würkungslos geblieben als des Handelsmann Schl*** zu N***, der schon mehrere Jahre lang vergeblich um seinen Gewinst von 500 Gulden zu – sollizitierte. Wären die Spiele, ihrer Bestimmung gemäß, an das kurpfälzische garantierte Institut gediehen, so würden die Zahlungen auf der Stelle erfolgt sein. Also, liebes Publikum, laß dich künftighin nicht mehr durch falsches Zutrauen täuschen. Lerne Tiefen und Untiefen, Solidität und Seichtheit, Redlichkeit und Gewinnsucht künftighin voneinander unterscheiden. – Dich warnt ein Patriot.

Dichtkunst

Da wir Schwaben gegen die Talente unsrer Mitbürger kälter zu sein scheinen als jede andere teutsche Provinz, so will ich ihnen der Seltsamkeit halber einen poetischen Hutmachersgesellen von Memmingen, namens Christoph Städele, vorführen, der sie in der Folge ebenso aufmerksam machen soll, als er mich gemacht hat. Ich besitze noch verschiedene Gedichte von ihm, die wirklichen Dichtergeist atmen und die ich einmal zur Unterstützung des armen Hutmachers herauszugeben gedenke. Hier ist eine Probe von ihm, überschrieben:

Empfindungen an meinem Namenstage

Leuchte, silberner Stern! strahlender Bote des
Majestätischen Lichts, das sich, der Ordnung treu,
An der Zinne der Schöpfung,
Um die glühende Achse dreht.

O! dein glänzendes Bild tauchte viel tausendmal
Sich in ruhigen Bach, eh dich mein Aug gesehn.
  Du verbargst in des Morgens
  Rosenfarbenen Mantel dich.

Aber, eh noch der Wink Gottes dich leuchten hieß,
Eh der silberne Mond sich vor dir hergewälzt,
  Eh die Kette der Dinge,
  Tief im Chaos verworren lag;

Ward mein Name genennt, und meine Tugenden –
Ach! wie wenig und klein! – und meine Sünden – ach!
  Groß und grausam wie Riesen,
  Ohne Zahlen wie Sand am Meer –

Freunde – göttliche Gab! – Stunden voll Edenslust,
Nächte, wolkicht und bang, die ich durchweinen soll,
  Schrieb der Finger der Vorsicht
  Ins Geschichtbuch der Sterblichen.

[...]

Aus dem 59. Stück vom 22. Juli 1776

Madam Europa: Woher, meine liebe Schwester, woher? – Die Hitze muß Ihnen sehr lästig sein – Gott, wie Sie so fett sind! – Kommen Sie in die Kühlung – Limonade, Mandelmilch, Gefrornes – oder was Sie zur Erfrischung verlangen, steht zu Ihren Befehlen. – Aber Sie scheinen so schläfrig! – Sie nicken!

Madam Asia: Du schwätzst viel, Weib! – Bist gewiß Frau Europa. – Sei so gut und laß mich in Ruh.

Madam Europa: O nur noch ein paar Worte, meine Traute! – Nichts Neues aus deiner großen Welt, die, wenn man sie nach der Berechnung eines meiner Söhne in 300 Teile zerschneidt, allein 109 ausmacht? –

Madam Asia: O der hochweisen Arithmetik! o der naseweisen Philosophei! – Hast noch immer 's Tranchiermesser in der Hand und anatomierst? – Ich muß schlafen und kann dir nichts Neues sagen. Meine Söhne berechnen ihr Leben nach dem Genusse. Der Sultan läßt sich von einer

Cirkasserin die Pfeife stopfen, indes ihm eine schöne Griechin Kaffee reicht. Inzwischen hat er doch aufgehört, den schimpflichen Tribut an Rußland zu bezahlen – an Rußland, dies Ungeheuer, das mich und dich wie Laokoons Schlang' umwindet. Der König von Persien läßt noch immer seine Buben vor Bassora die Soldaten spielen. Aus Karmels Höhlen brüllt die Stimme des Aufruhrs, denn des alten Scheik Dahers Blut braust noch in seinen Söhnen.* China steht wie Gottes Berge ewig. Ihr Volk ist Meersand und ihre Weisheit – nicht mehr und nicht weniger als Apathie – Gefühl seiner selbst und – Hol der Henker die Menschen diesseits der großen Mauer! – Du wirst bald die türkische Handlungsflagge in deinen Gewässern sehn – Nun geh, Weib, oder ich hetz' meinen Löwen an dich! –

MADAM EUROPA: So schlaf dann, Weichling! – Meine Kanarienvögel mögen dir den Wiegengesang zwitschern. – Ha, wieder Visite! – Sind sie mir willkommen, meine gnädige Damen – Sie da, mit der glänzenden schwarzen Farbe, dem hohen purpurroten Lefzenwurf, dem kleinlockichten Tapon – und – Sakerment! die leibhaftige Pallas mit Ägide, Spieß, Brustharnisch und Helm. – Sie haben den Gang der Unsterblichen, und Ihre Augen funkeln wie 's Siebengestirn.

MADAM AMERIKA: Schweig, Närrin!

MADAM EUROPA: So? – verzeihen Sie! Sie tun ja wildfremd! Haben Sie unsere alte Bekanntschaft so gänzlich vergessen? –

MADAM AMERIKA: O nein! nicht vergessen des Bluts meiner unschuldigen Kinder, das von deinem Mordstahl niedertröpfelte! – Nicht vergessen des zuckenden Säuglings, den du würgtest, und des Röchelns der Greisen und des Rachegeschreis der Jünglinge und der Männer – nicht hinauf zum großen Kabak, sondern zu Gott, dem Richter alles Frevels! – ihre Enkel sind erwacht, schwingen die Fahne des Todes und das Schwert der Rache.

* Schulze, der so mißhandelte Schulze hat in seinen Reisen eine so liebenswürdige Schilderung vom Scheik Daher und seinen Söhnen gemacht, daß einer die unglückliche Heldenfamilie bewundern und bedauren muß.

MADAM EUROPA: Ei, sie bringen vielleicht Nachrichten von den Kolonisten –

MADAM AMERIKA: Ja, ich bring' sie dir, und zwar solche, daß dir's im Schädel hallen soll. Umgewälzt ist das Rad der Zeit, die Kanten stehn für uns oben auf dem goldnen Punkte der Freiheit; – und ihr werdet wie Leichname tief unten durch den blutigen Strom gerissen. Eurer sind schon viele niedergewürgt und dorren in der Sonne oder werden als Äser von den Fluten fortgewälzt. Laß sie nur hinüberschwimmen, deine Weichlinge, zum Totenopfer auf den heiligen Altären der Freiheit. Die Zeit unserer Größe ist da, und wir werden das erste Volk der Welt sein!

MADAM EUROPA: Du prahlst? Madam Amerika, o schwerlich wird dich dein Trotz gegen die Weisheit meiner Söhne schützen!

MADAM AMERIKA: Prahlen? Taten sprechen für mich, und da kommst du mir immer mit deiner Weisheit! O der Weisheit, unter deren eiskalter Hand die Empfindung erstarrt; der Kettengeklirr eine liebliche Musik ist, die die Sehnen der Mannheit abspannt und den Odem der Freiheit zurückhält, daß ihr die Brust bersten möchte; die lieber Tyrannen schmeichelt als – Ha, Mann für Mann – und Gott für uns alle! Geh, Weib, und spiel mit deinen Puppen!

MADAM EUROPA: Wollen sehen, meine liebe trotzige Madam! – Aber Sie, meine liebe Schwarze, Sie lachen so tückisch in sich hinein, indem Sie bloß mit Ihrem Tiger zu spielen scheinen.

MADAM AFRIKA: Verzeihen Sie mir, muß lachen, Sie haben so gar einen tollen Aufputz, gleich dem Nest des Vogels Kongo*. Auch Ihre gemalte Wangen, die Maschen und Fratzen, womit Sie behängt sind, stehen Ihnen allerliebst. – Können Sie mir sagen, was Se. Exzellenz der Graf Oreily machen? – Hab' ich nicht die Ehre, Ihnen mit einem Etui von den Knochen eines spanischen Edlen aufzuwarten?

MADAM EUROPA: Spotten Sie nicht, Madam. Ich beherrsche Gefilde, die noch von den Gebeinen Ihrer Vorfahren weiß sind. Nationalstolz –

* So nennen die Mohren den Storchen.

Madam Amerika: Ei so räsonier – ich schweig' und handle –

Madam Europa: Nur nicht so stolz, meine Freundin! – Sie sind, was ich war, und werden früh oder spat sein, was ich jetzt bin – Haben wir doch alle unsre Launen, denn wir sind Weiber!

Kunstgespräch

– rt: Ein Künstler sind Sie? – seh' es wohl!
Doch nicht vom stolzen Kapitol?
Nicht aus dem Land der Briten? der Franzosen?
– le: Aus Teutschland bin ich! sehn Sie's nicht
An meinem hageren Gesicht?
An meinem Rock und Hosen?

Aus dem 61. Stück vom 29. Juli 1776

Die Edeln

Eine große Prinzessin an einem teutschen Hofe, die flüchtige Kopfschmerzen hatte, ließ ihren Arzt rufen. Der Arzt kam, sah, daß es nichts zu bedeuten hatte, und wollte wieder gehen. „Ums Himmels willen, bleiben Sie!" – „Ich muß eilen, Ihr Hoheit, eine arme Handwerksfrau liegt auf den Tod." – „So? Sie ziehen also eine Handwerksfrau mir vor?" – „Verzeihen, Ihr Hoheit", sagte der Arzt mit edler Entschlossenheit, „nicht der Stand des Patienten, sondern der Grad seiner Krankheit bestimmt mich!"

Ein Geistlicher in B*** wurde zu einem Kranken gerufen. Er kam und sprach ihm Trost ins Herz. Aber nun müßt Ihr mir für meine Müh auch was vermachen, sagte der Geistliche. Wie kann ich das, atmete der Kranke herauf, bin ich doch so arm, wie Sie hier an dieser elenden Hütte sehen. – Das Kostbarste, was Ihr habt, Eure zwei Kinder, könntet Ihr mir doch vermachen, versetzte der Geistliche. – Der Kranke wollte sich aufrichten, wollte danken; aber 's Entzücken brach ihm sein Herz – er starb, und Gottes Engel, der Priester, führte die armen Kinder in ihren Lumpen mit sich nach Haus und sorgt nun wie ein Vater für ihre Erziehung! ☜

Ein Edelmann ließ 'n Advokaten aus der Stadt kommen und sagte zu ihm: Ich weiß, Sie sind ein gelehrter Mann! hab' da mit 'm Baurenflegel 'n Prozeß – betrifft 'n Acker, 'n Garten, den mir der Schurk streitig machen will. Hol ihn der Teufel! Da saufen Sie brav, Herr Advokat und – sag's Ihnen, packen Sie mir nur den Schurken recht fest beim Ohr! – Hundert Dukaten geb ich Ihnen und 50 voraus! – Der Advokat, nachdem er sich sehr genau von der Prozeßsache unterrichtet, ging wieder zum Edelmann! – Behalten Sie Ihre hundert Dukaten, gnädiger Herr! der Bauer hat recht und Sie unrecht; ich werde seine Partei verteidigen. Er hielt Wort und gewann dem Bauren den Prozeß, ohne sich mehr als seine Gebühr bezahlen zu lassen – und seht! der Advokat war arm und mußte noch für seine kranke Mutter sorgen!!

Wieviel gibt's dergleichen Leute unter den dreien hochansehnlichen Fakultäten?

Aus dem 66. Stück vom 15. August 1776

Politische Tabagie

(Der Schauplatz ist im Kaffeehaus.)

Rolf: Weg mit dem ganzen Plunder von Zeitungen; ist doch nichts drin, das der Mühe lohnt! Was die Kerls da für närrische Grimassen machen, bis sie ihr Blättchen vollschmieren! Da ist des Katzenbucklens, des Komplimentierens, des Räsonierens, der Widersprüche, der Mordgeschichten, der Lügen, der schalen Fazetien, aus einem alten Vademekum geropft, kein Ende. Pu –

Horst: Laß sie gehen, die guten Leute, Freund Rolf, wirst doch immer etwas bei ihnen finden, wobei man sein Pfeifchen ruhig schmauchen kann. Nicht sie, sondern der Mangel an Neuigkeiten oder der träge Weltlauf ist schuld dran, wenn dir die Zeitungen so abgeschmackt vorkommen. –

Rolf: Was? ihr hohler Schädel ist schuld dran. Man hört's ordentlich, wie der Hunger hinaufbillt: Schaff mir Brot! –

Welch eine Wonne war's, in den 40er Jahren die Großischen Auszüge der neusten Weltgeschichte zu lesen! – Wie da alles Ordnung und Licht, Kürze und Deutlichkeit hatte! Wie da einem zuweilen ein herzlicher Schwank das Zwerchfell erschütterte! – Das war ein Zeitungsschreiber! Die jetzigen – sag's grad 'raus, sind frostige, furchtsame Kerls, die, wenn sie 'n Zipfel vom Sammetrock eines Großen sehen, vor Angst pi... Schwenkfelder, hirnlose Sammler, Steckbriefschreiber, Lottoknechte –

HORST: Nur nicht so hitzig, Bruder – der alte *Groß* war in der Tat 'n braver Mann. Er hatte viel Kenntnisse, Mut im Angriff und Geschmeidigkeit des Witzes genug, sich um's Herz des Publikums zu winden und Beifall 'rauszusaugen. Aber unter welchen vorteilhaften Umständen trat er auch auf! – Nach Kaiser Karl des VI. Tod, wo nach achtjährigen fürchterlichen Geburtsschmerzen das Riesengeschöpf des jetzigen Staatssystems ans Licht trat. Mehr dem Drang außerordentlicher Begebenheiten als seinem eigenen Genie hatte er den erstaunenden Beifall seiner Blätter zu danken. Jetzt scheinen mir die Zeitungsschreiber im Großvatersessel zu sitzen und von dem alten Weibe Politika wie von einer Kinderwärterin in Schlaf gesungen zu werden. – Was geschieht dann jetzt, dem auch der beste Erzähler Interesse geben könnte?

ROLF: Was geschieht dann jetzt? – Kerl, du siehst vor lauter Bäumen den Wald nicht. Ist das *nichts*, wenn Kolumbus' ganze Welt den Arm emporhebt mit dem blinkenden Schwert der heiligen Freiheit? *Nichts*, wenn Engellands Kraft und Teutschlands Mut am Schild der Freien wie Wogen am Meerfels abprallen? *Nichts*, wenn Frankreichs ganze Macht sprudelt und kocht, um die hohe Britannia zu verschlingen? *Nichts*, wenn Spaniens Flotten nach Amerika schwimmen, zugunsten der Provinzialen und zum Verderben Engellands? *Nichts*, wenn in Berlin Donner geschmiedet werden, die –

HORST: O Strudelkopf! Ist's denn auch alles wahr, was du da träumst?

ROLF: *Nichts*, wenn das ganze Königreich Polen, wie beim Zipfel ergriffen, herumgerissen und in eine andere Form gebracht wird?

HORST: Träum' in der Fieberhitze.

ROLF: *Nichts*, wenn fremde Pferdhufe das arme Land zerstampfen, und Kosaken und schwarze Husaren mehr als die ewigen Verträge eines ganzen Landes gelten sollen?

HORST: Wieder aegri somnia.

ROLF: *Nichts*, wenn das duldende Teutschland unter dem scharf geschliffnen, am Zwirnfaden hangenden Schwert der Gefahr nickt? *Nichts* –

HORST: So laß doch mit dir reden, Rolf! Komm, stopf deine Pfeife! Bist so hitzig; wollen ruhig von der Sach sprechen. Schau die Nachrichten aus Amerika, sind auch ganz anderst, wie du wähnst. Die Kolonisten werden ihren Trotz gewiß sehr schwer büßen müssen und verdienen's auch; dann welches Volk unter dem sanften Regimente der Engelländer nicht stehen kann, verdient's – *Sklav* zu sein.

ROLF: Nimm das herrschsüchtige Londner Ministerium und nicht die ganze respektable Nation, wenn du vom englischen Regiment sprichst!

[...]

HORST: Ei, sieh da, der Zeitungsschreiber Schlarper mit der Fréronsmiene! Nichts Neues, Herr Schlarper?

SCHLARPER: Kommt da eben mein Blatt aus der Presse; befehlen Sie –

HORST: Ja, ja lesen Sie nur!

SCHLARPER: Vermischte Neuigkeiten.

ROLF: Kartengemisch.

SCHLARPER: Seine Kaiserliche Hoheit –

ROLF: Ohne Titulaturschwanz, Herr Schlarper!

SCHLARPER: Der Großfürst von Rußland soll zum Kronprinzen in Preußen gesagt haben ...

ROLF: Ist der Herr dabeigewesen? Doch *soll* ist ja der Hypogryphenschweif, woran sich die Zeitungsschreiber halten, wenn Fama sich in die Welten der Lüge verirrt.

[...]

AUS DEM 77. STÜCK VOM 23. SEPTEMBER 1776

Ein Gemengsel

Die politische Welt scheint jetzt eine tiefe Pause zu machen.

In *Amerika* sind die königliche Truppen ganz verzagt, mißmutig und auf den Punkt gebracht – alles verloren zu geben. Hingegen sind die Provinzialen so stolz, daß sie *Georg* des 3ten Bildsäule vom Fußgestell herunterstürzten, ihre Unabhängigkeit vor den Augen der ganzen Armee unter unbeschreiblichem Frohlocken kundmachten und bereits an einem Gesetzbuche für die vereinigten Provinzen arbeiten. Jeder Philosoph wird begierig sein, den Entwurf dieses Gesetzbuches zu sehen, das gewiß einen ganz besondern Zuschnitt haben muß.

Die europäischen Staaten fahren unterderhand in ihren kriegerischen Rüstungen fort, und weil alles zugleich gerüstet ist, so erhält ein Reich das andere im Respekt. Aber weh uns! – wenn 's Wetter losbricht! – So gewaltig war Europa noch nie gerüstet, noch nie so in den Waffen geübt, noch nie so heimlich erbittert – Gott mag uns also gnädig sein, wenn sich die Gewitterwolken drängen und stoßen und sodomitischen Schwefel und Feuerregen auf uns Arme herabgießen! –

Aus dem 83. Stück vom 14. Oktober 1776

Neuigkeiten

Nun scheint's fast gewiß zu sein, daß es in Amerika unweit Neu York zu einer Hauptschlacht gekommen, wobei die Engelländer, den neusten Nachrichten aus London zufolge, aufs Haupt geschlagen wurden; auch Briefe aus Frankreich bestätigen diese Nachricht.

Die ganze hannöverische Armee hat Befehl erhalten, sich mit ehestem einzuschiffen und nach Amerika zu schwimmen.

> Einem teutschen Patrioten muß das Herz bluten, wenn er sieht, wie unnütz seine besten Krieger hingeopfert werden. Die Provinzialen mögen besiegt werden oder nicht; so haben wir keinen Nutzen, sondern den bittersten Schaden davon.

Bräch' ein Feind ein, wer sollte das nackte Land schützen? Mit Recht wird jetzt in Regenspurg die Frage beherzigt: Ist es einem Reichsstand erlaubt, ohne beim allerhöchsten Tribunal anzufragen, seine Truppen in ferne Lande zu schicken?

AUS DEM 84. STÜCK VOM 17. OKTOBER 1776

Von Philanthropinen

Lassen wir indessen die politische Maschine ihren trägen Gang fortgehen, ist doch wenig Betrachtungswürdiges an ihr; und verweilen uns auf Augenblicke bei den Erziehungsanstalten, womit jetzt einige Menschenfreunde eine neue sehr glückliche Epoche der Menschheit anzufangen – scheinen. Ich sage scheinen; dann solange wir noch keine Menschen aus diesen Werkstätten sehen, solang können wir auch den Pädagogen, wie jener Griech dem Praxiteles, zurufen: Zeig uns, ob du Prometheus bist. – Ob du mit Himmelsfeuer den Erdenkloß beleben kannst!

Das Dessauische Philanthropin, die Mutter der andern, scheint aller Protestationen, Deklamationen, Beschwörungen, enthusiastischer Anpreisungen ungeachtet (Zollikofers und Rochows Zeugnisse sind die größten) nicht so recht fortzuwollen. Daher hat Basedow im Teutschen Merkur neulich geäußert, daß er bei ermanglender Unterstützung (das Publikum hat doch schon zu Tausenden hergegeben) weniger zu leisten imstande sein werde, als er wohl aus Liebe zu seiner menschenfreundlichen Anstalt wünschen möchte.

Der gelehrte Herr Rektor Mertens in Augspurg verkennt Basedows würkliche Verdienste nicht, tadelt aber mit Recht an ihm, daß seine Anstalten eben nicht zur Aufnahme der alten Literatur, ohne die doch wahre Gelehrsamkeit nicht bestehen kann, abzwecken. Seine Chrestomathien, worin die großen Alten jämmerlich zerfetzt sind, und seine Latinität, die eben keinen sonderlichen römischen Erdgeschmack hat, bestätigen dies Urteil.

Indessen ist dies Philanthropin bis jetzt noch das blühendste in Teutschland. Erst kürzlich hat es den Prediger vom Regiment des Kronprinzen von Preußen als Kurator und Professor bekommen und ihm ein Gehalt von 800 Taler ausgeworfen. Dieser Mann schlug aus Liebe zu dieser heilsamen Anstalt einen sehr vorteilhaften Ruf nach Potsdam aus. Gibt's wohl auch eine größere Bestimmung, als frohe und glückliche Menschen zu ziehen?

Das Philanthropin zu Marschlins unter der Aufsicht eines der größten Männer unsrer Zeit, des Herrn von *Salis*, kommt, ohnerachtet des steten Sorgens und Wachens und Dichtens und Trachtens dieses ekstatischen Menschenfreunds, noch ziemlich weit unter dem Dessauischen zu stehen. Die Anzahl der Zöglinge hat sich von seiner Stiftung an um vieles vermindert; ob der Mangel an Lehrern oder die traurige ungünstige Lage des Orts die Schuld trage, kann ich jetzt nicht bestimmen. Wichtiger ist *Schlossers* Einwurf, daß man dort damit umgehe, zu vollkommene Menschen zu bilden. Menschen, die unglücklich sein müssen, wenn sie mit einem Kopf und Herzen voll der edelsten Wahrheiten und Gesinnungen in eine Welt treten, wo sie nichts davon in der Ausübung vorfinden. Unglücklich müssen diese Menschen sein, wenn sie sehen, daß der Dummkopf dem Weisen, der Idiot dem Gelehrten, der Schurk dem rechtschaffenen Manne, der Heuchler dem offnen, geradhandelnden Menschen meist vorgezogen wird. Ich denk' aber, Marschlins erzieh uns brave Republikaner und Dessau brauchbare Untertanen für monarchische Staaten.

Und siehe da, schon erhebt sich in unserm Vaterlande unter dem Schutze des Grafen von Leiningen-Dachsburg, und nach dem Plane des unternehmenden Bahrdts, den sein bisheriger Aufenthalt in Marschlins dazu befeurte, ein 3tes würkliches Philanthropin auf dem hochgräflichen Schlosse zu Heidesheim im oberrheinischen Kreis.

Der Entwurf ist meist der von mir schon angepriesene philanthropinische Erziehungsplan, den Herr Bahrdt in Marschlins ausarbeitete und dessen Vortrefflichkeit von ganz Teutschland anerkannt wurde.

Die 4 großen Endzwecke, auf welche in diesem Philanthropin hingearbeitet wird, sind

Vollkommung des Körpers; gesund, fest, stark, gelenksam, abgehärtet gegen die Eindrücke der äußern Luft soll er werden.

Verfeinerung der Sitten, versteht sich edle Verfeinerung,

nicht Abwürdigung des Menschen zur modischen Zwergengestalt nach dem neusten Pariser Modell.
Bildung des Herzens zur Tugend – willkommen, Philanthrop, wenn du mir das leistest!
Unterricht in allen Arten des Wißbaren.
Gelehrte und Künstler, Soldaten und Kaufleute sollen da gebildet werden, und insonderheit wird man sich sehr Mühe geben, gute Pädagogen heranzuziehen, woran wir leider in Teutschland einen so sichtbaren Mangel haben. Nichts, was irgendeinen Einfluß auf die künftige Brauchbarkeit eines Zöglings hat, wird da aus der Acht gelassen. Wenn man sich erinnert, daß dies Philanthropin den Städten Mannheim, Speier, Worms, Heidelberg wie im Schoß liege, so wird man gleich sehen, welchen Vorzug die Lage des Orts vor Dessau und Marschlins habe. Man nennt es mit Recht das teutsche Paradies.

Aus dem 86. Stück vom 24. Oktober 1776

Literatur

Hab' schon neulich mit einem Lied von *Claudius* meinen Lesern den *Voßischen Almanach* empfohlen; da aber die Poeterei in unsern Tagen gar ein altrendes, hinfälliges Ansehn gewinnt, so werden's mir meine Leser verzeihen, wenn ich mich noch ein paar süße Augenblicke bei diesem Almanach verweile, der sicherlich vor allen seinen Brüdern an Bragas Maß am weitesten hinaufreicht.
Da man vor einem Jahr meine Lobpreisung dieses Almanach an manchen Orten für übertrieben halten wollte, so muß ich den Zauberstab schwingen und sprechen: Ihr, die ihr französische Milchsuppen sucht, lest diesen Almanach nicht! Ihr, die ihr vom Dichter fordert, daß er in lauter stattlichen Sentenzen mit witzigen Grimassen und epigrammatischer Naseweisheit dahertrabe, lest diesen Almanach nicht! Ihr Höflinge, die ihr Zoten, schmutzige Zweideutigkeiten und Pasquille drin sucht, lest diesen Almanach nicht! Ihr aber, meine teutsche Freunde samt und sonders, die ihr drob hocherfreut seid, wenn ihr eine Sammlung findet, in

der Tugend, Religion, Rechtschaffenheit, Vaterlandsliebe, Taubenunschuld, reine Frauenliebe, Naturgefühl und so manche edle Tugend in lieblichen Liedern und Gedichten angepriesen wird, kauft und lest diesen Almanach! Jüngling, mit einem Herzen voll Empfänglichkeit, von Gott geschaffen, hinsehnend nach allem, was dein Gefühl veredlen kann, nimm und lies diesen Almanach!
Unter den Dichtern, die hier auftreten, hat der junge Graf von Stolberg die meiste Innigkeit. Sein Gedichte *an die Grazien*; wie schön! wie harmonisch! wie hinschwebend im leichten Tanze, wie voll edler Gesinnungen! Sein Gesang senkt sich vom Himmel, taucht sich in die Quelle der Schönheit und steigt wieder getränkt dem Himmel zu. Merk den Gedanken, Jüngling:

Die Blume des Liedes welkt
In dem Kranze des Ruhm, wenn sie ein Sterblicher
Mit unheiligen Händen bricht!

Noch schöner und ganz vortrefflich ist sein Gesang *auf die Schönheit*. Gesehen hat er sie selber, die Göttin; sonst könnt' er nicht so vortrefflich von ihr gesungen haben. Wie voll von Geniezügen ist sein Gesang! Sonderlich da, wo er beim Gedanken an seine Selinde plötzlich in der Ebbe des Gesangs zurückbebt. Hat jemals ein Philosoph was Wahrers und je ein Dichter dies Wahre schöner gesagt als Stolberg?

Selige Bewohner des Lichts,
Welche sich sonnen in deinem Strahl,
Und mit schwellendem Segel
Schiffen auf die Wahrheit unendlichen Ozeanus!
Weise der Erde
Stehen am sandichten Ufer
Und freun sich wie Kinder,
Wenn die kleine Kenntnis
Zappelt an der Angel schwankendem Rohr,
Lächeln wie Kinder
Über den weißen Schaum
Und die bunte Blase,
Ehe sie am Gestade zerplatzt.

Und der Schluß, wie dichtrisch groß:

> Schweig indessen, Gesang,
> Bis du einst der Göttin,
> Wie die Donau der Sonne,
> Von ihrem Glanze golden und rot,
> Freudig und donnernd entgeg'nströmst!

Die *Begeisterung* hat gewiß außer Klopstock noch nie ein Dichter so tief gefühlt wie dieser; daher sein origineller Sang auf die Göttin. Wer sollte glauben, daß ein so erhabner Dichter einen so fröhlichen Rundgesang, ein so herziges Lied, eine so unschuldige, sittlich-fröhliche Ermunterung *an Jünglinge* schreiben könnte!

Nach dem Grafen von Stolberg zieht das *Schlachtlied* des Herrn von Gerstenberg unsere Aufmerksamkeit an sich. Dieser Dichter der Liebe, des Weins, dieser Skalde und Schöpfer des Ugolino steht an der Spitze dieses Almanach, von Chodowieckis Meisterhand gezeichnet; die lieblichste Physiognomie, die man sehen kann. Ernst durch Liebe gemildert, ruhiges Hinschauen im Aug und Mitleiden im Munde, Adel der Seel und gutes Gewissen spricht dies Gesicht. *Klopstock* und Vater Gleim treten hier auch wieder auf. Ersterer mit einigen Sinngedichten, Aufschriften oder wie man es nennen mag, die wider das Ärgernis manches ungehirnten Knaben sein werden. *Das Wort alter Lehre* ist die vortrefflichste ästhetische Regel, auf daß sie fleißig beherzige Dichter und Künstler und niemals voneinander trenne Anmut und Vortrefflichkeit. *Gleim* scheint sich zu verjüngen wie ein Adler. Er, der schon anfing, heischer zu werden, singt da wieder aus voller Brust silberklar manch lieblich Liedlein. Das Lied S. 13 ist leicht und schön. Sein Gedicht *an Götz von Berlichingen* sagt derbe teutsche Wahrheit. Der *Kaiser* ist ein Stück für meine Chronik, womit ich die Anzeige schließen will. *Hölty* – mag nicht reden von ihm, hier sind seine Schwanenlieder. Weinet um ihn, ihr Edlen, die ihr's fühlt, was die Welt an einem solchen Jüngling verlor! – *Bürger* ist auch hier wieder der ganz originelle, heitre, allgemein verständliche Volks- und Vaterlandsdichter. Wie drollicht sind nicht seine Weiber von Weinsberg und wie vortrefflich die Abendfantasie.

[...]

Und die Melodien? – 's wär viel davon zu sprechen; der Sand ist aber verronnen, und ich muß schließen. Genug, wenn ich sage, daß bekannte Komponisten *Reichardte*, Masel *Benda*, *Neefe*, *Weiß*, *Fleischer* die Melodien gesetzt haben.
Dieser mit Recht angepriesene Almanach ist zu haben bei Wohler und Stage vor 1. fl.

Der Kaiser

Ich möchte wohl der Kaiser sein!
Den Orient wollt' ich erschüttern,
Die Muselmänner sollten zittern,
Konstantinopel wäre mein!
Ich möchte wohl der Kaiser sein!

Ich möchte wohl der Kaiser sein!
Athen und Sparta sollten werden,
Und Rom, die Königin der Erden,
Die alte sollte sich verneu'n!
Ich möchte wohl der Kaiser sein!

Ich möchte wohl der Kaiser sein!
Die großen Helden mir zu singen,
Wollt' ich die großen Geister dingen,
Die goldnen Zeiten führt' ich ein!
Ich möchte wohl der Kaiser sein!

Ich möchte wohl der Kaiser sein!
Weil aber Joseph meinen Willen
Bei seinem Leben will erfüllen
Und sich darauf die Weisen freun,
So mag er immer Kaiser sein!

Aus dem 91. Stück vom 11. November 1776

Paris

Der französischen Geistlichkeit, die glauben mochte, Nekker als Protestant würde nicht so gut rechnen können, als wenn er Katholik wäre, die auch kürzlich deswegen den König ans Edikt von Nantes erinnerte, hat der König nachstehende Antwort erteilt:
Ich dachte, Verträglichkeit und Liebe sei der Stempel des Christentums, und konnte niemals glauben, daß es mit den Finanzen verschwistert wäre. Mir liegt ob, für die leibliche Wohlfahrt der mir anvertrauten Nation zu sorgen, und wenn ich durch die Fähigkeiten eines solchen Protestanten zum Besten meines Volks die Finanzen meines Reichs in guten Stand setze, so wird dies eine Wohltat für die ganze Nation sein und ihrer Rechtglaubigkeit im geringsten nicht schaden. Niemand fiel's nach den Schlachten bei Laffeld, Rokroi und Fontenoi ein, den Helden, der sie gewann, zu fragen: Sind sie lutherisch oder katholisch? denn die Taktik bindet sich an kein Kirchensystem. Lassen Sie mich also die irdische Ökonomie des Staats besorgen, so wie ich Ihnen ungestört die geistliche Sorge überlasse, solang Sie keine Neuerungen in derselben machen, die wider die Gesetze des Reichs streiten und Ruh und Frieden stören.
Klatscht ihm Beifall zu, dem weisen König Ludwig!

Literatur

Göttingischer Musenalmanach 1777

Dieser Almanach hat mehr Weltmiene als der Hamburger. Der müßige Leser, der gleich im Postwagen, auf'm Kanapee, auf'm Kaffeehaus etwas zum Zeitvertreib aus seinem Kalenderchen lesen möchte, findet hier sehr für seine Bequemlichkeit gesorgt, dann hier ist meist alles mit so vielem Wasser übergossen, daß weder sein Hirnlein angestrengt noch sein Mägelein überladen wird. Außer den bekannten Dichtern *Bürger, Pfeffel* (von dem hinten eine Probe), *Karschin, Goeckingk, Gleim* treten hier einige Dichter nach dem Alphabet auf, wovon kein einziger Aufmerksamkeit erregt, als der sich in Nantchens Saloppe versteckt hat. *Hensler* der Jüngere hat meinem Gefühl nach einen sehr hellen, lustigen Ton. Die *Parforcejagd* von *Goeckingk* hat mir seines derben Sinnes halben ausnehmend wohl gefallen. Sie soll nächstens im großen Forste bei – prächtig aufgeführt werden, ohne daß der Verfasser etwas vom Fiskal zu befürchten hätte, denn der ganze Hof versteht kein Teutsch. Die Melodien sind meist sehr artig und leicht zu fassen.

Das Eingebinde

Frau Löwin kam im Zedernwald
Mit einem Knäblein wohlgestalt
Ins erste Wochenbette.
Da war im ganzen Reich kein Tier,
Das nicht dem Prinzen oder ihr
Was eingebunden hätte.

Der Esel trat zuerst herbei
Und sang mit bardischem Geschrei
Ein Lied zu beider Lobe,
Sogar gedruckt verehrt er's ihr.
Gut, sprach sie, dies ist zart Papier,
Tragt's in die Garderobe.

Drauf goß der Tiger wohlgemut
Drei Löffel voll von seinem Blut
Dem Löwchen in den Rachen:
Nun kannst du kalt auf Leichen stehn,
Rief er, und ohne wegzusehn,
Der Unschuld Tränen lachen.

Herr Fuchs strich seinen Schwanz mit Lust
Dem Kind auf Stirne, Mund und Brust
Und sprach: Erlauchter Knabe,
Dir bring' ich den Machiavell,
Gebunden in ein Lammes Fell,
Zur treuen Opfergabe.

Gleich einem Stutzer balsamiert,
Ließ nun der Geißbock, hochfrisiert,
Sich meckernd also hören:

Nimm hin die Kunst, zum Zeitvertreib
Der Witwe Kind, des Armen Weib
Hochfürstlich zu entehren.

Das nötigste Geschenk, versetzt
Der Salamander, kömmt zuletzt;
Hier bring ich Molchpomade!
Nur brav das Herrchen mit geschmiert,
Auf daß ihm, wenn es einst krepiert,
Kein Höllen-Feuer schade.

Aus dem 93. Stück vom 18. November 1776

Schreiben eines hessischen Feldpredigers

Brookland, den 7ten September

[...]

So große, feierliche, majestätische Szenen auch das Meer hatte, so war mir's doch unaussprechlich wohl, als ich auf Staaten-Island ans Land stieg. Beinah konnt' ich mich nicht enthalten, Gottes Erde zu küssen; ist sie doch auch unser aller Mutter. Unsre lieben Hessen lernten sich in alles schikken, und ich suchte sie in meinen Predigten und Betstunden immer in ihrem wahren christlichen Heldenmut zu stärken. Das Zaudern des englischen Generals machte sie ungeduldig, noch mehr aber der stolze beleidigende Blick, den die Engelländer auf die Teutschen zu werfen pflegen. Auch veranlaßte dies nicht selten einen blutigen Auftritt. Ein Unteroffizier von den Jägern, zu dem ein Engelländer beim Trunk sagte: Gott verdamm dich, Franzos, du nimmst Sklavensold! erwiderte kalt und kühn: Ich bin ein Teutscher und du bist ein Hundsfott! Beede zogen sogleich vom Leder, und der Engelländer bekam solche Hiebe, daß er an seinen Wunden starb. Der brave Teutsche wurde nicht nur allein vom englischen General begnadigt, sondern man machte noch überdies den strengsten Befehl bekannt, daß sich die Engelländer mit den Teutschen wie mit Brüdern vertragen sollten. Dies geschieht auch, seitdem unsre gelehrige Teutsche ein bißchen Englisch stammeln lernten.
Unsre erste Bewegung vorwärts war ein Angriff auf die Re-

bellen, die sich weit schlechter wehrten, als man's von solchen Enthusiasten der Freiheit erwarten sollte. Das Morden war erschrecklich, mehr aber auf seiten der Engelländer, denen die Unsrigen die Rebellen wie Schafe entgegentrieben. O Freund, das war mir ein schrecklicher Anblick, als ich den andern Tag so zwischen den Toten ging, die mehrenteils in Lumpen zerfetzt und zerschossen das Schlachtfeld bedeckten. Viele drunter waren Teutsche, und das fuhr mir zweifach durchs Herz. Wir haben ihrer viele gefangenbekommen, die meist Dienste unter uns genommen hätten, wenn's nicht von den Engelländern verboten worden wär'.

Ich hab' Mitleiden mit diesen betrognen Amerikanern; denn, nachdem ich mich aufs genaueste nach der englischen Regierungsform in hiesigen Landen erkundigte, so fand ich nicht die mindeste Ursache zum Aufruhr gegen ihren besten König. Gott geb nur, daß die letztere Schlacht die erste und die letzte sein möchte; denn noch waren teutsche Hände rein vom Blute fremder Welten; aber, sollten sich die Amerikaner nicht geben, so würden die Teutschen als Teutsche ihre Pflicht tun. Das heißt, sich jedem mutig entgegenwerfen, der die sanften Bande der Ordnung, die ihnen die gelindeste Regierung angelegt, trotzig abschnellen will.

[...]

Die Wilden, die sich häufig bei uns einfinden, sind nicht wie Rousseaus und Iselins idealisierte Wilden, sondern sie sind alle sehr dienstfertig, freundlich, abgehärtet zu den schwersten Arbeiten, rasch wie 's Wild im Wald und nicht ohne Begriffe von Gott. Wenn ich mit der Rechten gen Himmel weise, so falten sie ihre Händ' auf der Brust und beugen sich tief zur Erde. Nach der letztern Schlacht sah ich einen Wilden neben einem toten englischen Offizier knien und mit vielen Grimassen seinen tiefen Schmerz über ihn ausgießen – denn der tote Engelländer war sein Herr. Sie weinen nicht so häufig wie wir nervenschlaffe Europäer, aber dafür ist auch ihr Schmerz tiefer, daurender. – Meinst nicht, Bruder, ein kniender Wilder sei Gott ein so angenehmes Schauspiel als der zeremoniöse langbetende Europäer? – Da fällt mir immer die herzschneidende Stelle aus dem Messias ein (nächst der Bibel und einer englischen Erdbeschreibung von Amerika das einzige Buch, das ich mit nach Amerika nahm), wo sich die einsamen Stimmen der Toten vor dem Richter

Jupiter! Gott des Donners! –
Brama! Tien! Allvater!
Wir fehlten! sündigten! irrten!!

in den großen feierlichen Chor verloren:

Erbarme dich unser!

Gewiß wird er sich meiner armen Wilden auch erbarmen, denn die Zeit ihrer Erbarmung ist nahe.

Aus dem 94. Stück vom 21. November 1776

Literatur

Siegwart eine Klostergeschichte. Zweiter Teil. 1776. Ein Buch, schon mit dem Beifall der Edlen gekrönt und schon belohnt mit den Tränen der besten gefühlvollsten Menschen, muß nicht bekunstrichtert, sondern bloß angezeigt werden. Die Welt wird in diesem Teil noch mehr als im ersten die Erfindungskraft des vortrefflichen Jünglings bewundern, die Anordnung der Teile und 's Hinstreben zum Ganzen, das richtige Naturgefühl und sonderlich den in seinem Beet ruhig und tief durch zwei starke Bände dahinziehenden Empfindungsstrom, nirgends trüb und nirgends überfroren. Man zeige mir ein Buch in und außer Teutschland, geschrieben mit dieser gleichen Wärme, mit dieser wahren himmlischen Empfindung für Religion, Liebe, Tugend, Schönheit, mit dieser Sprache, so melancholisch süß tönend wie der einschneidende Glaston der Harmonika und oft in Liebe zerfließend wie Flötenton im Frühlingsabend. Der Leser wird in diesem Teile, wo die Geschichte geendigt wird, auf alle Art ganz befriedigt; Kronhelms treue Liebe wird gekrönt, und Junger Veit erhält, was seine Taten wert sind. Wie Siegwarts Lieb entsteht, wächst, himmelan steigt, bis er am Grabe seiner Mariane im Mondschein tot ausgestreckt liegt als Märtyrer der reinsten, himmelvollsten Liebe, läßt sich nicht nacherzählen; man muß es lesen, mit offnem teilnehmendem Herzen lesen, und man wird 's Buch weglegen und dem Jüngling mit tausend süßen Tränen danken, daß er uns die *Liebe* – so wie sie unter wenig einsamen Sterblichen wandelt, so himmlisch zu schildern wußte. [...]

Aus dem 98. Stück vom 5. Dezember 1776

Parentation, dem 1776ten Jahr gehalten am Grab der Zeit

[...]
Vaterland, Vaterland, mit glühender ungestümer Freude stürz' ich in deinen Arm, o segne das Jahr – lebt doch dein Vater *Joseph* noch und deine Mutter *Maria Theresia* und deine weisen und guten Fürsten, die *Karl Theodore*, die *Karl Friederiche*, die *Leopolde* und so manche würdige Regenten, die Segen und Wohlfahrt in deinen Provinzen verbreiten. – Noch sind deine freien Städte Wohnsitze des Gewerbs, der Geschäftigkeit, der Wissenschaften und Künste, der Rechtschaffenheit, Tugend und Religion. – Noch unterrichten deine großen Männer, die Klopstocke, Herder, Lavater, Leße, Sulzer, Haller, Wielande – und wer kann all deine Starken zählen? – die Welt mit ihren Lehren und ihrem Beispiele. Friedlich, mit dem Palmzweig in der Hand, flog das Jahr dein Haupt vorüber und hinterließ dir den Segen des künftigen Jahrs. – Du zählst uns deine Taten nicht vor, Vaterland, bist gerecht gegen fremdes Verdienst und rühmst dich deiner Tugend nicht. Aber ich weiß, tausend edle Taten, im verborgnen getan, sind aufgeflogen gen Himmel, und du wirst sie finden in Strahlengestalten am Tage der Vergeltung. – Aber soll ich noch schildern deine Schmach, gestorbnes Jahr? – Zeigen den Blutstrom und die Leichenhügel, dort in Amerika vergossen und aufgetürmt?? Sieh, dein Gewand ist rot vom Blute betrogner Freiheitsverteidiger, und deine Sohlen sind wund von den Splittern ihrer Schädel! – Soll ich schildern die Flamm, die von Bassora und Bagdad gen Himmel schlug – und den Greuel der Nachkommen des Ochus und die Feigheit des auf Polstern der Wollust entmannten Türken? – Schildern die Grausamkeiten der Barbaren, dort in Syrien, im Lande der Erschei-

nungen Gottes? – Schildern die zürnende Träne der Freigebornen und ihrer Fesseln Schmach? – Brennende Seufzer der unterdrückten Menschheit? das brüllende Hohngelächter der Tyrannei über zerrissnen Leichnamen der Edeln? – Schildern die Gewalttaten des Aberglaubens, der Pestilenz, die im Finstern schleicht? – und die Greuel des Unglaubens, der Seuche, die am hellen Mittage tötet? – Schildern das Unwesen der kalten Vernünftler, die mit der Eishand ins Menschenherz greifen und jede edle Empfindung in der Geburt erdrücken? – [...] Ich verstumme, seh' noch einmal hinunter in die weitaufgerissne Kluft, wo der trübe Strom der Zeit braust, gestorbne Jahrhunderte wie Äser von Walfischer fortwälzt und – hier! hier klopft's in meinem Innersten: – Bringst du Ehr oder Schmach für mich in die Ewigkeit? – Vertilge, zerstöre im Feuer oder Wasser, wenn ich je was schrieb oder künftig schreibe, das nicht Gott, der Tugend, reiner Sitte, der Vaterlandsliebe, brauchbarer Wissenschaft, veredelnder Kunst, teutschem Biedermute und Rechtschaffenheit heilig ist! – Leser, schau mir nach in gähnenden Abgrund, dahin stürzest auch du!!!

AUS DEM 105. STÜCK VOM 30. DEZEMBER 1776

TEUTSCHE CHRONIK
1777

Von Amerika

Wie lieb wär mir's, wenn ich die Chronik dieses Jahrs mit der Nachricht anfangen könnte: In Amerika ist's Friede! Denn die Klagen, die jetzt alle Stänď in Engelland über diesen Krieg erheben, schneiden mir durchs Herz, und ich möchte gar zu gerne mein liebes Engelland beruhiget und meine Brüder, die Teutschen, wieder zu Haus sehen. Alle Nachrichten aus London gehen im Ton der kläglichsten Threnodie. Selbst Leute, die weder die Partei der Royalisten noch der Provinzialen, sondern die Partei des Vaterlandes ergreifen, sagen jetzt:

Ungeheure Schulden drücken uns zur Erde, und wir können das Geld nicht auftreiben, die Kosten des künftigen Feldzugs zu bestreiten; –

Unsre Handlung ist ruiniert, und mit ihr, dem Schild unsrer Größe, muß auch unser Kredit verfallen.

Unser Heer in Amerika hat über die Provinzialen nichts erhalten als etwan ein erträgliches Winterquartier.

Wir seufzen nach Friede mit unsern Kolonien, und diese fahren in ihrem Trotze fort und werden von den größten Mächten in ihrem Hartsinn gestärkt.

Der Geist unsrer Nation schlägt entweder in wildem Feuer gen Himmel oder verdünstet in Zaghaftigkeit und Trägheit. Wir können den Punkt der philosophischen Kälte nicht finden, die immer beobachtet, überlegt, nichts dem Zufall überläßt, sondern jeder Schwierigkeit einen Riesenarm vorhält. Kurz, wir sind in der traurigsten Lage, in der wir jemals waren, und verlassen uns bloß auf Gottes Schutz, auf den hohen Mut unsrer Steurmänner, die dem Sturm zu trotzen wissen, und auf die Treu unsrer Alliierten, der zwei größten nordischen Mächte.

So klagt jetzt der britische Patriot; dies Jahr wird's entscheiden, ob diese Klagen gegründet sind.

[...]

Miszellaneen

1) Die heilige Inquisition in Madrid hat für gut befunden, den großen Beförderer der Künste und Wissenschaften *Olavides*, der alle seine Reichtümer guten und menschenfreundlichen Anstalten widmete, in Verhaft nehmen zu lassen. Sein himmelschreiendes Verbrechen ist, daß er einige Teutsche, und zwar (Gott verzeih's ihm!) *Lutheraner*, nach Spanien kommen ließ, um Sümpfe auszutrocknen und die wüsten Ländereien in Sierra Morena urbar zu machen. Warum mußt' er auch die Ketzerei befördern! – Dominikus – du? – trägst eine Strahlenkrone?

Nachrichten

Den verschiedenen neuen Liebhabern der teutschen Chronik, die sich an mich wegen der Bestellung zu wenden beliebten, kann ich offenherzig gestehen, daß ich mich mit diesem Geschäfte niemals abgegeben habe. Man kann sich deswegen an meinen Verleger oder an die löbl. Postämter des Röm. Reichs wenden, deren Beruf und Pflicht es ist, dergleichen Bestellungen zu übernehmen und die Liebhaber exakt zu bedienen. Denjenigen aber, denen man weismachte, ich würde die Chronik nicht selber fortschreiben, kann ich hiemit die Versicherung geben, daß ich sie so lang fortzusetzen gedenke, bis mich ein höherer Beruf verhindert, diese Tonne zu wälzen.

Aus dem 2. Stück vom 6. Januar 1777

Madrid

[...]
Auch die Priester schütteln wieder die Fackel der Inquisition, füllen ganz Spanien mit Schrecken und Europa mit Staunen. Hier ist ein Brief aus Madrid, den ich meinen Lesern unverändert mitteilen will. Abscheu und Entsetzen wird sie anfallen wie mich:
„Unser ganzes Königreich liegt wie vom Donner niedergeschmettert. Das schröcklichste Gericht, das jemals der Menschen Unsinn erfand, hebt wieder den Drachenkopf. Der

König, der im Anfang seiner Regierung nicht dulden wollte, daß dies Gericht ein Dekret ohne seine besondere Zulassung ausfertigen sollte, hat demselben seine vorige Gewalt wiedergegeben, und was das Schröcklichste ist, alle und jede Personen demselben unterworfen. Die Gefangennehmung des Herrn *Olavides* ist mit verschiedenen Umständen begleitet. Man zweifelt, ob er seine Freiheit wiedererlangen werde. Er ist eine Kreatur des Marquis Grimaldi, ein Mann, wahrhaftig von großen Verdiensten, und solch ein eifriger und verständiger Bürger, als vielleicht niemals in Spanien einer gewesen. Auf die Beschuldigungen, die er entdeckte und heimlich gegen ihn gemacht wurden, überreichte er dem König eine Schutzschrift und bat, daß er vom Kommissarius möchte verhört werden. Demungeachtet wurde er von dem Graf von Mora, Gerichtschreiber der Inquisition, ins Gefängnis gebracht. Die Inquisition ließ auch zu gleicher Zeit 3 Advokaten wegen freier Reden und mancherlei Beschuldigungen gefangennehmen. Verschiedene Personen von Ansehen, unter andern auch der Herzog von Medina Sidonia, wurden von diesem gewarnet, um sich vorsichtiger zu betragen. Was das meiste Aufsehen macht, ist der Befehl, welchen der Inquisitor von Sevilla vollzogen. Dieser ließ zu Kadix eine prächtige Prozession halten, deren alle Mönche dieser Stadt beiwohnten und denen alle Ordensgeistliche der Stadt folgen mußten. Überdies wurde befohlen, daß alle Einwohner der Stadt, die über 11 Jahr alt, sich nach der Kirch begeben mußten, in welcher ein außerordentlicher Dienst gehalten und mit lauter Stimme die Bullen Papsts Pius V. und Paulus IV. abgelesen wurden, kraft welchem der Inquisition eine vollkommene Macht über Personen von allerlei Stand, selbst über souveräne Fürsten, gegeben wird. Das Volk hörte dies alles mit großem Jauchzen an. Seit der Zeit gehet kein Tag vorbei, wo man nicht hört, daß sich Vater, Kinder, Brüder und Freunde zum großen Ärgernis aller braven Leute voneinander entfernten aus Furcht, von ihnen angegeben zu werden."

Der neue Staatssekretär Monino soll der Stifter all dieses Unfugs sein. – Mir glüht eine heiße Anmerkung auf der Seele, aber –

2) Am Abend des letzten Jahrs kam ein Bürger zu seinem Nachbar und sagte: Bruder, wir sind schon so lange Feinde gewesen; aber ich mag meinen Groll nicht ins Neujahr übertragen. Verzeih mir, was [ich] dir zuleid getan hab'! – Er bot ihm freundlich die Hand – Brav, sagte der Nachbar – wollen ein Glas Wein miteinander trinken auf gute Freundschaft. So saßen sie vertraulich beieinander, und es schlug *Zwölfe*. Wünsch dir ein gutes seligs Neusjahr! – Wollen ewig Freunde sein!! – so schrien sie zusammen, stürzten einander an Hals und weinten. – Der Engel des Herrn war unsichtbar zugegen, freute sich der schönen Tat und schrieb's in sein Buch.
3) In Rußland – Engelland – Italien – Frankreich – Spanien – wimmelt's jetzt von teutschen Künstlern – Musikern, Malern, Kupferstechern, Stahlschneidern, Bildhauern – Und warum denn das? – Können die Kerls nicht zu Haus bleiben?? – Nur Geduld! Die Antwort folgt in der nächsten Nummer –
4) Der große *Chodowiecki*, bewundert vom Ausland, größer als Hogarth und schöpfrischer als irgendeiner in der Welt, hat 12 Kupfer zu *Tristram Shandy* angekündigt und ließ sich ein Spottgeld drauf vorauszahlen. Und er bekam in ganz Teutschland (sind nach Süßmilch über 24 Millionen Menschen drin) – hör's Nachwelt, wie wir unsre großen Künstler unterstützen!! – bekam in *ganz Teutschland* – 20000 Subskribenten. – Zurück von deiner Täuschung, Patriot, sind ihrer nur *siebenundzwanzig*. – Und doch kommen die Kupfer zustande, denn – *Engelland hat den Künstler großmütigunterstützt*. – Man kann noch bis zu Ausgang Februars subskribieren. –

Herr, 'ne Schlittenfahrt ist g'sünder als 12 Kupfer von Chodowiecki. *Anmerkung Niklas Hopfers, des Krämers.*

Aus dem 4. Stück vom 13. Januar 1777

3) Der neue Kurator des Philanthropins zu Dessau, *Campe*, ist auf eine sehr feierliche Weise in sein neues Amt eingeführt worden. Nicht nur seine Landesherrschaft, sondern auch der regierende Herzog von Weimar war dabei zugegen und hatte unter seinem ansehnlichen Gefolg auch den berühmten *Goethe* bei sich. Die hohen Herrschaften speisten mit den Pensionisten so zufrieden, als säßen sie an ihrer Tafel und äßen aus silbernen Schüsseln und tränken aus goldenen Pokalen.

Im 3ten Stück des Philanthropinischen Archivs steht bei dieser Gelegenheit der abscheuliche Gedanke: Man danke Gott, daß er Fürsten schuf, welche sich nicht schämten – *Menschen* zu sein – Ist dann der *Mensch* nicht 's Größte, was ein Fürst sein kann? Daß man doch keinen Fürsten loben kann, ohne was Unsinniges zu sagen.

5) In – ist ein Buchdrucker eingezogen worden, der das Haupt einer Spitzbubenbande gewesen sein soll; er bewies bei seinem ersten Verhör, daß er seinen vorigen Stand niemals verändert habe: denn ehmals sei er das Haupt einer Diebsbande und seither der Anführer aller Nachdrucker in Teutschland gewesen. Dieser Einfall soll ihm auch würklich das Leben gerettet haben, denn man will nicht gern die hochansehnliche Sozietät der Nachdrucker in Teutschland ohne Anführer lassen.

6) Herr Mauvillon beweist in seiner vortrefflichen Sammlung von Aufsätzen über Gegenstände der Staatskunst, wovon kürzlich der erste Teil bei Weygand herauskam, daß unsere Nation *im höchsten Grade unpolitisch sei.* – Ist dies Ehr' oder Schande?

7) In Italien und Polen werden jetzt alle Einsiedeleien zerstört, denn in beeden Reichen fand man, daß sie entweder Tagdiebe oder Betrüger seien. Ein Einsiedler bei Florenz, der auf einem Esel Almosen sammelte, verbarg 400 Zechinen in seinem Sattel, die kürzlich nach seinem Tode gefunden wurden; und in Warschau enthauptete man unlängst 3 Polaken, die einem Einsiedler 130 Dukaten entwendeten. Wie vielen unter uns, die wir die Geschäfte, die Lasten des Lebens allein tragen, kann man so viel stehlen?

8) Die Hessen schicken brav Geld nach Haus; ein Beweis, daß es ihnen weder an Geld mangelt noch an gutem Herzen, für die Ihrigen zu sorgen.

Erscheinung

Wenn die stille Mitternacht
  Unsern Erdkreis deckt;
Wo des Sünders Herz die Macht
  Des Gewissens schreckt;
Wo der Schwachkopf Geister sieht,
  Die er selbst sich schafft,
Und vor seinem Schatten flieht,
  Bis er ängstlich schlafft;
Wo der Geizige sein Gut
  (Seinen Gott) verschließt,
Und im Schlafe noch sein Gut,
  Seine Schätze mißt;
Wo der Schwelger taumelnd fällt,
  Wenn der mächt'ge Schlaf
Stärkend anhaucht alle Welt,
  König, Frei und Sklav;
Sitz' ich einsam hin und wein'
  Über mein Geschick;
Und zum blassen Mondenschein
  Seufzt mein trüber Blick:
Lieber Mond, ich klage dir
  Alle meinen Schmerz.
O wie wohl wird es denn mir!
  Licht und warm ums Herz!
Und auf meine Wange rinnt
  Eine Wollustzähr.
Mein Geschick und Schmerz verschwindt
  Wonn' ist um mich her.
Eine Silberwolke wallt
  Übers Mondenlicht;
Und in englischer Gestalt
  Tritt vor mein Gesicht
Lieb und Freundschaft, und weiht mich
  Zur Empfindung ein. –
O kann glücklicher als ich
  Wohl ein König sein?

Hutmacher Städele.

Dieser mein Landsmann wird sich nächstens durch größere und gewichtigere Arbeiten als ein Dichter ankündigen, der, ohne Unterstützung und Hülfe der Kunst, alles durch sich selbst geworden.

Aus dem 5. Stück vom 16. Januar 1777

Berlin

Da alles interessant ist, was *Friederich*, der Gesetzgeber, schreibt, so will ich eines seiner neusten Gesetze, das er gegen die Pest des Staats, *das Spiel*, publizierte, meinen Lesern mitteilen:
„Nachdem Se. Königl. Majestät von Preußen, Unser allergnädigster Herr, durch das erneurte Edikt vom 24. November 1774 alle Kartenspiele, vom Bassette, Landsknecht, Pharao, Quindeci, Cinq & Neuf, Pass à Dix, Trischeke, auch Würfeln, die sogenannte Biriby und die Lotteriespiele, welche letztere in Kaffee-, Wein- und Bierhäusern, auch bei Partikuliers, stark im Gange sind, auch alle andere Hasardspiele, es sei mit Karten, Würfeln oder andern Zeichen, sie mögen bereits erfunden sein oder noch erfunden werden, wiederholentlich bei respektive 100 und 300 Dukaten Strafe für die Spieler und 100 Dukaten oder dreimonatlicher Festungsstrafe wider die Partikuliers und Wirte, welche dergleichen bei sich gestatten, und 200 Dukaten Strafe für diejenigen, welche dergleichen Hasardspielen besondere Zimmer einräumen und verbergen, wiederholentlich allergnädigst verbieten lassen; als wird dieses sämtlichen Partikuliers, Kaffetiers, Billardeurs, Gastwirten, Wein- und Bierschenken, und daß dieses Edikt an sämtlichen Ratshäusern, Kirchtüren, an der Post, Börse und Opernhause affigiert worden, zur Nachricht und Achtung bekanntgemacht."
Auch hat dieser große Monarch eine ansehnliche Summe Geldes an wahre Dürftige und Kranke zu Berlin austeilen lassen.
[...]

Memento mori für die Krittler

1

Hast ein Buch vor dir und möchtest's – oder sollst's rezensieren; so geh in dein Kämmerlein und schleuß die Tür nach dir zu und frag dich vor: Verstehst 's Buch auch?

2

Schlag nicht gleich mit dem Schwert drein, liest du ein schales Buch; denk, 's könnt ein alter Mann sein, der dies Buch schrieb – hat's wohl nicht bös gemeint – und du willst ihn schlagen, den Glatzkopf, der ohnehin schon zum Grabe nickt?* – Ihn, der vielleicht als Bürger, als Mensch und Christ manch edle Tat getan, köstlicher als das schönste Buch mit Modetitel und Modefratzen und Modewitz und Modeschnitt.

3

Oder denk: 's könnt' ein Jüngling sein, der furchtsam und blöde am Nestchen steht und seine Flügelein versucht. – Sieh, er wagt sich in die Luft, setzt sich wieder, flattert allenfalls auf deinen Flintenlauf, glaubt, 's sei ein Ast – und du willst ihn morden, Barbar? – Ihn, der, wo er nicht fliegen wird wie ein Adler und singen wie die Nachtigall, doch fliegen wird in Gottes Luft und zwitschern aus dem dunklen Busch??

4

Da steht einer, setzt den Zirkel an, sagt bescheiden: *Für den Kreis schreib ich!* – tut's auch und verbreitet Ordnung, Wohlbehagen und Freud' in diesem Kreise – und du gehst her, erweiterst den Kreis, daß Welten drin tanzen könnten, und siehst du, daß der bescheidne Schriftsteller nun nicht mehr 'nausreicht mit seinen Strahlen, gleich über ihn herfährst und ihm Perück und Kragen und Mantel vom Leib reißt und über ihm kollerst und deine Gebärde verstellst, daß dir

* Man schickte mir neulich von H. ein Hymenaeum, das ein 75jähriger Greis wohlmeinend auf seines Freunds Hochzeit verfertigte, und erwartete von mir, ich würd' es öffentlich beschimpfen. – Ich müßt' ein Ungeheuer sein, wenn ich über die Schwachheiten des Alters spotten könnte.

der Geifer herabfließt in deinen Bart – sag's und richte selber: bist du nicht ein unbescheidner, ungerechter, unchristlicher, herzloser Kerl, den man mit Schneeballen vom Richterstuhl werfen sollte?

5

Stößt dir aber ein unbescheidner Knab auf, der mit Schwanenstolz daherschwimmt, und spottet der Vögel über ihm und hochhalsig anschielt die Tier am Ufer und hinunterstürzt nach den Fischlein im Wasser, sie zu verschlingen: den wirf, bis er liegt!! Scheu nicht des Giganten Tritt und seinen Jast und sein Hohnsprechen; sondern nimm Stein' und schleudr' ihn zur Erde. Nur Demut verdient Schonung; Arroganz aber Wurf und Tod.

6

Überlaß das meiste der richtenden Zeit. Sie steht mit der Waag hoch und wägt. Siehst du, wie gelehrtes Spreu auffährt in der Waagschal und Sturmwinds Raub wird? – Was willst du richten! – Siehst du die sinkende Schale mit Goldsand und Edelgestein? – Was willst du richten!!

7

Und über das alles, Krittler, bedenke das Ende; so wirst du nimmermehr Übels tun. – Schrecken dich die Kunstrichtergerippe und der Anblick ihrer hohlen Schädel und ihres Gebeins Dürre in Büchersälen nicht? – Halt dir einen Mann nach Ägypter Brauch, der dir zuruft, wenn Galläpfelsaft in deiner Feder sprudelt: Memento mori!! – Gib acht, entsinken wird die Feder deiner Rechten, und hast ein Herz im Leib, so wird ein Tränchen stürzen aufs Papier und jede Bruderbeleidigung wegflößen.

8

So richte mich, Leser, ich werde sie halten, meine sieben Gebot.

Aus dem 7. Stück vom 23. Januar 1777

VATERLÄNDISCHE CHRONIK
1787

An mein Vaterland

Religion und Vaterlandsliebe, oder der Gedanke an unsre nahe und ferne Heimat, ist, glaub' ich, der Goldpunkt, aus dem jedes Unternehmen des rechtschaffenen, biedern Mannes in lichten Strahlen hervorleuchten soll und muß.
Es sind, mit dem nordischen Magus zu reden,* die zwei Säulen Boas und Jachin, die den Tempel Salomos schmükken. *Gott* flammt als Inschrift auf der einen, und *Vaterland* auf der andern. Ich huldige vor beeden, indem ich mich wieder in Gottes freier Luft unter meine Landsleute mische und ihnen mit der heitern Miene ihres Genossen den Willkomm zulächle.
Entfernung, jahrelange Entfernung von dem, was man liebt, ist freilich marternd für eine Seele voll Freiheitsdrang und Vaterlandsliebe, und doch hat diese trübe Entfernung ihre Vorteile. Man bemerkt die Vorschritte oder die Rückgänge in der Aufklärung seines Volks weit sicherer auf diese Art, als wann man selbst im Volkstrome mit fortflutet und vorwärts oder rückwärts geschleudert wird. Daher verbargen sich ehmals die großen, weisen Skythen Anacharsis und Zalmoxis – unsere Halblandsleute – aus eigener Wahl eine Zeitlang vor ihrem Volke; unvermutet aber traten sie wieder aus ihrem Geklüfte, schüttelten den Staub aus ihrem Barte und fragten: Nun, Geschwister, was habt ihr indessen getan? – Mein Schicksal schleuderte mich mehr als ein volles Jahrzehend aus dem Schoße meines Vaterlandes hinaus. Da ich mich aber wieder im Lichte der Freiheit sonne, so ist nichts gerechter, nichts herziger als die Frage: Was hat indes dein Vaterland Großes, Edles, Gutes getan?
Ist es, wie immer, kalt und kühn vorgeschritten zum Ziele der Vollkommenheit? – Oder blieb es stehen? oder (ein Wetterstrahl ist dieses oder!) rollte das Rad deutscher Größe vom nahen Sonnenpunkte wieder um einige Grade zum nachtbeströmten Aphelium herab? – Wahr ist's, große Dinge sind in diesem Jahrzehend geschehen. Kein Lustrum, kein Dezennium des achtzehenden Jahrhunderts zählt Taten auf wie dies verflossene. Zwar ist das ganze achtzehende Jahrhundert reich an mächtigen Ereignissen.

* Hamann.

Mit fürchterlichen Gewittern begann es und wird sich wahrscheinlich mit Gewittern enden.

[...]

Aber hat auch Deutschland in seiner innern Kraft zugenommen? Sind wir noch immer das alte Volk, das Varus schlug? in allen Weltteilen sich unvergängliche Siegsmale errichtete? so vielen Provinzen Herrscher und Herrscherinnen gab? und dabei doch immer so gut, so edel, so einfältig, so gerecht und bieder blieb? – Dein Schutzengel antworte, Vaterland!! – Und wie steht's mit unserer Literatur? Haben wir nicht uns selbst durch niedriges Nachäffen verstümmelt oder durch wulstige Originalsucht verzerrt? – Ach, seitdem wir Deutsche von unsern Nachbarn drüben am Rhein die seltne Kunst gelernt haben, alle menschliche Weisheit aus Wörterbüchern zu schöpfen und in Fingerhüten hinunterzuschlürfen, seitdem hat auch unser Genius beinah ganz und gar sein ernstes Ansehen verloren. Ja man sagt sogar, daß er sich jetzt in seiner Felsengrotte im Schwarzwalde von Gnomen das Haar kräuseln, von Nixen mit Eau de Lavant besprengen und von Elfen bebändern und bemaschen lasse. Auch sei seine Sprache nicht mehr die Donnersprache aus Hermanns und Luthers Zeiten –

Die widerhallt im Felsengebirge,
Daß es dem Streiter vom Tiberstrom
Ertönte wie ein Donnersturm –

Sie sei wie das Girren der Flöte in einer Mainacht und wie das verlangende Seufzen des Mädchens, die im Mondstrahl ihres Geliebten harrt. Wirklich sagt man so von uns Deutschen, und der Schein gibt uns auch das Ansehen. Das ernste Studium unserer Vorväter, ihr mühsamer Fleiß, der sich aus Folianten ein Denkmal ertürmte, und unsere große Geister setzen jetzt den einen Fuß in einen Duodezalmanach, den andern in einen wollustatmenden Roman und glauben doch, so stolz wie Horaz, mit dem Tapon an den Olympos zu streifen. Vorzeiten widmeten sich Riesenköpfe einer Wissenschaft allein, jetzt setzen Zwerge das Däumlein an und umschreiben nichts mehr und nichts weniger als – das Universum. Daher unsere Enzyklopädienschreiber, die mit dem Schaumlöffelchen das Fett von allen Suppen abschöpfen wollen und doch dem hungrigen Publikum nichts als

eine Kapuzinersuppe auftischen, zwar brühreich, aber ohne nahrhafte Brocken. Und zum Unglück hat der Teufel noch einen Dämon losgelassen, der sich Journalgeist nennt, sich gleich der Kröte vor dem Ohr der Eva bläht und den Gelehrten ins Ohr gurgelt: Schreibt Journale! Schreibt Journale! – Mit wütiger Faust rasen Hunderte ans Pult und schreiben Journale. Kritiken umsummen uns wie Brummshummeln, mattherzige Gedichte und poetische Liebesseufzer wie Rheinschnaken; Abhandlungen hinken an der Krücke oder gehen auf Stelzen. Hier ein Götterbote, mit erlahmten Flügeln an Schläfen und Füßen, dort ein Musensaal, wo neben dem Torso des Herkules ein wanstiger Silen mit seinem Esel figuriert; Wohlgestalten und Wechselbälge in ekeln Gruppen: – da ein karges Gastmahl, wo das Fett auf der Suppe nie äugelt, wo Maden im Fleisch nisten und Pfeffer und Mausdreck durcheinandergemischt ist. Dort und hie und da Kunstkrittler, die beim Scheine der Eumenidenfacklen Kritiken zürnen und aus Seichtheit an Kenntnis und Geschmack, auch aus Parteisucht meist das Schlechte loben und das Gute tadlen. Politische Zeitungen, die kalt und trüb wie Schneewasser daherschäumen, zinngießermäßig politisieren und mit schalen Märlein und kühlen Fazetien die Lücken ausfüllen, die der Schneckengang der Welt in ihrem Blatte gemacht hat.
Es ist freilich leichter Berlocken machen als eine Uhr, Quadersteine sammlen als ein Ulmer Münster bauen; ein Liedlein in ein Kalenderlein machen als eine Epopöe dichten; Reliquien sammeln als den ganzen Heiligen palingeneisieren; – leichter zu rhapsodieren als – doch ich komme zu weit in meiner Anklage. Noch leben die großen und edlen Männer *Klopstock, Wieland, Herder, Goethe, Lavater, Gerstenberg, Schiller,* die *Grafen Stolberg, Claudius, Bode, Gedike, Engel, Garve, Nicolai, Möser* und der patriotische *Moser*, die für die Ehre unsres Vaterlandes arbeiten und den austretenden Strom, der die Felder zu verwüsten droht, wieder in sein Bett drängen.
Und so tret' ich dann wieder auf meine Laufbahn und setze auf Verlangen so vieler Edlen meines Vaterlandes die Deutsche Chronik fort, die der Schwerthieb meines Schicksals so lange unterbrach.
Mit der Freiheit ist auch mein Mut wieder erwacht; und wie

sollte der nicht erwachen, da mein *gnädigster Fürst* mir vollkommene *Zensurfreiheit* verstattete!!
Liebe zu Gott und seinem Sohne, heiße Glut fürs Vaterland und Eifer für seine Ehre soll meine Feder lenken, und nicht Cinthius, sondern mein Schutzengel zupfe mich beim Ohr, wenn ich wider diesen meinen feierlichen Entschluß handeln sollte.

Aus dem 1. Stück vom Juli 1787

Goethe

Dieser edle Deutsche, der sich würklich in Italien befindet, um dies europäische Elysium mit seinem Feuerblicke zu betrachten, läßt bekanntlich seine Schriften jetzt in Leipzig sehr vermehrt herausgeben. Ich zeige einstweilen ein paar seiner neusten dramatischen Stücke an.
Die Mitschuldigen, ein Lustspiel in Versen.
Wer hätte glauben sollen, daß ein *Goethe* sich des vom deutschen Theater verbannten Alexandriners wieder annehmen und sogar ein Lustspiel drin schreiben werde. Nun ist zwar dies Stück eben kein Meisterwerk, sondern eine mit dem Crayon sorgenlos hingetändelte Zeichnung eines Meisters; doch ist die Intrige gut erfunden, würksam aufgelöst, und der Alexandriner ist rein, wohlklingend, schlank im Dialog und eindringend im Spruche.
Iphigenie auf Tauris, ein Schauspiel von Goethe.
Hier ist [ein] Meisterwerk. Wer hat den Geist Euripides' so gebannt wie hier *Goethe,* der nach langer Pause, in der er den Bockssprüngen unsrer Schöngeisterei zusah, wieder als ein guter freundlicher Genius in eigner Kraft unter uns auftritt.
Nicht wilde – von einem bis zum andern Extrem der Leidenschaft fortreißende Situationen empfehlen dies Stück; aber tiefe, edle Einfalt in Handlung, Charakterzeichnung und Ausdruck, die jeder Kenner am Griechen Euripides so sehr bewundert, spiegelt sich hier unter dem eignen Gepräge des originellen *Goethe* auf die bezaubrendste Weise.
Iphigenie, welch ein edler Charakter! *Thoas,* der Barbar, wie rührend in seiner Großmut! – Sieh da den *Orest,* von Furien

ergriffen, im wilden Kampfe dumpfbrütender Schwermut, und wie die freundliche Hoffnung und das Erkennen seiner Schwester nach und nach die schweren Wolken von seiner Seele trennt; wie neue Lebenslust aufgeht in seiner Seele und ihm schöner wieder der Himmel, schöner die Sonne leuchtet, die trübe Erde ihn so freundlich wieder anblickt und ihn alles wieder spornt zu neuen Taten – dann, der biedre, kluge *Pylades*! – Leser, hast du noch reines Naturgefühl, so lies und empfind und genieße selber!! –

AUS DEM 7. STÜCK VOM JULI 1787

Apologie

Dem Herrn von *Grossing* hat es im letztern Stücke seines Staatenjournals, Monat Junius, S. 327, gefallen, mich bei Gelegenheit meiner Freiheitsankündigung auf eine unverdiente Art zu loben – und gleich unverdiente Art zu schelten. – Man hat mir schon mehrmalen die Ehre angetan, meinen Kopf zu heben und mein Herz tief herabzuwürdigen. Ich verstehe unter dem Wort *Herz* den ganzen Menschen mit all seinen Grundsätzen und Gesinnungen. Was kann man Gutes schreiben, wenn all dies nichts taugt!! – Ganz recht sagt also Herr von *Grossing*: Was ist der schönste Geist ohne schönes Herz? – Ein prächtiges Gebäude, in welchem nichts als Mist aufbewahrt wird. Ich wär' also ein Mensch, vor dem man die Nase zuhalten müßte!! – Doch, ich will mein Herz nicht selbst schätzen. Ich kenne meine Gebrechen mit Beschämung und werd' in meiner Lebensgeschichte meinen Lesern zu beweisen suchen, daß es mir nicht an Selbsterkenntnis fehle. – Indes ist Gott größer als unser Herz. Seine Waage mag mich wägen und richten!! –

Nur bitt' ich den rüstigen Schreiber *Grossing*, mir, wie er auf eine unverschämte Art aufs Blatt sudelt, die Stelle in meinen Schriften zu zeigen, wo ich meinen Herrn, den Gründer meiner Freiheit und meiner Ruhe, aufs sträflichste mißhandelt habe. – Diesen Beweis kann er nicht geben, weil er unmöglich ist. – Ei, wie gutherzig hat also *Grossing* gehandelt, daß er gegen mich, der kaum wieder mit schüchternem Zehentritt auf dem Boden der Freiheit wandelt, neuen Verdacht zu wecken sucht!! –

Aus dem 8. Stück vom Juli 1787

Dem deutschen Annalisten

Ihr echter deutscher Ton, der Widerhall Ihrer biedern Gesinnungen, ist mir Bürge davor, daß Sie Wahrheit und Recht lieben. Doch haben Sie, durch falsche Nachrichten geleitet, ein paarmal gegen Ihr eigenes Herz gesündigt.

Sie nennen das nach dem *Vorgebürge der guten Hoffnung* bestimmte wirttembergische Korps ein goldsüchtiges, aus liederlichen Schreibern, Exmagistern, Haarkräuslern und Kesselflickern zusammengesetztes Häuflein. Darauf dienet Ihnen nun zur dienstfreundlichen Nachricht: daß sich zwar aus gedachter menschlichen Lumpenkammer gar wohl einige auch unter diesen Haufen versteckt haben möchten – denn wo lebt ein militärischer Klub, unter den sich nicht auch liederliches Volk eingenistet hätte? – Allein, man hat hier wie überall die Überzeugung, daß keine Zucht besser gedeihe als die militärische. Ist doch aus Davids zusammengelofnen Wüstlingen ein Heer des Herrn geworden! –

Die trefflichen Offiziers, die diesem Regimente vorstehen, werden dies Wunder durch weise Mannszucht sehr bald bewürken. Auch wissen diese Herren gar wohl, daß die Spitze von Afrika kein *Eldorado* sei und daß der Soldat dort, wie hier, durch treue Pflichtserfüllung – mit beschweißtem Angesichte sein Brot erringen müsse.

Aus dem 10. Stück vom August 1787

Der holländische Patriot*

Kein Volk hat die heiligen Worte *Freiheit* und *Vaterland* öfters im Munde als unsre Nachbarn und ehmaligen Brüder, die Deutsche. Ihre Barden *Klopstock, Gerstenberg, Kretschmann, Denis*, die Grafen *Stolberg* mit dem ganzen Trosse ihrer Nacheifrer lallen die Gesänge – leider nur in Floskeln und ohne Herzgefühl:

O Freiheit, Freiheit!
Silberton dem Ohre!
Dem Herzen groß' Gefühl
Und freier Flug zu denken!

Oder verdrehen die Augen und singen ekstatisch:

O Vaterland, Vaterland,
Mir lieber als Mutter und Braut! –

Und – lacht ihr Bataver und Schweizer! – diese Freiheitsraser werden um geringen Sold Fürstenknechte, sklavische Schmeichler, niedrige Söldner von Tyrannen. – Diese Vaterlandsfreunde schlagen ihre Mutter Teutonia ins Antlitz und kosen – um Sold und Lohn gedungen – jede Vettel des Auslandes. Nie verraten sich die Deutsche mehr, welches Geistes Kinder sie sind, als wenn Freistaaten um die heiligen Rechte der Freiheit kämpfen. Auf welcher Seite waren die deutschen Annalisten, als Amerika an seinen Königsfesseln zerrte und sich frei rang? – Auf welcher Seite sind sie jetzt, da wir im kühnen Mute gegen einen durchlauchtigen Unterdrücker uns aufbäumen? – Ha, wie dort, so hier – immer auf der Seite der Unterdrücker, nie auf der Seite der Freiheitsfühler. – Das macht's, Hermanns unwürdige Enkel, ihr seid Fürstenknechte, zittert vor den Bütteln, die auf euch lauren, macht erlogne Päanen und Panegyren auf eure Despoten – um euren Kohl in Ruhe zu verzehren, und fühlt's – wie Leute, die ein unflätiges Gewerbe treiben – nicht mehr, daß ihr stinkt.

* Was hier der Patriot im wilden Feuer spricht, sind wörtliche Auszüge aus den neusten holländischen Zeitungen und Tagbroschüren. Man kann von tollen Hundsbissen nicht schrecklicher rasen, als es jetzt die holländischen Wochenskribler tun.

Der deutsche Patriot

Du geiferst Unsinn, Batavet! – Der Deutsche liebt Freiheit und Vaterland nach wie vor. Niemand schnellt die Fesseln des Despotismus und der Hierarchie williger und kühner ab als er. Der *deutsche Fürstenbund* und der ihm so analoge Bund der *deutschen Bischöfe* sind zwo Pyramiden unsrer Größe, die keine Zeit vertilgen kann. *Freiheit* und *Vaterland* ist noch immer unser Feldgeschrei. Wir sind aber zu klug, Zügellosigkeit für Freiheit und Wahnsinn für Vaterlandsliebe zu halten. Wenn unsere Fürsten fortfahren, weise Aufklärung zu begünstigen; wenn die, nach des trefflichen *Zaupsers* Ausdruck, aus der Seitenwunde des Mittlers hervorgetretene Toleranz die Christen und Menschen im Sinne der Gottheit miteinander einigt; wenn Freiheit im Denken, Reden, Schreiben unter uns wie unter keinem Volke der Welt herrscht; wenn der Unterdrückte dem Unterdrücker laut fluchen darf: so wär's Raserei, noch mehr zu wollen. – Wer sein Vaterland durch Ungestüm im Reden, Schreiben, Handeln – zur Unzeit aufhetzt, der ist kein Patriot – er ist Rebelle. Daher kann's jetzt kein Deutscher mit den Holländern und Brabantern halten. – Als ihr *Philipp* des IIten Eisenjoch zerbrachet; als ihr *Alba*, dem Bluthunde, mit Trotz an die Kehle griffet, da waren wir Deutsche all auf eurer Seite. Nun aber, da ihr die heilig beschwornen Rechte eures guten Statthalters antastet; da ihr seine Gemahlin, die mit der Palme des Friedens in der Rechten unter euch treten wollte – diesen aus dem Blute der Brennen abgefloßnen Goldquell –, wie eine Missetäterin behandelt; da ihr eure Wohltäter mit dem Schandnamen der Tyrannei brandmarkt und sie vogelfrei erklärt, so wendet euer Bruder, der Deutsche, mit Recht von euch das Antlitz und nennt euch – wahnsinnige Empörer.
[...]

Aus dem 15. Stück vom August 1787

Hoch muß dem deutschen Manne das Herz aufschlagen, wenn er die erstaunenden Fortschritte seiner Sprache in den neuern Zeiten bemerkt. Diese Sprache, die *Karl der Vte* nur für schicklich hielt, Pferd' und Hunde zu dressieren, ist nun die Seelensprache seines großen Urenkels, in der er spricht, schreibt und Gesetze gibt. *Josephs* Regierung ist auch *Sprachepoche. Karl der Große* machte die erste, indem er die deutschen Bardengesänge sammeln und eine Sprachlehre verfertigen ließ.* Die zweite Epoche bildeten die Minnesinger, die unsre Heldensprache zum Liebesgewinsel herabstimmten, das heißt, mit donnrenden Baßkehlen – fistulierten. *Luther* trat auf und machte die größte Sprachepoche. In Poesie und Prose, im belehrenden und unterhaltenden Stile gleich stark, erwarb er sich mit Recht das große klassische Ansehen, in dem er noch steht. *Opitz, Klopstock, Wieland* und die großen biedern Schweizer schrieben die Sprache in ihrer ganzen Stärke, so daß nun *Joseph*, ohnerachtet er sieben andre Sprachen versteht, die unsrige vor würdig fand, sie zur Hauptsprache seines Reichs zu erheben. In all seinen weiten Staaten sind alle gerichtliche Verhandlungen deutsch, Gesetze und Auslegungen drüber deutsch; deutsch wird gebetet, gesungen; deutsch geschrieben in allen Wissenschaften und Künsten, und die Vornehmen, selbst die delikatesten Damen, mühen sich, unsrer Sprache den Ton der feinsten Welt zu geben und sie, wie Harfenlispel, von den Lippen wegzuhauchen. Die Ungarn sträubten sich lange; aber nun vertauschen sie willig ihr barbarisches Latein mit gutem Deutsch. Unsre besten Schriftsteller werden häufig in Ungarn, Tirol, selbst im östreichischen Anteil von Polen gelesen: daher fanden auch die edlen Polen so großen Geschmack an unsrer Sprache, daß es nun Ton ist unter den Magnaten, Deutsch zu lernen und ihre Kinder von deutschen Gelehrten erziehen zu lassen.*** Im weiten

* Ein neuer Waller mit Aug und Herz will behaupten, beede kostbaren Denkmale unsrer Sprache seien noch in der Bibliothek im Eskurial vorhanden. O daß diese unschätzbaren Gefangne bald entfesselt würden! –

** Nie fanden sich so viel deutsche Gelehrte in Polen als jetzt, und sie alle werden geehrt und finden reichlichen Unterhalt. Der König

Rußland wird nächst der Landessprache am meisten Deutsch gesprochen – von Petersburg bis nach Moskau und von da aus durch alle Provinzen hin bis nach Kamtschatka verstehen Gelehrte, Kaufleute und unzählige Einwohner deine Sprache, Alemannier. Nach Afrika, Asien, Amerika dringt unsre Heldensprache immer mehr, und in letztern Weltteil werden Tausende unsrer Bücher versendet. – Oh, ihr Schriftsteller meines Vaterlandes, schreibt stark und gut, gründlich und schön, rein und kräftig, wohlklingend und volltönig, daß es bald heißen möge wie ehmals von den Griechen: die Deutschen sind die Lehrer der Welt geworden – und sie verdienen's.

Süßer Traum! Wirst du auch hergestellt werden können, wenn so viel Süßlinge auftreten und unsre Sprache verhunzen; wenn unsre Damen, die Tongeberinnen, lieber dem vokalreichen fremden Laller als dem starken – Selbstlauter und Mitlauter – wie Kristall und Kiesel durcheinanderwälzenden deutschen Sprecher [zuhören]?

Anmerkung Jeremias Kauzen, des Milzkranken

Nordamerika

Überall ziehen sich in Europa Gewitterwolken zusammen; selbst Deutschland scheint sich einer furchtbaren Krisis zu nähern;* indessen sieht Amerika dem Sturme zu und wird bald die Arme ausstrecken, die flüchtenden Künste und Wissenschaften in seinen Schoß aufzunehmen. Drei Millionen sonnen sich nun im Strahl der blutig erkämpften heiligen Freiheit, und die Nordamerikaner haben noch Raum für fünf Millionen Kolonisten. Und diesen will es nicht nur die Erlaubnis erteilen, Gott nach der Weise ihrer Väter zu

von Polen, der reichlich aus der Seine schlürfte, befördert jetzt unsre Gelehrten gar sehr, weil sie, wie er zu sagen pflegt, Kopf und Herz am rechten Flecke haben.

* Doch gewiß nicht so, wie der zu sehr angestaunte politische Seher *Rayñal* weissagt, daß Deutschland durch ewige Kriege und Unruhen wieder in seine vorige Barbarei zurücksinken werde. Das volle Licht bricht jetzt bei uns durch alle Ritzen herein; wie könnt' es so bald wieder Nacht werden! –

dienen und sich von ihrem Fleiße zu nähren – sondern auch die ursprünglichen Majestätsrechte der Menschen sollen sie haben – Anteil an der Gesetzgebung und der Staatsverwaltung. Dreizehn goldne Pforten stehen in diesem Freistaate den Schlachtopfern der Intoleranz und des Despotismus offen. Sonst flüchteten die Märtyrer der geistlichen und weltlichen Tyrannei nach Großbritannien, Holland, [in] die Schweiz. Allein der Brite verachtet alles, was nicht *er* ist; der Holländer flüchtet selbst vor den Greueln des Bürgerkriegs, und die Schweiz versagt dem Fremden das Bürgerrecht und fremde Religionsübung. – Nur in Amerika kann man sich mit den edlen Bürgern, welche fürs Vaterland stritten, auf eine Linie stellen und den Tempel der Freiheit bauen helfen, der allmählich in die Wolken strebt. Auf zwo Säulen ruht dieser Tempel. *Gleichheit der geistlichen, Gleichheit der bürgerlichen Rechte* ist ihr Name. *Gates, Franklin, Lorens, Washington* sind die Priester in diesem Tempel. Ihr Nam' ist unsterblich wie ihre Taten.

Man lese den – bei aller Paradoxie doch köstlichen Aufsatz in Posselts Magazin 2. bis 11tes Stück nach. Aber, herzguter Feuermann, die neusten amerikanischen Nachrichten sind deiner Prophezie nicht günstig. Dann allem Anschein nach wird Amerika seiner Freiheit – eignen tollen Verschuldens wegen – nicht lange genießen. An allen Staaten nagt der Wurm der Zerstörung.

Ludwigsburg

Heute (Sonntag, den 2ten dies) ist das nach dem Vorgebürge der guten Hoffnung bestimmte zweite Bataillon des neuen Regiments von hier abgegangen. Man bemerkte unter den Gemeinen Mut und diejenige Freude, die zu sagen scheint: Alle Welt ist unser! – Der Führer des Haufens ist Obristlieutenant von *Franquemont*, und die übrigen Offiziers sind ein Selekt der bravsten und gebildetesten Männer, die unter jeder Himmelszone *Karls* Wahl rechtfertigen werden. Unter der großen Anzahl der Zuschauer weinte manche Seele einem Bruder, Freund, Geliebten – einem Vater, einem Sohne die blutige Abschiedszähre nach. – Auch mir brennt diese Zähre auf der Wange, denn es scheiden mit diesem Haufen Freunde von mir, die durch jahrelangen Umgang mir unaussprechlich teuer geworden. Der Segen der Freundschaft begleite sie und die hohe Hoffnung – des Wiedersehens!! –

Aus dem 19. Stück vom September 1787

Linguet

saß im Dunkel der Bastille und sah kaum die Spinne, die seinen Wasserkrug leckte. Er hatte kein Buch, keinen Bleistift, keine Feder, keine Tinte, keine polierte Gabelspitze, in unflätiges Papier seine Ideen zu graben. Ihm blieb nichts als – sein Kopf. Da sann er ein Werk aus „Vom Einfluß des Lichts" und schrieb's bei mehrerer Freiheit nieder. Lammfromm sagt er in der Vorrede:

> „Besonders ist's, daß ich die Eigenschaften des Lichts gerade damals entwickeln wollte, da ich desselben beraubt war – und eben da ich's nicht gebrauchen konnte, zu beweisen suchte, daß Licht aller Dinge Ursprung sei. Man wundre sich aber nicht, daß ich mich da mit Gott und den Gestirnen beschäftigte, wo mir kein andrer Umgang als mittelst der Gedanken mit Gott – und mittelst eines kleinen vergitterten Fensters mit den Gestirnen gestattet war. Zur Verfertigung dieses Werks braucht' ich auch nur zwei Kräfte – *Gedächtnis* und *Vernunft*."

Da ich in gleicher Lage mit Bruder *Linguet* war; da ich das Entsetzliche der Finsternis mehr als er empfand; da ich schaurend vor Wonne oft einen Lichtstrahl, der durch Kerkerritzen brach, küßte: so denke man sich das sympathetische Glutgefühl, mit dem ich Linguets Lichttheorie las. Nur muß ich gestehen, daß zwar viel Schönes, doch mehr Superfizielles und Unstatthaftes in dieser Abhandlung sei.

Aus dem 20. Stück vom September 1787

Beredsamkeit

Es ist traun! ungerecht, wenn man unsrer Nation immer vorwirft, sie habe keine politische Redner – wie Griechenland, Rom, Engelland und Frankreich. – Aber wozu in aller

Welt soll man das üben, was man nie braucht? – Daß wir auch politische Redner haben könnten, beweisen die einfältig großen Reden, die von den Schweizern auf den Landtägen gehalten werden. Große politische Gesinnungen zeugen Demosthene, Cicerone, Lysiasse, Isokratesse; aber für was? und wo? sollen wir sprechen. Keine öffentliche Rednerstühle, keine Gerichtsschranken – doch ich mag kein altes, so oft behandeltes Thema aufs neue rütteln. Genug, daß wir in der Homiletik und Panegyrik gezeigt haben, daß wir schön und groß reden können – wenn wir dürfen. *Jerusalem, Sulzer, Engel* haben uns treffliche Lobreden geliefert, und *Posselt*, dieser so vielseitig würkende Kopf, hat unsren panegyrischen Vorrat mit einer feurigen Rede –

> *Friedrich dem Großen*, an seinem Todestage gehalten, vermehrt. [...]

Aus dem 23. Stück vom September 1787

Es scheint, die furchtbare Weissagung des Geistersehers *Schwedenbourg*:

> „Dem achtzehnten Jahrhundert wird man mit der Sturmglocke zu Grabe läuten",

werde ganz buchstäblich eintreffen. Wenigstens ist die Glocke schon im Schwunge; der Schwengel bestreift sie und entlockt ihr gräßliche Töne. Krieg und Kriegsgeschrei, Aufruhr und Zwietracht, Erdbeben und Feuersbrünste – und die schröckliche Epidemie des Unglaubens und der Sittenlosigkeit erfüllen die Erde und scheinen das Weltgericht anzukünden. – Unser Europa wird immer reifer zu einer großen – von tiefen Staatenforschern längst vorhergesehenen Revolution. Völker, die sich seit Jahrhunderten vom Stab *Sanft* oder *Wehe* ruhig weiden ließen, fangen an, am Zaume zu zerren und sich gegen ihre Treiber zu empören. – Doch ich schweige jetzt vom Empörungsgeiste, der über so manchen Ländern brütet; nur bei dem will ich weilen, was so laut geschieht, daß es ganz Europa durchdonnert. [...]

Aus dem 26. Stück vom September 1787

2

Dem herzigen Freunde aus Pf..., der sich zu meiner Verteidigung gegen einen Hohlschädel der massiven Ohrfeigensprache bedient hat, dank' ich zwar für seinen Eifer – nur bitt' ich wohl zu bedenken, was Hans Sachs selig spricht:

Bläu einen Narren noch so gnug;
Du bläust den Narren doch nicht klug.

3

Eine Hand und eine Feder hat kürzlich ohne Beihülfe des Kopfes eine barbarische Schrift mit dem Hottentottentitel herausgegeben:

Zurechtweisung deren Verfasser der Mainzischen Monatschrift.

Nun geht mich zwar die ganze Fehde nichts an; die Mainzer Verfasser werden sich wohl gegen diesen Strohkopf zu verteidigen wissen. Aber daß er gleich in der Einleitung die Manes des Erlanger *Groß* beunruhiget und dann mich als einen Mann aufstellt, der sich zu Religionsschmähungen erkaufen ließ, das verdient wenigstens einen derben Seitenhieb. Er sagt, die Mainzer hätten über die Religion gelästert, „als wäre *Schubert*" (mein Vater schrieb sich *Schubart*) „von der Festung Asperg entkommen" (Gott, ein König und ein Fürst haben mich längst befreit) „und hätte sich bei denen Mainzischen Monatsschriftstellern unterhalten lassen".

So stellt mich also der Schuhuskribent unter die *zügellosen* und *pöbelhaften Kalumnianten*, die sich zu Schmähungen der Religion dingen lassen.

Die Welt weiß, daß ich nie *gegen*, sondern *für* die Religion schrieb, und soll es, so Gott will, immer mehr erfahren, wie mein Herz von Anbetung Gottes und seines Christus durchdrungen ist. Es ist also Pflicht, einem so schädelkranken Sudler ins Angesicht zu sagen: er sei ein Lästrer!

Die Wahrheit und unsre heiligste Religion wird sündlich entweiht, wenn ein solch hölzernes Automat für sie die Feder ergreift.

Aus dem 29. Stück vom Oktober 1787

An die Überschätzer der Ausländer*

von Klopstock

Verkennt dann euer Vaterland,
*Undeutsche Deutsche!*** – Steht und gafft*
Mit blöder Bewundrung, mit großem Auge
Das Ausland an.

*Wettstreitet, wer am lautsten staunt!****
Verdorrt ist des Siegers Kranz!†
Wir rufen's euch zu; doch ihr betäubt euch
Und streitet fort.

Wir spotten eures Kampfes nicht;
Das ist des Mitleids Sprache nicht.
Unglückliche sind uns heilig!†† traut uns;
Wir spotten nicht.

Dem Fremden, den ihr vorzieht, kam's
Nie ein, den Fremden vorzuziehen.†††
Er haßt die Empfindung dieser Kriechsucht!
Verachtet euch,††††

* Denen delikaten Herrn und Damen, die alles *exekrabel, detestabel, abominabel* (Modewörter des Großtons) nennen, was deutscher Art und Kunst ist, untertänigst zugeeignet.

** Die französierende, italisierende, anglisierende – vor heimischem Gut ausspeiende Animulas, Vagulas, Blandulas zu verstehen, die unsers Vaterlands Genius mit dem Odem seines Munds wie Spreu verweht.

*** Je größrer Anstauner des Auslands, je kältrer Verächter des Inlands, je vornehmer, heißt's noch in unsern Tagen.

† Selbst an *Friedrichs* Schläfen ist dieser Kranz verdorrt.

†† Mit Achtung für *Klopstocks* Muse! Ein sehr spitzfündiger Sarkasmus auf die Krüppel an Kopf und Herz, die Vergaffer ins Ausland. – Freilich ein unglückliches Völklein.

††† Trefflich! wo und wann hat der Grieche, Römer, Brite, Gallier – das Ausland so dumm angestaunt, wie's der dumm-vornehme Deutsche tut? –

†††† Sie verachten sich selber, sagte Lord *Baltimore* von den Deutschen, ziehen jeden fremden Quark ihrem eignen Gute vor und verdienen deswegen die Achtung großer Völker nicht. Ein schrecklicher Spruch!

Weil ihr ihn vorzieht! Faßt ihr nun,
Daß wir auf euch voll Mitleid sehn?
Ergründet ihr nun, daß ihr unglücklich,
Uns heilig seid?

Schätzt fremdes Verdienst, meine Brüder, das ist gerecht. Aber verachtet – auch eure ärmere Mutter nicht. – Tretet eure heimischen Schätze nicht mit Füßen; laßt nicht fliegen einen Steinadler, um zu haschen einen Kolibri; schmäht nicht die tapfern, biedern, ernsten, geistigen, großen Bürger eures Landes und preist – ach oft die leichtesten, mattherzigsten, frivolsten, geistlosesten, witzigsten Ausländer; denn das ist ungerecht.

Aus dem 41. Stück vom November 1787

Amerikanische Freistaaten

Diese in neueren Zeiten zum Erstaunen der Welt sich so schnell gebildete Staaten, die ihre Freiheit dem Cherubs-Genius der Briten und der Tapferkeit der Teutschen abtrotzten, scheinen sich doch nicht in den Genuß der heiligen Freiheit schicken zu wollen. *Freiheit erringen und Freiheit behaupten*, ist nicht eins, sagt *Xenophon*, ein großer Schätzer der wahren Libertät. Auch in Barbarenseelen zuckte der Freiheit heilige Flamme. Sie streiften oft mit männlichem Mute Fesseln ab und rissen Tyrannen vom Thron. Aber wenn's drauf ankam, die Freiheit zu behaupten, sich Gesetze zu bilden, die in allen Adern der menschlichen Glückseligkeit wie gesundes Blut fortrollen; wenn sie ihr errungnes Gut gegen den laurenden schlauen Nachbar verteidigen sollten, dann scheiterten sie erst, und mehr als *ein* Staat ist schon mitten im Frieden zerfallen. In dieser Lage scheinen itzt die Amerikaner zu sein. Sie taumlen im Vollgenusse der Freiheit und wissen nicht recht, wie sie diesem Glücke Dauer und Festigkeit geben sollen. Selbst ihre große Männer *Washington* und *Franklin* haben ihre vortrefflichen Plane zum Wohl des Ganzen noch nicht durchsetzen können. Es wollen da so viele Menschen das Staatsruder lenken, die so ganz unwissend in der Anatomie des Staatskörpers sind und die wie Hawkins glauben, wenn sie mit nervigter Faust auf den Tisch schlagen und ein Gott verdamm mich herausdonnern, so sei dem Staate geholfen. Diese beinahe an Anarchie grenzende Wirre und Unentschlossenheit brachte sogar den niedrigen Gedanken in Vorschlag, sich den Briten wieder freiwillig zu unterwerfen oder einen König aus ihrer Mitte zu wählen. Doch seit einiger Zeit hält der Genius der Freiheit sein Ägide wieder über sie, und der Geist der Kleinheit, der Niederträchtigkeit, der Kriechsucht verstummt. Die neue Konstitution, welche den ganzen Freistaat an dreizehn goldnen Knoten zusammenhalten soll, ist im wahren Geiste der Gesetzgebung geschrieben und die Grundlage ihrer künftigen Staatsverfassung. – Diese Konstitution ist nicht kopiert (denn was auf diesen oder jenen Freistaat paßt, paßt nicht auf alle), sie ist vielmehr von einem philosophischen Kopfe vom Charakter des Volks und ihrer Lage abgezogen worden. Doch wir werden ein andersmal unsern Lesern diese wichtige Konstitution in einem gedrängten Auszuge mitteilen.

> Auch Amerika wird die Bemerkung St. Réals bestätigen: kein Freistaat erhält sich lange, oder wie der markigte, herzige Luther schreibt: wenn der liebe Jüngste Tag hereinbricht, so wird's gar keine freie Menschen mehr geben, sondern lauter Knechte der Fürsten.

Aus dem 42. Stück vom November 1787

Das graue Ungeheuer

hat sich in ein altes verfallenes Bergschloß geflüchtet und wird nimmermehr mit seinen Launen die Leser belustigen. *Wekherlin*, der Vater selbst, hat diesen seinen etwas seltsamen Zögling gebannt und damit – die Feder auf immer niedergelegt. Wer da weiß, daß Wekherlin kein schulgerechter Gelehrter, sondern ein selbstgebildeter Schriftsteller ist, wem die Glut seines Geistes, sein Freiheitsungestüm, sein frischer, mutig aufwiehernder Stil und die Kühnheit behagte, womit er so manchen politischen Knoten zerhieb, der wird diese Nachricht sehr ungerne lesen und mit mir den Wunsch aushauchen, daß der Verfasser bald in eine Lage kommen möchte, wo er ohne Druck und Zwang, frei und fessellos denken, handeln, schreiben kann.

Aus dem 43. Stück vom November 1787

Deutscher Fürstensaal

[...]
Kaiser Joseph steht billig im deutschen Fürstensaale voran, ausgezeichnet durch Macht und Geist. [...] Kürzlich hat er alle Auflagen aufgehoben, die bisher auf die Lebensmittel gesetzt waren; wofür ihn die niederen Volksklassen segnen, für die allein teure Viktualien drückend sind.

Möchte gleicher Geist auch andere deutsche Fürsten und Regenten, sonderlich in Schwaben, beseelen, wo die Klage über die tägliche überhandnehmende Teuerung der Lebensmittel immer himmelschreiender wird. An Gott fehlt's nicht, dann der gab Frucht und Most in Hülle und Fülle; an wem fehlt's dann? – Leider muß irgendwo der verfluchte Geiz im Hinterhalt lauren, seine Speicher und Keller füllen, die Schätze des Landes verschließen und so die Viktualienpreise zu jener Sündlichkeit hinauftreiben, worunter der mittlere Mann seufzt, der geringere aber zugrunde geht. [...]

Aus dem 44. Stück vom November 1787

Leibniz

Diesem großen deutschen Manne, einem der ersten Denker des Menschengeschlechts, wird jetzt in Hannover ein marmornes Denkmal errichtet, nachdem sein Grab lange schon eingesunken und mit Brennesseln bewachsen ist. Nicht Fürsten, sondern Privatpersonen errichten ihm dies Denkmal, einfach und der Hoheit seines Gegenstandes angemessen. Die Pyramide seines Ruhms steht zwar schon lange unter uns, fest gegründet, von Wolken umflossen und mit der Spitze die Sterne Gottes küssend. Aber nur gesalbten Augen ist es vergönnt, dies Denkmal zu sehen. Daher ist's löblich, daß ihm zu Ehren auch ein massiveres Denkmal aus Marmor errichtet wird, um seine vergeßlichen Landsleute zu erinnern, daß sie einen *Leibniz* hatten – einen Leibniz, der mit seinem Geistesbruder *Newton* die ewigen Gesetze des Weltschöpfers belauschte, seine Gänge im heiligen Dunkel sah, den Ozean der menschlichen Kenntnisse glücklich beschiffte und als ein philosophischer *Cook* neue Welten entdeckte und doch bei all dieser erstaunenden Geistesgröße an seine Brust schlagen und mit Demut sagen konnte: Wir Menschen wissen leider nicht viel, und wir müssen schon warten, bis alles auszeitigt.* Möchten wir Deutsche unsern Blick auf dies Denkmal heften, wenn ein Modezwerg auf einem papiernen, mit Glanzlack angestrichenen Wägelein, von französischen Gökels gezogen, an uns vorüberrasselt und im lächerlichsten Stolze wähnt, er sei auch ein Mann.

Gluck

starb kürzlich zu Wien im 73sten Jahr seines Alters. Unter den Epochenmachern der neuern Tonkunst ist er einer der größten. Was *Lully* für Frankreich, *Jomelli* für Italien, *Händel* für Engelland, *Graun* und *Bach* für Teutschland tat, das tat Gluck für das ganze musikalische Europa. Im Haine der Natur studierte er ihre Urlaute, in den schätzbaren Überbleibseln des griechischen Gesangs, in den alten Antiphonen, den einfältig erhabenen Kirchenliedern der Böhmen und den Volksmelodien der Deutschen. Daher wagt' er es, den ausgearteten Geist unserer Zeitgenossen wieder an die alte harmonische Einfalt zu gewöhnen, und es gelang ihm dies, in seiner *Iphigenie* sonderlich, mit erstaunendem Erfolge. Unter den deutschen Dichtern wählte sein musikalisches Ohr vor allen andern *Klopstock*. Daher setzte er viele seiner Bardengesänge in Musik und spielt' und sang sie mit der Begeisterung eines Orpheus. Gewisse kalte Krittler tadelten zwar manches an ihm; aber weil ihr Auge zu stumpf war,

* Aus der bekannten großen Stelle: Videmur, primis in viis adhuc scientiarum haerere – – – et tempus exspectandum, donec omnia maturescant.

das ganze Pharusbild zu überschauen, so machten sie sich über die Ungestaltheit seiner kleinen Zehen lustig. An Glucks Stelle tritt *Martin* ein, dem die Jacke des Modegeschmacks besser anpaßt als dem gigantischen Körper eines Glucks.
[...]

Aus dem 45. Stück vom November 1787

Über deutschen Kirchengesang

Luther, der Starke, der Hochsinnige, führte den deutschen Kirchengesang ein und hat damit mehr Christuswahrheit verbreitet als durch seine meist geharnischte Schriften. *Paul Gerhardt* folgte dem Adler nach, so weit seine Flugkraft zureichte. *Gellert*, der Sanfte, veranlaßte in neuere Zeiten die erste Verbesserung der Gesangbücher. *Zollikofer* ging voran, und ein Heer folgt' ihm nach. Die meisten deutschen protestantischen Städte *Berlin*, *Kassel*, *Hannover*, *Göttingen*, *Frankfurt*, *Memmingen*, selbst das kleine in kaum bemerkter Verborgenheit liegende *Aalen*, haben nun in ihre öffentliche Liedersammlungen die meisten Gesänge unsrer neuen besten Liederdichter aufgenommen. Das Anspacher Gesangbuch überfliegt sie alle, und das hat die Aufsicht des weisen *Junkheims* und die Mitwirkung des davidischen *Uz* verursacht. Nur schadet es der brüderlichen Gemeinschaft der christlichen Kirche sehr, daß jeder Herausgeber sich erkühnt, die alten und neuen Gesänge nach seinem Sinne umzuändern. Wie können so verschiedene deutsche Provinzialen sich gemeinschaftlich mit *einem* Gesang erbauen, wenn sie durch verschiedene Lesarten in ihrer Andacht gestört werden. Das einigt die Menschen nicht, das trennt sie. Und wie geschmacklos sind nicht oft diese Abänderungen! Im *Göttinger* Gesangbuche, dem *Leß* und *Miller* an der Stirn flammen, sind die Markworte Luthers:

> „Erhalt' uns, Herr, bei deinem Wort,
> Und steure deiner Feinde Mord,
> Die Jesum Christum, deinen Sohn,
> Stürzen wollen von seinem Thron"

in der dritten Zeile so ekelhaft durchwässert:

„Die *gleichsam* Jesum, deinen Sohn" etc.

Auch Hamburg arbeitet jetzt an der Herausgabe eines Gesangbuches. Wenn sie Klopstocken zum Ratgeber wählen, so werden sicher die Hamburger, nach evangelischem und poetischem Werte, das beste Gesangbuch in Deutschland besitzen.

Aus dem 49. Stück vom Dezember 1787

Der Genius des sterbenden Jahrs

An uns

[...]
Deutschland, Deutschland, an all' deinen Tempeln und Museen flammt die stolze Aufschrift: Aufklärung. Aber sind all deine Fackelträger Geister, vom Himmel gesandt? Kleiden sich nicht auch feindselige Dämonen ins Gewand der Photagogen, die dich mit stinkenden Pechfackeln in Sumpf und Moräste führen? – Wo ist dein alter derber Biedersinn? Wo deine Herzigkeit? Deine einfältige Gottesverehrung? Wo dein eiserner Fleiß? Wo deine Treu und Redlichkeit? – Ach, mit schweren Seufzern klag' ich dich an. Du irrst vom reinen Naturquell immer mehr ab und verlierst dich in den Irrgängen der Künstelei. Wirfst deinen Kittel von dir und behängst dich mit Auslands seidnen Lumpen. Dein Gottesdienst ist entweder geistlose Pracht oder eiskalte, häßliche Nacktheit. Deine Schreiber schälen die Wahrheit, werfen ihren Kern auf die Retorte, bis ihr Wesen in Duft verfliegt. Eure Weltweisen und Schriftausleger sind meist herzlose Menschen, aller Darstellung feind, und machen zu eurem künftigen Himmel eine gestaltlose Lichtwüste.
[...]
Doch schweig' ich nicht von den Lieblingen des Himmels, den Edlen deines Volks, Germania, und nicht von mancher schönen, frommen Tat, die gleich Paradiesesblumen unter dem niederschauenden Himmel ihren Balsam verhauchen. Gott selbst hat sie mit Wohlgefallen bemerkt

und für jede eine Krone zurückgelegt. – Doch mir winkt der ernste Arm der Ewigkeit. Bald ist's Mitternacht. Zwölfmal wird mir die eherne Zunge der Zeit rufen; dann verlass' ich diese Erde auf ewig. Aber dort am Richterthrone, ihr Erdwaller, erschein' ich wieder, um gegen – oder für euch zu zeugen. Myriaden Staubbewohner gingen mir voran, Myriaden werden mir folgen. Es rieselt, es rieselt der Sand in der Uhr der Zeit. Ach daß jedes fallende Korn ein köstlicher Stein würde in der Krone der Menschheit!!

Grablied des 1787er Jahrs

Gehab dich wohl, du liebes Jahr,
Mit deinen Monden wandelbar,
Mit deinen Tagen, Sohn der Zeit,
Zieh friedlich in die Ewigkeit.

Der Blicker in dem Himmel sah
Das Böse, das in dir geschah,
Doch sah er auch die goldne Saat
Von mancher Geist- und Herzenstat.

Er sah des Christen Widerstand,
Mit dem er Zweifel überwand;
Er sah des Glaubens hohe Macht,
Die Satans Höllengrimm verlacht;

Sah in der stummen Siedelei
Den Mann, der ohne Heuchelei
Geräuschlos manche Tat getan,
Die Ruhm und Gold nicht lohnen kann.

So manche Zähre tilgtest du,
So manchem Kämpfer gabst du Ruh;
So manchem hast du tiefgefühlt
Den Schweiß im Todeskampf gekühlt.

Auch schlüpftest du ins Kerkergrab,
Und streiftest manche Fesseln ab,
Auch meine hast du abgestreift,
Mit Tränen hab' ich sie beträuft.

So nehm dann diesen Tränenkuß,
O du des Jahres Genius.
Tilg unsre Schuld aus deinem Buch,
Erfleh uns Segen nur – nicht Fluch.

AUS DEM 52. STÜCK VOM DEZEMBER 1787

VATERLANDSCHRONIK
1788

O Vaterland! o Vaterland!
  Mehr als Mutter und Weib und Braut!
    Mehr als ein blühender Sohn
      Mit seinen ersten Waffen.

Du gleichst der dicksten, schattigsten Eiche
  Im innersten Hain!
    Der höchsten, ältesten, heiligsten Eiche,
      O Vaterland!

Klopstock

Wir schwimmen weiter; nie aber kehrt der Strom zu seiner Quelle zurück, als ob er nie entronnen wäre.

Herder

Morgengruß

Mit Wolken war der Himmel bedeckt. Kraus wälzten sie sich hin, am seidnen Rande vom Monde versilbert. Da riß sich der Geist des neuen Jahrs aus einer Wolkenpforte, fuhr blitzgestaltet herab, trat auf einen Zackenfels des Montblanc und – segnete die Erde. Die mütterliche Erde streckte die Arme zu ihm empor und fragte mit sorglicher Liebe: Sohn der Zeit, was bringst du für Botschaft? – Der Flügelbote wies auf ein versiegeltes Buch und verstummte. Da öffnete sich die Pforte des Morgens, und die Sonne trat – hehr und hoch, der Menschenaufklärung einziges und ewiges Bild – am Himmel hervor. Nachtgrau und Dämmerung wichen vor ihr wie Wahn und Vorurteil vor dem Blicke des Weisen. Da dacht' ich in meiner Seele: Bist du wieder da, liebliche Sonne? Beginnst wieder deinen Heldenlauf um unsre Mutter Welt? – Oh, hätt' ich deinen Blick, zu schauen auf alle Völker der Erde! Könnt' ich mit all deinen Strahlen, wie mit Armen, das Menschengeschlecht liebeschaurend umschlingen! – Doch weiter ist ein Menschenherz als deine Scheibe und größer und weitwürkender des Menschen Geist als deine Strahlen. Ernst stell' ich mich am ersten Tage des Jahrs auf einen Hügel, in deinem frühen Strahle lieblicher funkelnd als Thronengold, und beginne meinen Morgengruß:

Seid mir gegrüßt, ihr Erdbewohner alle, die Verstand und Wahl zu Geschwistern der Engel macht, Brüder, von der näheren Sonne geröstet, und ihr Brüder, deren Blut am Nordpole starrt! Seid mir gegrüßt, ihr, die ihr im unermeßlichen Tempel Gottes als Hohepriester im Allerheiligsten anbetet, als Priester im Heiligen dient oder als Volk im Vorhofe das Halleluja des großen Hymnus nachdonnert, der zum Ewigen aufsteigt. –

Seid mir gegrüßt, ihr Fürsten alle, die als Könige Europas Haupt umsonnen oder als kleinere Beherrscher wie Sterne ihr Gewand sticken. Habt Gerechtigkeit lieb, ihr Könige der

Erde. Seid ein Abstrahl der Allmacht im Wetter des Kriegs, eine Stimme des Herrn im Säuseln des Friedens. Erdebeherrscher, die ihr euch nennt nach dem Namen Christus, wenn ihr aufpflanzt das Kreuz des Versöhners in entfernten Weltteilen: so zeigt auch dem unterjochten Wilden, daß der Christen höchstes Gesetz das Gesetz der Liebe sei. Wie lange soll der arme schwarze Mann sich unter dem Fußtritte des reichen weißen Mannes beugen! –

Meinen vollsten, herzigsten, innigsten Morgengruß bring' ich dir, mein liebes deutsches Vaterland. Oh, könnt' ich alle Segnungen des Himmels für dich herunterringen, herunterweinen! Du bist anders gestaltet als ehmals. Die Axt hat deine altesten Eichen gefällt und der Arm der Kultur deine Wälder gelichtet. Viel hast du verloren, aber manches gewonnen. Noch bist du der goldne Mittelpunkt, in dem die Vorteile Europas zusammengedrängt sind. Deine Beherrscher sind die größesten und weisesten der Erde, deine Krieger an Zahl und Übung die furchtbarsten. Deine Staatsklugheit ist schröckbar, nicht durch arglistige Krümmen, sondern durch Stärke und Geradheit. Deine großen Geister einigen Demut mit Geniuskraft, Geistesstärke mit Herzigkeit, Anmut mit Wahrheit. Deine Künstler sind in Europa ausgesät und vermehren, ohne eignen Ruhm, des stolzen Auslands hoch herabblickenden Trotz. –

Seid mir gesegnet, ihr Fürsten meines Volks. *Joseph*, dich nenn' ich zuerst, auf dich blickt *Germania* und nennt dich – nicht ihren Beherrscher, sondern ihren ersten Bürger. Gerechtigkeit, Menschenmilde, Duldung, jede Gespielin der gottgesandten Religion umstrahle deinen Goldsitz, und wenn's die Rache beleidigter Majestät gebeut, so rausche wie ein Cherubswagen unter die schwarzen Scharen deiner Feinde.

Doch auch im Triumphe vergiß es nie, groß wie *Fingal* zu denken: Meine Rache fliegt vom Besiegten gen Himmel. Im hochzeitlichen Schimmer steht dort *Franz* und *Elise*. Auch dies Bündnis vermehre die Herrlichkeit *Östreichs*, und, wenn es der Weltenbeherrscher gebeut, so glänze Deutschlands Diadem auf dem Haupte *Franziskus'*.

Friedrich Wilhelm, mir schattet dein Goldzepter nicht, aber ich liebe dich, treu und bieder, wie der erste deines Volks. Mit dem frischen Hauche des ersten Jahres-Morgen grüßt dich mein Geist und atmet den Wunsch: Oh, tu der Herztaten viele. Zürne der fröstlenden, geist- und herzlosen Modereligion und wärme dich im Strahle der Wahrheit, die auf Tabor glänzte, auf Golgatha blutete, vom Ölberg in Himmel stieg und von da aus den Erdkreis erleuchtet, bis nach stufenweisen Erleuchtungen alles Eine Lichtmasse wird. Begünstige deine Barden, deine Geschichtschreiber und die deutschen Männer alle, die in frommer Demut der Weisheit huldigen. Deine durch die Zauberkraft des Genius gestiftete Monarchie erhalte und mehre sich durch genialische Kräfte. Männer wie *Hertzberg* und *Carmer*, wie *Karl*, der Braunschweigische Löwe, und *Möllendorf* tragen deinen Thron wie Säulen des Himmels. Der Erbe deiner Macht werd' ein Wetterstrahl im Getöse der Schlacht und ein erquickendes Licht in der Stille des Friedens. Mit Wohlgefallen umschlinge *Friedrichs* Geist einst deinen Geist und spreche: Heil dir, auch du hast dein Werk vollbracht!

Mein Morgengruß umsäusle euch, ihr deutschen Fürsten alle, die ihr mit goldnem Stab eure Völker weidet und durch eure Weisheit und Milde Deutschland immer größer und herrlicher macht.

Dich nenn' ich zuerst, *Karl*, in dessen Licht ich mich sonne. Dir reicht die Gerechtigkeit die goldne Schale, dir flechten die Musen den unvergänglichen Lorbeer, und dir reicht die Religion eine Palme, die dir jenseits des Grabes noch schatten wird. Dein ernster Wink gebeut dem Lobe zu schweigen. Ich gehorche und bringe die Segnungen des Himmels deiner *Franziska*, die wie ein Schutzgeist dich umlächelt.

Längst kosten sie des Himmels lieblichste Töchter,
    Sanftmut mit gesunknem Blicke –
    Demut gen Himmel schauend,
    Menschenmilde, mit beiden zur Hilfe gestreckten
    Armen – –
Sie nannten sie Schwester,
Verkörperten sich in ihr und verschwanden – – –

Glückliches *Württemberg*, sauge noch lange den Tau des Himmels und triefe von Milch und Most. An deinem Paradiese wach' ein Cherub, daß des Unglaubens, des Spottgeistes und der undeutschen Sitte Gift deine Siedler nicht verpeste.

O Vaterland, Vaterland, ich seh' hinaus in deine künftigen

Tage mit Schrecken und mit Freude. Seh' auf dem Gefilde Ungariens Erschlagene liegen, deutsches und Sarazenenblut zu einer stehenden Lache gerinnen, und die furchtbare Ahndung erschröckt mich, daß Wodan in diesem Jahre mehrere deiner Provinzen mit Blutfurchen bezeichnen wird. Aber die freudige Hoffnung hebt mein Herz, daß die Arbeit des Kriegs deinen alten Mut wecken, deine Sehnen stählen und deinen Faustschlag wieder kräftigen werde. Ich sehe den Geist der Kleinheit und der kindischen Nachäffung aus deinen Gauen fliehen. Aus deinen Tempelhallen tönen heilige Hymnen dem Jehova und seinem Sohne. Prediger mit der Salbung der Apostel begabt, treten auf deine Kanzeln, und der grinzende Spötter, der gefrorne Ungläubige und modische Schriftgelehrte beugt sich vor dem Donner ihrer gewaltigen Rede. [...]

Aus dem 1. Stück vom 1. Januar 1788

Nordamerikanischer Freistaat

Dieser Staat wird nun wie ein Kind am Gängelbande seiner neusten Konstitution geleitet. Wird er emporstreben zum feueratmenden Jüngling? zum tatenreichen Manne – Oder wird er bald wieder durch seine eigne Schuld an Despotenfesseln keuchen? – Ich glaube der Weissagung, daß nachdem in *Asien, Afrika* und *Europa* so erstaunende Rollen gespielt wurden, auch bald *Amerika* aufgefodert werde, sich ins große Völkerdrama zu mischen und da seine Rolle mitzuspielen. Der wie durch ein Wunder errichtete Freistaat ist nun nach der neusten Konstitution eine Uhr von *zwölf* goldnen Stunden; dem ein mystischer Krittler bemerkte, daß die Zahl *dreizehn* eine funeste Zahl sei. Die Konstitution aber läßt sich mit dem angenommenen Gleichnisse einer Uhr vollkommen erklären. Eine Stunde schluckt soviel Zeit in sich als die andere, und so hat auch ein jeder amerikanischer Staat soviel Freiheit als der andere. Dadurch kann diese Republik tief ins Erdreich wurzlen und zu einem Baume werden, dessen Wipfel über ganz *Amerika* Schatten wirft. Die europäischen Mächte suchen sich mit diesem Freistaate in Verbindungen einzulassen, wodurch sein Einfluß auch auf unser Staatssystem geltend gemacht wird. Die Volksmenge vermehrt sich daselbst, so wie der Ackerbau und Kunstfleiß gefördert wird. Zu *Neuyork* hat man eine neue Stadt errichtet, namens *Hudson*, die mehrenteils Deutsche zu Inwohnern hat. Zu *Freiland* ist eine Art von patriarchalischer Siedelei, wo ungefähr 3000 Menschen, unter denen sonderlich viel Schwaben sein sollen, ganz in der himmlischen Einfalt der ersten Christen untereinander leben. Zu *Maryland* hat man auch eine Universität errichtet, die wie eine Minerva aus dem Kopfe Zeus *Washingtons* sprang. Auch in *Lancaster* ist eine Hoheschule errichtet worden, wo die Musen freilich noch in armseliger zerrißner Gestalt auftreten. Doch *Athen* hatte auch nicht gleich seine Periklesse, Sokrate, Platone und seine zepterführende Genies in allen Wissenschaften und Künsten. Im Klima der Freiheit schwillt bald ein Bergrücken zum Helikon und treibt einen Wald, drin die Musen lustwallen. Nach der neusten Zählung ist die Anzahl der Inwohner zu *Neuyork* 238897 Seelen. In *Massachusetts* 356542 Weiße und Schwarze.

Man sehe den Monat Januar von *Fabri* und *Hammerdörfers* historischen und geographischen Monatsschrift, die vollwichtige Artikel enthält, und wenn sie so fortfährt, unter dem Gedränge ihrer Mitschwestern und Mitbrüder Aufsehen erregen kann.

Tanzwut

Ein Tänzlein in Ehren
kann niemand wehren.

war sonst das Sprüchwort unsrer grauen Väter. Jetzt würden sie wohl dies Sprüchlein zurücknehmen, da die Tanzwut unter ihren Enkeln, zumal in einigen deutschen Provinzen, bis zum Unsinn ausgeartet ist. In Östreich, zum Teil auch in Bayern wird so viel getanzt, als wären die Leute alle von Taranteln gestochen. In *Wien* rechnet man 460 Tanzplätze, wo über 25000 Menschen alle Sonntage beim Soff und Fraße sich wie wütig herumtummeln und Leib und Seele verderben.

Das heißt für die Ewigkeit gelebt!!

In Schwaben ist die Tanzwut bei weitem nicht so herrschend wie dort. Unsre Tänze haben viel Ehrbares, Gesellschaftliches, Charakteristisches und sind folglich nicht so physisch und moralisch verderbend.

Die Schwaben sind Erfinder des wirblenden Schleifers oder Walzers, der ehmals wegen seines geflügelten Tempos manche Gesundheit zerstörte. Jetzt aber, da man das Zeitmaß des Walzens äußerst langsam aufnimmt, so hat man diese würgende Folgen nicht mehr zu fürchten, und unser Walzer ist mit Recht der Lieblingstanz aller kultivierten Nationen geworden.

Aus dem 3. Stück vom 8. Januar 1788

Der sterbende Patriot

Totengräber, schaufle mir ein Grab.
  Immer tiefer
Sinkt mein liebes Vaterland hinab.
Totengräber schaufle mir ein Grab.

In den alten Eichenwäldern stand
  Einst die Größe,
Schüttelte ein Wetter in der Hand.
Schrecklich warst du, deutsches Vaterland.

Aber nun – wie schrümpft die Riesin ein!
  Buben lichten
Unsrer alten Größe Schattenhain,
Und das graue Heldenland wird klein.

Auslandsliebe, Weiberweichlichkeit,
  Freches Knien
Vor dem Modegötzen unsrer Zeit*
Hat dich, armes Vaterland, entweiht.

Vaterland, das mir mein Leben gab,
  Sieh mich weinen;
Dann wie tief! wie tief sinkst du hinab!! –
Totengräber schaufle mir ein Grab.

Aus dem 4. Stück vom 11. Januar 1788

* dem Unglauben.

Inquisition in Parma

Dies peinliche, dem Geist der Religion Jesu ganz zuwidere Religionsgericht erhebt dort sein Hydernhaupt und bellt aus sieben Rachen. Das Edikt des Landesfürsten enthält tiefeinschneidende Stellen. Er will die Irrende und Ketzer mit Gewalt zum Gehorsam bringen und damit seinem geliebtesten Volke, wie er sich ausdrückt, den größten Beweis seiner väterlichen Liebe und Zärtlichkeit geben. *Mozani*, der Generalinquisitor, setzte sich dann sogleich auf seinen eisernen Thron und donnerte das *Anathema* über alle Ketzer hin. Nach seinem Sinne ist derjenige ein Ketzer:

> „Der Gott oder seine Heiligen, besonders aber die heilige Jungfrau Maria lästert oder ihre Bilder mißhandelt und verachtet."
>
> „Der einen Anzeiger, Zeugen oder Inquisitionsbeisitzer beleidigt."
>
> „Der ketzerische, das heißt vom Papst nicht gebilligte Schriften liest, hält, schreibt, druckt oder verteidigt."
>
> „Der an verbotenen Tagen ohne Not Fleisch, Eier, Milchspeisen ißt oder andern zu essen gibt."

All diese Unglückliche trifft der Wetterstrahl des sogenannten heiligen Gerichts, das bei all seinem blinden Feuereifer noch mit *Milde, Barmherzigkeit*, ja sogar mit *überschwenglicher Gnade* und *Nachsicht* prahlt. – Schon viele treffliche Männer hat dieser Drache verschlungen, und vor seinem verpesteten Hauche flieht die gesunde Vernunft und Menschlichkeit mit weinendem Laute. – *Jesus Christus*, ewige Liebe im Himmel, dessen Blut für Glaubige und Unglaubige am Todeshügel herabrann, zu welchen teuflischen Greueln wird dein heiligster Name mißbraucht!!

Aus dem 8. Stück vom 25. Januar 1788

Des *grauen Ungeheuers* Grabschrift gedolmetscht

Ein biedrer Freund hat mir nachstehende erschöpfende Dolmetschung der Grabschrift des grauen Ungeheuers zugesandt. Das Ungeheuer hat ziemlich französisch gelebt, gedacht, geschrieben. Hätte *Wekherlin* seinen deutschen Sinn und Sprache besser angebaut, er wär' ein markvoller, origineller Schriftsteller geworden. Aber das Rennen und Laufen und Keuchen nach den auf Morästen hüpfenden Irrwischen der französischen Paradoxie hat ihn oft irregeführt. Schade indes für den geist- und herzvollen Mann. Hier ist die Grabschrift:

Des Freimuts und der Torheit Zufluchtsstätte!
Dir, du hast's wohl verdient, setz' ich den Leichenstein.
Ach! wenn ich mehr als diese Tränen hätte,
Ich hüllte mich in tiefe Trauer ein.
Selbst sterbend bring' ich dich zu Grabe.
Beklage, Wanderer, das Schicksal, so ich habe.
Vollendet hab' ich meinen Lauf,
Zu sich ruft *Weisheit* mich hinauf.

Aus dem 9. Stück vom 29. Januar 1788

Dessau

Unsre Menschenbildungsanstalt, dies ehmals so verschriene Philanthropin, geht seinen stillen Gang unter *Leopolds* Schutz fort. Wenn aus selbigem nicht, wie aus dem Bauche des Trojanischen Pferds, Helden in voller Rüstung hervorspringen, so ist doch das Institut zufrieden, wenn es sittlich gute, innerlich glückselige, mit hinlänglichen und gemeinnützigen Kenntnissen versehene und zu seiner Zeit für die Welt in ihrem Wirkungskreise brauchbare Menschen erziehen hilft. Es schält sich immer mehr von seinen Gebrechen und verdient also die Aufmerksamkeit aller Edlen im Volke. Aus Deutschland, Portugal, Holland, Livland, Kurland und Polen sind beinahe dreißig Zöglinge hier; viel für eine Zeit, wo allein in Deutschland über hundert neue Erziehungsinstitute, und darunter vortreffliche, sind.
Warum aber bei dieser Menge von Instituten noch kein Professor der *Pädagogik*? Das docendo discimus wird dahin ausgedehnt, daß sich der Gelehrte erst im Amte zum Pädagogen bilden soll. Die buchstäblichste Deutung des Rabnerischen Sprichworts: „Wem Gott ein Amt gibt, dem gibt er auch Verstand." – Nur von Schulseminarien muß der Anfang aller Schulverbesserungen gemacht werden.

Aus dem 12. Stück vom 8. Februar 1788

Aus Berlin

Sosehr der König, und zwar mit Recht, seinen Offiziers anhangt, so will er doch nicht haben, daß sie bei Verschickungen die Bauren plagen und die Pferde schinden. Er hat deswegen einen eigenen Befehl ergehen lassen, worin verordnet wird, solchen strengen Herrn die Hetzpeitsche wegzunehmen.
Indessen, daß wir in den Freuden der Winterlustbarkeiten schwimmen, lachen wir über die tiefen politischen Plane, die uns das emsige Völklein der Zeitungsschreiber andichtet. Wir denken nicht dran, uns in Türkenkrieg zu mischen, auch sehen wir keine Gefahr, die uns vermögen könnte, den Fürstenbund enger zu knüpfen. Die Neugierde sieht an den verschlossenen Kabinettstüren gar seltsame, durch ihre eigene Phantasie hingezauberte Figuren, wie Liscow an seinen gefrornen Fensterscheiben.

Preisaufgabe

Die Vaterlandsfreunde in *Gotha* verdienen die Eichenkrone für den Preis, den sie jetzt auf Volkslieder setzen. Die Stoffe zu selbigen sind meist glücklich gewählt. Nur glaub' ich, daß es dem Handwerksmann und Bauren zuträglicher sein möchte, bei seinem Morgenliede: *Wach auf, mein Herz, und singe,* und seinem Nachtgesange: *Nun sich der Tag geendet hat,* zu bleiben, als ein Volkslied anzustimmen, aus dem nach dem heutigen Tone: *Gott, Jesus, Christus, Tod, Gericht, Auferstehung, Himmel* und *Hölle* wegbleiben müßte. Die übrigen, aus des Volkes Beruf und den Lagen des gemeinen Lebens gezogenen Gegenstände sind trefflich und verdienen von besten Dichtern unsres Vaterlandes ausgeführt zu werden. *Bürger, Voß, Miller,* auch *Schlözer* möchten wohl diesen Ton am sichersten treffen. Warum studiert sich *Maus* ganz in die Büchersprache hinein und vernachlässigt die Natursprache, die ihm als einem Landmann aus Luft und Wald und Busch und Trift reiner entgegentönt als Dichtern, mit Stadtmauren umzingelt.

Aus dem 15. Stück vom 19. Februar 1788

Frankreichs Toleranzedikt

Dies Stück, so wichtig in den Jahrbüchern der Menschheit als in *Frankreichs* Chronik, ist nun allenthalben ausführlich zu lesen. Es ist die größte Tat im Leben *Ludwig des XVIten.* Was so viele große Männer seit *Heinrich dem IVten* nicht erringen konnten, geschah jetzt, unter einer Regierung, der man oft sichtbare Geistesermattung schuld gab. Das Edikt selbst hat freilich noch nicht die Protestanten in ihre volle Rechte eingesetzt. Es ist mehr politisch als christlich. Doch ist es schon ein großer Schritt, auf den gewiß mehrere, dem Ziel nähere Schritte folgen werden. Unbeschreiblich ist die Freude, die die Bekanntmachung dieses Edikts in allen Provinzen des glücklichen *Frankreichs* erregte. Der einsiedlerische Protestant tritt wieder aus seinem Geklüfte in die Freie und besingt den Gott der Duldung in heiligen Hymnen. Selbst der Katholik, den die schändlichste Unverträglichkeit nicht ganz zum Geisteskrüppel machte, preist Gott und seinen König. Soviel auch Staatsklugheit, Finanzblicke und Verfolgung eines Modethema zur Förderung der Duldung beitragen mögen, so ist's doch ein herzhebender Gedanke für den Menschenfreund und Christen, daß immer mehr die Mauer zusammensinkt, die Menschen von Menschen, Christen von Christen trennte, und daß wir – früher, als wir's wähnten, auf dem Kies der verfallenen Scheidewand stehen, einander die Hände reichen und liebeschaurend sagen dürfen: *Wir sind in Christo alle Brüder.*

Poetenglück

Klopstock hat sich aus Palmen und Eichblättern ein Lager bereitet, drauf er süß schlummert. Der *König von Dänemark* und der *Markgraf von Baden* zahlen ihm ein Jahrgehalt, das ihn über alle Lebensbedürfnisse wegsetzt.
Wielands Muse hat ihm so viel errungen, daß er mit einer zahlreichen Familie frei und gemächlich leben kann.
Blum, ein gar gefälliger goldgeschwingter Sänger, der mehr in der Breite als in der Sonnenhöhe zirkelt, hat vom *Könige von Preußen* ein Landgut bezahlt bekommen.

Goeckingk ist in Adelstand erhoben worden, nachdem ihn sein Kopf und Biederherz längst geadelt hatte.
Doch dies Glück galt Männern von Schwungkraft, und kein Männlein mag drauf Anspruch machen, das bestimmt ist, sein Leben als leichtes Insekt auf Wiesenblümchen zu verflattern.

Aus dem 16. Stück vom 22. Februar 1788

Philosophie

Zurückgeschreckt von dem marklosen Marionettenspiel der *Worte*, welche die Schulweisheit für Realitäten aufmarschieren ließ, fingen seit einiger Zeit unsre besten Köpfe an, mit Verachtung auf diese göttlichste aller Wissenschaften herabzublicken. Sie suchten den saftigen Kern – und fanden nur gleißende Hülsen; wollten die Wahrheit, die Gespielin des Himmels, umarmen – und sieh, ihre Duftgestalt troff, wie die heidnische Juno, an ihren leeren Armen hinab. – Was Wunder, daß sie entrüstet zurücktraten – alle *Methode* verwarfen und die *Erfahrung allein* zu ihrem Leitgestirn machten?
Kein Geringerer als *Kant*, der größte Denker unsrer Zeit, war nötig, die Ehre dieser Wissenschaft zu retten. Erst fuhr er, nach *Mendelssohns* Ausdruck, allzermalmend durch ihr Gebiet hin – dann fing er mit dem Geist eines Gesetzgebers zu bauen an. Die Weisen unsers Vaterlandes fuhren aus ihrem Schlummer empor und folgten dem Riesen tiefforschend auf seinem einsamen Pfade – und der frische, lebendige Geist der Untersuchung kam wie vom Himmel auf sie. So bildete Kants Wurf in kurzem weitere Kreise, und die ganze Wissenschaft kam in die gegenwärtige Gärung, wo sich selbst Journalisten unter die vordersten Streiter mengen und die Sache populär und gemeinnützig zu machen streben. Sollt' es ihnen gelingen, wie ausnehmend würde dann Kants Verdienst in dieser Rücksicht schon, – das – bei aller Autorwut so ausnehmend rar gewordene Selbstdenken wenigstens einigermaßen wieder in Gang gebracht zu haben! –
[…]

Philostorgie

Ein Hennchen schlang, von Winterfrost gedrungen,
Die Flügel fest um ihre Jungen,
Und wonnevoll erfror das gute Tier;
Denn ihre Brut stak sicher im Gefieder.
Medeen, Proknen, lernet hier
Und schaut beschämt zur Erde nieder! –

Aus dem 20. Stück vom 7. März 1788

Gelehrte Notizen

Hamann, ein Geistessonderling, dessen dumpfen, magisch-kabbalistisch-jakobböhmisch-apokalyptischen Ton meine Seele so gern behorchte und auffaßte, hält sich jetzt bei dem sokratischen Weisen *Jacobi* auf und arbeitet an dem Thema:

„Daß das Dasein Gottes nicht aus Demonstrationen, sondern aus Erscheinungen erwiesen werden müsse."

Möchte die himmlische Schekina ihm leuchten, und möcht' er die Herrlichkeit Gottes, wie der große Seher auf dem Donnerberge – nur von hinten schauen!!

Die Jenaische Allgemeine Literaturzeitung
ist kaum vom Banne des Reichspostamtes entlastet, so donnert schon wieder ein andres Anathema daher; dann in allen französischen Landen ist sie aufs strengste verboten. – Warum? – ist schwer zu erraten. Vielleicht um des widrigen Kontrasts willen, den die gründliche deutsche Kritik mit der seichten französischen macht.

Aus dem 21. Stück vom 11. März 1788

Über Volksreden

Es sind zwei große Vaterlandsgedanken, jeder einer Bürgerkrone wert, durch *Volksreden* und *Volkslieder* vaterländische Gesinnung zu wecken und zu erhalten. Beckers auf Volkslieder gesetzte Preisaufgaben sind von allen biedern Deutschen mit herzlichem Beifalle aufgenommen worden, und ich weiß es, daß wirklich unsre besten Dichter daran arbeiten, seinem Gedanken ins Leben zu helfen. *Posselt* ist noch weitergegangen; er hat nicht nur Volksreden vorgeschlagen, sondern zugleich ein paar treffliche Muster gegeben. Seine letztere *Rede vom Vaterlandstode der vierhundert Bürger von Pforzheim* ist sicherlich ganz volksmäßig, man mag die Wahl des Stoffes oder die Festlichkeit, mit der die Rede gehalten wurde, oder den Ton der Ausführung betrachten, der, einige allzu feurige, in den Regionen der Dichtkunst sich verlierende Ausdrücke abgerechnet, doch noch immer gemeinsinnig genug ist. […]

Aus dem 22. Stück vom 14. März 1788

Über deutsche hohe Schulen

Da herrscht jetzt eine wahre Ebb' und Flut; diese steigt, jene sinkt. *Göttingen* scheint noch immer die Königin unter ihren Schwestern zu sein. Hingegen sinkt *Halle*, das seit beinahe hundert Jahren die größten Gelehrten auf ihren Lehrstühlen gehabt, immer merklicher herab. Seitdem die Verfügung getroffen worden, die die Universität dem Schuldirektorium in Berlin unterwarf,* seitdem herrscht Unmut unter den Lehrern und Studierenden. Die trefflichsten Professoren, darunter ein *Nösselt, Niemeyer* und *Eberhard* hervorragen, sind im Begriffe, die Universität zu verlassen und einen Schwarm von Studenten nach sich zu ziehen.

* Eine Verordnung, die freilich auch auswärtigen Gelehrten schwer auffiel. Der Professor unterwirft sich nicht gern dem Schulrektor, sowenig als der Student dem Gymnasiasten. Und der Ton, den die Schuldirektoren gegen die graue hochverdiente Universität annehmen – wie beleidigend! wie heruntersprechend!! Warum errichtet man nicht in Berlin, etwan unter der Aufsicht eines *Zedlitz*, einen gelehrten Senat, dem alle Schulen, Lyzeen, Gymnasien, Akademien unterworfen und dem auch die heimischen Schriftsteller über ihre Schriften Red' und Antwort zu geben schuldig wären!!

Dagegen strebt *Marburg, Gießen* und *Helmstädt* wieder auf, die geraume Zeit wie unter einem Wolkenschleier gleichsam verborgen lagen.

Madrid

In *Lissabon* dämmert's, und bei uns ist's Nacht. Das Ministerium wollte die Toleranz begünstigen, wenigstens den Juden und Akatholischen einen Freibrief erteilen, daß sie um eine Sprosse über die Orang-Utan auf der Wesenleiter erhaben seien. Aber die Priester brüllten ihr *Nego*, und ihre Fleischhügel sind undurchdringlicher als die Quadersteine der Tartarischen Mauer. Wenn nicht die geistlichen Orden selbst reformiert werden, und wenn sich nicht mehr Aufklärung unter den Weltgeistlichen verbreitet, so arbeiten die Minister umsonst. Da es noch Mönche wie Heuschreckenschwärme unter uns gibt, die das Land aufzehren, ohne zu seinem Wohlstande beizutragen, so wird man ihnen jetzt verhältnismäßige Abgaben auflegen, ohne ihr Anathema zu scheuen.

Gelehrte Notizen

Schiller, den eine mit Geschmack geschriebene Wiener Schrift kürzlich mit Recht zwischen *Shakespeare* und *Lessing* setzte, tritt nun auch in tönender Rüstung daher und ringt um Klios Siegeskranz. Sein historischer Aufsatz im Merkur, über den *Abfall der vereinigten Niederlanden von Spanien*, ist meisterhaft. Diese Ostern kommt von ihm der erste Band der *Geschichte des Niederländischen Krieges* unter *Philipp dem IIten* heraus und der erste Band der *Geschichte aller Rebellionen und Verschwörungen*. Schiller im Strahlenreihen von *Goethe, Leisewitz, Müller* und *Posselt* als Geschichtschreiber auftretend – zu welchen stolzen Erwartungen berechtigen sie uns!!

Aus dem 25. Stück vom 25. März 1788

Revision

In meinem letzten Blatte hab' ich, durch einen Korrespondenten verleitet, die Berliner Studienanstalten links dargestellt. Ich glaubte, wie mein Korrespondent, daß Rektoren und Konrektoren einen gelehrten Areopagus gebildet hätten, um über alle preußische Schulen zu richten. Aber es ist nicht so. Der König hat einen gelehrten Senat errichtet, dessen Oberhaupt Zedlitz ist und dem die ehrwürdigen Glieder Wöllner, Hofmann in Halle, Irwing, Mejerotto, Steinbart und Gedike untergeordnet sind. Doch erstreckt sich ihre Gerichtsbarkeit nicht auf Schlesien, und selbst nicht aufs Joachimsthalische Gymnasium, das französische Kollegium und die reformierten Schulen. Nur scheint mir der Titel *Oberschulkollegium* etwas Auffallendes zu haben. Was soll das Wort *Schul* hier, warum nicht *Studienkommission* oder *Gelehrter Senat.*

Aus dem 26. Stück vom 28. März 1788

Von Anspach

Nicht nur *mildern*, sondern ganz und gar *vertilgen* kann ich die Nachricht im 29. Stücke meiner Chronik, die mir ein schwarzgalliger Korrespondent zugeschickt hat. Der edle biedre *Fischer* hat mir nämlich das Vergnügen gemacht, das, was ich ahndete, in vollem Lichte sehen zu können. Er schreibt:

„Es ist wahr, daß der Markgraf 1500 Mann in holländische Subsidien gegeben; es ist wahr, daß mehrere enroulierte Landskinder ausgehoben wurden; aber daß man hiebei *tumultarisch* und *gewaltsam* verfahren und keine Rücksicht auf *Unentbehrlichkeit* genommen oder die Vorstellungen der Väter strenge zurückgewiesen hätte, dies alles ist die größte verleumderische Unwahrheit, die sich denken läßt. Unter 9000 jungen waffenfähigen Söhnen unsrer beeden Fürstentümer hob man nur 600 aus. Von diesen sind die wenigsten nach *Holland*, sondern für die Zukunft zu hiesigen Landesbesatzungen bestimmt, und nach der Aushebung nahm man nach dem eigenen Befehle des Markgrafen alle Rücksicht auf entbehrbare und unentbehrbare Subjekte. Wo man die Unentbehrlichkeit des Purschen einsah, wo der Vater oder Meister wahrhafte und gegründete Umstände für die Freilassung des Enroulierten vorstellen konnte oder das Amt die gehörige Anzeige machte, da gab man gar wohl mit Güte den Gründen Gehör und ließ die unentbehrlichen Pursche frei. Ich sah einen Transport von 20 Enroulierten aus Schwabach, allein von diesen durften 16 wieder nach Hause, nur vier durften bleiben. An die Wegnahme *einzelner* Söhne wurde ohnehin nie gedacht. Lachen mußt' ich herzlich über die bereits geschehen sein sollenden Auswandrungen und das Mißvergnügen der Landeseinwohner. Dieser Gedanke kam noch keinem der hiesigen Untertanen, die ihr Glück, unter der Regierung eines *Alexanders* zu stehen, nur zu wohl kennen. Es ist schändlich, so was von einem Fürsten zu verbreiten, der die Güte selbst ist und dem daher jeder Untertan einen Altar des Dankes errichtet hat."

Sosehr dieser edle Mann meinen vollen Dank verdient für die patriotische Ahndung des mir mit der Miene der gewissenhaftesten Glaubwürdigkeit zugeschickten Artikels, sosehr verdient jener verleumderische Einsender meinen Unwillen. Er trete auf, wenn er kann, und widerspreche dem edlen Mann. Mich aber mag er in Zukunft mit Nachrichten verschonen, die das Bild des gütigsten und besten Fürsten mit dem Unrate schändlicher Lüge bewerfen.

Leipzig

Unsre Messe ist diesmal sehr glänzend, denn der ganze kursächsische Hof verherrlicht sie. Sein Strahlengefolge und die flutende Menge von Menschen, aus hundert Provinzen zusammengestürmt, und das Tosen der Käufer und Verkäufer und die glänzenden Schauspiele und die musikalischen Scharen, die wie Zugvögel um uns schwärmen, und dies bacchantische Getös all stellt jetzt in unsrem *Leipzig* den Marktplatz der Welt im gedrängtesten Bilde dar. Die Buchhändler haben, wie ehmals die Giganten ihre Felsentrümmer, ungeheure Bücherlasten in Schichten aufgetürmt. Wenn ein Geist des Himmels all diese Bücherhügel auf der

Goldwaage der Wahrheit wägte, wieviel fruchtschwere Körner würde er finden? oder wieviel Spreu würde der Odem seines Mundes in die Luft stäuben?

Aus dem 32. Stück vom 18. April 1788

Gärung in Frankreich

Die Volksrechte, deren Verteidiger die Parlamente sind, und die Königsgewalt stoßen da jetzt wie eiserne Widder rauhtönend gegeneinander. Sämtliche Parlamente haben zu gleicher Zeit den großen Entschluß gefaßt, sich der anschwellenden Thronenmacht kühn zu widersetzen und ihr wieder die ehmaligen Schranken anzuweisen. Unter den Patrioten ragen *Espremesnil* und *Goissard* durch ihren feurigen Mut, männliche Beharrlichkeit und zersplitternde Beredsamkeit hoch hervor. Kaum war der große Schluß der Parlamente gefaßt und in ihre Jahrbücher aufgezeichnet, so ließ der König ihr Versammlungshaus umringen und sämtliche Glieder gefangennehmen. Die erstgedachten Volksverteidiger riß man aus ihrer Mitte. Sogleich flogen Eilboten wie Todesengel in alle Provinzen der Monarchie aus, um alle dem königlichen Ansehen ungünstige Conseils aufzuheben. Der König ist entschlossen, mit Gewalt der Waffen seine Rechte zu behaupten. Das Volk steht wie angedonnert da, und man fürchtet greuliche Folgen von diesem Gewaltschritte des Königs.

Kürzlich erschien zu Paris eine Schrift: *Wachstum des Despotismus in Frankreich* betitelt, mit der feurigsten Kühnheit geschrieben und von allen Franzosen mit lechzendem Durste aufgeschlürft. – – – Man sieht auch aus diesem Umstande, daß der Geist der Franzmänner noch nicht so ganz in die Fesseln der Mode, der Kleinheit und Eitelkeit verstrickt sei, daß er vielmehr noch alten Mut habe, seine Freiheiten und Volkswürde, nah am Throne, standhaft zu behaupten.
[...]

Aus dem 41. Stück vom 20. Mai 1788

Frankreich

ist jetzt der zweite Gegenstand, an dem das Publikum mit seinen Blicken weilt. Der König hat, wie bekannt, sich mit seinen Parlamentskammern gestoßen und wie gewöhnlich gesiegt. Was kann der mutigste Bürger, von den weisesten Patrioten angeführt, gegen ein stehendes, in allen Künsten geübtes Heer ausrichten? Die Patrioten bringt man in Kerkern zum Schweigen, und dem Volk setzt man das Bajonett auf die Brust.

In Paris, wo es gar feine politische Nasen gibt, wittern sie einen Krieg, der in Indien ausbrechen und von Morgen sich über ganz Europa verbreiten soll.

Tippo Saib, ein Mann von hohem Sinn und wahrem Heldenmut, soll den großen Schwur geschworen haben, nicht eher zu ruhen, bis er die Engländer aus Indien gedrängt habe. Die Seemacht der Briten soll auch in Indien der französischen nicht gewachsen sein. Die Modenachrichten aus Paris gereichen diesmal den Französinnen zur Ehre. Sie haben sich gegen den flitternen seidenen Prunk verschworen und kleiden sich in eine äußerst einfache, den weiblichen Körper hebende Kleidung. Die Lumpen der vorigen Mode schickt man unsern deutschen Weibern, sich damit zu prostituieren. – O ihr Weiber meines Vaterlands, ihr guten biedern, einfach großen Geschöpfe, wann reißt ihr einmal im edlen Zorne die kostbaren Fetzen eurer niedrigen Äfferei vom Leibe und kleidet euch wieder wie eure herrlichen Urmütter in Nationaltracht? –

Großes und Kleines

1) *Mainz* – Diese Stadt, oft in Nächte gehüllt, in deren Hülle der Aberglaube und Barbarei ihr Spiel treiben konnten, wird durch die großen Grundsätze des Kurfürsten und seines Koadjutors immer lichter und aufgeklärter in seinen politischen, literarischen und religiosen Grundsätzen. Die dasige Hoheschule strebt sichtbar empor. Der Bigottismus trennt da die Gelehrten nicht mehr. Der Katholik bietet dem Lutheraner traulich die Hand; nur Dümmlinge und Schurken finden in dieser Lichtgruppe keinen Platz. *Müller*, der erste deutsche Geschichtschreiber, tritt in die angesehensten Staatsdienste, und *Forster* der jüngere, beede Prote-

stanten, kommt als Bibliothekar an seine Statt. – Glückliches Deutschland, bald wird's licht werden in allen deinen Gauen!

2) *Köln* – Puh, da geht's noch kraus zu. Fanatismus, Pfaffengeist, Ketzergrimm gärt und tobt und braust unter der Burgerschaft. Nicht ein Bethaus wollen sie den Protestanten geben. In den 22 Zünften waren 64 fanatische Stimmen gegen 16 tolerante. Doch auch da wird's licht werden, wenn der Hahn kräht und den Morgen verkündet.

Aus dem 42. Stück vom 23. Mai 1788

Notizen vom Parnassus

1) *Herder*, der größte Schriftsteller unserer Zeit, ist mit dem Domherrn *Dalberg*, dem jüngsten unter dem trefflichen deutschen Brüdertriumvirate, nach Italien gereist, um nach dem Golde noch unentdeckter literarischer Schätze seine Wünschelrute zucken zu lassen. *Goethe*, einer der glänzendesten Sterne in der Ehrenkrone Germaniens, hat auch in Italien große Eindrücke gemacht. Er trat in den ersten Gesellschaften mit deutscher Kraft und Geniuswürde auf, und überall bewunderte man seine großen Kenntnisse, sein tiefes Schönheitsgefühl und sein edles Betragen.

Wollte ganz Italien dienstfreundlichst gebeten haben, uns auch n'mal so ein paar Reisende herauszuschicken, wie *Herder* und *Goethe* sind.

2) Unter den dreitausend Artikeln der letztern Leipziger Ostermesse schimmern die Namen hoch auf: *Wieland, Goethe, Schiller, Müller, Adelung, Archenholz, Bürger, Stolberg, Zimmermann, Garve, Eberhard, Abel, Bode, Selle, Moser, Stoll* und noch einige andere, zum Teil in Schleier der Verborgenheit gehüllt.

3) *Bürgers* Einladungsblatt über deutschen Stil und Sprache ist gar köstlich. Er tritt hier selbst als Muster in der Sache auf, die er behandelt. Sein Vortrag strotzt wie ein gesunder Körper von Kraft und Sehnenschwung, und der Stil ist lauter wie Ätherluft. Mit Recht jammert der Edle über die unter uns noch immer fortdaurende und gegen andre große Völker so sehr abstechende Vernachlässigung unserer Heldensprache, er zeigt die Notwendigkeit und den allumfas-

senden Nutzen dieses Studiums, geußt dann den Schwefelregen seiner Laun' und seines Witzes auf die Verächter der Musen und der schönen Wissenschaften herab. Er wird mehrere solche Blätter zum Behuf seiner Vorlesungen herausgeben. – Über dies Thema sowohl als über die Kantische Philosophie, die er mit Herakles' Kraft an die Brust gedrückt hat, liest er jetzt in Göttingen mit dem zugedrängtesten Beifall.

4) *Fritz Stolbergs Insel.* – Sind Harfentöne aus dem Morgenrot der goldenen Zeit. Seine Phantasie schafft sich hier eine platonische Republik und bevölkert sie mit unverdorbenen patriarchalischen Menschen, die er fast durch alle Verhältnisse des bürgerlichen Lebens hinführt. Nachdem er uns im ersten Buche mit seiner dichterischen Welt bekanntgemacht hat, stellt er im zweiten bezaubernde Gemälde davon auf und schildert in Idyllen, Erzählungen, Liedern und Hymnen die höchsten und zärtesten Empfindungen der menschlichen Natur – Liebe, Freundschaft, Mitleid, Sehnsucht, Freude, kindliche, elterliche Liebe. Die süße harmonische Sprache, die reizende griechische Poesie, die uns zu seinen übrigen Gedichten so hinzieht, wallt und atmet auch hier. Nur wäre seinen Erzählungen mehr Mannichfalt, mehr Charakteristisches und Auffallendes zu wünschen. Wann man ein paar davon gelesen hat, ahndet man die Entwicklung der folgenden schon zu sehr, als daß man davon noch hingerissen werden sollte. Inzwischen muß man überall die schöne Seele des Grafen bewundern, der seine Insel so himmlisch anzusiedeln wußte.

Aus dem 44. Stück vom 30. Mai 1788

Aus Merkurs Brieftasche

[...]

Frankreich. Dies Reich ringt noch immer mit äußerst schmerzhaften Geburtswehen. Alle Provinzen scheinen gegen den König verschworen zu sein. Nicht dem König, denn der ist gewiß ein guter leichtzustimmender Fürst, sondern seinem Ministerium legt man all diese Unruhen zur Last. Man vermißt den segenschwangern Hauch eines *Choi-*

seul, der alle Adern des weiten Staatskörpers durchdrang und mit Lebensgeist durchflutete. Daher empören sich die Provinzen und zwingen den König zur kläglichen Notwendigkeit, sein Volk mit Waffengewalt zu zähmen. 15000 Mann sind allein nach Bretagne aufgebrochen, die der alte Marschall *de Vaur* befehligen soll, dessen Strenge Deutschland im Siebenjährigen Kriege und das von ihm gefesselte *Korsika* kennenlernte, wo er den großen, aber unglücklichen *Paoli* zur Flucht brachte. Sein Heer besteht meist aus *Deutschen* und *Schweizern*!!

> Ewige Schmach und Schande für uns Deutsche und unsre Heldenbrüder, die Schweizer, daß wir uns brauchen lassen, jeden glimmenden Funken von Freiheitsgefühl unter fremden Völkern auszutreten. Was du nicht willst, daß dir andre Leute tun sollen, das tu ihnen auch nicht. Mein Herz schwillt bei dem Worte *Schweizer*; aber wann ich denke, daß sie als Sold- und Lohnknechte aller Welt dienen, daß sie mit Helleparden die Paläste der geistlichen und weltlichen Despoten bewachen, dann gärt der trübe Gedanke in mir: das sind nicht mehr die alten Eidgenossen, die die rauhe Hand gen Himmel hoben und schwuren: Recht und Freiheit zu schützen! – – –

Der *Dauphin* lebt noch und gedeiht, obgleich die Zeitungsschreiber überall die Totenglocke über ihm läuteten. Seiner innern Erschütterung ungeachtet, hat doch *Frankreich* den würdigsten Entschluß gefaßt, eine Flotte in *Brest* auszurüsten, um der Welt zu zeigen, daß seine politischen Pulse noch laut und hoch genug schlagen.

Literarischer Gewinn

Schiller hat dem Adler deutschen Ruhms so manche wichtige Schwingfeder geschenkt, daß ihn der Egregore unsres Vaterlandes* dafür segnen muß. Seine neuesten Schöpfun-

* Ich verweise meine Leser, die längst mit diesem Meisterwerke vertraut sein werden, auf ihr eignes Gefühl und auf die sehr schöne Anzeige desselben in der *Allgemeinen Literaturzeitung*. Der Tadel der *Neuen Bibliothek der schönen Wissenschaften* darf Schillern nicht befremden; denn Kunstrichter, die *Gerstenbergs Minona* hofmeistern,

gen zeigen ihn als einen immer mehr verstarkenden Dichter, der im Feuerwirbel der Einbildungskraft – wie selten! – den ruhigsten psychologischen Tiefblick beibehält. Nur zwei, aber köstliche Produkte stehen im fünften Stücke seiner Thalia, das *heimliche Gericht* von einem Ungenannten, aber ganz in Schillers großer Manier. Die Fortsetzung des *Geistersehers*, auf dessen Entwicklung man so lange hinharrt. Befremdend ist's, daß *Schiller*, dieser Originalkopf, die ganze Erzählung aus dem Französischen des Grafen von O. nahm. Doch leuchtet sein eigner Genius überall daraus hervor und schlägt besonders in der Episode des Sizilianers in helle Flammen aus. Schrecken fährt dem Leser in die Haare, wenn der *Armenier* als Mönch beim Hochzeitmahle nach dem Becher greift. Die Erklärungen am Ende über all die unbegreiflich scheinende Phänomene, die in der Erzählung vorkommen, sind voll Scharfsinn und überzeugend, wenn man das Ganze im Zusammenhange liest. Wie sehr Deutschland für diesen Schriftsteller eingenommen ist, erweist die unbeschreibliche Geduld, mit der man seinen *Don Carlos* auf mehreren deutschen Theatern ohne Verstümmlung von Anfang bis zu Ende aufführen hörte. Wie trefflich muß ein Stück sein, das sechs volle Stunden die Aufmerksamkeit der Zuhörer spannt und fesselt! Doch kann sich dies Stück, so wie es ist, nie lang auf dem Theater erhalten. Denn wo sind die Zuschauer, die mit immer gleicher Anstrengung ihrer Einbildungskraft und ihres Verstandes dem Verfasser durch all die dädalischen Zaubergänge und Krümmen seines Kunstwerkes folgen könnten?

Schiller, der erste dramatische Dichter der Deutschen, schließt sich nun auch an die ersten Geschichtschreiber unsres Volks an, durch seine *Geschichte des Abfalls der Niederlande*, wovon die Proben in *Wielands Merkur* den Meister verraten. Die tote Begebenheit lebt durch die Magie seines

die vor *Klopstocks* Genius und vor allem, was würklich groß und erhaben ist, schaurend zurückbeben, die den *deutschen Dichtern* das *Studium* der *französischen Poesie* empfehlen, können auch unmöglich an der Muse eines Schillers Geschmack finden. Sie ist ihnen zu wild, zu gigantisch, und ihre Töne klingen ihnen zu voll, zu rauh, zu barsch.

Genies wieder auf; die Personen leben und weben vor unsern Augen, und sein tiefer philosophischer Blick verfolgt jede Tat bis auf ihren ersten Pulsschlag.

Aus dem 52. Stück vom 27. Juni 1788

Menschentat

(eingesandt von einem Biederherzigen)

Nächst an *Weil*, einem Grenzort des badischen Oberamts *Rötteln*, fließt ein starker Strom, die *Wiese* genannt, welcher bei anhaltend nasser Witterung gefährlich anschwillt und in verheerenden Wogen daherbraust. Drüber ist ein schmaler Steg gespannt, für Fußgänger und höchstens für sichere Reitpferde: Fuhren müssen durch den Strom fahren und können es bei niederem Wasser ohne Gefahr. Ein fremder Knabe – der Tiefe des Wassers nicht kundig – vertraut sich vor mehreren Monaten mit einem Wagen und zweien Pferden der eben angewachsenen *Wiese*, worin schon mancher sein Grab fand. Des Weges führt die gütige Vorsehung einen jungen Mann, den Adlerwirt des Dorfes, *Jakob Vogelbach* (sein Name verdient bekannt zu werden wie seine Tat), der an diesem grauenvollen Ort vorlängst selbst des Todes Schrecken fand, nun, erst seit 14 Tagen der Gatte eines würdigen Weibes, durchdrungen vom schaudernden Nachtgefühl seines eigenen Unfalls, den Entschluß faßt, den Knaben zu retten oder zu sterben. Langsam und starrblickend auf die Szene und Unglück ahnend, die Brust von banger Erwartung klopfend, tritt er her – immer wilder schlägt die Woge um Wagen und Roß, immer fester steht sein Entschluß, zu retten oder zu sterben. – Um stürzt schnell der Wagen, fortgerissen werden die Pferde vom tobenden Wasser, hin und her gaukeln fürchterlich die Fluten um Wagen und Roß, der Knabe glitscht vom Pferd hinab in den Strom. Siehe, da wirft sich pfeilschnell der Retter in den Fluß, schlägt rechts und links den Tod in den Wellen zurück, dringt vorwärts, hebt den sinkenden Unglücklichen siegend empor und reißt ihn ans Land. Durch die gütige Leitung der Vorsicht ward auch das übrige gerettet. Und der Edle hat's umsonst getan!! hat noch keine Belohnung erhalten! Nach etwa 14 Tagen tat er an einem andern die nämliche Tat mit gleicher Gefahr, gleichem Mut und gleichem Glück. – Und hat keine Belohnung erhalten!

Nimm hier, vortrefflicher Mann! deinen Lohn von einem Menschenfreunde, der keine Bürgerkrone austeilen kann, aber dir eine dankbare Träne weint, die zu deiner Tat dort oben gezählt ist.

Gar recht. Weh uns Deutschen – und zehnfach Weh uns Christen, wenn wir uns durch Weltsold und Weltlohn zur Tugend dingen ließen.

Beerdigung eines Lebendigen

In einem holsteinischen Dorfe ist ein Priester, namens Herfeld, der öftere apoplektische Zufälle hatte, lebendig begraben worden; das Getose aber, das er in seiner gewölbten Gruft machte und welches der ein neues Grab aufschaufelnde Totengräber hörte, rettete ihm wieder das Leben. Entsetzlich ist die Beschreibung, welche dieser Mann von seinem Wiedererwachen im Grabe machte.
Die größten Tyrannen und die strengste Gerechtigkeit können keine größere Qual erdenken, als lebendig begraben zu werden! Erwachen im Sarge, über sich den Deckel fühlen, unter sich das Rauschen der Hobelspäne hören; sich retten wollen und nicht können, und dann voll Grauen in der gepreßten Qual der Verzweiflung sterben; ha! was ist Strang, Schwert, Rad, brennender Holzstoß und selbst das Pferdzerreißen gegen diese Todesart! – Ich bitte also meine Leser, da die paralytischen und apoplektischen Zufälle immer häufiger unter uns werden, diese höchst wichtige Menschenangelegenheit in die ernstliche Betrachtung zu ziehen. Herz hat jüngst der jüdischen Nation die Folgen der so unmenschlich übereilten Beerdigungen nah ans Herz gelegt. Doch bei den Juden ist fürs Erwachen gesorgt. Die meisten halten einen Mann, der den Toten drosselt und ihm das Genick bricht. Aber wir, sonderlich auf Dörfern und in kleinen Reichsstädten, eilen mit unsern Toten viel zu früh ins Grab, ohne zu bedenken, daß bei hysterischen, hypochondrischen, an Nervenschwäche und schlagflüssigen

Zufällen Leidenden 30, ja 40 bis 50 Stunden möglich sind, wo der Mensch all seinen Bewußtseins beraubt ist und doch noch lebt und nach seinem Erwachen lange noch leben kann. Ich empfehle euch also, ihr Menschenfreunde, zum Gebrauche und zur Belehrung in diesem höchst wichtigen Gegenstande: Herrn Thiery, königl. Arztes zu Paris, Unterricht von der Fürsorge, die man Toten oder denen, die tot zu sein scheinen, schuldig ist, wie auch von Leichenbegängnissen und Begräbnissen. Aus dem Französischen übersetzt. 1788. 13 Bogen, 8. Eine höchst nützliche und belehrende Schrift.

Die Wucherer

(Ein Volkslied)

Im großen Dorfe Haberstätt
Geht's um.
Sobald der Wächter Zwölfe ruft,
Rumort's daher, saust in der Luft
Und rast im Dorf herum.

Zwölf Geister heulen fürchterlich:
„O weh!
Der Fluch der Sünde macht uns bang,
Verworfen hat uns – ach wie lang!
Der Rächer in der Höh."

Da schlingt das Weib sich um den Mann
Herum.
Die Kindlein schlüpfen unters Bett,
Und alles ist zu Haberstätt
Vor Todesängsten stumm.

Wie betet da das ganze Dorf
So heiß:
Wir arme Bauren bitten dich,
Gott, treibe von uns gnädiglich
Dies höllische Geschmeiß!

Der Pfarrer, der im Swedenborg
Studiert
Und als ein tiefgelehrter Mann
Mit allen Geistern sprechen kann,
Wagt es – und exorziert.

Vorm Grabe eines Frommen sprach
Der Mann:
„Ihr Geister aus dem Schattenreich,
Im Namen Gottes frag' ich euch:
Sagt, was habt ihr getan?“ –

Da kam ein Geist, wie Säulenrauch
Von Torf.
Dem Pfarrer bebt das Herz wie Sulz.
Hohl sprach der Geist: „Ich war der Schulz
Einmal in diesem Dorf.

Dies war ein Müller, der ein Wirt,
Und der
Schulmeister gar; die andre acht
Sind Bauren, durch des Teufels Macht
Sind wir zwölf Wucherer.

Auf unsern Böden lag die Frucht
Wie Sand.
Oft gab der Himmel Fruchtbarkeit;
Doch wir erschufen teure Zeit
Gar weit umher im Land.

Dann Korn und Wein verschlossen wir
Mit Fleiß.
Und brach herein die Hungersnot,
Verkauften wir erst Wein und Brot
Um teuflisch hohen Preis.

Wir haben uns mit Armenblut
Genährt.
Wir haben der Bedrängten Schrei,
Geblendet von der Täuscherei
Des Wuchers, nicht gehört.

Wir starben: Geister peitschten uns
Hinab.
Dreihundert Jahre sind es bald,
Daß solchen Greuelaufenthalt
Uns Gottes Rache gab.

Doch wird vom Fluch einst unser Geist
Befreit,
Wenn's hier im Dorf zwölf Bauren gibt,
Wo jeder Treu und Glauben liebt
Und schwarzen Wucher scheut.

O weh, es schaurt der Morgen schon;
Fort, fort!
O weh, noch werden wir nicht los.
Des Jahres Segen ist zu groß,
Hinab an unsern Ort!"

Husch, rasselt's fort. Der Pfarrer fiel
Aufs Knie
Und bat: Verwirf uns nicht im Grimm,
Die Bauren sind doch gar zu schlimm:
Ach Herr, bekehre sie!

Du gabst uns, Gott, ein gutes Jahr;
Doch laurt
Der Wuchrer schon, wie er die Frucht
In Scheunen zu verbergen sucht
Und unsern Wein vermaurt.

Verschlossen ist, o Wucherer,
Dein Herz.
Doch harre, Sünder, bald zerbricht
Es Gottes Donner am Gericht
Mit unnennbarem Schmerz.

Aus dem 55. Stück vom 8. Juli 1788

Skizzen

1) Prometheus *Müller* hat ein Automat erfunden, geschaffen, vollendet, das mehrere Sprachen spricht; auch schreibt und singt.

Das höchste Meisterstück der Mechanik, und äußerst beschämend für die hirnlose Höflinge, Schmeichler, Sykophanten und fein frisierte Hohlschädel. Schöpfer *Müller*, dein ist Unsterblichkeit! Doch möchten wohl Tausende verhungern, wenn dein Werk vervielfältiget würde.

Aus dem 57. Stück vom 15. Juli 1788

Französisches Klaglied

All unsre Provinzen geraten allmählig in Flammen. Aus Grenoble ertönt die Blutpost, daß in einem neuen Aufruhre 200 Bürger gemordet sein sollen. Der Soldat hält es ganz mit dem Bürger und befeuert sich mit dem Liede, dessen Refrain ist:

Ein braver Soldat
Dient redlich dem Staat;
Haut tapfer den Feind
Und schonet den Freund.

Sechzig Offiziers, denen Ahnenblut und eigne Kraft den Brustlatz hebt, wollen lieber ihre Stelle niederlegen, als ihren Sponton und Degen gegen Bürger zücken. Zu *Nancy, Metz, Rouen* und *Lyon* schmiedet der Empörungsgeist Protestationen, und die schröckliche Zeit ist ganz nahe, daß die Flamme der Empörung zu allen Dächern hinausschlägt.

Ein braver französischer Offizier schrieb mir, daß sich Graf Esterhazy nicht, wie Fama log, zur Exekution gegen freiheitatmende Bürger dingen ließ, sondern daß er vielmehr, mit altrömischer Großheit, sowohl das Kommando der Truppen als die ihm angetragene Befehlshaberstelle der Provinz ausschlug und sich folglich nie zur Unterdrückung seiner Mitbürger gebrauchen lassen werde. Esterhazy ist zwar ein Ausländer von Stamm, aber in Frankreich geboren und erzogen; ein vollherziger hochsinniger Mann.

Zu dieser betrübten innerlichen Lage Frankreichs kommt noch die Weltwirre von außen, und sie hätten mehr als einen *Vergennes* nötig, um sich aus ihrem innerlichen und äußerlichen Drucke wieder mit alter französischer Schnellkraft emporzuheben. *England, Preußen, Holland* in einen Knoten geknüpft, verstärkt mit dem Fürstenbunde und mit Schwedens und Dänemarks Heerskraft! der Türkenkrieg, der, er falle rechts oder links aus, immer für *Frankreich* lastend ist, macht diesem Staate unbeschreibliche Sorgen, indem er gerne den Krieg vermeiden möchte, der ihm nie ungelegener kommen könnte als jetzt. Kurz, der König in *Frankreich* könnte nun mit weiland König Dionys sagen: Wenn einer wüßte, wie schwer eine Königskrone wäre; er würde sie nicht vom Staube aufheben.

Aus dem 58. Stück vom 18. Juli 1788

Berichtigung

Im 55sten Stücke meiner Chronik steht der irrige Bericht: *Vogelbach* sei wegen seiner edlen Menschentat nicht belohnt worden. Oh, sein trefflicher Fürst, der die leiseatmende Tugend schon mit Beifall belächelt, hat auch diese Edeltat gewogen und auf eine Art belohnt, die dem Lohner so rühmlich als dem Belohnten ist. Vogelbach erhielt nicht nur 40 fl. bares Geld, sondern überdies noch eine große Schaumünze, auf der eine Bürgerkrone eingegraben ist, mit der Inschrift: dem Adlerwirt *Vogelbach* von Weil für die Rettung eines jungen Bürgers aus dem Waisenhaus 1788. Der Name des erhabenen Lohners ist ausgelassen, weil seine Bescheidenheit immer ungerne seine schönsten Taten laut werden läßt.

Möcht' auch die Welt von seinen Taten schweigen;
  Der Engel, der sie unsichtbar
Bemerkt, wird desto lauter zeugen,
  Was uns *Karl Friedrich* war.

Da ich weder Muße noch Gelegenheit habe, die mir zugeschickten Berichte zu prüfen, so bitt' ich die Freunde meines Blattes, mich durch unstatthafte Berichte nie in die Verlegenheit des eklen Widerrufs zu setzen. Sonst dank' ich's jedem Freunde herzlich, wenn er mir eine große, gute, edle Menschentat so mitteilt, wie sie geschehen ist.

AUS DEM 60. STÜCK VOM 25. JULI 1788

Religionsgeschichte

[...]
Das Königlich Preußische Religionsedikt vom 9ten Juli ist eine der wichtigsten Erscheinungen unserer Tage. Von daher, wo Frivolität, fröstlende Philosophie, Witzelei, Spottgeist, mißverstandne Gewissensfreiheit, ja offenbarer Unglaube und Lästergeist unserm Vaterlande die heißesten Wunden schlug, träuft nun auch heilender Balsam in diese Wunden. Das Edikt ist ganz im Geiste der Wahrheit und in einem männlich festen Tone geschrieben. Vom Throne herab erkennt hier *Friederich Wilhelm* die Notwendigkeit, dem meist durch ungeistliche Geistliche* gewürkten Unfuge zu steuern. Dies köstliche Edikt besteht aus 15 Paragraphen, jeder wert, in Porphyrsäulen eingegraben und vor dem Tempel deutscher Größe aufgestellt zu werden.

1) Schutz soll den drei Hauptkonfessionen christlicher Religion – den Reformierten, Lutheranern, Katholiken ferner angedeihen.
2) Man wird für treuen Unterricht in der Religion durch weise Anstalten sorgen; doch steht es jedem frei, ob er diese Anstalten nutzen will oder nicht.
3) Juden, Herrenhuter, Mennonisten und Böhmische Brüder werden geduldet – schädliche Konventikel nicht.
4) Proselytenmachen wird verboten: doch darf man sich frei, nach gehöriger Anzeige, zu einer anderen Konfession bekennen.
5) Sonderlich soll der Bekehrungssucht der katholischen Priester gesteurt werden.

* Erst hüllten sie sich in hölzerne Orthodoxie ein, dann, als unter Friedrich II. der französische Foppton einriß, wurden sie Schweber, bald da, bald dorthin nickend, endlich offenbare Feinde des Jesusglaubens, die sich schämten, des Allerheiligsten Namen zu nennen, und heimlich und öffentlich gegen ihn Gift ausschäumten.

6) Harmonie zwischen der Geistlichkeit der herrschenden Konfessionen wird gebilligt und weiter empfohlen.
7) Die alten Kirchenagenden und Liturgien sollen, bis auf nötige Sprachverbesserungen, beibehalten werden.
8) Man soll nicht unter dem Namen Aufklärung Sozianismus, Naturalismus, Deismus und die unsinnigsten Meinungen der Modelehrer begünstigen.
9) Nach einer allgemeinen Richtschnur, Norm und Regel* soll die Volksmenge von ihren Lehrern treu und redlich unterrichtet werden.
(Dieser und der vorige Paragraph ist mit tiefer Weisheit ausgedrückt.)
10) Das geistliche Departement soll mit gewissenhafter Schärfe auf die Lehrer in Kirchen und Schulen merken.
11) Man soll die Lehrstühle mit geschickten und redlichen Lehrern besetzen, die glauben, was sie sagen, und die schielende Aspiranten und Kandidaten abweisen.
12) Die Untertanen sollen sich der wahren Gottesfurcht befleißen; denn, heißt es sehr apostolisch, jeder gewissenlose und böse Mensch ist niemals ein guter Untertan, noch weniger ein treuer Diener des Staates, weder im Großen noch im Kleinen.
13. Sonn- und Festtagsfeier wird empfohlen.
14. Verachtung, Geringschätzung oder gar Verspottung der Geistlichkeit wird verboten, und ihre Söhne im Preußischen vom Soldatenstande ausgeschlossen.
15. Wird befohlen, ob diesem Edikte streng zu halten.

Die Würkung davon steht in der Hand des Altlenkers im Himmel, der bereits eine Palme auf die Krone gelegt hat, die für *Friedrich Wilhelm* beigelegt ist.

Da wir Preußen – ein Jahrhundert her – in so vielen Stücken nachahmten, so wünscht' ich, daß in mancher deutschen Provinz auch dies Edikt geltend gemacht werden möchte.

Aus dem 62. Stück vom 1. August 1788

* Ist hoffentlich keine andere als die Heilige Schrift; nachdem es erwiesen ist, daß gar viele – in der Schrift ungegründete Dogmen – z. B. von der Verdammnis der Heiden, der Unendlichkeit der Höllenstrafen etc. in unsern symbolischen Büchern enthalten sind.

Frankreich,

dies Eden unter den Königreichen der Welt, leidet unbeschreiblich unter den Stößen äußrer und innrer Widerwärtigkeiten. Zu Hause trotzige Kinder, die der Rute spotten, von außen boshafte Lächler über das Unglück des Staats, Achselzucken – und keinen Freund. Das Ministerium versammelt sich fast alle Tage bis tief in die Nacht ratschlagend über die Heilungsmethode des äußerst kranken Staates. Der französische Geist, nicht der modesieche winzige Pariser Esprit, jenen Geist mein' ich, der sich zu *Cäsars* Zeiten regte, der verflößt mit dem Geiste der Franken so groß, so himmelstrebend unter *Franz, Heinrich dem VIten* und *Ludwig dem IVten* war, zeigt sich noch immer, sonderlich unter den Provinzialen, in den köstlichsten Funken. Altrömisch und britisch groß sind die Worte der Béarner Ritterschaft an den Herzog von *Guiche*, des Königs Abgeordneten zu *Pau*, gesprochen:

> „Hier ist die Wiege des großen Heinrichs; nie werden wir dulden, daß man sie entweihe. Unter diesem geheiligten Panier trotzt der Béarner dem Tode. Er fühlt in seinen Adern das Blut seiner Ahnen fließen, durch deren Mut die Bourbons auf den Thron gesetzt worden. Wir sind keine Empörer; wir rufen nur unsere Verträge und die Eidestreue eines Königs an, den wir lieben. Wir sind hier, ihnen unsre Herzen zu öffnen. Der Béarner ist frei geboren und wird nicht als Sklave sterben. Er ist arm, aber gutmütig, nach Heinrichs Zeugnis. Wir wollen tun, was wir vermögen; aber freiwillig aus *Liebe*, nicht aus *Pflicht*."

So furchtbarkräftig, so unangefressen vom Wurme der Mutlosigkeit ist würklich noch *Frankreichs* Staatskörper. Zwar atmet das Ministerium schwer auf, wenn es an die Gefahr von außen denkt. *Preußen, Holland, Schweden* und *Dänemark* sind im Begriffe, wie eherne Ringe ineinanderzugreifen und eine Kette zu bilden, deren Ringe so schwer zu zerreißen sind wie Laokoons Schlangen. Der eifersüchtige Genius der Briten blickt schrecklich froh auf die innere Gärungen Frankreichs, und, um die Verlegenheit des Ministeriums zu vermehren, läßt es ein Kriegsschiff nach dem andern in die See schwimmen. Man schauert in *Frankreich* vor einem

Überfalle. Gallia scheint jezt auf einem Felsen zu sitzen, mit der Rechten sich stemmend gegen Gewalt von außen und mit der Linken seine unartigen Kinder streichlend. All seine Seeküsten sind mit stärkern Bedeckungen versehen, und in *Brest* macht man lautschallende Kriegsanstalten. Der Brite hat seinen Gram über Amerikas Verlust, den Frankreichs Beistand beschleunigte, lange verbissen. Nun scheint die schwarze Stunde gekommen zu sein, wo sie ihre Glutrache durch Unterstützung der mißvergnügten Provinzen ausströmen lassen wollen. Wenn aber der mutvolle Geist, der würklich in den Franzosen braust, eine Richtung nach der Außenseite bekommt, so haben die Engländer einen schweren Stand. Denn nie ist eine Nation fürchterlicher, als wenn Freiheit und Nationalstolz in ihr auflodert.

Linguet spielt jetzt mit seinem glühenden Freiheitssinn eine wichtige Rolle. Alle Freie schließen sich an ihn an, und er beweist mit seinem Beispiele, daß der hohe freie Geist in der Bastille und außer der Bastille immer eben derselbe bleibt.

Eines Weisen Geist durchdringt
  Dicke Felsenquader;
Fessellos und leicht geschwingt
  Hebt er sich zum Vater,
Der ihm Geistesfreiheit gab.
  Selbst in Todesrachen
Steigt er frei und groß hinab.
  Frei wird er erwachen.

Aus dem 63. Stück vom 5. August 1788

Summarien aus der neusten Weltgeschichte

Preußen

[...]
Das Religionsedikt flammt noch immer über dem preußischen Himmel als ein Meteor, von Tausenden durchs Sehrohr und mit bloßen Augen begafft.

Ein Berliner Schreiben sagt: Seit dem letztern Edikte kocht und sprudelt hier alles durcheinander. Unsre angesehensten Lehrer, worunter Tongeber sind, müssen nun entweder zum Kreuz kriechen, ihre mündlich und schriftlich so laut und mit so großem Erfolg verbreiteten Systeme abschwören und vertauschen oder ganz schweigen oder endlich der ihnen gedachten Strafe zuvorkommen und von freien Stücken den Stab weitersetzen. Zwar heißt es im oftbelobten Edikt, man wolle aus großer Vorliebe zur Gewissensfreiheit insofern nachgeben, daß die im Amte stehende Geistliche, von denen es bekannt sein möchte, daß sie von den gerügten Irrtümern angesteckt seien – ruhig in ihrem Amte gelassen werden; *aber* – heißt es weiter (und ich fürchte, daß mancher an diesem schwarzen *aber* strauchle), sollten sie *künftig* im mindesten von dem eben bestimmten Lehrbegriff ihrer besondern Konfession abgehen, so sollen die angedrohten Strafen unwandelbar über sie verhängt werden. – Die Bewegungen, die diese Verordnung, besonders hier, von den Sälen der Großen bis hinab in die Bierbuden, gemacht hat, sind zum Erstaunen. Die gemeinsten Handwerker und Soldaten stoßen die Köpfe zusammen, munkeln, perorieren bei einem Glas Schnaps das weitberüchtigte Edikt und machen ihre Glossen darüber.

„Nun gute Nacht, Aufklärung, Denk- und Schreibefreiheit, ihr Gespielen der großen Briten, die ihr unter Deutschlands Schwestern zuerst uns besuchtet, die ihr von uns auf das ganze Vaterland ausstrahltet – gute Nacht!" – ruft hier einer – dort seufzt ein andrer: „Sie ist untergegangen, die Sonne des Landes, in deren milden Strahl sich Sandheiden mit jungem Grün und mit duftenden Blumen deckten, unter deren befruchtenden Einflüssen jede Frucht des Geistes reifte – die uns emporhob aus den Strudeln der Welt und uns zum Staunen der Völker in den Strahlenkreisen ihres Olympos mit sich fortriß – die lodernde Sonne am Himmel der Brennen – ist untergegangen – und wir erwachen wieder in den Schauern der Nacht." – Der eine hört schon von ferne den eisernen Fersentritt der Inquisition, der andere sieht uns in Barbarei versunken und von unsrer weltenlenkenden Größe in die Kleinheit entflohener Zeiten zusammenschrumpfen. Was möglich oder unmöglich, gerad oder windschief, wahr oder übertrieben an diesen Deklamationen sei, will ich nicht entscheiden. Am besten, wir harren ein wenig, bis die guten und bösen Dinge, die da kommen sollen, wirklich da und reif für unsre Beurteilung sind.

[...]

Aus dem 64. Stück vom 8. August 1788

Ein Blick nach Amerika

Die in diesem Reiche sich erhobnen Freistaaten können sich itzt im Schoße der Ruhe großwiegen, indem ganz Europa, auf Mord und Blutvergießen sinnend, diese jungen Zöglinge der Freiheit aus der Acht läßt. Der Entwurf der neuen Staatsverfassung im hohen Geiste *Washingtons* und *Franklins* verfestigt, ist seiner Zeitigung und allgemeinen Annahme ganz nahe. *Newhampshire* schloß sich bereits an seine acht Schwestern an, und man darf hoffen, daß die übrigen Provinzen nächstens dieser neuen großen Bundsverfassung beitreten werden. Der Patriot *Pendleton* hat bereits *Virginien* dazu geneigt gemacht, das südliche *Carolina* wird ihm folgen, und *New York* und *Rhode Island* werden den Sternenkranz zurunden. Wer wird sich einer so weisen und für alle Glieder der amerikanischen Union so vorteilhaften Verfassung in die Länge widersetzen wollen!

Indem wir Europäer drauf studieren, einander die Hälse zu brechen, so schiebt das freie Amerika immer saftigere Wurzeln, um zu einem furchtbaren Baume emporzuwachsen. Amerika wird sich gewiß, wie Raynal prophezeit, schwer an der Schmach rächen, die ihm die stolzen Europäer angetan haben. Freiheit zeugt Tugend, Tugend Stärke, Stärke Sieg –

Judenapologie

Ein redlicher Israelite berichtigt die Stelle in meiner Chronik, daß die Juden nichts weniger als ihre Toten würgen, um sie vor dem Erwachen im Grabe zu sichern. Im zweiten Bande des Talmuds heißt es ausdrücklich: Man soll einen am Rande des Todes liegenden Menschen nicht berühren, weil sein Tod dadurch beschleunigt werden könnte. Mit dieser Zartheit der Empfindung behandlen die Juden immer ihre Toten; meine Beschuldigung fällt also weg, die ich aus dem Eisenmenger und Horus nachschrieb. Niemand ist geneigter als ich, jedes Stäublein wegzublasen, das den Charakter dieses ohnehin so schwer gedrückten Volkes verunstalten könnte.

Aus dem 65. Stück vom 12. August 1788

Die hohe Gallia

erscheint mir heut und spricht:

> „Noch schwingt bei uns, mit Mordlust im Gesicht,
> Der Aufruhr seine Fackel nicht."

Indem alle französische Artikel in unsern Zeitungen Aufruhr trommeln und die Megäre *Empörung* schon vor den Toren von Paris gesehen haben wollen, so erhalte ich einen Brief aus Paris, der nichts als Ruh und Frieden atmet: Benehmen sie doch den Zeitungsschreibern den Wahn, als wenn die Stimme des Aufruhrs, wie *Mavors* Donnerstimme, in all unsern Provinzen verhalle und daß selbst der Pariser, der sich in der Wiege des Lebens lieber vom Frieden schaukeln läßt als von den Stürmen des Krieges rütteln, den Dolch des Bürgerkrieges schleife. Niemals herrschte mehr Friedlichkeit und Ruhe in unserer Stadt als eben jetzt. Auf unsere Wälle ist nicht eine einzige Kanone verpflanzt, uns friedliche Bürger zu schrecken. Die Invaliden sind weder vermehrt noch mit Kugeln und andern Werkzeugen des Todes umgeben. Das Gouvernement ist weit entfernt, durch Verwendung solcher äußersten Mittel die königlichen Befehle zu unterstützen. Standhaftigkeit, Klugheit und Überredungsgabe sind hinreichend, die Pariser zu bewegen, sich unter die Schlüsse des Königs zu beugen. Die Wetter, die über unsern Provinzen hängen und zerstörend auszubrechen drohen, werden sich bald zerteilen. Denn unser Volk ist zu edelmütig und zu feinsichtig, als daß es sich auf gut japanisch selbst den Bauch aufschneiden und in seinen Eingeweiden wühlen sollte. Überdies ist die politische Weltlage so kritisch, daß wir all unsern Geist und unsre Kraft aufbieten müssen, unser graues Ansehen vor der Welt zu behaupten; die Kriegsflamme prasselt fürchterlich im Ost, kracht im Nord wie Dornfeuer und droht dort immer weiter um sich zu greifen: Doch wird sich schwerlich das Kriegsfeuer bis zu uns verbreiten; dann die Engländer können unmöglich achtzig Schiffe bemannen, wenn ihnen die Matrosen aus Norden fehlen, die immer in Kriegszeiten ihre Flotten versehen. Solange also Schweden und Dänemark im Handgemenge ist, solange haben wir keinen Seekrieg. Indessen sind wir zu allem bereit. Eine Nation wie die unsrige tut Wunder, wenn sie der Geist des Vaterlandes auffordert, sich in ihrer Volkwürde zu zeigen.

Nivernois mußte gestern (war der 24ste August) im Namen des Königs *Necker*, den so vielseitig großen Mann, einladen, die Verwaltung der Finanzen wieder anzunehmen. Zur Freude aller Patrioten entsprach er dieser Einladung und will die schwere Bürde wieder auf seine Atlasschultern nehmen; doch mit dem Bedinge, ins Conseil gezogen zu werden, und daß der Erzbischof den Titel eines ersten Ministers niederlege, und sich's nie anmaße, ihm etwas einzureden. Man hofft, der König werde diese Bedingungen eingehen, und dann haben wir den Mann wieder, der allein imstande ist, Licht im Chaos unsrer Finanzen zu schaffen. Gestern wurde der große Rat angehalten und mißhandelt, am Ende seiner Sitzungen war ein schrecklicher Auflauf; man warf sogar die Glasfenster an der Kutsche des Präsidenten ein.

Selbst diese Nachricht meines Korrespondenten beweist, daß der Geist der Pariser doch eben noch nicht in jene Friedlichkeit eingewiegt sei, von der die gesetzgebende Macht nichts zu fürchten habe.

Anekdoten

2) *Blanchard,* der nähere Nachbar des Himmels, fuhr kürzlich zu Braunschweig, unter einer tosenden Menge von Zuschauern, majestätisch in die Luft, wie von den Flügeln des Vogels Kondor getragen. Er erreichte eine Höhe von 5869 Fuß – doch nicht so hoch als die äußerste Spitze des Montblanc. Er war auf die letzte kaum mehr durchs Fernglas zu erreichen. Von seiner Höhe warf er weißen Sand herunter, den die Sonnenstrahlen versilberten. Eine Stunde von Braunschweig ließ er sich wieder nieder, ward im Triumph eingeholt und im Schauspielhause unter die leinenen Götter des gemalten Olympos versetzt.

Man sagt, ein Exjesuit nehme wirklich bei *Blanchard* Lektion in der Luftschiffkunst, um nach *China* oder *Japan* zu reisen, sich für einen himmelgesandten Propheten auszugeben und mit Hülfe der Luftmaschine eine neue Religion unter diesen Völkern zu verbreiten. Der Einfall ist nicht so übel! –

AUS DEM 71. STÜCK VOM 2. SEPTEMBER 1788

Weltspiegel

Preußen

[...] Die etwas eingeschränkte Preßfreiheit ist dem preußischen Buchhandel nicht zuträglich. Manche preußische Gelehrte lassen jetzt – selbst in unsern Gegenden – ihre Manuskripte verlegen und drucken; sonst war's umgekehrt.

Frankreich

frohlockt jetzt in seinem Finanzminister *Necker*. Man hat ihm alle seine Bedingungen eingestanden. Schon hat der Prinzipialminister, Erzbischof von Sens, sein Amt niedergelegt, doch mit Verspruch eines Kardinalhut und für seinen Neffen der Koadjutorswürde vom Erzbistum Sens, auch einem Jahrgehalte von 50000 Livres. Mit weiten Armen umschlingt jetzt die Nation den großen *Necker*. Man hofft, er werde das anstößige *Edikt*: die Rückstellung der Zahlungen von Leibrenten, Pensionen u. a. betreffend, widerrufen machen. Die Bank hat ihm darzu 80 Millionen Darlehn angeboten. Die Aktien der Eskontokasse sind schnell von 3300 Livres auf 4200 gestiegen. Rühmliches Zutrauen in Neckers Einsicht, Tätigkeit und seltne Redlichkeit. Wie unbegreiflich würksam ist der Geist eines einzigen großen Mannes auf Provinzen, Königreiche, Welten!! Über seinem Necker vergißt jetzt Frankreich beinahe die ganze Welt.

Aus dem 72. Stück vom 5. September 1788

Dichtkunst

Da diese Gespielin des goldnen Alters unsre greise Welt, sonderlich das räsonierende *Europa*, selbst Germaniens Bardenburg, immer weniger besucht, so muß uns jeder freundliche Blick von ihr willkommen sein. Im *Voßischen Almanache* gibt sie uns einige dieser Blicke. Was mich am meisten fremdete, war der gesunde, frische Ton, mit dem der siebenzigjährige Barde *Gleim* im Chore von Jungmännern singt. An Gesinnung, Sprachkraft und rhythmischem Wohlklange nimmt er's noch mit dem feurigsten Jünglinge auf. Den meisten Dichtern verfiel die Stimme noch vor dem 50sten Jahre; nur *Young, Bodmer* und *Gleim* blieben noch als Greisen gekoste Lieblinge der Musen. O Jünglinge meines Vaterlandes, denen die Muse lächelt! dies dankten sie der strengen Mäßigkeit und Ordnung, die sie von Jugend auf beobachteten. All diese waren nie vom Gifthauche der Phrynen angesteckt und nie wund geleckt von den Tigern des Bacchus. *Gleim* sang den Wein so schön und die Minne; aber er trank jenen nicht und floh diese; darum klingt seine Stimme noch im Alter so lieblich und hell,

Als hätt' ihm der Geber des Lebens
Ewige Jugend gegeben.

Stolbergs Danklied gehört unter die besten geistlichen Lieder, die wir Deutsche besitzen. *Miller* hat durch sein langes Stillschweigen nichts verloren; er ist noch immer der gefällige, harmonische, biederherzige, hochsinnige Dichter, der er als Jüngling war. *Brückners* Szenen aus der Unschuldswelt sind himmlisch-schön; selig ist das Herz, das ihn nachempfinden kann. *Voßens* Übersetzungen, wovon hier treffliche Bruchstücke mitgeteilt werden, verraten den Meister. *Pfeffel*, der Blinde, qualifiziert sich immer mehr zum ersten Erzähler deutscher Nation. Wie reich an Erfindung! Wie stark an Worten! Wie kühn an Wahrheitsdrang! – Auch vom Vater *Hagedorn* ist hier ein Gedicht in schleppenden Trochäen, Satire auf Brockes und sonderlich dessen Manier in *Allem Gott zu finden*; welches Vater Hagedorn wohl hätte unterlassen können. Der süß melancholisierende *Matthisson* hat auch ein paar Stücke geliefert, im Ernst wiegend wie der Harmonika Töne.
Als Imbiß aus diesem Almanache teil' ich meinen Lesern folgendes kühn und bieder geschriebene Lied mit. – Von wem? und an wen? ist leicht zu erraten.

Der Krieger
sein Alles hat er aufgeboten
[...]

Aus dem 87. Stück vom 28. Oktober 1788

III. Nach Frankreich

Der Sold eines Staatsministers besteht nicht selten in Aschenbrot und in einem mit Schweiß und Tränen vermischten Tranke, wie *Necker* beweist, der jetzt, bei der herkulischen Arbeit, dem Kredite des Staats wieder aufzuhelfen, bei all seinen Sorgen und schlaflosen Nächten, von der Nation in öffentlichen Schriften bekrittelt und getadelt wird.

> Es ist ein großer Fehler der Franzosen, daß sie von ihren neuen Königen, Ministern und Generalen überspannte Erwartungen haben; treffen diese nicht ein, wie es dann nicht möglich ist, so ärgern sie sich über den Schreck der Täuschung, wie der starke Mann erschrickt, wenn er ein Felsenstück zu heben meint, und – siehe da – es ist nur übermalter Pappendeckel.

Edel und bewundrungswürdig ist der patriotische Geist, den noch immer die Franzosen in ihren Schriften und Reden atmen. Unser Reich ist schwer verschuldet, sagte neulich ein biedrer Franzmann; aber in unsern Herzen sind die Hülfsmittel, all diese Schulden zu tilgen. – Ein solches Reich ist unzerstörbar, und man wird sehen, daß sich Frankreich bald wieder aus dem Schatten heben und in der vorigen Glorie vor allen Völkern schimmern wird.

> Hier, Deutscher, hier in seiner Vaterlandsliebe, in seinem edlen Nationalstolze, ahme dem Franzosen nach, und nicht in seinen Alfanzereien.
>
> Was holt vom Nachbar nicht sich über unsern Rhein
> Mein Landsmann alles her? Die Moden, Kochkunst, Wein,
> Die Sprache, die er gern statt seiner eignen spricht,
> Nur daß er sie zu öfters radebricht.
> Doch daß der Gallier sein Land vor allen ehrt,
> Bei Rang und bei Geburt, auch Kunst und Wissen schätzet,
> Durch richtigen Geschmack, durch feinen Witz ergötzet,
> Oh, würde das von ihm der Deutsche mehr gelehrt!

IV. Nach England

Es gereicht den Briten zur größten Ehre, daß sie jetzt das große, die ganze Menschheit interessierende Thema vom *Sklavenhandel* mehr beherzigen als jemals. Welch eine große

Tat wär' es, wenn die hohe Britannia auf einen Felsen träte und gegen alle vier Winde spräche: Ihr meine Sklaven, streift ab eure Fesseln; ihr seid frei!
[...]

AUS DEM 91. STÜCK VOM 11. NOVEMBER 1788

Zeitgemälde

Mich dünkt, *Chronos* fahre jetzt gar phlegmatisch über unser Haupt weg und würdige uns entartete, dem Greisenalter zunickende Menschenkinder kaum *eines* Blickes aus seinem Kutschenschlage. Denn ach! gefallen, tief gefallen sind wir! Wimmern muß man mit den großen Briten: Vor und während dem Zeitalter *Cäsars* hatte sich die Natur dergestalt in Hervorbringung großer Menschen erschöpft, daß sie ein halbes Jahrhundert nachher nur Werkeltagsseelen, und unter Tausenden von diesen kaum *einen* sogenannten guten Kopf, geschweige ein praktisches Genie hervorbringen konnte. Wenn sich von den nämlichen Umständen *immer* auf die *nämlichen Folgen* schließen ließe, so müßten wir sehr befürchten, daß dies auch nach *Friedrichs* Zeitalter der Fall sein dürfte. Die Welt scheint jetzt in einer schwülen, marklosen Erschlaffung hinzubrüten: vieles Geplauder – ohne Tat; viel Geschreibsel und Gekritzel – ohne Inhalt; vieles Donnern ohne Schlag; – allesverschlingende Anstalten, markaussaugender Aufwand ohne Tatkraft – ohne Beharrlichkeit; – Maulwurfsplane ohne Not; – Riesenplane ohne Mut; – Winkelzüge, zwecklose Ausweichungen, wo *Eile* gilt; – furchtsames Herumkriechen in der Peripherie, statt im geraden Sonnenradius ins Zentrum zu stürzen. – All diese Symptome scheinen leider Zeichen der Zeit zu sein und eine traurige Erschlaffung als Folge einer langen verzehrenden Anstrengung anzukünden! –
Und deine Hoffnung, Bruder, Menschenfreund? – Laß vorüberrollen das Rad der Zeit, mag *Chronos* selber geifern in seinen Bart; was geschehen *soll*, das *muß*. – Du aber steh aufgerichtet da wie Libanons älteste Zeder. Laß sausen um dich den Sturmwind; laß sich krümmen unter dir den Weltstrom voll oder treuge. Geht doch alles zum Ziele. Nur laß

dich nie *klein* und *mutlos* machen. Denn *mutlose Kleinheit* ist der Seele schimpflicher und der Menschheit schädlicher als *rasche Tätigkeit*, wenn diese auch ausschweifen sollte. Unter allen Verirrungen der Menschheit sei dein Halt – Gott!!! –

Aus dem 92. Stück vom 14. November 1788

Der letzte Leipziger Meßkatalogus kündigt an 207 theologische Schriften, worunter nicht eine einzige Ausgabe der Bibel befindlich ist!!
33 juristische Schriften, 90 medizinische, 39 philosophische, 53 pädagogische, 24 zu Staatswissenschaften gehörige, 60 ökonomische, 15 physische, 24 mathematische, 28 zur Naturgeschichte, 59 zur Erdbeschreibung, 101 zur Geschichte, 182 zu schönen Künsten und Wissenschaften gehörige Schriften. Zur griechischen Literatur 16, zur römischen 17, zur orientalischen 5, zur deutschen 1, 17 zur Literaturgeschichte, 51 Frauenzimmerschriften, vermischten Inhalts 234; überhaupt 1265 neue Schriften. Beweis genug, daß die Gelehrsamkeit unter uns, als Handwerk, noch rascher im Gang sei als unter irgendeinem aufgeklärten Volke. – Gott der Weisheit, wieviel wägt dies all auf deiner Waage? –

Aus dem 93. Stück vom 18. November 1788

Des Pilgers Stoßseufzer

O Freiheit, du Tochter Gottes und seiner Religion! du Mutter alles Guten, alles Glückes der Menschheit! Möchten doch unsre Fürsten, die sich Heilande und Väter ihres Volks dünken, möchten sie doch einsehen, daß ohne dich keine würdige Menschenbildung, kein Glück und Wohlstand ihrer Völker möglich sei. – Sobald die schändlichen Ketten zerbrochen waren, wie reiche Felder und liebliche Triften wurden da auf einmal aus den Wüsteneien der alten Barbarei! Der Landmann, der zuvor für ein gieriges Raubtier schwitzen mußte, arbeitete nun für sein Eigentum, für Weib, Kinder und Hausgenossen. Da wurden die Länder angebaut, die frischen Felder grünten. Die freien Städte handelten, erfanden und ersannen. Das waren Ameisenhau-

fen, wo Tausend und Tausend aus und ein liefen und Nahrung und Schätze herbeitrugen. Da hämmerten die Schmiede; da gingen die Webstühle und Spinnräder; da wimmelten die Kaufhäuser; da flatterten um die Häfen die Segel zu hundertweise. Alles lebte, alles webte, alles handelte, frei und ungehindert, für Reichtum, Macht, Freiheit und Vergnügen; so seufzt der Pilger mit *Vogt*.
O Vaterland, Vaterland, möchtest du dich sonnen und wonnen ewig im Strahle der heiligen Freiheit!

Aus dem 94. Stück vom 21. November 1788

Bruchstücke

I. Man spricht heutiges Tages immer weniger von *Völkern*, nur von *Herrschern*, weil sich unsre Welt immer mehr zur *Alleinherrschaft* hinzuneigen scheint. Also nicht *Östreich*, sondern *Joseph*, nicht *Preußen*, sondern *Friedrich Wilhelm*, nicht *Rußland*, sondern *Katharina* etc. sind die Achsen, um welche sich das Rad der neusten Geschichte rollt.

> Glückliche *Schweiz*, die du so wenig neuen Geschichtsstoff lieferst! Dich umgürten deine Alpen; und deine Einfalt, dein Biedersinn, dein Gottesvertrauen wird dich schützen und wahren, daß der marklose Arm der Fürstenknechte dich nie aus deiner häuslichen Ruhe reiße! Und auch du, hohe Britannia, bildest ein Volk, das kühn genug ist, dem Herrscher den Schlagbaum vorzuziehen, wenn er über die Grenzen der Königsrechte weggaloppieren will.

Aus dem 99. Stück vom 9. Dezember 1788

Für Eltern und Erzieher

sind die *Nachrichten aus Schnepfenthal*, wovon bereits zwei Bände erschienen sind, eine gar köstliche Leserei. *Salzmann* ist bei all seinen oft äußerst strengen Grundsätzen doch ein für die Menschheit, sonderlich für uns Deutsche, höchst wichtiger Mann. Wer so wie er Kopf und Einsichten der Menschenbildung heiligt; wer Männer um sich versammelt von gleichem Geist und Drange; wem guter Erfolg lieber ist als goldner Lohn; welchen Dank verdient ein solcher Mann von seinem Volke! Was im zweiten Bande der Schnepfenthalischen Nachrichten über die Steurung des Wollusttriebs und über vernünftige Methodik in lebenden und toten Sprachen gesagt wird, ist so vortrefflich und so wahr und einleuchtend vorgetragen, daß ich meine Leser hiesiger Gegend, denen die vernünftige Bildung ihrer Kinder am Herzen liegt, gar sehr bitte, diesen Rat eines weisen Mannes tief zu beherzigen.

Daß in den Schnepfenthalischen Nachrichten fast gar nichts von dem Religionsunterrichte gesagt wird, ist christlichen Lehren anstößig. Aus dem Waisenhause zu *Halle* sind weiland treffliche, allgemein brauchbare Männer hervorgegangen (laß es sein, daß auch Mucker und Kopfhänger darunter waren), die der Segen unsers Vaterlands wurden und, in der Fülle ihrer Kraft, auf die fernsten Weltteile würkten; und doch war ihre ganze Bildungsmethode einzig auf Christusreligion gegründet. Gebildet für die Ewigkeit, waren sie auch treffliche Bürger der Zeit.

Aus dem 101. Stück vom 16. Dezember 1788

In die Ewigkeit

sind am letzten Monde dieses Jahres eingegangen

3) *Carl Philipp Emanuel Bach,* Kapellmeister in Hamburg, im 74sten Jahr seines Alters, ohne Zweifel einer der ersten Tonkünstler, der jemals gelebt hat. Reich und unerschöpflich an großen Melodien, tiefer Kenner der Harmonie, Schöpfer der einzig wahren Klaviermanier und selbst ein zaubrischer Spieler war Bach. Auch als Tonsetzer für die Kammer-, sonderlich für die Kirchenmusik hat er in unvergänglichen Meisterstücken sein großes Originalgenie gezeigt. Seine Israeliten in der Wüste, die Wechselchöre zwischen Engeln und Menschen, die Auferstehung und Himmelfahrt Christi haben an Hoheit des Geistes, Kraft des Ausdruckes, Reichtum der Harmonie und Tonfülle, sonderlich in den Chören, schwerlich ihresgleichen. Die Geschichte der Kunst weiß kein Beispiel, daß in *einer* Familie hintereinander so große Meister auftraten. *Sebastian,* der Vater, war der größte Harmoniker seiner Zeit, *Emanuel* noch

größer als er; *Erdmann Bach,* der größte Orgelspieler in der Welt, und der *Londner Bach*, seiner Zeit ein in ganz Europa hochgeschätzter Komponist und Flügelspieler. *Emanuel Bach* diente 30 Jahre im Orchester des großen Friedrichs und kam nach diesem an Telemanns Stelle. Mit ihm ist nun diese große musikalische Familie ausgestorben.

[…]

Aus dem 104. Stück vom 30. Dezember 1788

VATERLANDSCHRONIK
1789

In Preußen

hat man dem Walfisch Publikum wieder eine Tonne vorgeworfen, mit der er wieder sein Spiel treiben kann, wie mit der Tonne *Religionsedikt* genannt. Es ist dieses ein neues *Zensuredikt*, aus zehn Artikeln, nervicht abgefaßt, bestehend.

> Man beliebe nicht gleich mit beredtem Achselzucken auszurufen: Leider gibt 's in Preußen keine Religions- und Preßfreiheit mehr. Dies Edikt ist nur Bestätigung, Bestimmung und Erweiterung desjenigen, welches Friedrich, der helle, freie Denker selbst, 1749 und 1772 zu publizieren für gut fand. Wenn man erwägt, welche – Gott, seinen Gesalbten, Tugend und Ehrbarkeit, Geschmack und reine Sitte, die Fürsten und das Vaterland entehrende Schriften, seit 30 Jahren öffentlich und heimlich, in dem sonst so biedern, frommen, keuschen, züchtigen, ehrbarn Deutschlande zum Vorscheine kamen, die unsern Kindern und Enkeln den giftgetränkten Dolch ins Herz stießen, so verdient ein Fürst des Landes lautesten Dank, der es wagt, diesem Unfuge zu steuren. [...]

Das Religionsedikt rumort auch noch immer, aber nicht so gewaltsam wie anfangs; auch ist es ungegründet, daß viele anderstdenkende Geistliche ihr Amt freiwillig niedergelegt hätten, weil sie das Edikt für Gewissenszwang hielten.

[...]

Wöllner setzt sich immer breiter im Stuhle seines Ansehens und seiner Würde. Der König vermehrte jüngsthin sein jährliches Gehalt mit 8000 Talern. Dieser Minister ist jetzt wie der oberste Bischof und Pädagogarch des preußischen Staats zu betrachten. Daß ein päpstlicher Geschäftsträger nach Berlin kommt, ist ganz gewiß; auch darüber glossieren die Brandenburger gewaltig.

> Man möchte freilich fragen, was hat Preußen mit dem Papste zu tun? Die Katholiken entfernen seine Abgeordneten, und die Protestanten sollten sie an sich ziehen und die noch nicht verrosteten Fesseln der Hierarchie wieder ins Land bringen? – Aber, wer kann sagen zu den Fürsten: warum tut ihr dieses oder jenes? – Sonderlich in diesen Zeiten der allerparadoxesten Paradoxen!

[...]

Aus dem 14. Stück vom 17. Februar 1789

Widersprüche

Vielleicht sind die politischen Widersprüche in diesem ganzen Jahrhundert nie häufiger gewesen als jetzt. Was man heute schreibt, wenn es auch zwanzig Zeitungen sagen, wenn es auch ein Dutzend geheime Briefe bestätigen, muß man in der nächsten Zeitung widerrufen. Der Fehler liegt gewiß nicht am Erzähler, sondern im Gange der Sache selber. Es ist wirklich so, wie man schreibt. Das sonst so feste politische System in *Europa* scheint seit dem großen östreichischen und bourbonischen Bunde oder vielmehr nach *Friedrich des Einzigen* Tode aus seinen Fugen gerissen zu sein. Daher scheint es heute, als wären die Fürsten der Erde einig geworden, einander plötzlich die Hälse herumzudrehen; und morgen heißt es wieder, sie hätten sich einander ewige Brüderschaft zugeschworen; und daher stoßen die Gerüchte von Krieg und Frieden immer wie eherne Böcke gegeneinander, und Erzähler und Leser möchte oft vor Unmut toll werden. – Was ist zu tun? – Soll man warten, bis die Tat in ihrer Riesen- oder Zwerggestalt vor der Welt dasteht? und dann erst den Geschichtsgriffel ergreifen? – O dann gäb es ja keine Zeitungen; denn die müssen geschrieben sein, auch wenn von der Tatgestalt kaum ein Zehen fertig ist. Und überdem scheint es in den Kabinettern der Großen auch manchmal so bunt und so kraus durcheinanderzugehen, daß man heute ausstreicht, was man gestern ratifiziert hat. Also, Leser, erwarte von mir nichts Unmögliches, sondern nur getreue Berichte von dem, was ich durch das Prisma der gedruckten und geschriebenen Berichte sehe; denn ich bin gespannt an den Wagen des Chronos und folglich ein Sklave seiner Laune.

AUS DEM 18. STÜCK VOM 3. MÄRZ 1789

Amerika

darf die Hand der Vorsehung küssen, daß ihr junger Freistaat, eh er ganz befestigt und gegründet ist, von den europäischen Mächten nicht ins Auge gefaßt wird. So kann er aufwachsen und erstarken, indem sich die Europäer selbst entkräften. Die Gesetze schlagen immer tiefere Wurzeln, und der Geist eines *Washingtons* und *Franklins* rückt durch Eintracht und weise Grundsätze die Provinzen immer näher zusammen, um nach und nach eine Masse zu bilden, der niemand mehr widerstehen kann. Indem man glaubte, sie besäßen nicht die gemeinsten europäischen Kenntnisse, so sah man sie einen Gesetzgeber-Plan bilden und ausführen, der alles übertrifft, was das Altertum ersann.

Es ist betrübt, daß die Deutschen in *Nordamerika* wegen ihrer abscheulichen Unwissenheit von allen öffentlichen Ämtern ausgeschlossen werden müssen. Die meisten können nicht lesen, nicht schreiben, vernachlässigen die Erziehung ihrer Kinder, halten Prediger und Schulmeister wie Bettler, unerachtet sehr reiche Familien unter ihnen sind, verachten alle Wissenschaft und Kunst und werden bald den Vorwurf ganz verdienen, eine Kolonie von teils armen und lüderlichen, teils reichen und geizigen Barbaren zu sein. Daher werden sie auch von den *Engländern* fast mit Recht allgemein verachtet.

Gelehrte Weiber

Bald werden sie unter sich eine Gelehrtenrepublik errichten, ob sie gleich *Klopstock* davon ausschloß. Ganz Europa wimmelt derzeit von gelehrten Weibern. In Portugal ist der erste Dichterkopf – ein Weib; in Spanien haben Weiber eine gelehrte Gesellschaft errichtet; in Frankreich ist's Hochton unter den Damen, in den Versammlungen über Größenlehre, Metaphysik, Naturlehre, Staatskunst, Geschichte, schöne Wissenschaften zu sprechen; in England sind Weiber im Besitze des Romanschreibens; in Rußland präsidiert eine Dame in der Akademie – und in Deutschland? – gibt's derzeit 50 Schriftstellerinnen und drunter 20 Dichterinnen. – Was soll das alles werden? Will Deutschlands Riesengenius an der Kunkel sitzen, indes die deutschen Omphalen mit seiner Keule spielen? – Möchte wohl wissen, ob König Salomo, wenn er zurückkäme in diese Welt, sein Ideal eines trefflichen Weibes, so wie sie sein muß, wenn sie ihres Mannes Herrlichkeit ist, vertilgen und dagegen ein andres aufstellen würde, wie ein Weib mit sieben Zungen reden, Verse machen, Romanen schreiben, philosophieren, freigeisten, im Kathedertone sprechen, die Doktoren und Professoren belehren soll, indes – die Kinderstube, Küche und Keller, Haus und Hof, Garten und Feld vernachlässiget wird!! –

Hieher gehört das neuste Beispiel aus Frankreich – *Neckers* Tochter, *Madam de Staël*. Die soll ein Trauerspiel, *Johanna Gray*, gemacht haben, voll schöner, empfindsamer, herzzerschmelzender Stellen.

Aus dem 21. Stück vom 13. März 1789

Kirchengesang

Leipzig. Als man hier eben an einem neuen Gesangbuche zu drucken anfangen wollte, kam ein Reskript von dem Oberkonsistorium in Dresden, welches dieses Unternehmen verbot. Vermutlich nicht, weil man das bisher eingeführte für unverbesserlich hält, denn es gehört bekanntermaßen zu den *allerelendesten*; der größere Teil der Lieder widersteht einem nur etwas feinen Geschmacke, ein Dritteil schon dem gesunden Menschenverstande, und Unsinn zu singen kann unmöglich Nutzen stiften! – sondern weil man, wie es heißt, in Dresden darauf denkt, ein *Allgemeines Sächsisches Gesangbuch* zu veranstalten. In der Universitätskirche zu Leipzig hat man schon vor einigen Jahren einen Anhang zu dem alten Gesangbuch eingeführt, und dieses dadurch stillschweigend außer Gebrauch gesetzt. Es wäre zu wünschen, daß dieser Anhang wenigstens auch in den übrigen Kirchen Leipzigs gebraucht werden dürfte, bis das Allgemeine Sächsische Gesangbuch zustande kömmt, da mehrere Privilegien und andere Hindernisse seine Erscheinung nicht so bald wahrscheinlich machen. Ist es aber auch nützlich, daß ein Land ein allgemeines Gesangbuch hat? Ein Gesangbuch muß wenigstens alle hundert Jahre von neuem durchgesehen und verbessert werden, und dies ist leichter möglich, wenn jede Stadt ihr eigenes hat. Die Verschiedenheit ist auch dazu gut, daß das Volk nicht in den Wahn falle, ein Gesangbuch habe die Sanktion der Bibel. Schon zu Luthers Zeiten wollte man allgemeine Gesangbücher und Gleichförmigkeit in den Kirchengebräuchen einführen, allein der große Mann setzte sich dagegen, *damit nicht ein neues Papsttum daraus entstehe.* Wie tiefeindringend in das menschliche Herz!

Mannichfaltigkeit in den Gesängen kann wohl unter den protestantischen Gesangbüchern stattfinden, aber nicht eine so verwirrende Verschiedenheit in den Lesarten. So wird z. B. Luthers Triumphgesang Eine feste Burg ist unser Gott etc. bereits mit 20erlei Lesarten in Deutschland gefunden, wovon manche oft äußerst elend sind. Nur eine Probe. Vom Satan sagt Luther zwar hart, aber außerordentlich stark:

Groß Macht und viel List
Sein grausam Rüstung ist.

Dafür setzt ein Verbesserer, im Zeichen des Wassermanns geboren:

Er rüstet sich mit List,
Trotzt, daß er mächtig ist.

Luther:

Mit unsrer Macht ist nichts getan usw.

Der Verbesserer:

Nicht unsre Macht ist's, die ihn fällt.

Luther:

Und wenn die Welt voll Teufel wär usw.

Der Wassermann auf jämmerliche Weise:

Und wenn die Welt voll Teufel wär,
Die uns verschlingen wollten,
So achten wir's doch nicht so sehr,
Daß wir drum weichen sollten.

Und solche elende Lesarten findet man in unsern besten – sogar Klopstockischen Liedern. Man kann ein trefflicher Theolog und dabei ein blutschlechter Dichter sein. Daher sollte die Herausgabe der Gesangbücher immer von mehreren Geistlichen, mit Zuratziehung eines Dichters und Tonkünstlers veranstaltet werden. Denn wieviel, wie außerordentlich viel ist an einem Gesangbuche gelegen, woraus das Volk Ermunterung, Belehrung, Trost im Leiden und Erquickung auf dem Sterbebette schöpft.

Aus dem 27. Stück vom 3. April 1789

Literarische Glossen

Schon das Volumen des diesmaligen Meßkatalogen ist so abschreckend, daß der Freund echter Kunst und Wissenschaft nicht ohne Grund fürchtet, das Bücherschreiben möchte unter uns Deutschen mehr als unter jedem andern Volke zum Handwerk heruntersinken. Man kann, dünkt mich, getrost behaupten, daß zwei Drittel der gegenwärtigen ungeheuren Frachtlieferung recht eigentlich bei ihrer Geburt schon für das Grab reif sind. Ein gewisser berühmter Schriftsteller scheint es daher, wenn er von den Bücherfabriken zu *Wien*, *Berlin*, *Hamburg*, *Frankfurt*, besonder zu *Leipzig*, redet, nicht zu übertreiben, wenn er uns aus dem seit einem Jahrfünftel immer weiter um sich greifenden literarischen Luxus jähen Mißwachs und eine plötzliche Dürre weissagt. Die Herren Bücherlieferanten in den genannten Orten, besonder zu Leipzig, halten sich jetzt ihre Autoren wie Tauben unter dem Dache, füttern sie kärglich wie Täublein – damit ja die Operationes mentis durch die Einflüsse des Magens nicht gedämpft werden, geben ihnen ihre Pensen zum Übersetzen, Extrahieren, Kompilieren, Rezensieren, Korrigieren, Revidieren etc. in vollgerüttelten Maßen auf und deuten mit dem Kommandostab ihres allerseitigen Schutzpatrons, des alten Heidengottes Plutus, auf Tag und Stunde, wo das Meßkontingent fertig sein muß. Wird die Ware zu seiner Zeit geliefert, so darf das Täublein am Faden die Lüfte ein wenig bestreichen, darf wohl gar ins untere Stockwerk hineinfliegen und von des Herrn Tische pikken; aber alles bloß, um Rückenmark und geschärfte Augen zu einem anderweitigen Tagwerk zu sammeln usw, Solchergestalt ist es dann freilich kein Wunder, wenn der wißbegierige Leser Spreu statt des Korns, Hülsen statt des Kerns – einen Haubenstock statt der ausländischen Grazie erhält.
Wie Blumen der Wüste lächeln demungeachtet den müden Wanderer noch immer da und dort erquickende Namen und Aufschriften an. Ich hebe aus dem vor mir liegenden Katalogen folgende Artikel für den Leser aus, teils um ihn aufmerksam darauf zu machen, teils ihm eine Herzstärkung auf die obige betrübte Aussicht darzureichen: 1) *Bürgers* Gedichte, 2 Bände, mit Kupfern und Vignetten. Wer Bürgers markige Hochgesänge liebt, wem seine neuern Balladen

und Romanzen, die sich seit einiger Zeit abschriftlich im Publikum herumgetrieben haben, zu Gesicht gekommen sind, der wird es kaum erwarten können, bis er diese von ihm selbst veranstaltete ganz neue Sammlung seiner trefflichen Gedichte in Händen hat. 2) *Campes* väterlicher Rat für meine Tochter. – Was der Theophron dieses unermüdeten Menschenfreundes für die Jünglinge unsers Vaterlandes war, und sein wird, – das ist dies goldführende Büchlein für unsre Mädchen und Frauen. Die Proben, welche Campe von dieser Schrift seinem Journale einverleibt, hat, sind herrlich, populär und haben bereits Segen verbreitet. 3) *Virgils* Landbau, von *Voß* übersetzt und erklärt. Auch von diesem Buche hat uns der treffliche Übersetzer der *Odyssee* in seinem Almanach Proben gegeben, die überall – in Sprache, Silbenmaß, Dichtergefühl, Eleganz, Korrektheit und Fleiß, eine Meisterhand verraten. Möchte dieser treffliche Dichter seine unvergänglichen Verdienste um unsre Literatur durch eine Verdeutschung der *Aeneide* krönen! – 4) *Schillers* Geisterseher – in einer vollständigen und echten Ausgabe. Ein paar voreilige und fehlerhafte Nachdrücke aus der *Thalia* haben ihn veranlaßt, diese originelle, so zeitgemäße Erzählung besonders herauszugeben, von der ich zu seiner Zeit mehr sagen werde. [...]

Aus dem 41. Stück vom 22. Mai 1789

Blick

Alle Völker der Erde, wo es noch Denker gibt, müssen jetzt ihre Blicke scharf auf das kleine Europa heften, das so lange schon durch seine Politik, Kriegskunde, Aufklärung, Wissenschaft und Kunst andern, weit größern Weltteilen fruchtbar wurde. Wo hallten die Donner der Europäer nicht? wo wehte nicht ihr Geist? – Aber jetzt scheint es, unsrer europäischen Republik – wo Königsgewalt, Hierarchie, Herrschaft des Adels und des Volks seit vielen Jahrhunderten wie eiserne Widder aufeinanderstießen, stehe eine ernste Veränderung bevor. In allen großen und kleinen Staaten bemerkt man eine Gärung, die immer gewaltiger wird, so, daß die Reife unsrer bisherigen Verfassungen schon da und dort zu springen beginnen wie ein Faß, worin brausender Most rumort. – In weniger als einem Jahrhundert wird Europa eine ganz andere Gestalt haben; dies weissagt der große Friedrich noch kurz vor seinem Tode. Traun! die Alleinherrscher haben die Saiten so gewaltig gespannt, daß sie brechen *müssen*.

Ein Mann hohen Geistes sprach jüngst zu mir: „Irreligiösität und Sittenverderb hat die meisten Großen angesteckt; sie müssen endlich ein Raub der niedern Stände werden, wo noch so viel körperliche und sittliche Kraft ist."

AUS DEM 47. STÜCK VOM 10. JUNI 1789

Übersicht

6) *Die französische Nationalversammlung.* Ganz Europa heftete auf diese ihr Auge. Sie begann mit kleinen Rangstrittigkeiten, faßte endlich würdige Entschlüsse; aber all diese hat der König *kassiert* und sogar die Nationalversammlung *aufgehoben*. Dagegen protestierte nun die ehrwürdige Versammlung und entschloß sich – *nicht auseinanderzugehen. Necker* verlangte seinen Abschied, indem er nicht mehr gegen den Sturm zu kämpfen vermag; aber der König und die Prinzen drangen ihn, zu bleiben. So eine außerordentliche Krisis läßt freilich auch ungewöhnliche Vorfälle erwarten. Kurz, das Ohr des politischen Horchers liegt jetzt scharf an der Pforte von Galliens Staatstempel und lauscht, was in seinem Heiligtume vorgeht.

Ans Publikum

Das Titelblatt zum ersten Halbjahre folgt im nächsten Stücke. Für die polemischen Artikel, die mir die Unart der Zeit abnötigt, hoff' ich meine Leser in der Folge durch Poesie und Musik entschädigen zu können. Wenn ich so manchem anonymischen Schreiber an mich noch nicht öffentlich geantwortet habe, so geschah es teils, weil mir der Inhalt nicht fruchtschwer genug war, teils aber auch, weil es oft Aufträge betraf, die mir schwere Verantwortung zugezogen hätten. Ich darf zwar manches schreiben, oft vieles – nur nicht alles. Man denke an meine Erfahrungen und verschone mich inskünftige mit solchen Aufträgen.

Aus dem 53. Stück vom 3. Juli 1789

Frankreich

ist jetzt ein Schauplatz großer Staatsereignisse. Die Stände haben die Erwartung von ganz *Europa* getäuscht; sie fingen mit geringfügigen Strittigkeiten an und endeten mit großen männlichen Entschlüssen. Lange schon war die ganze Nation einem siedenden Meere gleich; aber nun werden sich legen die tosenden Wellen, denn das große Werk – die *Vereinigung der Stände* – ist vollbracht. Der 27. Junius ist mit dieser Strahlentat bezeichnet. Adel, Geistlichkeit und Volk schweben nun im lieblichsten Dreiklange. Die Stimmen gehen nicht mehr nach *Ständen*, sondern nach *Köpfen*. Zum Balkon des königlichen Schlosses, worauf der König und die Königin standen, hallte der Jubelschrei hinauf: *Es lebe der König! die Königin!!* Der König wurde sogleich gebeten, die Soldaten wegzunehmen, aus dem edlen Grunde, den Demosthenes schon seinen Atheniensern anpries, weil die Nation durch sich selbst am besten bewacht sei. Tief neigte sich die Königin und legte ihre Hand aufs Herz! – Wie groß ist ein Volk, das Eintracht beseelt! – Des Kriegers Schwert stumpft an ihm, und vor ihm bücken sich Könige und Königinnen.

Nun wurden die großen Gegenstände vom Könige zur Beratschlagung hingewälzt: Die Festsetzung der Abgaben und Ausgaben des Reichs; die Aufhebung der Grundsteuer; Bestimmung der Zölle von der Ein- und Ausfuhr; Prüfung der durchs Los geschehenen Rekrutenaushebung und persönliche Freiheit jedes einzelnen Menschen; nur große Verbrecher, Mörder, Aufrührer, Verräter ausgenommen. Auch sollen die bürgerlichen und peinlichen Gesetze scharf untersucht und die Freiheit der Presse, mit der Einschränkung, daß der Staat, die Religion, gute Sitten und jedes einzelnen Ehre geschont bleiben, bewilligt werden.*

* Nur unter dieser Einschränkung ist die Preßfreiheit eine Wohltat. Ein Land, wo der Staat, Religion, gute Sitten und jeder ehrliche

Der König verspricht endlich, sogleich den ganzen Zustand des Vermögens und der Staatsschulden vorzulegen, erwartet aber dagegen, daß die Gläubiger des Staats auf die zuverlässigste Art gesichert werden. Vorbehalten aber hat sich der König die unumschränkte Gewalt über das ganze Heer und die Freiheit, im Kriegsfalle 100 Millionen zu entlehnen. Da die Versammlung länger dauerte, als es der König haben wollte, so sandte er zweimal Abgeordnete an sie, daß sie auseinandergehen sollten. Da faßten nun die edlen Männer den mutigen Entschluß: Wer einem Abgeordneten etwas in den Weg lege, sei infam und ein Vaterlandsverräter.

Necker ist noch immer der Liebling des Volks; er versprach es, sein Amt beizubehalten, und des Volkes Jubel schlug an die Wolken. Welcher Triumph des großen und rechtschaffenen Mannes! dagegen wurde der Erzbischof von *Paris*, als ein erklärter Volksfeind, am hellen Tage mit einem Steinhagel gesegnet.

Den 24ten ließ der König den Versammlungspalast mit Soldaten umzingeln. Die Nationalversammlung erklärte dies ungesäumt für einen Eingriff in ihre Freiheit, schickte 40 Abgeordnete an den König und erklärte, wenn nicht innerhalb 24 Stunden das Militär abgeführt werde und sie also vollkommene Freiheit genieße, so werde sie einen andern Platz zu ihren Beratschlagungen auswählen.

Wer verweilt nicht mit Entzücken beim Anblicke eines Volkes, in dem das Gefühl der heiligen Freiheit erwacht ist! Frankreich wird sich bald wieder in unsterblichen Taten zeigen, denn die Freiheit leuchtet ihm voran; und der König selbst wird sein freiheitstrebendes Volk liebgewinnen; denn

– – Nunquam libertas gratior extat,
quam sub rege pio.
Herrlicher blüht nie die Freiheit
Als unter einem frommen Könige.

Aus dem 54. Stück vom 7. Juli 1789

Mann nach Willkür darf angetastet werden, ist ein Wald voller Straßenräuber und Mörder. Wer mag durch ihn wandeln! –

[Fragen an Kronos]

3) *Wie steht's in Frankreich:* Die Nation hat plötzlich einen Schwung von Hoheit genommen, worüber der Schauer, Hörer und Leser staunen muß.

> O Freiheit, Freiheit, Silberton dem Ohre,
> Licht dem Verstande!
> Dem Herzen groß Gefühl
> Und freier Flug zu denken!! –

Du bist's, die den Geist der Gallier beseelt, und zwar alle Stände mit gleicher Gesinnung. Man glaubt, der Kriegsstand gewöhne sich durch die Subordination allmählich einen Sklavensinn an; aber hier ist's nicht so. Die Garde, die um Paris liegende Regimenter und die braven Esterhazyschen Husaren schwuren bei Gott und ihrer Waffe, nicht gegen das Volk zu dienen. Der Graf von *Afry* hat laut erklärt, daß die Schweizerregimenter, im Fall eines Bürgerkriegs, alle abgehen würden.

Ich war sonst, mit vielen meiner Landsleute, gewaltig entrüstet gegen die Franzosen, schalt ihren Kleinigkeitssinn, ihr Modegift, womit sie wie mit aqua tofana ganze Provinzen voll Krüppel und Geistessiechlinge machten; aber nun küss' ich dem französischen Genius die Hand, denn er ist ein Geist der Freiheit, und Größe und Wahrheit ist in seinem Gefolge. Hieher, ihr Windköpfe, die ihr mit den Docken Frankreichs spielt, von deutscher Freiheit sprecht und euch bückt, wenn der Jagdhund eures Gebieters vorübergeht oder – wie jener sklavische sogenannte freie Reichsbürger vor der Perückenschachtel des Burgermeisters den Hut zieht; hieher und lernet von den Franzosen, was Gefühl von Menschenwürde, was Freiheitsgeist sei!

Aus dem 55. Stück vom 10. Juli 1789

In Frankreich

geschehen jetzo Dinge von solcher Wichtigkeit, daß man fast darüber die Donner des türkisch- und nordischen Krieges überhört. Man glaubte, die Vereinigung der drei Stände würde allgemeine Ruhe im weiten Reiche verbreiten. Der König aber ließ zwischen *Paris* und *Versailles* 30000 Mann, worunter meistens *deutsche* Regimenter sind, unter dem Oberbefehle des streitkundigen *Broglio*, schleunig zusammenziehen, um in dieser furchtbaren Rüstung seiner Stimme Gewicht zu geben. Dagegen empörte sich die große Reichsversammlung und verlangte vom Könige, das Heer, und besonders die Deutschen, sogleich auseinanderzulassen.

> Unrühmlich ist es für uns Deutsche, daß sich unsre Landsleute, um schändlichen Sold und Lohn, gegen die *Freiheit* dingen lassen. Daher haben die Despoten, wenn sie ihr Volk unterjochen wollen, keine Soldaten lieber als die deutschen. Die Ursache liegt nicht eben in unsrer Staatsverfassung, sondern in unsrer meist elenden Erziehung, die den Menschen nicht groß und frei, sondern klein und sklavisch denken lehrt. In einer Pariser Flugschrift steht sogar der ärgerliche Gedanke: Der Deutsche hat weder Patriotismus noch Freiheitsgefühl; wenn er nur seinen Magen füllen und seine Kehle spülen kann, so ist's ihm eins, ob er die Pforte der Hölle oder das himmlische Jerusalem angreifen soll.

Necker, der große Necker, der alle seine Kräfte hinopferte, um das Reich vom Schlunde des schwindelnden Verderbens wegzureißen; der dem König den weisen Rat gab, sich anzuschmiegen ans Volk und nicht mit der vollen Kraft seiner Königsgewalt auf dasselbige zu drücken, ist nun abgefertiget mit dem allgemeinen Weltlohn großer Verdienste. Der König schrieb ihm nämlich:

> „Mein Herr, Sie begeben sich sogleich weg und verlassen das Königreich auf ewig."

Mit diesem Zeugnisse königlicher Dankbarkeit auf der Brust, reiste der große Mann sogleich nach der Schweiz ab.

So ging's den Edlen aller Zeit.
Was war ihn Lohn? – Undankbarkeit.
Der höchste Herrscher aller Thronen
Behielt sich's vor – sie selber zu belohnen.

An Neckers Stelle kommt wahrscheinlich Breteuil, und der Herzog de la Vauguyon besorgt die ausländischen Geschäfte.

In Paris sieht es fürchterlich aus; die Empörung brennt in

vollen Flammen. In der Nacht vom 13ten bis zum 14ten war es daselbst wie ein Vorspiel des Jüngsten Tages. Die Sturmglocken tönten von allen Kirchen, brennende Pechfackeln wurden wie von Eumenidenhänden geschüttelt, und das Geschrei von mehr als 100000 Menschen stieg brüllend zum nächtlichen Himmel auf. *Tod und Verderben jedem Verletzer der Freiheit!* war der Inhalt dieses Geschreis. Die Soldaten streckten sämtlich das Gewehr und versagten den Dienst. Der Prinz Lambesc hatte die Unvorsichtigkeit, einem ehrbaren Bürger den Kopf zu spalten; nun wollen die Empörer sich nicht eher entwaffnen, bis sie die Manen des Bürgers mit dem Blute des Prinzen gerächt haben. Kein Schwert, kein Degen, kein Jägermesser ist in ganz Paris mehr zu kaufen; sie blinken alle in unzähligen Fäusten. Nach der Greulnacht stürmte die Heerschar gegen Versailles, und man zittert nun für den König, die Königin und den Grafen Artois.

> Ich glaube, der König hat nichts zu fürchten; denn sein Volk ist gar gutartig. Er trete nur in der rührenden Würde eines Volksvaters unter die Wüter und spreche: Kinder, was wollt ihr von mir? Entsinken wird ihnen allen die Waffe, und aufjauchzen werden sie: Es lebe der König!

Neckers Entsetzung hat dies Feuer vollends zu einer Flamme aufgeblasen, die nur ein Gott zu löschen fähig ist. Auch in den Provinzen des Reichs lodert schon diese gräßliche Glut. In Orléans, Rouen und Amiens sowie in der Normandie hat das Volk die Richter gezwungen, die Fruchtpreise herunterzusetzen, weil die Last der Teurung unerträglich drückend war. Wir haben nun von Stunden zu Stunden immer wichtigere Nachrichten aus Frankreich zu erwarten. Es ist noch ein Glück für dies Reich, daß bei dieser innerlichen gewaltigen Gärung der Schild der Vorsehung auswärtige Feinde abhält; Frankreich wäre verloren, wenn dies nicht geschähe.

> Soeben wimmert die Nachricht von Mund zu Mund, daß in einem schrecklichen Blutbade zu Paris 16000 Menschen umgekommen seien. Mein Herz schauert zurück vor dieser Nachricht und wünscht, sie als eine blutige Märe widerrufen zu dürfen.

Aus dem 58. Stück vom 21. Juli 1789

Aus Paris

Hier ist der bürgerliche Krieg mit all seinen verderbenden Folgen ausgebrochen. Bei 200000 Franzosen stehen bereits in den Waffen, um ihre Rechte gegen den Thron zu verteidigen. Blut und Mord bezeichnet seitdem die Straßen von Paris. Die Kassen, Kaufmannsbuden und Marktplätze sind geschlossen, und die ergrimmte Heerschar will sich durch die Armee einen Weg nach *Versailles* bahnen, um dort zu zünden und zu töten. Der wütende Haufe hat bereits die Bastille gestürmt und den Kommandanten und seinen Sohn niedergesäbelt. Der kleine wie der große Verbrecher wurde in Freiheit gesetzt und vermehrt nun mit brüllender Wut den allgemeinen Greul. 30000 junge *Bretagnier* und 25000 *Normänner* sind auf dem Wege, um den wütenden Haufen noch größer zu machen. Es ist leicht zu erachten, wie dieser so fürchterlich ausgebrochene Aufruhr das Herz des Königs durchschneiden muß. Der König hat sich auch mit der Königin und dem Grafen von Artois von Versailles wegbegeben, und man weiß derzeit noch nicht, wo er sich aufhält.

Graf von *Artois* verlangte, daß seine Schulden zu den Nationalschulden gerechnet werden sollten. Dies tat *Necker* nicht, wodurch eine große Gärung am Hof entstand und der König bewogen wurde, Neckern zu entlassen. Necker ist bereits Basel passiert. Er wird wohl den Rest seiner Tage in der *Schweiz* veratmen. Es ist zu bewundern, daß dieser für Religion und philosophische Ruhe so gestimmte Mann, der überdies Besitzer von Millionen ist, sich zum zweitenmal bewegen lassen konnte, das Staatsruder auf einer so stürmenden See zu führen. Auch könnte man vielleicht seine strengen Prinzipien tadeln, daß er das Wohl von 26 Millionen Seelen den wenigen Millionen nachsetzte, die Artois schuldig war. Doch die Verwirrung ist noch zu groß, als daß man die ganze Sache in ihrem Zusammenhange darzustellen fähig wäre.

Die Geistlichkeit ist nun auf die Seite des Königs getreten, hingegen hält es der größte Teil des Militärs, selbst die ganze französische Garde, mit dem dritten Stande. Die stillen Siedler im Lande schauern vor der Ankunft der Bretagnier und Normänner und sehen nun den Bürgerkrieg, mit all seinen gräßlichen Folgen, für entschieden an.

Ob der Odem der Briten wohl in diese Flamme blasen möchte? Ich zweifle; denn der große *Pitt* hat deutlich erklärt, daß jetzt nichts mit den brausenden Franzosen zu machen sei. Sie würden sich bald in dieser stürmenden Hitze gegen jeden fremden Angreifer vereinigen und die wilde Flamme an ihm vertoben lassen. Man müsse erst warten, bis die Lücke groß genug wäre, um mit Vorteil einbrechen zu können.

Die Neigung des Volks zu dem *Herzoge von Orléans* ist außerordentlich groß, so wie auch dieser Prinz ganz dem Volk anhängt.

[...]

Aus dem 59. Stück vom 24. Juli 1789

Fortgang und Ende des Pariser Aufruhrs

Frankreich

hat uns seit wenigen Tagen ein Schauspiel gegeben, auf welches die Welt mit Staunen hinblickt. Groß und furchtbar begann die Empörung der Pariser Bürgerschaft, und ebenso groß und herrlich endigte sich dieselbe. Hier ist die treue Erzählung vom Fortgang und Ende dieser höchstwichtigen Begebenheit:

Neckers Entlassung war eigentlich der Brandstoff zu diesem greulichen Feuer. Vielleicht hat sich noch kein Minister in der Welt so mächtig um das Herz eines ganzen Volks zu schlingen gewußt wie dieser. Man trug sein Brustbild nebst dem Brustbilde des Herzogs von *Orléans* im feierlichsten Aufzuge umher. Aller Häupter waren entblößt, die Kriegsspiele klangen, die Scharwache folgte zu Pferd, und eine Menge Soldaten und Gardisten hinter ihnen her, welche Flöre trugen und so die allgemeine Klage der Nation über Necker ankündigten. Ein Haufe königlicher Reuter, die unvorsichtig unter das Volk sprengten, war die eigentliche Losung zur allgemeinen Empörung. Die *Tuilerien*, einer der schönsten Gärten der Welt, waren in wenigen Stunden Graus und Verwüstung. Waffen! Waffen! so donnerte es gen Himmel, daß die Geister des Friedens ihr Antlitz verbargen. Der stärkste Auftritt, den nur der Geist eines Shakespeares oder Schillers ganz darzustellen vermöchte, war bei der Bastille, diesem furchtbaren Gebäude, wo der hagere Jammer und das bleiche Elend und der stiere Wahnsinn und die wilde Verzweiflung und die stumme schwindlende Angst so lange schon ihre grauerliche Zellen hatten; – diesem Gebäude, an dessen Felsenwänden der Menschenfreund mit Schauer und Unwillen hinaufsah; dieses Schreckgebäude erstürmte das Volk, tötete den Befehlshaber *Launay* und einen Major; machte auch sogleich Anstalten, diese feste Jammerwohnung zu zertrümmern. *Flesselles*, der Prévot der Kaufleute, ein Kriecher vor dem Throne und Volksfeind, wurde auf dem Grève-Platz unter freiem Himmel getötet. Wären die königlichen Truppen in diesem Augenblicke gegen die Stadt gerückt, so würde das entsetzlichste Blutbad erfolgt sein. Aber Frankreichs himmlischer Wächter verhinderte es. Die Bestürzung des Königs über diese Nachricht war sehr groß. Er und sein Haus brachten die schreckliche Nacht in Angst und Bangigkeit zu. Mittwoch vormittag trat er in die Nationalversammlung und sprach das große Wort: *Zwischen mir und den Ständen soll künftig kein Zwischenstand mehr sein.* Gleich darauf schrieb er folgenden Brief:

> „Ich werde meine Truppen zurücknehmen, und die Herren Reichsstände sind dafür Bürge. Ich liebe mein Volk; es ist tapfer; ich bin sein Vater; und ich verzeihe ihm. Louis.“

Eine Abschrift dieses Briefs wurde sogleich nach Paris auf das Stadtrathaus und von diesem nebst folgendem Befehl an alle Pfarrer in Paris abgeschickt: „Gleich bei Empfang dieses lassen Sie alle Glocken in Ihrer Pfarrei läuten und ein feierliches Herr Gott, dich loben wir! anstimmen, zum Dank für die große und wichtige Neuigkeit, daß der König seine Truppen von der Hauptstadt wieder entfernt und in die Provinzen geschickt.“ – Die Einwohner des Kirchspiels St. Eustach verlangten den Brief zu küssen, und Tränen machten ihn ganz unleserlich. Da es aber noch Mißtrauische gab, die den Wankelmut und die Treulosigkeit der königlichen Ratgeber zu kennen glaubten, so faßte der König den erhabenen Entschluß – selbst nach Paris zu kommen und jeden zu befriedigen. Er kam freitags um 2 Uhr; auf dem Platze Ludwigs des XVten empfing ihn die Bürgergarde zu Fuß und zu Pferde. Nun ging es durch die ersten Straßen bis zum Stadthause (hôtel de Ville) durch 3 Reihen bewaffneter Bürger, deren Zahl sich über 100000 erstreckte. Unter die Bürger mischte sich auch die französische und Schweizergarde, das rührende Lied anstimmend: Wo ist man glücklicher als in der Seinen Schoße! Dann folgten die Abgeordneten und die Garden des Königs zu Fuß und ohne Waffen. Dann der König, ohne seine Brüder, in einer einfachen Jagdchaise, hinter ihm 4 Bediente, und Bürger zu Pferd und zu Fuße begleiteten ihn. Der gute Monarch, gerührt von diesem unbeschreiblichen, namenlosen Schauspiele, war nicht stark genug, seine Rede zu halten, und sein Sprecher *Bailly**, ein trefflicher Kopf, endigte sie. Der Inhalt dieser Rede war: Der König kam, um dasjenige zu bestätigen, was er gestern in der Nationalversammlung versprach, um so das Vertrauen der Einwohner zu Paris zu gewinnen und sie zur Wiederherstellung der Ruhe zu ermahnen. Die Stimme des liebenden Vaters entwaffnete die Kinder. Hunderttausende riefen: Es lebe der König! Ewig lebe unser guter König! Rasch wurden die blinkenden Bajonette abgenommen und die Waffen mit hellen Blumen und frischem Laube geschmückt. Der festliche Zug ging nun wieder unter lachendem Himmel nach dem Platze Ludwigs des XV., von welchem der König unter Geschützdonner, Musketenfeuer und Nachjauchzen des Volks nach Versailles zurückkehrte. Die Abgeordneten kamen nach dem königlichen Palaste zurück, wo alle Welt sich umarmte und Glück wünschte. Die Deputierten begaben sich hierauf wieder nach Versailles, um das Werk der so glücklich angefangenen Konstitution zu vollenden. Nun zogen die fremden Truppen ab, die bishero fast Hungers starben, jeder Haufe von einem Deputierten begleitet, um das Volk wieder mit ihnen auszusöhnen. Der König und die Versammlung der Stände schrieben an *Necker*, daß er zurückkommen möchte. Nicht zu Cambray, sondern zu Basel war der große Mann in diesem wichtigen Zeitpunkte. Er wird zurückkehren, denn er ist es der Liebe eines so herrlichen Volkes schuldig. Jedes kriegerische Ansehen ist nun weggeschwunden, die Tempel werden bald von Tedeum widertönen, und die ganze Stadt wird aufs prächtigste beleuchtet werden. Noch sind die Schauspiele geschlossen, man geht aber haufenweise nach der Straße St. Antoine, um das Auge an der zerstörten Bastille zu weiden. Obgleich 2000 Menschen vom

* Dieser Bailly ist ein großer Kenner und Schätzer der deutschen Literatur, hat auch schon manches in seine Sprache übersetzt.

Donnerstag früh um 3 Uhr an ihrer Niederreißung arbeiteten, so konnte doch die wütende Nation die Vollendung kaum erwarten; und während daß *Ludwig der XVIte* auf einer Seite nach der guten und standhaften Stadt Paris zurückkehrte, wurde auf der andern dies verhaßte Denkmal des Despotismus zertrümmert. 500 neue Arbeiter wurden den vorigen zugegeben, und indem diese schreckliche Steinmasse zusammenstürzt, so schlägt das Volk in die Hände und schreit den Arbeitern zu: Brav, brav! nur frisch gearbeitet, wir wollen euch gut bezahlen. So wird also dies Schreckgebäude, wo Grausamkeit und Ungerechtigkeit so oft ihre Mysterien feierte, dessen schauerliche Geschichte *Linguet* beschrieb, das die Edlen alle verfluchten, jetzt ein grauerlicher Schutthaufen sein – –
Dies wäre also die Geschichte einer erstaunenswürdigen Tat, in weniger als 8 Tagen von den Parisern getan – den Parisern! die in aller Welt als weibische Kleinmeister und Gecken verschrien sind. Sie hatten in zweimal 24 Stunden gegen 300000 bewaffnete Männer auf den Beinen, dem Heere, das sie umgab, mutig getrotzt, den Hof in Schrecken gesetzt, und bei all diesem – ihren König redlich geliebt. Verheert ist die unbezwingliche Bastille, und der Pariser Bürger ist durch seine wunderbare Tätigkeit, seine Kühnheit, seine kraftvolle Anstrengung das Erstaunen des Auslands geworden.

Dem Pariser unbekannten Freunde sage ich hiemit für die Mitteilung dieser Nachrichten lauten Dank. Ihm muß das Herz am rechten Flecke schlagen. Was er vom Gerichte über die deutschen Aristokraten spricht, ist ganz wahr. Die Sturmglocke wird seiner Zeit auch ihnen zum Schrecken hallen. Herr K-r- aus Straßburg, der mich mehrmalen mit Beiträgen beehrte, wird gebeten, mir seinen Namen zu enthüllen, um ihm schriftlich seinen Verdacht zu benehmen.

AUS DEM 60. STÜCK VOM 28. JULI 1789

Weltwirre

Die europäische Staatsmaschine geht würklich einen so neuen ungewöhnlichen Gang, als wenn sie ganz und gar aus ihren Fugen treten wollte. Die Staatenforscher werden irre, den Weisen wird es bange, und die apokalyptischen Schauer glauben, die Zeit nähere sich, wo der Riesenengel den einen Fuß auf das Meer, den andern auf die Erde stellen und beim Hocherhabenen schwören wird: Hinfort ist keine Zeit! Wahr ist's, in der physischen, politischen, theologischen, philosophischen Welt geschehen seltsame Dinge, und ich glaube, daß sich das achtzehnte Jahrhundert fürchterlich schlafen legen werde. Welcher Geist der Unruhe durchdonnert ganz Europa! In den Provinzen des paradiesischen Frankreichs wütet der Pöbel noch immer mit Mord und Plünderung. Der sollte vor dem Himmel erröten, der diesem Greul der Verwüstung wie einige englische und deutsche Brausköpfe seinen Beifall zuklatscht. Das ist nicht Freiheit, das ist blutige Phrenesie, die der Himmel verabscheut.

[...]

Wenn der Pöbel allein so dächte, so wär' es einigermaßen entschuldbar, denn Pöbel ist Pöbel. Wenn aber Leute wie *Mirabeau*, die ihre Aufklärungsfackel am Altarfeuer des Himmels angezündet zu haben wähnen, in der Nationalversammlung auftreten, den König mit niederträchtigem Schimpfe besudeln und doch Gesetzgeber und Häupter der Bürgerschaft werden wollen, dann verdienen sie Abscheu.

> Noch lange wird Frankreich die Nachwehen von der Riesengeburt seiner neuen Staatsverfassung empfinden. Man speit zwar die Peiniger des Volks aus – die geizigen Amtleute, Pachter, Wucherer – und jagt diese Leuteschinder in andre Provinzen hinein; allein man nährt dagegen das Untier Anarchie in seinem Busen, und es ist sehr zu wünschen, daß die neuen Gesetze nicht bloß auf dem Papier figurieren, sondern bald in Ausübung kommen.

[...]

Auch *Mömpelgardt*, wo das benachbarte Frankreich den Bauern die Köpfe heiß machte, ist durch die weise Veranstaltung seines Herrn, unsers *Herzogs*, wieder zur vorigen Ruhe gebracht.

4) Die Schweizerbauern, besonders um *Zürich* herum, sollen Fäuste auf ihre liebe Obrigkeit machen. Ich hoffe, es soll dies nur vorüberbrausender Geist der Nachahmung sein; denn die Schweiz ist bloß durch innere Ruh und Ein-

tracht unüberwindlich. Nagt aber einmal der Bandwurm des Mißmuts und der Zwietracht an ihrem Herzen, dann gut Nacht, heilige, mit Blut errungene Freiheit der Eidgenossen!

Auch in Genf gab es wieder Aufruhr; wovon nächstens.

5) Fürchterlicher schwingt der Geist der Zwietracht die Fackel in *Anhalt-Zerbst*, wo das Volk seinen Fürsten schwer anklagt. Schon hat dieser Fürst den König von Preußen um Soldatenhülfe gebeten; der Monarch läßt aber die Klagen des Volks vorher durch zwei Bevollmächtigte untersuchen.

[...]

Aus dem 67. Stück vom 21. August 1789

Frankreich

Allmählich steigt aus dem Chaos der Anarchie eine Konstitution hervor, die kein vielgestaltes Ungeheuer ist, sondern eine annehmliche Form hat. *Gemäßigte Monarchie* steht dem Kolossenbilde an der Stirne. Wohl dir, Frankreich, wenn du dies Bild aufstellst im großen Tempel der Freiheit, dessen strahlende Kuppel in die Himmel reicht; wenn das heilige Urim und Thummim, Licht und Recht, auf der Brust der Hohenpriester dieser Gottheit funkelt, und wenn dann die besten Menschen aus allen Weltteilen zu dir wallen und bei dir nicht mehr *Tand*, sondern *Wert* für Zeit und Ewigkeit holen. – Da der französische Genius nicht langsam, sondern stürmenden Flugs zum Ziele eilt, so ist ihm der Gedanke ganz natürlich: *auf einmal durch eine patriotische Aufopferung den Staat in vollem Glanze herzustellen.*

> Jeder Untertan wird aufgefordert, den hundertsten Pfennig seines Vermögens herzugeben. Staatsberechner schätzen die daraus erwachsende Summe auf 400 Millionen. Die ganze Nation jauchzt diesem Plane Beifall zu. Auch Neckers Anlehn von 80 Millionen ist bald vollständig. Was vermag eine Nation, wenn großer Freiheitssinn ihren Willen lenkt!

[...]

Aus dem 76. Stück vom 22. September 1789

Kleinere Rapporte

2) Tagwerk eines jungen Engländers von Stande: Er galoppiert 12 Stunden nach einem Pferderennen – gewinnt oder verliert dort einige tausend Pfund Sterlinge; reitet darauf 7 Stunden weit zum Mittagessen, sauft wie Leviathan, jagt wieder 10 Stunden zum Abendessen, tanzt bei einem Balle, umarmt seine Mätresse, schläft 2 Stunden, galoppiert wieder 20 Stunden weit zum Frühstück, 12 Stunden zum Mittagessen – sauft wieder, tanzt wieder – hurt wieder –!! Das heißt für den *Staat* und die *Ewigkeit* gelebt.

O wie wahr ist die Bemerkung, daß die Großen, die Reichen der Welt, die das Muster andrer Stände sein sollten, gerade die sittenlosesten, die verdorbensten sind.

Aus dem 81. Stück vom 9. Oktober 1789

Vom Geiste der Empörung

Leider müssen wir diese schwarze Rubrik noch immer in unsern Zeitungen berühren. Was in Frankreich wahrer Freiheitsdrang ist, ist *vielleicht* in den Niederlanden und in Deutschland *gewiß* Aufruhr, den Gott haßt. Die Brabanter sind durch die greuliche Kur, die man mit ihnen vornahm, nichts weniger als gebessert. Sie haben noch immer ein Heer von 36000 Mann beisammen, und wenn der Krieg mit Östreich und Preußen losbrechen sollte, so ist zu fürchten, sie vereinigen sich mit den Holländern, die schon in aller Stille ein Heer von 40000 Mann an der Grenze versammelt haben. In Brüssel und in dasiger Gegend herum ist es jetzt so ziemlich ruhig, weil *Altons* Schwert über den Häuptern der Trotzköpfe schwirrt; allein die Glut ist nicht getilgt, sie ist nur mit Asche leicht bedeckt. Ein Lüftlein darf wehen, so lodert die Greulflamme hoch empor.

Die östreichischen Niederlande sind eine wahre Aise am östreichischen Staatskörper. Man sollte sie wegätzen; der Körper würde nur dadurch desto frischer und gesünder.

[…]

Der Landgraf von Hessen-Kassel hat einige Aufwiegler

beim Kopfe genommen und bändigt sie nun mit der Fessel.

> Mit gewohnter Freimütigkeit muß ich's sagen, daß die Berichte aus seinen Landen nicht immer günstige Zeugnisse für den Landgrafen sind; es erhebt sich da manche Klage, die gerecht zu sein scheint. Hat sich doch der preußische Hof schon ein paarmal ins Mittel legen müssen. Wie sehr verdienen es die biedern Hessen, dieser tapfere, biedere deutsche Volkshaufe, daß sie ein sanfter Herrscherstab weide!

Es regt sich auch noch da und dort, sonderlich in einigen Reichsstädten, Mißmut gegen die Obrigkeit, und es wäre zu wünschen, daß man einmal, von Reichs wegen, den verjährten Übeln abhelfe, die wie ein Bandwurm am Leben so mancher alten Stadt saugen. Doch wer weiß, was noch geschieht! unter Josephs Regierung geschieht!

Luthers Bibel

Man hat in unsern Tagen, wo oft das schlimmere Neue das bessere Alte verdringen möchte, auch heimliche und öffentliche Versuche gemacht, Luthers Bibelübersetzung zu verdrängen und an ihre Statt eine moderne Übersetzung oder vielmehr einen Auszug aus der Bibel einzuführen. Aber alle diese Versuche sind von überwiegenden Stimmen mit Unwillen verworfen worden. Luthers Bibel ist unser erstes Volksbuch, eine Vorratskammer voll der kräftigsten urdeutschen, mächtigsten, allverständigsten Worte und der kernhaftesten und rundesten Ausdrücke, die seit 300 Jahren Sprüchwörter und Sentenzen des Volkes geworden. Alle neuere Bibelübersetzer, selbst *Herder*, den seine große Kenntnisse, seine Sprachkraft, sein biblischer Sinn wie sein hoher Genius vorzüglich zu diesem Amte berechtigen, weist in seinen trefflichen Versuchen von Bibelübersetzungen immer den Leser auf Luthern zurück. Die antike Miene der Lutherischen Bibel, die ihr eine Art von orakelmäßiger Würde gibt, das herzvolle und das kräftige Deutsche muß und wird Luthers Bibel noch so lange unter uns erhalten, als Christus und Wort Gottes noch unter den Deutschen genennt wird. Wehe uns, wenn die Bibelübersetzung das Schicksal unsrer Gesangbücher hätte, die in jeder protestantischen Provinz oder Stadt oft von gar mattherzigen, unpoetischen und ängstlich dogmatisierenden oder kühn neologisierenden Sammlern herausgegeben werden, worinnen oft unsre trefflichsten Lieder durchwässert, verstümmelt oder ganz krüppelhaft umgeformt werden. Sonst sang ein Handwerksbürschlein aus Aalen mit seinen Zunftgenossen aus Göttingen, Bremen, Hamburg oder Berlin ein geistliches Lied in brüderlicher Eintracht. Seitdem es aber so viel Varianten gibt, als wir Städte zählen, seitdem verstummt diese geistliche Liedereintracht; und alle Einheit des Glaubens und des Geistes würde unter uns aufhören, wenn Luthers Bibel nicht wäre. Steh also, Werk eines großen deutschen Mannes, fester und daurender als die Münster zu Straßburg und Ulm, und sei ein Panier, unter dem sich die Deutschen versammeln und stärken, wenn ihre Sprache, wie ihr Glaube, ausarten will! *Klopstock*, der tiefste Fühler des Großen und Schönen, kröne meine Rede mit seiner neusten Ode:

Heiliger Luther, bitte für die Armen,
Denen Geistesberuf nicht scholl; und die doch
Nachdolmetschen, daß sie zur Selbsterkenntnis
Endlich genesen.

Weder die Sitte noch der Sprache Weise
Ahnden sie; und es ist der reinen Keuschheit
Ihnen Märchen! was sich erhebt, was Kraft hat,
Edleres, Torheit!

Dunkel auf immer ihnen jener Gipfel,
Den du mutig erstiegst, und dort des Vater-
Landes Sprache bildetest zu der Menschen
Sprach', und der Engel.

Zeiten entflohen: doch die umgeschaffne
Blieb! Und diese Gestalt wird nie sich wandeln,
Lächeln wird, wie wir, sie dereinst der Enkel,
Ernst sie, wie wir, sehn!

Heiliger Luther, bitte für die Armen,
Daß ihr stammelnd Gered' ihr Ohr vernehme,
Und sie dastehn, Tränen der Reu im Blick, die
Hand auf dem Munde.

Aus dem 92. Stück vom 17. November 1789

„Gnad' und Friede!"

„Was soll das sein, meine liebe Druckerherrn, daß einer dem andern so *öffentlich* raubt und stiehlet das Seine und *euch* untereinander verderbt? Seid ihr nun auch Straßenräuber und Diebe worden? Oder meint ihr, daß Gott euch segnen und ernähren wird durch solche böse Tücke und Stücke? – Derohalben seid gewarnt, meine lieben Drucker, die ihr so stehlet und raubet; denn ihr wisset, was St. Paulus sagt: Niemand vervorteile seinen Bruder im Handel; denn Gott ist Rächer über das alles. Dieser Spruch wird einmal treffen. So werdet ihr auch mit solchen Räubereien in Wahrheit nicht reicher, wie Salomon spricht: Im Hause des Ungerechten ist eitel *Verschießen:* aber des Gerechten Haus wird gesegnet. –" Ist *Luther* nicht auch hier ein Prediger für unsre Zeit?

Von meinem Sohne

Toleranz

Das Gebiet dieses gottgesandten Engels wird in Europa immer weiter. In Frankreich haben, seit der großen Revolution, die Protestanten ganz freie und ungestörte Religionsübung. Sie dürfen jetzt, wie sonst niemals, in ihren Versammlungen singen, und in *Nantes* haben sie sich sogar schon eine Orgel angeschafft. In *Bourdeaux* ist ein Bethaus, wo Luther und Calvin einander brüderlich umarmen. Und schon hat man da einem Protestanten ein öffentliches Leichenbegängnis gehalten. Auch sind fast in allen Provinzen Protestanten als Mitglieder der reichsständischen Versammlung erwählt worden.

Das Gedicht des *Fontanes* über die Nichtkatholiken hat diese toleranten Gesinnungen verstärkt. Es ist voll Kraft, Feuer und Wahrheit. O wenn die Dichter wüßten, was sie mit der Dichtergabe, diesem himmlischen Altarfeuer, zum Wohl der Menschheit würken könnten, sie würden gewiß nie dies köstliche Feuer, gleich den Irrwischen, auf Sümpfen tanzen lassen.

Aus dem 100. Stück vom 15. Dezember 1789

Die Nationalversammlung

in *Paris*, die erste, größte und wichtigste dieses Jahrhunderts, ist jetzt der Kritik von ganz Europa, selbst ihres eigenen Volks, scharf ausgesetzt; sonderlich bedienen sich die *Briten* ihrer bekannten Freiheit im strengen Tadel und in ätzenden Sarkasmen. Man *spricht* zu viel, so heißt es überall, und *handelt* zu wenig. Wann werden sie sich einmal öffnen, die Türen des heiligen Versammlungssaales? und wann wird die neue Verfassung wie ein Geist des Himmels hervortreten und Galliens großem Volke Friede und Freude durch die unerschütterliche Gründung seines allgemeinen Glücks verkünden? Geduld! eine große Sache bedarf Zeit, und es ist schon von guter Vorbedeutung, daß die Franzosen in dieser wichtigen Angelegenheit nicht mit dem raschen, fluggleichen Gange ihres Nationalcharakters vorgeschritten sind, sondern daß sie alles tief, ernst und lang überlegen. Denn da soll kein Feenpalast hingetändelt werden, auf kurze Zeit in den Farben des Prisma spielend, sondern ein Palast, tiefgegründet und himmelstrebend wie ein Berg Gottes.

[...]

Auch der Pariser Akademie der Wissenschaften steht eine gänzliche Umbildung, wo nicht völlige Aufhebung bevor. In mehreren Sitzungen hatten diese Akademisten fast gar keine Zuhörer mehr. Man glaubt mit vollem Rechte, daß Wissenschaften, die nicht *einen direkten* öffentlichen Nutzen haben, den törichten Jungfrauen gleichen, die Lampen ohne Öl hatten.

Diese Beschuldigung trifft zum Teil auch unsre Akademien. Wie vieles haben wohl diese zum allgemeinen Besten, zur wahren Aufklärung, zur Wegräumung zäher Vorurteile unter uns beigetragen? So meinte es *Leibniz* nicht, der der Stifter dieser Akademien war. Er wollte, wie Homer und Sokrates, die Musen und die himmlische Weisheit, gesäubert vom Schulstaube, unter die Menschen führen und sie verständiger, tugendhafter und edler machen. Türmt eine ganze Reihe von Quartanten hin, voll von tiefsinnigen, metaphysischen und algebraischen Abhandlungen, in fremder oder in selbstgeschaffner Kunstsprache geschrieben; der Geist der Nation geht vorüber und schüttelt den Kopf.

Aus dem 101. Stück vom 18. Dezember 1789

Die vaterländische Chronik

wird künftig bloß den nackten Titel *Chronik* führen, nicht als wenn ich meine vaterländische Haut abstreifen und künftig in den Farben der neuen Patrioten spielen wollte – o Vaterland, dir will ich treu sein bis in den Tod!! –, sondern weil ich meist mehr vom Auslande als vom Inlande zu schreiben habe. Versprechen will ich nichts, denn meine Leibes- und Geisteskräfte sind in Gottes Hand, aber meinem Vorsatz gedenk' ich treu zu bleiben: mich anzuhängen an die heilige Wahrheit; nach Überzeugung furchtlos zu schreiben; den Namen meines Herrn im Himmel oft mit Entzücken zu nennen, auch wenn sich Tausende schämten, ihn vor der Welt zu bekennen; meinen Lesern mit Liebe zuzufliegen; dem sanften Winke des herzlichen Tadels zu folgen und – Verleumdung und Neider damit zu widerlegen, daß ich mit dankbarem Eifer dem Publikum diene und das, was ich ehrlich erwerbe, wieder redlich mit meinen Brüdern teile. Meinen zahlreichen Korrespondenten, Lesern und Freunden nichts weiter als eine Geistesumarmung, einen biedern Handschlag mit Dank und Gotteslohn!!

Aus dem 104. Stück vom 29. Dezember 1789

CHRONIK
1790

Ein Schauer in die Zukunft

sieht fürchterliche Dinge. Die ganze Welt im Aufruhr, alle Fäuste bewaffnet, die Fürsten alle an der Spitze geübter Krieger – um den Freiheitsgeist zu dämpfen und die Thronen der Erdherrscher auf ewig zu gründen. *Frankreich* soll wieder seine ehemalige Verfassung erhalten, die *Niederlande* dem Kaiser eingeräumt, *Polen* neu geboren und alles, was höckericht ist, geebnet werden. Dann sollen die Könige und Fürsten der Welt eine goldne Kette bilden, wo ein Ring in traulicher Nachbarschaft in den andern greift. Wie toll der Träumer träumt! Durch welche Kräfte sollen die Fürsten dies alles tun? durch die Kräfte geübter Kriegsheere. Woher nimmt man Krieger? Aus dem Volke. Wenn nun die Krieger untreu werden, wie in Frankreich und in den Niederlanden?! – wie da? was sind Fürsten ohne Volk? – o des hirnkranken Träumers!

Aus dem 5. Stück vom 12. Januar 1790

Neue politische Schöpfungen

I. *In Frankreich.* Unser alterndes Jahrhundert zeigt eine Schöpfungskraft, wie seit Christus Geburt vielleicht noch kein Jahrhundert hatte. Große Reiche, mächtige Staaten schlüpfen, wie Schlangen, durch drange Höhlen, legen die alte Haut ab und schimmern in neuer bunter Hülle. Das rasche, blitzschnelle Frankreich sollte, seinem Charakter gemäß, schon lange in neuer Schöpfung dastehen; aber die Gebärerin weckt große Erwartungen, und noch sieht man das Kindlein nicht, das zur Welt soll geboren werden. Die erhabenen Volksdarsteller sprechen über große Dinge mit vieler Würde, aber noch ist Wort nicht Tat geworden; ihre ganze Weisheit glänzt bloß auf dem Papiere. Wenn Frankreich bleibt, wie es ist – ein ewiger Areopagus, in dem man sich übt in der Rhetorik und Auskramung glänzender Sentenzen, woraus aber kein Mann mit dem Schwerte der Entscheidung vortritt und handelt, so muß jeder Patriot sagen: so kann es nicht bleiben, es muß anders werden! Wo ist jetzt deine Stimme, hohe Gallia, deren leiser Hauch sonst die politische Waagschale zucken machte? Geringere

Mächte stehen mit dem blanken Harnisch ihrer Kraft vor dir da; du aber ächzest auf dem Geburtsstuhle. Ich will aufzählen deine Worte, laß sie zur Tat werden: 1. *Dekret der Nationalversammlung, die Konstitution der Munizipalitäten betreffend,* ist ein Meisterstück gesetzgebender Geisteskraft. Nach selbiger soll der Thron eine Sonnenmasse werden, die mit goldnen Fäden das ganze Reich mit all seinen Rechten und Freiheiten in einen Knoten knüpft.

Der Thron ist nach diesem Entwurfe das Herz, aus welchem Leben in alle Glieder des Staates sprützt. Rathaus, Mairies, Echevinats, Konsulate werden auf immer aufgehoben, und nur eine Stimme gilt. Der ganze Staatskörper besteht aus Munizipalschaften, an dessen Spitze ein Maire steht; doch kann jeder aktiver Bürger sprechen, wenn ihn Vaterlandsliebe und Einsicht darzu berechtigt. Die Maires werden immer nach der absoluten Stimmenmehrheit gewählt und müssen Männer sein, die Brust und Kopf haben. Das ganze Dekret ist mit solcher Weisheit gemacht, daß es keines Auszuges fähig ist. Man muß es ganz lesen, ganz durchstudieren, weil der legislatorische Geist eines Montesquieu darin atmet.

2. Über die Rechte der Juden, der Schauspieler und der Scharfrichter haranguiert noch die Nation gewaltig.

Der schreckliche Fluch: sein Blut komme über uns und unsere Kinder! scheint auch hier, wie überall, auf den Juden zu ruhen. Obgleich ihr Sprecher alle die Schätze hinbot, die der Erwerbsgeist dieses Volkes aus allen Welten zusammenraffte, so erhob sich doch eine mächtige Gegenpartei, welche laut behauptete, dies Volk trage das Verwerfungszeichen an der Stirne und sei ewig unfähig, sich in die heiligen Bande einer christlichen Sozietät zu schlingen. Wie sehr wird auch hier die Prophetie der Heiligen Schrift bestätigt, daß das Volk der Juden nicht früher von seiner Schmach befreit werden soll, bis der Helfer aus Juda auftritt. Über die Schauspieler hat die Nationalversammlung herrlich gesprochen. Man bessere die Schauspiele, sagte Volney, so werden auch die Schauspieler besser werden. Gott spricht aus den Vätern des Volks, wenn sie sagen, daß Schauspiele unter einer großen Nation zwar geduldet werden müssen, daß sie aber wegen ihres Einflusses auf den sittlichen Charakter des Volks künftig der strengsten Zensur unterworfen sein sollen. Wir haben, sagt der gesalbte Redner, bisher das ganze nachahmende Europa mit unseren Schauspielen überschwemmt, in welchen die häusliche Tugend, Keuschheit, Mäßigkeit und was den Menschen zu Gott führt, persifliert wird und wo man das Laster im Schimmergewande der modischen Torheit vorführt. Man predige nichts als Tugend auf den Kanzeln und Schaubühnen, dann wird das Volk bald besser werden. Auf diese Bergpredigt des begeisterten Redners erfolgte der allgemeine Schluß, daß die Schauspieler künftig die vollen Rechte eines französischen Bürgers genießen sollen. Wegen der Scharfrichter wurde beschlossen, daß künftig jeder Schein und Nebenbegriff von Unehrlichkeit von ihnen genommen und sie wie jeder Bürger des Staates geschützt und angesehen werden sollen. O möchte diese Gesinnung auch auf unser Vaterland verpflanzt werden, wo man noch immer die Nachrichter, diese Vollstrecker der blutigen Gerechtigkeit, mit schielendem Auge ansieht!! –

Auch wegen der Gefangenen hat die Nationalversammlung Schlüsse gefaßt, die ganz im Sinne der innersten Menschlichkeit sind. Nun kriechen die lange Leidenden aus ihren dumpfen Grüften wieder hervor, streifen die Fesseln ab und lächeln ihre Engel an. Dem geistlichen Stande ist auf immer die Gewalt genommen, Menschen einzukerkern und ihr gräßliches Vade in pace, Geh hin im Frieden, dem hinuntergehaspelten Lebendigtoten mit greulicher Stimme nachzurufen.*

O daß ich auch eine Stimme in der Nationalversammlung hätte. Ich wollte ihr mit dem friedlichen Lispel des menschlichsten Herzens zurufen: Steuret den Feinden der Religion Christus, ihr Repräsentanten des größten Volks! Ihr wäret nicht versammelt, ihr würdet nicht ächzen unter den Kämpfen einer neuen Geburt, wenn ihr früher gesteuert hättet dem grinsenden Spotte über das Heiligste, das Teuerste, was Himmel und Erde hat! Von euch ist ausgegangen der menschenerniedrigende Religionsspott, o gebt uns wieder ein Beispiel von Verehrung Gottes und seines Christus!

Aus dem 6. Stück vom 19. Januar 1790

* Um das Vade in pace ganz zu verstehen, muß man wissen, daß die unwürdigen Priester in Spanien, Frankreich, Italien und anderwärts die Verurteilten mit einem Kruge Wasser und Stück Brot in die Grube des Elendes mit diesem Spruche hinunterlassen. – Prediger der sanften Lehre Jesu taten dieses! – Ha, der Menschenfreund wandte von ihnen auf ewig sein Antlitz mit dem Donnerspruche: Geht hin, ihr Verfluchte, ich hab' euch noch nie erkannt. –

Ulm

Diese graue, für ganz Deutschland in so manchem Betracht ehrwürdige Stadt, bleibt in keiner Anstalt zurück, die zur wahren Aufklärung ihrer Bürger etwas beitragen kann. Sie hat nun auch eine *Lesegesellschaft*, deren Einrichtung und Gesetze sie zu einer der auserlesensten in ganz Deutschland machen. Ihr Zweck ist, die interessantesten Zeitschriften lesen und die Vorteile eines anständigen und geistvollen Umganges genießen zu können. Die Mitglieder sind aus allen Ständen – Patriziern, Professoren, Geistlichen, Offiziers, Kaufleuten, Offizianten und Bürgern – gewählt und bereits zu 100 angewachsen. Schon ist ein Vorrat von guten Büchern, Landkarten, Kupferstichen und Kunstwerken vorhanden, den der Eifer der Gönner und Mitglieder dieser Gesellschaft herbeigeschafft hat. Das Versammlungshaus ist die Goldne Krone, wo nun täglich von 2 Uhr nachmittag bis abends 9 Uhr Menschen aus verschiednen Klassen sich in traulicher Einheit miteinander besprechen. Ich melde dieses um der Fremden halber, die nur die Empfehlung eines Mitglieds brauchen, um hier in eine Gesellschaft eingeführt zu werden, wo sie eine schöne Gruppe von geistigen und herzvollen Ulmern finden sollen. Da wir in den Zeiten der Zerstreuung leben, wo Einheit und Brüderlichkeit, sonderlich im Christentum, immer mehr verlorengeht; wer sollte sich nicht über solche Anstalten freuen, wo die Menschen gesellschaftlich zusammentreten und sich durch wechselseitiges Reiben geistige Funken entlocken, die bald zu einer Lichtmasse werden müssen, die wärmt und erleuchtet.

AUS DEM 10. STÜCK VOM 2. FEBRUAR 1790

Necker

einer der größten Männer unsrer Zeit, ein Staatsrechenmeister, wie's noch keinen gab, ein rastloser Geschäftsmann, großen Herzens und lichten Geistes, hat wahrscheinlich seine Rolle diesseits des Grabes ausgespielt. Er machte sich kränker, als er ist, gab der Nationalversammlung seine Benediktion, wälzte die ungeheure Last von Staatssorgen von sich und begab sich ins Bad nach *Plombiers*.

Es ist bekannt, daß die unbeschreiblich schlechte Verwaltung der Finanzen die Zusammenberufung der Volksvertreter notwendig machte. Da man nun sieht, daß die Ministers mit einigen geheimen Büchern nicht herausrücken wollten, und man die Abhängigkeit auch des redlichsten Finanzministers fühlt, so läßt die Nationalversammlung, durch einen Ausschuß aus ihren Mitteln, den Nationalschatz selbst verwalten, der dann der Nation durch den Druck Rechenschaft von seinem Hauswesen ablegt. Um also den Abschied weder zu empfangen noch zu geben, hat Necker – sich *beurlaubt*. Er erfährt das Schicksal aller großen und rechtschaffenen Männer, die öffentlich handeln; weil sie keine Götter sind, weil viele ihrer Entwürfe aus menschlicher Schwäche und Kurzsicht mißlingen; weil sie nicht alles allen recht machen können, so vergißt man ihres verströmten Schweißes, all ihrer schlaflosen Nächte, all ihrer qualvollen Stunden, belohnt sie mit dem schändlichsten Undanke; und der große gute Mann muß noch Gott danken, wenn er – nicht laternisiert wird.

AUS DEM 29. STÜCK VOM 9. APRIL 1790

Allgemeine Übersicht

6) Zu Toulouse, wo das Blut *Calas'* noch raucht, ist es nicht die Schuld der Schurken, die unter dem Namen der schwarzen, grauen, braunen, weißen und gelben Büßenden bekannt sind, daß es nicht zu einem Protestantenmord kommt. Sie alle sind von den Pfaffen aufgereizt, die mit einer verabscheuungswürdigen Gottlosigkeit 40stündige Gebete anstellen, um den Himmel (nach dem treulosen Rat des Abbé Maure) anzuflehen, die Schlüsse der Nationalversammlung unwirksam zu machen und nicht zuzugeben, daß man die Güter der Geistlichkeit verkauft, um den Staat zu retten. Diese Brut hält es für besser, die Dummheit ihrer schwärmerischen Anhänger zu benutzen, die einfältig genug sind, sie lieber zu mästen, als Frankreich glücklich zu sehen. Aber es wird ihr nicht glücken, und die Nationalgarden sowohl als ein künftiger, ebenso strenger als notwendiger Schluß der Nationalversammlung wird vielleicht alle

diese abgeschmackte Brüder der Büßenden vernichten; – diese ewige Werkzeuge des Fanatismus, diese Priester des Beelzebubs.

Nach einem Schreiben aus Paris vom 2ten Mai.

AUS DEM 39. STÜCK VOM 14. MAI 1790

Frankreich

Ludwig XVI., weiland unumschränkter König, jetzt, nach einer schmerzhaften Staatsgeburt, Erster Bürger seiner großen Nation, kann also nie mehr allein, sondern immer in Verbindung mit dem ganzen Staatskörper genannt werden. Alle bisherigen Schlüsse in der Nationalversammlung trugen das Gepräge einer bewunderungswürdigen Geistesgröße.

Wie groß ist nicht der Schluß: Krieg und Frieden werden von der Nation beschlossen und vom König bestätigt. Die Nation entsagt aller Eroberungsbegierde und will nie ihre Macht gegen die Freiheit eines Volks gebrauchen. – Als man diese Worte niederschrieb, da schaute Frankreichs himmlischer Wächter hinauf ins Heiligtum und sah – Jehova lächeln. Die Rechte des Königs sind, daß er wache für die äußere Sicherheit des Reichs, seine Besitzungen verteidige, die politischen Verhältnisse mit den europäischen Höfen unterhalte, die Staatsunterhandlungen leite und Kriegsrüstungen vorkehre.

Das Nationalfest auf den 13ten dies ist eine Idee, wie noch kein Volk gehabt hat. An diesem Tage wird nämlich zu Paris im Marsfelde, morgens um neun Uhr, und zur nämlichen Stunde in allen Orten des Königreichs von allem Volke, ohne Unterschied des Rangs, Alters und Geschlechts – *der Eid* geleistet. Diese Feierlichkeit wird durch ganz Frankreich mit Pulverdonnern verkündet, so daß diese Wettersprache von Dünkirchen bis St. Jean de Luz und von Brest bis Antibes der Nation zuruft: des großen Schwures Stunde ist da! Feirt sie! Haltet den Schwur! und betet an den Ewigen! denn ihr seid frei!

Im entzückten Hinblick auf diese große Szene kann ich die Freude nicht bergen, die mein Innerstes durchdrang, als mir einer der edelsten Bürger zu Straßburg – sein Name quillt aus meiner Brust, wie ein Gebet; er heißt *Andreas Meyer* – eine feierliche Einladung zu diesem erhabenen Volksfeste zuschickte und mir seine Wohnung und Pflege anbot. – Mich hält meine Lage zurück; aber hier hast du meine Hand, Biedermann, die dir mit einem Drucke dankt und dir zuschwört, daß ich dies für die größte Ehre halte, die mir in meinem Leben widerfuhr. Das lohne dir Gott! Ich werde selbigen Tag feiren und für dich und deine Mitbürger beten. Indessen bleiben wir – *ewig Freunde*.

Aus dem 46. Stück vom 8. Juni 1790

Der Welt Gestalt

Man darf die Welt nicht mehr mit *Herdern* einem grabnikkenden Greisen vergleichen, der nur lebend in der Rückerinnerung der Vergangenheit und halbtot im Gefühl der Gegenwart ist. Sind nicht mit dem sinkenden 18ten Jahrhunderte Dinge geschehen, die vom Drücken, Treiben und Stoßen einer ungewöhnlichen Kraft zeugen? – Ganz nahe an unsern Grenzen wurde letztern Sonntag ein Fest gefeiert, das an Feierlichkeit, Erhabenheit und herzerschütternder Größe in der Geschichte der Völker nichts Ähnliches hat.

Dies große *Freiheitsfest* wurde im benachbarten Elsaß gefeiert. Da schlangen sich die Nationalgarden in ein ewig unzerreißbares Band. In der *Metzgeraue*, die künftig die *Bundesaue* genannt wird, erhob sich ein Erdhügel, mit zween Wegen umgürtet, von Menschen wimmelnd. An den Ecken waren Eichbäume gepflanzt, an denen Wimpel von Nationalfarben wehten. Mitten auf dem Hügel erhob sich ein Altar von Rasen, der Vaterlandsaltar genannt. Des großen Bundes Sinnbild war eine Korngarbe, die gegen die Armee hinnickte, und dann die Bundesfahne, über dieser Garbe wie mit Cherubsflügeln spielend. Vor dem Altare das Heer in einem offnen Viereck, die Bundesgenossen in der Mitte. Vor diesem Altare, dem höchsten Gesetzgeber geheiligt, erhoben die verbündeten Franken (ein deutscher Brudername) die Finger gen Himmel und schwuren: Ewig treu zu bleiben dem Gesetz! Mit aller Kraft die Konstitution zu bewahren! – All dies geschah unter dem Geläute der Glocken und Abdonnern der Kanonen. Die Munizipalität, von den Kindern des Vaterlandes begleitet, nahm ihren Platz auf dem Amphitheater; dann wurde

> eine stille Messe vor dem Altare des Vaterlands gehalten und die Fahnen eingeweiht. Bald trat ein protestantischer Prediger auf und sprach laut von der Größe, Würde und Heiligkeit des Tages. Man sagte dem Heere und den Bundsgenossen die Eidesformel vor, und unter dem Schwunge der Bundesfahne antworteten die Bundesgenossen: Wir schwören es. Die ganze außerordentliche Feierlichkeit war immer mit hochschallender Musik begleitet, und dreimal krachten die Kanonen los für die Nation, das Gesetz, den König. Abends glänzte ganz Straßburg von tausendmaltausend Lampen, wie von Sternen beleuchtet. Man glaubte das himmlische Jerusalem zu sehen und die Geister der Seligen in seinen kristallnen Palästen jauchzen zu hören. [...]

Wie gewaltig groß, wie äußerst dichterisch, wie himmelerhebend ist dies alles! Wer sieht hier Abspannung der menschlichen Kraft! Wer Greisenohnmacht!? Weg mit der kalten Seele, die hier nicht glüht, nicht die Wiedergeburt eines großen Volkes mit Entzücken sieht, und all dies für nichts anders als eine prächtige Opernszene hält!!

[...]

Gleiches Wogen und Fluten unter den Menschen bemerkt man auch in andern Gegenden. Der Brabanter schüttelte den Zaum und das Gebiß seiner alten Verfassung ab und rannte, wie das Roß in *Gleims* Fabeln, planlos über Stock und Stein hin, brach beinahe den Hals und scheint sich jetzt wieder nach seinen vorigen Reutern und der alten Krippe, voll von goldnem Haber, zu sehnen.

[...]

Aus dem 48. Stück vom 15. Juni 1790

Miniaturstücke

[...]

Die größte Tat der Nationalversammlung ist die Organisation der Geistlichkeit, die nun wieder der Einfalt der ersten christlichen Jahrhunderte um gar vieles nähergebracht worden. Gott muß Wunder tun, wenn nach einem so raschen, Betäubung und Schwindel erregenden Umschwunge die Sache Dauer hat.

O wie sehr bedarf der geistliche Stand auch in Deutschland,

und selbst unter uns Protestanten, einer Reform, nicht eben in Schmälerung ihres Einkommens, denn das ist größtenteils schon schmal genug, sondern in der strengern Lenkung ihres Studiums, in der Simplifizierung ihrer Sitten und sonderlich in der scharfen Auswahl derjenigen Subjekte, die für den geistlichen Stand taugen. So würde man traun! nicht mehr klagen über ohrenfeuchte Prediger, über ästhetische oder philosophische Laller, die mit ein paar aufgehaschten, neologischen Zauberformeln Christus und Bibel wegdeklamieren wollen und dafür ein Spinnengewebe aufhängen, das jedes durchfliegende Mücklein zerreißt.

Vorigen Monat wurde zu *London* das größte Schauspiel gegeben, das Menschen sehen können, indem man *Händels Messias* durch einige hundert Tonkünstler, unter der Lenkung des berühmten *Burney*, in der Westminster-Abtei aufführte. Der König, die königliche Familie, der Kern der Nation und einige vornehme Ausländer waren zugegen. Da scheint sich der Himmel zu zerreißen und der Hörer am Kristallmeere zu stehen, wo die himmlischen Harfenspieler unter seraphischen Gesängen Preis und Jubel Gott und dem Lamme bringen.

Keinem unter allen Tonkünstlern der Welt ist noch die Ehre widerfahren, die unsrem *Händel* widerfuhr. Im Leben bewundert und belohnt und nach dem Tode wie ein Heiliger verehrt. – Also gleichsam ein kanonisierter Tonmeister.

D. Franklin, einer der größten Männer unsres Jahrhunderts, starb nach einem tatenvollen, bewundrungswürdigen Leben im 85ten Jahre seines Alters. Er ist noch mehr als der amerikanische Brutus; er beugte die Despotie, führte die Freiheit unter sein Volk, blickte tief in alle Irrgänge der politischen Welt und trug sein Vaterland bis ins Grab wie ein Amulett auf seinem Herzen. In den Feierstunden erfand er die blitzentkräftenden *Wetterableiter* und die sanftklagende *Harmonika*. Auf steht der Geist der Zeit, bückt sich tief und spricht: das war 'nmal ein Mann. – Die Volksvertreter der Franken legten einen Tag um ihn die Trauer an, und die Nation folgte nach.

Aus dem 51. Stück vom 25. Juni 1790

das seit dem großen Tage seiner *Wiedergeburt* lauter Ideen realisiert, die sonst nur die kühnsten Dichter und Weltweise träumen, hat den neunzehnten Tag vorigen Monats mit einer Tat verherrlicht, die das Erstaunen der Welt verdient. All jene stolze Benennungen, vom Duc an bis herunter zum Landedelmanne, all jener Titel von Durchlauchtigkeit, Exzellenzen, Herrlichkeiten, Hochwürden und Gnaden ist nun aufgehoben, und der ganze Staat bewegt sich wieder in den Fugen der natürlichen Gleichheit. *Ludwig des XIV.* erznes Monument, das Meisterstück des großen Plastikers *Kellers*, soll hingetrümmert und alle Denkmale des Despotismus zerstört werden.

> Die Franzmänner scheinen dem Jüngsten Tage voreilen zu wollen, wo Gott dies alles zu tun verheißen hat. Nur *Verdienst* soll gelten, nicht *Geburt*. Die Herstellung aber der vollkommenen Gleichheit unter den Menschen ist eine Idee, die nie in dieser Welt – nicht einmal so bald in jener ausgeführt werden wird; denn da gibt es, laut der Heiligen Schrift, Fürstentümer, Obrigkeiten, Erzengel, Hüter der Weltreiche, Schutzgeister und Geisterpöbel. – Da gibt es Älteste, die nah am Throne sind, und eine ungeheure vermischte Schar, die fern am Kristallmeere frohlockt; da gibt es *größere* und *kleinere* Namen. Was also Gott nicht will, was nicht in der Natur der Dinge liegt, soll der Mensch, deucht mich, auch nicht wollen.

Den 14ten dieses Monats, als am jährigen Auferstehungsfest der französischen Freiheit, soll *Ludwig* zum *Kaiser der Franken* ausgerufen werden.

> Nur keine widernatürliche Sprünge, ihr edlen Franken! Nur keine theatralische und romantische Szenen, sondern reine, ausführbare, der Natur der Menschheit angemessene Entschlüsse müßt ihr fassen, wenn eure Konstitution dauern soll. Das Große und Wunderbare reißt zwar die Menschen hin; ruhige Beobachter aber denken von diesem strömenden Ergusse der Erleuchtung, er werde mehr blenden als aufklären. – Nur die hellesten und tugendhaftesten Nationen – sind die freiesten; seid ihr dies schon?

Aus dem 53. Stück vom 2. Juli 1790

Frankreich

Man ist es schon gewohnt, von *Paris* lauter ungewöhnliche Dinge zu hören. Von daher kam der schlangenzüngige Komplimentierton, und dort wird er nun durch ein Anathema wieder ausgerottet. Das mein Herr von, die gehorsamsten und untertänigsten Diener und selbst das *Ihrzen* wird gänzlich vertilgt und dagegen das holdselige, himmlische, die Herzen in eins verflößende *Du* allenthalben eingeführt.

Frankreich hat uns schon viel Geisteskrüppel herausgeschickt, die als Hofmeister unsre Jugend verdarben; nun bitt' ich sie, uns auch Apostel von der neuen Sorte zu senden, die wie Herkulesse unsern Komplimentenstall misten. Wie lange wollen wir uns noch vor allen Völkern der Erde mit unsern sklavischen Titulaturen, unsern Allerhöchstdieselben, Höchstdieselben, Hochdieselben den untertänigsten und ganz gehorsamsten Knechten und dem abscheulich sklavischen *Zu-Füßen-Legen*, prostituieren??!!

Aus dem 55. Stück vom 9. Juli 1790

Aus Paris

Unter andern neuern ganz trefflichen Entschlüssen der Volksvertreter ist die schnelle Wiederherstellung des Hafens von *Dünkirchen* und die gegründete Freiheit des Handels. Darüber mögen nun die Engländer Zorn schnauben; den edlen Franken aber, die sich in nichts beschränken lassen wollen, ist dies Herzstärkung.

Die Freiheitsluft ist sehr anziehend; denn nicht nur *Lüttich* und *Avignon* – sondern auch *Genf** will sich mit Frankreich vereinigen. Schrecklich für die Selbstherrscher, wenn dies Beispiel Nachahmung finden sollte! Die Zeit hat große Dinge bisher hervorgebracht, aber noch weit größere, weit erstaunungswürdigere sind im Hintergrunde.

Ein menschlicher Einfall war's, als die Nationalversammlung befahl, all die Höllenlöcher in Frankreich zu zertrüm-

* So schreibt man nämlich aus *Paris*, wo das Wahrheitskörnchen meist in einer Spreuwolke von Lügen fliegt.

mern, die man Gefängnisse nannte, wie dies erst mit dem scheußlichen Kerker vom Mont St. Michael bei Grenville geschehen ist.

> Da war in einer finstern Kluft ein Käfig, wo sich kaum der Mensch herumdrehen konnte. Hier verfaulten schon verschiedene Schlachtopfer bei lebendigem Leibe, wie unter andern ein holländischer Zeitungsschreiber, der es sich einfallen ließ, die Götterschaft *Ludwigs XIV.* und die Heiligkeit der *Maintenon* zu bezweifeln. 23 Jahre lang schmachtete er in diesem Käfig, ohne Feuer, Licht und Menschenunterhaltung. Auch gibt es auf diesem Höllenberge noch eine Menge unterirdische Klüfte und sonderlich die sogenannten *Oubliettes* oder *Gruben der Vergessenheit.* Hier haspelte man den Verbrecher mit einem Laib Brot und einer Flasche Wein hinunter und ließ ihn in dieser finstern Höhle in Hunger und Verzweiflung dahinsterben. Die Qualerfindungen der Christen beschämen leider den erznen Ochsen des Heiden Perillus. O *Howard, Howard,* jetzt stehst du vor Gott und klagst sie an, die langsamen Mörder der Menschheit!

AUS DEM 56. STÜCK VOM 13. JULI 1790

Literatur

Unter die geistvollen Produkte der letzten Messe gehört gewiß

1) *Goethes Faust* – womit er die Sammlung seiner poetischen Schriften beschlossen hat. Manche Leser werden sich noch erinnern, daß sich vor mehr dann zehn Jahren einige unsrer trefflichsten Dramatiker dies schauerliche Thema zum Ziel gesetzt haben. *Lessing,* Maler *Müller* legten uns damals ihre Arbeiten vor. Wer unter den Streitern den Dank verdient habe, kann, wie mich dünkt, nun nicht mehr zweifelhaft sein. Derselbe Kopf, der uns in seiner *Iphigenie* und seinem *Tasso* ein Muster von Eleganz und griechischer Korrektheit geliefert hat, verläßt hier gleichsam die Blütenhaine Italiens und pflanzt eine nordische Eiche vor uns hin, in deren gigantischem Wipfel der Sturm bald orgelt, bald schmeichlende Feenlüfte spielen und deren gewaltige Wurzeln ein ganzes Huf Landes umklammern. *Faust* will hier die Schranken des menschlichen Wissens durchbrechen; sein Wahr-

heitsdurst ruft höhere Geister zu Hülfe. – Aber sein Blick kann ihre Nähe nicht ertragen; Mephistopheles, ein Dämon der Hölle, nutzt die Gelegenheit und beschließt, Fausts große Seele in die Pfütze der Sinnlichkeit zu versenken. Unter den Mitteln, die er vorkehrt, seinen Entwurf durchzusetzen, kommen Situationen vor, die mit denen im *Macbeth* wetteifern. – Der Köder der *Liebe* schlägt endlich an; aber Fausts hoher Charakter haftet nicht am *Tierischen* dieser Leidenschaft, entscheidet in kurzem für eine feinere und geistigere Liebe – und der Dämon hat sich betrogen etc. Überall liegt hier eine Anwendbarkeit und ein *Sinn* in Gesinnung, Ausdruck und Situationen, daß ihn ein geübtes Auge in dem zartesten Pinselstrich erkennen wird. Die Versart in Reimen paßt zum Gegenstande wie die Fabel zum Zweck. Überall ist auch hier Goethes leichte, unbefangene Kunstmanier unverkennbar. – Wenn er, wie er kürzlich äußerte, seinen Faust im gleichen Tone und mit wachsendem Interesse bis dahin fortsetzt, wo der Teufel in eigener Person seinen Helden holt, so dürfen wir unsrer Literatur zu einem der lautersten und originellsten Genieprodukte Glück wünschen, dessen sich je ein Volk rühmen konnte. Auch die angehängten Singspiele gehören unter die besten und ausführbarsten, die wir besitzen. Zu gleicher Zeit hat Goethe einen *Versuch, die Metamorphose der Pflanzen zu erklären,* herausgegeben, welcher tiefe botanische Kenntnisse voraussetzt und uns neuerdings Bewunderung über die Vielseitigkeit dieses Kopfes abzwingt.

Aus dem 61. Stück vom 30. Juli 1790

Frankreich

Dies große Reich fährt fort in der Bildung eines Gesetzbuches, das, wenn es vollendet ist, alles übertreffen wird, was die Gesetzgeber aller Zeiten, von *Zoroaster* bis auf *Carmer*, in diesem Fache getan haben. Die Abschaffung des Adels und die Umstaltung der Geistlichkeit, gerade die erhabensten Ideen, sind der europäischen Kritik am meisten unterworfen. Man muß lächeln, wenn man da und dort bemerkt, wie so manche deutsche Ritter und Damen, die sich so einfranzösiert hatten, daß sie kaum deutsch lesen konnten, nun auf einmal in die bittersten Sarkasmen gegen die französischen Volksvertreter ausbrechen und ihr Vaterland hoch erheben, weil doch da noch die Herrlichkeiten der Titulaturen, die Exzellenzen und die reichsfreihochwohlgebornen Gnaden in Gange sind.

Die Folgen der neuen Organisierung des geistlichen Standes sind in einer ganz neuen Schrift unter dem Titel: *Prophezeiung* von einem trefflichen Kopfe gezeigt worden. Ich wünschte diese herrliche Schrift nur von 18 Seiten so laut ablesen zu dürfen, daß mich Tausende hörten. Reine Dichterglut, Wahrheit und Salbung enthalten diese wenige Seiten.

Necker, dieser wahrhaftig große Mann, hat nun seine Rechnung von 89 bis 90 – ein ungeheures Werk, die Berechnung von fünfzehnhundert Millionen!! vorgelegt, mit der Ruhe eines Mannes, dem das gute Gewissen aus dem Auge leuchtet. Es ist gewiß Undank, wenn, wie weiland die Aristokraten, jetzt auch die Demokraten diesem großen Manne, dem eigentlichen Schöpfer der französischen Konstitution, mit mancherlei erniedrigenden Neckereien das Leben sauer machen.

[...]

Franklins Totenfeier wurde zu Paris den 21ten Julius herrlich begangen. Der Abt Fauchet hielt in Flechiers und Bossuets Donnersprache den Panegyr. Franklins Bildsäule wird bald neben Rousseaus aufgestellt werden. Den Tag darauf hielt man gedachtem Rousseau, wie einem Heiligen, eine Trauerprozession. Man trug sein Bild mit Ehrfurcht, und die Feierenden sangen

Ewig, ewig soll uns der Name
Rousseaus heilig sein!!

[...]

Aus dem 63. Stück vom 6. August 1790

Weltkonzert

III) Die *Franken* – frei und groß richten sie jetzt ihr Augenmerk auch auf das Ausland, nachdem es nur zu gewiß ist, daß fürchterliche Wetter gegen sie aufziehen. Alle Nationen, die sich frei machten, mußten immer als Freie sich auch vor dem neidischen Auslande rechtfertigen. Dies,

hohe Franzia! ist jetzt dein Fall, du wirst nächstens den edlen Freiheitskampf kämpfen müssen; und wenn er hinausgekämpft ist und viele Tausende deiner Jünglinge den schönen Vaterlandstod starben, dann erst wirst du in der Glorie der Freiheit vor den Völkern stehen und ihnen zudonnern: Wehe dem, der meinen Kranz antastet!!
[...]

AUS DEM 64. STÜCK VOM 10. AUGUST 1790

Der Geist der Empörung

[...]
O merkt es, ihr betrogenen Völker, wer zu viel Freiheit verlangt, wird, wie die Geschichte bezeugt, nicht mit Ruten, sondern wie er es verdient, von Rehabeams mit Skorpionen gezüchtigt.

Auch in unserm Vaterlande erweitert der Geist der Unruhe da und dort seine Herrschaft. In Kursachsen, sonderlich in der Gegend um *Meißen*, sind 66 Dorfschaften aufgestanden als Empörer gegen ihre Obrigkeiten. Sie sollen sogar die Henkershände an ihre Obrigkeit gelegt – und ihre Edelleute verjagt haben. Und dies geschieht in dem aufgeklärten Sachsen, wo das Licht der Reformation und des guten Geschmacks zuerst über Deutschland aufging.

Auch in *Mainz* gab es jüngst einen tollen Auftritt. Studenten und Handwerkspursche standen gegeneinander auf; letztere stürmten das Seminarium und mißhandelten die friedlichen Professoren. Das Unglück traf sonderlich den biedren Freiheitsprediger *Vogt*, der sich jüngst durch seinen *Gustav Adolf* eine so schöne Ehrensäule errichtete; von seinem Lehrstuhle rissen ihn die rasenden Handwerker herunter und schlugen ihn auf den Tod. Auch die zur Stillung des Aufruhrs kommandierte Garnison wurde, weil sie viel zu schwach war, zurückgetrieben und einige Offiziers dabei heftig verwundet, und schon sollen, wie ich soeben vernehme, 500 Darmstädter mit 20 metallnen Bußpredigern auf dem Wege dahin sein.

Warnung

Und wo will dies alles hinaus, ihr meine deutschen Brüder, die ich inniger liebe als mein Leben; seid ihr noch das alte Volk, das an Biedermut, Rechtschaffenheit, Gehorsam, Arbeitsamkeit, Liebe zu Gott und seiner rechtmäßigen Obrigkeit sonst seinesgleichen nicht auf der Welt hatte? Sehet, lieben Landsleute! Gottes Segen macht unser Vaterland zu einem Paradiese. Eure Tennen sind voll goldner Frucht; eure Bäume beugen sich vom milden Obste; eure Traubenhügel triefen vom Moste; das Vieh in euren Ställen gedeiht; eure Nachkommenschaft wächst heran, noch stark am Leibe, noch gesund am Geiste und durch die milden Strahlen der Aufklärung verherrlicht – und seht! ihr wollt den Segen in Unsegen wandeln? Wollt euch durch Empörung und Aufruhr unwürdig machen, *Deutsche* und *Christen* zu heißen? Wisset, hinter dem Aufruhre lauert Verwüstung, hinter der Verwüstung Armut, hinter der Armut Verzweiflung, hinter der Verzweiflung Fluch. Kein Land in der Welt hat bessere Fürsten, mildere Obrigkeiten (ich sag' es mit Überzeugung und nicht als kriechender Schmeichler) als Deutschland. Sie werden also eure Klagen hören, wenn sie gerecht sind. Weg also mit jeder Selbsthülfe, die auch dem gewissen Verderben entgegenführt! Horcht nicht der Stimme der Empörer; denn ihr Hauch ist Pesthauch; horcht vielmehr der Stimme der ruhigen Weisheit:

Wer des Gehorsams sanfte Bande
   Mit Frevlerhand zerschnellt
Und sich, dem Christentum zur Schande,
   Empörern zugesellt,
Verdient das Glück der Freiheit nicht.
Ihn straft mit Sklaverei das zürnende Gericht.

Aus dem 72. Stück vom 7. September 1790

Nachrichten

Ich werde auch künftiges Jahr, so Gott mir Leben und Gesundheit gibt, meine Chronik unter der bisherigen Einrichtung fortsetzen. Nur zwei Dinge möchte ich mir verbitten: 1) Unfrankierte Pakete, die, wenn sie, wie es oft der Fall ist, aus weiter Ferne kommen, weit mehr kosten, als ihr Inhalt wert ist, lieber durch den Weg der Buchhandlungen an mich gelangen zu lassen. So gerne ich Geld hingebe, so lästig werden mir doch solche Ausgaben in die Länge. 2) Bitt' ich alle diejenigen, die mir im bald verflossenen Jahre unfrankierte, mit Lügen, Verleumdungen, Schmähungen, Lästerungen, schandbaren Narrenteidungen, die den Christen nicht ziemen, angefüllte Briefe zuschickten: sie möchten sich künftiges Jahr bekehren, mich mit solchen sündlichen Unkosten verschonen, und wenn sie was zu tadeln finden, es, nach der Sitte biedrer Leute, offen, unter ihrem Namen und nicht unter der Maske eines Schandbuben tun, der mit den bösen Geistern den Tag scheut und nur in der Nacht sein Spiel treibt.

AUS DEM 103. STÜCK VOM 24. DEZEMBER 1790

CHRONIK
1791

eine köstliche Rotunda, auf deren goldnen Kuppel die Sonnenstrahlen so lieblich spielen, nähert sich seiner Vollendung, und nun arbeiten die kühnen Baumeister auch an einem Turme, der mit seinem Zwillingsbruder, dem Münster zu Straßburg, als ewiges Denkmal der von 26 Millionen Menschen errungenen heiligen Freiheit vor den Völkern stehen und zeugen soll. Das Schwerste ist nun geschehen. Man weiß, daß kein Reich bestehen kann, wo man nicht den Priesterstand gewonnen hat. Aber auch dieser gefürchtete, die Seelenherrschaft usurpierende Stand ist nun durch einen feierlichen, in die Hand der Nation geschwornen Eid an die neue Grundverfassung geknüpft. Desgleichen tat auch der Soldatenstand, so daß ganz Frankreich wirklich schon mit Haupt und Gliedern einen großen, herrlichen Körper bildet, der sich durch liebliche Verhältnisse, durch Kraft, Stärke und Freiheit in der Bewegung, bald vor allen Staatskörpern der Welt auszeichnen wird.

Es war ein herzhebender Anblick, als die Priester, indem sie den Eid des neuen Gehorsams schwuren, gleichsam ein neues Gelübde der christlichen Verleugnung taten. Denn nun wird Frankreich keine von fetten Pfründen gemästete hochwürdige Wänste mehr erblicken, nicht mehr Nachfolger des Zimmermannssohn von Nazareth in vergoldeten, von sechs stolzen Wieherern gezogenen Karossen vorüberrasseln sehen, nicht mehr Priester von der Kreuzigung des Fleisches predigen hören, deren runde, kupferne Gesichter das Gegenteil ahnden lassen; sondern man wird unter den Predigern der Wahrheit wieder die Beispiele und Muster zu ihren Lehren finden. Auch war es schön, wenn nun der Krieger seinen Degen nicht mehr den Launen eines *einzigen*, sondern dem *Vaterlande* mit einem feierlichen Schwur heiligte.

Auch die Furcht vor einem nahen Freiheitskampfe gegen die Lernäische Schlange Aristokratismus beginnt in den Herzen der Franken zu schwinden, seitdem sie sehen, daß Gott die Anschläge aller Volkshasser zunichte mache.

Es springt eine Mine nach der andern, die man in und außer Frankreich anlegte. Die französischen Prinzen in Turin, die lange insgeheim Katapulte und Widder zimmerten, um gegen die Felsenwände des neuen Freiheitstempels anzustoßen, haben sich bisher vergeblich bemüht, und alle ihre Entwürfe, so fein sie durchs ganze Reich angelegt waren, wurden entdeckt und zernichtet. Der König und unser Kaiser Leopold haben den König von Sardinien schriftlich gebeten, diese Herren von weitern Angriffen auf die neue Verfassung wegzulenken. Doch möcht' ich den edlen Franken raten, daß sie unter der Fahne der Freiheit nicht die Kriegszucht so sündlich vernachlässigen und sich nach Häuptern umsehen, die in der Wetternacht des Kampfes ihre Führer sei'n. Was hilft dem freiheitbrüllenden Löwen seine Stärke gegen den sichertreffenden Wurfspieß des jagdgeübten schlauen Jägers?! – Das Trauerspiel *Calas*, dessen Geschichte ein Brandmal in den Annalen der Franken ist, wird jetzt in Paris mit Ohr und Aug und Herz verschlungen. Indessen sitzt die Witwe des Märtyrers *Calas* zu Paris in ihrer einsamen Hütte, wie in einem Grabe, mit dem Schwerte des schrecklichsten Kummers tief in der Seele, und vor ihr hängt die Uhr, die in eben der gräßlichen Stunde stillestand, als das Rad des Henkers die Knochen ihres Mannes zerschmetterte.

Aus dem 3. Stück vom 11. Januar 1791

Straßburg

Von daher vernimmt man lauter Dinge im heroischen Stile. Man schildert im Auslande diese edle Stadt als ein Faß, drin der Most des Aufruhrs so gärt und tobt, daß die Reife springen möchten. Aber alles geht hier den Gang der Ordnung, fliegt den Flug der Freiheit. Der dasige Bürger, so zeugt ein Patriot, erwirbt sich in diesen Zeiten, wo es die Geister wieder wagen dürfen aufzustreben, einen unsterblichen Ruhm. Er läßt sich keine Kosten, keine Mühe, keine Nachtwache dauern, nur um die sträflichen Absichten der Übelgesinnten zu vereiteln. Ich hoffe, die Minen und Mordschläge dieser Freiheitsfeinde sollen unschädlich verpuffen, verkrachen. Daß die Glieder des Reichs durch Eintracht fest aneinanderhängen und daß sie fest entschlossen sind, der wetterträchtigen Gefahr die Stirne zu bieten, beweist unter andern auch der großsinnige Brief, den die Väter *Lyons* an die Väter *Straßburgs* schrieben.

Da heißt es: „Die große Angelegenheit aller Franken, um die Konstitution gegen die wiederholten Bemühungen ihrer Feinde zu schützen, veranlaßt uns, Ihnen alle Hülfe anzubieten, welche Sie für notwendig erachten könnten, um sich gegen die Feinde zu verteidigen und sie zu besiegen. Auf Ihr erstes Begehren, daß sich unsere Nationalgarde mit der Ihrigen vereinige, soll sie sich auf den Weg machen, vom Mute beseelt, den wahre Vaterlandsliebe einflößt; wir stehen Ihnen dafür, daß sie siegen oder für das Wohl des Vaterlandes den Heldentod sterben wird." – Da mir sehr viel daran gelegen ist, über den Fortgang der Französischen Revolution, einer Begebenheit, der nach der Kirchenreformation schwerlich eine an Wichtigkeit gleicht, parteilose und echte Nachrichten zu erhalten, so ersuche ich den biedern *Stammsohn*, wie er sich in einem anonymischen Schreiben an mich nennt, sein Wort zu halten und mir die Neuigkeiten aus seiner Gegend so schnell mitzuteilen, als es ohne seine Beschwerde geschehen kann. Ein Deutscher in Paris wird uns nächstens ein *Pariser Tagebuch* liefern, wo wir über die große Geschichte des wiedergebornen Frankreichs besser belehrt werden sollen als bisher.

Der Franken Wesen

Es war eine Zeit, wo wir nicht viel Gutes von den Franken sagen konnten. Noch stehen auf mancher Brandstätte in Deutschland die Schandsäulen, die sie sich unter uns ertürmten. Noch mehr Verheerungen haben sie durch ihre Sitten unter den Deutschen angerichtet. Sie verderbten unsern Adel, indem sie ihm seinen alten, deutschen, biedern, herzvollen Charakter nahmen und ihm mit ihrer Sprache ihre Weichheit, Modesucht, Eitelkeit, Winzigkeit und Irreligiosität wie Blatternstoff mitteilten. Warum waren wir aber auch solche Toren und ahmten nach, wo für uns Deutsche nichts nachzuahmen war!? – Jetzt aber gibt es mehr unter den Franken nachzuahmen. Zwar wünsch' ich nicht, daß wir uns Deutsche jemals durch eine so heftige Geburt zu einem neuen politischen Leben herausringen – dies ist auch, vermög unsres weit ernsteren Charakters, nie zu erwarten. Allein wir sollten doch ihre meisterhaften Gesetze und Verordnungen viel mehr studieren, als sie geradezu als einen philosophischen Roman verlachen. Ich werde aus diesem reichen Vorrate, wie bishero, so auch künftig, einiges für meine Landsleute herausheben und die ganze Darstellung der neuen Gesetzgebung meinen Brüdern in Straßburg überlassen.

[...]

II. Unter andern deutschen Fürsten, die gegen Frankreich grollen, brachte auch der Landgraf von Hessen-Darmstadt seine Klage vor die Reichsversammlung zu Regensburg. Im Elsaß hat er acht Ämter und neunzig Dorfschaften, in diesen zog die französische Regierung die Einkünfte ein, versiegelte die fürstlichen Verhörzimmer und setzte Regierung und Amt zu Buchsweiler außer Tätigkeit. Statt aller rechtlichen Männer ernannte man zum Friedensrichter einen gewissen Cullmann, des Fürsten bisherigen – Hofsattler.

IV. Warum der *deutsche Handel* nicht blüht, wie er blühen sollte und könnte? Das war schon oft die Frage der Patrioten, und wie leicht ist sie zu beantworten! Wir geben zuviel und nehmen zuwenig. Die Ausländer legen meistens ungeheure Imposten auf die Waren, die wir ihnen zuschicken, und wir lassen sie wie Aale ins Land schlüpfen, streicheln ihnen auch wohl noch Kopf und Schwanz. Wir haben der ausländischen Waren in Menge, versenden auf eine sehr sklavische und unwürdige Weise unsere Konventionsmünz ins Ausland und lassen fremdes Gold und Silber in unsern Staatsadern zirkeln. Was sieht man jetzt anderes – als französische Laubtaler?! Deutsche Waren, die nach Frankreich gehen, sind mit dem Fluche ungeheurer Zölle belastet [...]

Aus dem 16. Stück vom 25. Februar 1791

Toben der Völker

Noch immer ist die Aufruhrsflamme in Europa nicht ganz erloschen; sie zuckt noch in manchen Gegenden oder glimmt in der Asche und droht, mit jedem Windstoße aufzuprasseln. Selbst in Deutschland, dessen Bürger sich vor allen Nationen durch Hang zum Frieden, zur Ordnung und zum Gehorsame gegen die rechtmäßige Obrigkeit auszeichnen, ist der Dämon der Unruhe noch nicht überall gebannt. Kann doch der weise und milde *Leopold* diesen Dämon nicht in all seinen Staaten beschwören. Zu *Dornbirn*, einem Flecken drei Stunden südöstlich von *Bregenz*, wo über 20000 knochenfeste Inwohner siedeln, wütet wirklich der Bauernkrieg mit all seinem Grimme.

Ein Schreiben aus Feldkirch stellt die Sache so dar: Gegen den Spruch des kaiserlichen Oberamts in Bregenz erbauten die Bauern eine Kapelle und wälzten noch andre der Landesregierung sehr nachteilige Plane. Die Regierung setzte einige Brauseköpfe fest. Da schrien die Weiber: Feuer! und einige hundert Bauern stürmten zusammen und drangen mit Äxten und andern Mordgewehren auf die Soldaten. Der Offizier schloß ein Viereck und ließ den Bauern über die Köpfe wegfeuern. Nun glaubten die Bauern fest zu sein und stürzten mit Ungestüm auf die Krieger. Da schoß man aber im Ernste. Als die Empörer Blut sahen, so zogen sie sich zurück. Aber gleich darauf zogen sie bei 1000 Mann stark nach Bregenz, um 5 ihrer gefangenen Kameraden mit Gewalt zu befreien. Man holte Geschütz von Lindau, um mit diesen Donnerschlünden die Bauern im Respekt zu erhalten. – Schon lange herrscht in dieser Gegend unter den Bauern Zwietracht mit ihren Priestern; sie wollen nicht vom Kaiser, sondern ganz vom Papst abhängen. Sie waren sogar so verwegen, Abgeordnete aus ihrer Mitte nach Rom zu schicken. Der Papst hörte sie zwar an, verwies sie aber zum Gehorsame gegen ihre rechtmäßige Obrigkeit. Noch sind alle Posten um Bregenz besetzt. Sobald Verstärkung aus Innsbruck anlangt, wird man diesen Wildfängen das eiserne Gebiß der militärischen Zucht ins Maul legen. Diese Dornbirner sind von rebellischem Blute abgeflossen. Ihre Vorfahren überfielen im Jahre 1712 die Stadt Bregenz, schlugen Tür und Fenster ein, stürmten in die Keller, soffen wie Haifische, ließen den übrigen Wein laufen und trieben des Unfugs mehr.

Die *Reichsstadt Köln* verteidigt auch ihre grauen Rechte gegen den Kurfürsten und Erzbischof. Sie glaubt, Maximilian dehne seine bischöflichen Rechte in vielen Stücken zu weit aus, und sträubt sich dagegen. Da aber der Streit sehr ungleich ist, indem bekanntlich Maximilian unter die Fürsten gehört, die die feinste Staatsklugheit mit der weisesten Haushaltung zu verbinden wissen, die folglich immer tausend Mittel vorrätig haben, um dem trägen Reichsstädter zuvorzukommen, so sieht man den Ausgang dieser Fehde zum voraus.

> *Köln** hat vom Kaiser Otto I., ihrem zweiten Erbauer, große Freiheiten erlangt, welche hernach Kaiser Friedrich IV. bestätigte und vermehrte. Auf diese Freiheiten stützen sich jetzt die Kölner, ob sie gleich nie im Streite mit ihren Erzbischöfen etwas gewonnen. Schon vor mehr als siebenhundert Jahren züchtigte Erzbischof Aimo die Bürger mit Skorpionen. Erzbischof von Falkenburg warf nach dem Zeugnisse der Kölner Chronika ihren Bürgermeister Hermann Grüner – wohlgemerkt durch Pfaffen!! seinen Löwen vor. Die Zeiten der Roheit sind vorüber, und die Kölner dürfen immer der Gerechtigkeitsliebe Maximilians trauen.

Genf glich schon oft einem See, der von unterirdischem Feuer aufkocht. Die Einwohner dieses merkwürdigen Freistaats gehören unter die gebildetsten in Europa; sie haben aber auch die kühnsten Anmaßungen von Freiheit. Ketten schnellen sie ab wie der Löwe, aber an dünnen Seilen lassen sie sich führen. Die Bürger machen wieder solche Forderungen, die gegen die Grundverfassung des Staats sind. O möchten die Freiheitsraser bedenken, daß, wer *zuviel* fordere, gemeiniglich *alles* wieder verliere. Niemals wogten die Fremden so stark wie jetzt. In der Mitte des vorigen Monats erschien sogar die Bürgerschaft nach dem heulenden Klange der Sturmglocke, mit Wehr und Waffen versehen, in den Straßen der Stadt, um die öffentliche Ruhe – mit Gewalt zu behaupten. Einige Übelgesinnte wollten die Einigung der Bürgerschaft aus der Ober- und Unterstadt verhindern. Andre verlangten sogar, daß *Genf* sich mit *Frankreich* vereinige, und wieder eine Partie schwindelt von einer idealischen Regierungsform, die hier auf dieser Erdscholle nirgends realisiert werden kann.

Die Ruhe ist das beste Gut,
  Wornach die Weisen streben;
Und doch verlangt mit wilder Wut
  Der Menschen größter Teil – im Sturme nur zu leben.

Der philosophische *Necker*, dem in seinen alten Tagen das Toben der Völker ein Greul ist, begab sich auf sein Landgut *Copet*.

* Die Geschichte der Stadt Köln ist höchst interessant, voll großer, blutiger, schrecklicher Auftritte – und doch noch nicht bearbeitet. Überhaupt finde ich unter den Kölner Gelehrten heutzutage den rühmlichen Gelehrtenfleiß nicht, der sie in der ältern Geschichte so hoch auszeichnet.

Lesern, die von allem gründlich belehrt sein wollen, empfehle ich das, was der scharfsichtige Meiners im vierten Teil seiner trefflichen „Briefe über die Schweiz", und zwar im 8. Briefe, über die Staatsverfassung und die Revolutionen in Genf im schönsten und lichtvollsten Vortrage uns mitteilte. Diese köstlichen Briefe, vielleicht das Beste, was wir von der Schweiz haben, sind nun auch in einem sehr mäßigen Preise, mit Genehmigung des rechtmäßigen Verlegers in Berlin, bei Cotta in Tübingen herausgekommen und hier bei Metzler zu haben. Man kaufe und lese!

Die Väter der Stadt *Basel* haben jüngsthin einen stattlichen Beweis ihres Schweizersinns und ihrer Standhaftigkeit abgelegt. Sie haben nicht nur den Einmarsch der kaiserlichen Truppen verhindert, sondern in einem männlichen Schreiben dem Kaiser Leopold dargetan, daß die Sicherheit, innere Kraft und Stärke der Schweizer allein darin beruhe, keinen fremden Völkern den Durchmarsch zu gestatten. Nun hat der Bischof getan, was er längst hätte tun sollen; er hat nämlich die Vermittlung der drei nächstgelegenen Kantons Bern, Basel und Solothurn angenommen.

Erbauliche Pastoralanekdote*

(Szene – ein württembergisches Pfarrhaus)

Der Herr Pfarrer und seine Frau kamen an einem Abend nach Hause, fanden ihre Kinder allein, die Magd aber war nirgends zu finden. Endlich fand man sie im Bette. Der Pfarrer und seine Frau machten ihr mit dem gräßlichsten Geschrei Vorwürfe, daß sie die Kinder allein gelassen habe, und das kranke Mädchen entschuldigte sich mit dem heftigsten Anfalle einer Krankheit. Unter Schimpfen zogen dann – der Ehrwürdige Herr und seine Frau das arme Mädchen aus dem Bette, traten und schlugen sie, zogen sie die Treppe hinunter, warfen sie zur Haustür hinaus – die Kranke, im Winter! – und schlossen nach dieser Heldentat das Haus zu. Das arme, kranke, zerschlagene Mädchen

* Ich füge diese Anekdote bei, so wie ich sie erhalten habe. Schrecklich, daß sich die Lehrer der wohltätigsten Religion zu solchen Unmenschlichkeiten herabwürdigen können. Mit Recht werden sie von der Publizität gebrandmarkt.

kroch noch kümmerlich in eines Taglöhners Haus, wo sie aufgenommen und über Nacht behalten wurde. Des andern Tags schleppte man sie, weil sie nicht gehen konnte, auf einem Bettelkarren weiter, und des folgenden Tags – – *starb sie.*

Aus dem 19. Stück vom 8. März 1791

Eine Vision

Einer meiner Mitbrüder in Straßburg, ein Mann guter Laune, kühnen Geistes und tiefer Ahndung, hat ein Gesicht sonderbarer Art gehabt. Er sah nämlich die Veränderung im Berliner Ministerium, sah den großen Hertzberg als einen Feind der Neufranken und Mirabeaus Partikularfeind auftreten, sah Preußen und Österreich ihre widerwärtigen Staatsvorteile vergessen und einen Bund schließen, um die zarte Konstitution der Neufranken in ihrem Aufwuchse zu zerstören. Er meint aber, es würde ihnen nicht gelingen, sondern die großen Verbundenen würden nur damit in ganz Europa – die Volkskraft aus dem Schlafe wecken. Beides wird nicht geschehen. Der Deutsche wird sich freuen, wenn Frankreich, gleich dem himmlischen Jerusalem, auf einer Anhöhe hingestreckt liegt und den Völkern der Erde ein Beispiel von allgemeiner Glückseligkeit gibt. In Deutschland aber hat es mit dem Erwachen der Volkskraft keine Not. Wir sind größtenteils mit unsrer Verfassung zufrieden, verzehren unser Sauerkraut in Ruhe und finden im Gehorchen und weiser bürgerlicher Ordnung das wahre Volksglück. Gott bewahre uns vor einem Erwachen, das dem Erwachen der gestürzten Geister in jenem Feuerstrome gleichen würde, an dessen Ufer Satan eine gräßliche Rede hält, wie Meister Milton singt.

Aus dem 20. Stück vom 11. März 1791

Situationen

Im Genusse der schönen Natur ist es keine angenehme Beschäftigung, eine Menge von Zeitungen und Briefen zu durchlesen, die alle fast nichts anders sagen, als daß die Menschen sich mühen, das zu verderben, was Gott so herrlich gemacht hat. Die Natur hat sich jetzt mit ihrem festlichsten Gewande geschmückt; der grabnickende Greis muß gestehen, nie einen Frühling erlebt zu haben wie diesen. Überall stehen die Bäume und Hecken und Stauden in lieblichster Blüte und verhauchen Wohlgerüche wie Arabiens Balsamstauden. Am Rheine und hier an den Ufern des Nekkars findet man schon Roggenähren auf den Feldern, und unsre Weinstöcke sind schon mit zarten Trauben behangen. Frühe Zeitigung und ungewöhnliche Fülle zeigt sich in allen Erdgewächsen. Wer reines Herzens ist und so in den Obstgärten und auf den Traubenhügeln seines Landes wandelt, der hat einen Vorschmack von den Freuden des Paradieses. Unsre Wohnstätte ist also wieder herrlich geschmückt und mit Segen gefüllt. Aber was tun wir? Da hört man von ferne die Wagen des Krieges rollen, hört Streitrosse wiehern, die schon den Huf heben, um unsre Fruchtfelder zu zerstampfen, und hört den Schrei trotziger Krieger, die den Arm ausstrecken, des Landes Früchte halb zu verzehren, halb zu verderben. Denn wenn die noch immer anhaltenden Berichte gewiß sind (sollte sich denn die Welt zu ewigen Lügen verschworen haben?), so wird die Kriegsflamme ein weit um sich fressendes Gerichtsfeuer. Im Osten, Norden und Süden, zu Wasser und zu Lande würde der blutige Wodan donnern und verwüsten. [...]

Aus dem 34. Stück vom 29. April 1791

Glosse

Die Franken betrachten also die gegenwärtige Weltlage bloß in Beziehung auf sich. Sie glauben, die Kraft von ganz Europa werde das Beil heben, um die Zeder ihrer Freiheit zu fällen. Ich muß gestehen, daß einige sturmverkündende

Vorboten da sind. Italien rüstet sich mit Bannstrahl und Waffenblitz. Spanien bildet eine Heerkette an der französischen Grenze, als wenn die Pest in Frankreich wäre; einige weise europäische Fürsten sehen zwar als *Menschen* das Große ein, wenn sich ein Volk aus der Sklaverei ringt, als *Fürsten* aber dürfen sie so was nicht billigen. Und was reichskundig ist – so hat der Kurfürst zu Mainz in der kräftigen Sprache seines Kabinetts Kaiser und Reich und sonderlich die Glieder des Deutschen Fürstenbundes aufgerufen, die Rechte der im Elsaß beeinträchtigten Reichsstände – mit *gewaffneter Hand zu vindizieren*. Das sind nun freilich gewaltige Stöße in die Kriegstrompete, deren Becher gegen Frankreich gekehrt ist. Allein es sind noch Umstände da, die diesen gewaltigen Angriffen, womit Franzia bedroht wird, entweder ganz abwenden oder lange verzögern. Einer der wichtigsten Umstände ist – mit mehrern andern – das Entgegenstreben der preußischen Politik gegen die Absichten des Kaisers und einiger deutscher Fürsten, Gewalt gegen die Franken zu brauchen. Aber, guter Franke, der jetzt im Genusse der Freiheit ist und in ihrem Lichte wie die Lerche im Frühlingsschimmer schwimmt und singt, droben über allen Sternen wohnt der Mann, der Urgroße, der Urherrscher, der dir dein Schicksal schon zugewogen hat. Hat er die Bluttaufe über dich beschlossen, wie kannst du's wehren??

Aus dem 37. Stück vom 10. Mai 1791

Manches aus Frankreich

1. Der Franken glückliche Verfassung rundet sich immer mehr zu. Nun sind auch die Zollstellen durch ganz Frankreich aufgehoben. Man zollt nirgends mehr als an den Grenzen und fährt dann frei und frank, ohne von irgendeinem Zoller wie von einem Zerberus angebellt zu werden, durch alle Provinzen des glücklichen Reiches. Daher fluten auch wieder die Fremden nach Frankreich, und in Paris ist wieder Menschengewimmel so sehr als jemals merkbar.
2. Die öffentlich gedruckte Warnung an die Königin ist ein

neuer Beweis, welchen kühnen Flug eine Nation nimmt, die die Sklavenfesseln abgeschüttelt hat. Man sagt der Königin am hellen hohen Tage auf weiß Papier mit scharfen Lettern gedruckte Wahrheiten, die man unter den vorigen Regierungen – in der Gespensterstunde nachts um zwölfe zwischen Riegelwänden und verschlossenen Türen kaum atmen durfte.

Die Franken haben nie an dieser sonst geistreichen, zur Herrscherin gebornen Königin Geschmack gefunden, wie man aus den häßlichen Schriften sieht, die man gegen diese erhabene Frau ausschäumte.

3. Die Kapuziner und Franziskaner im Elsasse lassen lieber ihre Klöster zurücke, als daß sie den Bürgereid schwören. Es ist kläglich anzusehen, wie sie jetzt am Dornenstabe über den Rhein ziehen und exilieren. Doch nicht ohne Segen des Herrn – denn sie nehmen Wein, Korn, Schmalz und Butter, Schinken – und einige 100000 Livres mit [...]

Aus dem 38. Stück vom 13. Mai 1791

Toleranz

Ist da ein Wörtlein im Gange, aus dem sich, wie aus Teig, allerlei Gestalten kneten lassen.
Einige nehmen das Wörtlein so: Will dich vertragen, *dulden*, wenn du gleich irreglaubst. Ist nur halbrecht. Warum nur *vertragen? dulden?* nicht *lieben?*
Andre denken beim Wörtlein: Will dich vertragen, Mensch, sollst Häuser bauen, Kinder zeugen und dies und das tun dürfen in meinem Lande – *so du nur Geld hast* und mit deinem Fleiße mich bereicherst. – Und dies ist stinkender Wuchererhauch.
Noch andre denken beim Wörtlein: Ich dulde dich, Mann, weil du im Herzen glaubst, was ich glaube. Heißt soviel als – *nichts*. Das sind Schalksknechte, und ihre Zahl heißt Legion.
Wär wohl am besten, das teigene Wörtlein gar aufzugeben und dafür ein andres in Gang zu bringen. Ich schlage das Wörtlein vor, welches der Holdseligste unter den Men-

schen – Jesus Christus – sein Name sei gebenedeit in Ewigkeit!! – eingeführt hat; und dies Wörtlein heißt: *brüderliche Liebe.*

Stimmen der Völker

III. Der *Schwede.* Ist's doch eine Herzenslust, einen großen König zu haben. Man tritt so freudig und stolz unter den Völkern einher, und die Völker scheinen ehrerbietig zu glauben, ein Strahl von der Größe des Monarchen hafte auch an uns. Solche Glückliche sind wir Schweden, die wir an unserm *Gustav* einen König besitzen, der es an wahrer Herrschergröße mit jedem in der Geschichte aufnimmt. Unsre Land- und Seemacht ist wieder in dem besten Zustande. Die große Flotte zu Karlskrona kann auf Winke auslaufen, und unsre Schärenflotte wird in drei Eskadern geteilt: eine soll bei Gothenburg liegen, eine bei Landskrona in Schonen und in der Ostsee und die dritte im Finnischen Meerbusen bei Sweabourg. Unser Landheer ist so waffengeübt als eins in der Welt. Die Finanzen sind wieder geordnet, und der Staatsrat handelt in der höchsten Einigkeit, denn er hat seinen Sitz ganz allein – im Kopfe des Königs. Da die Abreise unsers Monarchen gewiß ist, so können wir alle Welt versichern, daß es zu keinem Kriege kommen werde. Man weiß ja, daß unser Gustav überall der Erste ist, Flottenlenker auf der See, und erster Hoherpriester im Staatsheiligtume.

IV. Der *Franke.* Unsre Gesetzgeber, die seit zwei Jahren Wunder getan haben, werden nun die getragenen Lasten auf andere Schultern wälzen. Es wird eine neue Nationalversammlung gebildet werden, die das Mangelhafte ergänzen und die Lücken ausfüllen soll. Es sind noch große Gegenstände zu bearbeiten, die hohen gesetzgebenden Geist erfordern. Noch ist in der Gerechtigkeitspflege, in Zivil- und Kriminalgesetzen, in der Erhaltung der öffentlichen Macht, sonderlich im großen Thema der Nationalerziehung sehr viel zu tun – und traun! unser Land muß eine Fundgrube von guten Köpfen sein, wenn die neuen Volksdarsteller all diese Gegenstände gut und anwendbar bearbeiten. Durch ihren Abtritt wird die bisherige Nat. Vers. erweisen, daß es Lästerung war, wenn man ihr andichtete, sie wollte das Volk als ewige Gesetzgeberin regieren.

Die Gesellschaft der Konstitution in Paris bezeugte über den Tod des berühmten Freiheitsapostel *Price* ihr Beileid in einer brennenden Epistel, da heißt es: die Freiheitsaposteln gehören allen freien Völkern zu. Price ist nicht mehr, wir sind seiner Asche Tränen schuldig. Er war der erste, der sich unterstand, den amerikanischen Krieg – gottlos und einen Brudermord zu nennen. Price hatte das Herz, öffentlich zu predigen, daß die Völker mit gewaffneter Hand der Tyrannei widerstehen, ihre Regierungsform verändern und ihre Regenten absetzen können. Price war also ein Wohltäter des Menschengeschlechts. Er förderte die amerikanische Geburt ins Leben der Freiheit und gab uns damit ein so mächtig wirkendes Beispiel. Die politische Wiedergeburt unsers Reichs hatte ein großes Interesse für ihn; er verband damit die Wiedergeburt aller Völker. Möchte er doch unter allen Nationen Nachahmer finden. – So der Franke. – Ich sage aber, daß Price mit all seinem Geist und alten Sinne noch lange nicht der Mann sei, sich zum allgemeinen Ratgeber der Völker in diesen unaussprechlich verwirrten Zeiten aufwerfen zu können. Es geht in manchem europäischen Staate so gut, daß jede Veränderung mehr verderben als verbessern würde. Bring einer die Völker der Erde dahin, daß sie – *Gott gehorchen*; dann sind sie frei. Deo parere, libertas est, sagt Augustin so göttlich wahr.

Die Leipziger Messe

ist dies Jahr herrlich ausgefallen. Die Waren gingen so reißend ab, daß eine kaum glaubliche Teurung entstand. Türken, Russen, Polen, Schweden, Dänen und Deutsche aus allen Provinzen wimmelten da im bunten Gemische durcheinander. Unter dem Stabe des Merkurs schwanden alle politische und Nationalantipathien. Der süße Glaube unter Käufern und Verkäufern war allgemein, daß es Friede bleiben werde, worüber denn der Kaufmannsgeist hoch frohlockte. Auch der Buchhandel trieb da wieder sein mächtiges Gewerb. Der Meßkatalog der letztern Messe ist wieder recht dickbeleibet und zeugt von den gesunden Fingern der deutschen Gelehrten.

Da fand ich – Gottlob! den Namen *Herder* wieder, der so lange schon zum Leidwesen unseres Vaterlandes schwieg. Da steht wieder unser *Wieland* und spannt wie Odysseus mit unentnervten Armen seinen tönenden Bogen. Da glänzt der Name des Koadjutors *Dalberg*, des deutschen Baco, der einen Standpunkt fand, von dem er auf alle Linien der Wissenschaft und Kunst hinaussieht, wie seine meisterhafte Ästhetik bezeugt. Da findet man unter vielen Geisteskrüppeln manchen gesunden Buben, der den Lenden eines rüstigen Vaters entsprang. – Doch davon nächstens in einer weitläufigern Anzeige.

Frankreich von innen und von außen

Von innen ist Frankreich noch immer ein Faß voll gärenden köstlichen Mostes. Man hört sein Toben oft so laut, daß des Fasses Reife springen und der Most wie Lava zum Spundloche hinaussprudeln möchte. Die innere Einrichtung der gesetzgebenden Versammlung ist nun so genau bestimmt, daß sie nie, wie man fürchtete, in vielköpfige Zwingherrschaft – dem scheußlichsten Untier zwischen Himmel und Hölle – ausarten kann. Einem *Montesquieu* sei es vorbehalten, den Geist der französischen Gesetzgebung (der bei all seinem Hohen doch so viel platonische, hyperlunarische Funken sprüht, daß es schwerlich auf unsrer massiven Sandkugel zu realisieren ist) genau zu untersuchen und sein Treffliches, Gutes und Schlimmes der Jetzt- und Afterwelt vorzuzeichnen. In der „Geschichte der gegenwärtigen Zeit", einem Tagblatte ohne seinesgleichen, sind diese Gesetze gesammelt.

Frankreich von außen sieht man jetzt in unsern Gegenden und am Rheinstrome. Prinz *Condé* und des Königes Bruder *Artois* sind jetzt in Ulm und werden täglich hier in Stuttgart auf ihrem Rückfluge nach Worms erwartet. Die gallischen Flüchtlinge strömen aus der Schweiz und andern Gegenden wie Wasser nach Worms und Mannheim, um dort eine See zu bilden, die bald ihre zornigen Wellen heben und auf ihr demokratisches Vaterland stürzen dürften.

Kurz

Frankreichs Stunde der Sichtung hat geschlagen. Es ist kein Geheimnis mehr, daß der Kaiser und mehrere Reichsfürsten mit blinkender Faust gegen dies Reich anrücken werden. Wenn Frankreich mit aristokratischem Pulver ganz durchsäet ist, das durch unsichtbare Furchen und Minen bis nach Worms und Mannheim reicht, so darf man hier nur den Lunten schwingen, anzünden, und Frankreich steht in der Flamme. Ja, die feierliche Stunde ist gekommen, wo der Gerichtsengel über Frankreich schwebt, mit gesunknem Flammenschwerte zwischen Volk und Adel. Was geschehen wird, kann ich nicht sagen, denn des Engels Angesicht ist verhüllt.

Schreiben aus Straßburg

Unsre Stadt, ja das ganze Königreich, ist jetzt ein Marsfeld, wo Waffen blinken, wo sich junge rüstige Kämpfer zum Streite rüsten, wo Staub unter dem Hufschlage des Streitrosses aufwirbelt – ein Feld, über welchem Wotans Adler schweben, die *Blut* schreiben, *Blut* dürsten –

> Bis Galliens Tale
> Weiß sind von Bürgergebein.

Ha, Freund, die Sturmglocke ist angezogen und das Zeichen zum Bürgerkriege gegeben. Man hat nämlich den König entführen wollen, ihn aber bei Varennes wieder eingeholt, ihn samt seiner Gemahlin und dem Dauphin gefangengenommen und mit einer Begleitung von mehr als 6000 Nationalkriegern nach Paris gebracht.

Diese außerordentliche Begebenheit, eine Verkündigerin ungewöhnlicher Dinge, hängt, nach gedachtem zuverlässigen Schreiben, eigentlich so zusammen: Der 21ste dies ward zur Entführung – oder Flucht – des Königs ausgesetzt. In der Frühe dieses furchtbaren Tages ging die königliche Familie ab, um den Weg nach Luxemburg zu nehmen. Die wachsamen Nationalen aber merkten es. Man flog der königlichen Familie nach, holte sie ein zu Varennes, 4 Meilen vor Verdun. 500 Mann Nationalgarde und ebensoviel Linientruppen nebst 6 Kanonen nahmen den König zuerst in Empfang. Der

Schrecken der königlichen Familie glich einem Wetterstreiche, der den ganzen Körper trifft, ohne ihn zu töten. In der Mitte von mehreren tausend Kriegern und vom Geschütz begleitet, neben welchem die Artilleristen mit brennenden Lunten gingen, mußte der König wieder nach Paris umlenken. Den 22sten dies Abends um 8 Uhr war der König in Châlons, woselbst ihn 6000 Nationalgarden empfingen. Der Comte de Gange, ein Vertrauter des Königs, wollte auf der Rückreise mit dem König sprechen, allein die Nationalgarde versagte es ihm. Da zog er in der Verzweiflung zwei Pistolen, drückte ab, doch ohne jemand zu verwunden. Nun floh er, aber man setzte ihm nach, holt' ihn ein und hieb ihn in Stücken. Nun ist durchs ganze Königreich die fürchterliche Kunde angeschlagen: Der König ist gefangen! Zu den Waffen!! Im ganzen Elsaß weht die Kriegsfahne. Die Fallbrücke an der Rheinbrücke wurde aufgezogen, alle Vereinigung mit diesseits und jenseits abgeschnitten, der Posten am Rhein mit 100 Mann verstärkt, und allen Bürgern ward der Befehl gegeben: sich marschfertig zu halten. Die Verwaltungskorps traten zusammen, wie weiland die alten Römer, in deren Mitte ein Brutus strahlte, und schwuren vor allem Volke den Eid: die neue Reichsverfassung mit Gut und Blut zu verteidigen. Wer dies nicht täte, soll für infam und des Namens eines französischen Bürgers unwürdig erklärt werden. – So schwuren die Bürger, und das Volk sagte Amen! Gleichen Eid legten auch etliche tausend Bürger in der Nikolauskirche ab, und nun hört man nichts als Waffen und kriegheischende Stimmen. Die Verwaltungsgesellschaften machten sogleich die weisesten Sicherheitsanstalten, so daß auf den ersten Kanonenschuß die Nationalgardisten und Linientruppen beim ersten Angriff auf ihren Posten stehen werden. – So hat denn deine Stunde geschlagen, Franzia, wo du vor aller Welt den heißen Vaterlandskampf kämpfen mußt! Die Stunde, wo der Gerichtsengel spricht: Es fließe Blut! Bürgerblut fließe ins Tal des Todes! – Doch ist es wahrscheinlich, daß die Sache, so kraus und verwickelt sie auch ist, noch einen bessern Ausgang nehmen könnte, als die bestürzte Furcht ahndet. Wäre dem König seine Flucht gelungen, dann wäre der Bürgerkrieg unvermeidlich gewesen. Jetzt aber kann man hoffen, daß er sich aussöhnet mit der Nation, daß die Geflohenen wieder in ihre Heimat zurückkehren und daß sich nach und nach alles anschmiege an den Riesenkörper der neuen Verfassung. O möchten meine Wünsche wahr werden!!

Epilog im Harnisch

Der Verfasser der Straßburger Zeitung, ein weidlicher Mann, holt' schon ein paarmal aus, um mich zu beohrfeigen, wie es ziemt – *dem deutschen Sklavenvieh.* Aber die Ohrfeige traf den Unrechten. Wem ist Frankreichs Ereiheit heiliger als mir? Wer pries wie ich die edlen Männer in Straßburg, die im altdeutschen Sinne auftraten und zeigten, daß sie von Despotenhudelei noch unverkrüppelt waren? Diese Sympathie, diese Freude über der Freien Glück hat mir schon Verdruß und Verantwortung zugezogen. Und doch geht mein Straßburger her, nennte mich einen *Sklaven, Schmeichler der Großen und Entweiher der Würde eines Volkslehrers.* Wär' ich dies alles, so hätt' ich das Pfui! verdient, das der Straßburger verächtlich auf mich sprützt. Aber, wer mich nur halb kennt, wer mich schreiben, sprechen, handeln sieht und hört, der wird mir das Zeugnis geben, daß auch beinahe *eilfjährige Gefangenschaft* den Drang nach *wohlverstandener* Freiheit, nach einer Freiheit, die in jedem gesitteten Staate, die vorzüglich im Himmel gilt, nicht aus meinem Herzen tilgen konnte. Daher segnete ich die freien Franken, ohne das Mitleid gegen die Flüchtlinge ihres Volkes zu verlieren. Sie zogen scharenweise vor meinem Fenster vorbei, viele von ihnen, worunter einige herrliche Menschen waren, besuchten mich; daher mein Mitleid und der geheime Wunsch, daß sie sich bald aussöhnen möchten mit ihrem entfesselten Vaterlande. – Was denkt also der Straßburger Stiefbruder, der immer den Paläster gespannt hat und ihn abdrückt auf jeden, an dem er eine Aristokratennase entdecken will, daß er auch auf mich seine Pfeile schießt, ohne *meine Lage* in Betracht zu ziehen!? Er schreibt in *Straßburg* und ich in *Stuttgart.* – – Schande ihm, nicht mir!!

Aus dem 51. Stück vom 28. Juni 1791

Ludwig XVIte auf seiner Flucht und Heimfahrt

Diese höchstwichtige Begebenheit ist jetzt mit Recht der Gesprächestoff in allen Gesellschaften. Die ersten Berichte von diesem großen Ereignis waren, wie ganz natürlich, höchst widersprechend. Der Graf von Provence, der einen andern Weg nahm und glücklich in Brüssel eintraf, veranlaßte das Gerücht, daß es der ganzen königlichen Familie gelungen sei, aus dem Reiche zu entrinnen. Die vornehmen Franken flogen auf diese Nachricht in glänzenden Scharen nach Brüssel, um sich an ihren König anzuschließen und – vielleicht mit dem Heere Benders, einen blitzschnellen Versuch zu machen, ob durch eine Gegenrevolution nicht das Ansehen des Königs, der Aristokraten und der Geistlichkeit wiederhergestellt werden könnte. Der Versuch mißlang gänzlich, und nun dürfte wohl so bald kein neuer gewagt werden. Wäre dem Könige seine Entweichung gelungen, so würde sogleich der fürchterlichste Bürgerkrieg ausgebrochen sein. Sardinische, spanische, östereichische Heere wären wie reißende Ströme eingebrochen, hätten die heimlich Mißvergnügten des Reichs zu Tausenden an sich gezogen, und bei dem zu erwartenden feurigen Widerstande der Patrioten wäre das ganze blühende Frankreich, so weit es sich unter Gottes Himmel hinstreckt, ein Schauplatz des Würgens, Brennens, der Zerstörung und des Entsetzens geworden. Dies alles verhinderte die Patriotentat des Postmeisters zu St. Ménehould*, Drouet ist sein Name, indem er den König erkannte und mit unbeschreiblichem Mute anhielt.

Des Königs Flucht war ein lang angelegter und tiefdurchdachter Plan, wie wir ganz in der Nähe aus den gemachten Bewegungen ersehen konnten. Dicht an der französischen Grenze hatten sich die vornehmen Flüchtlinge gelagert und lauerten auf den Schlag der ernsten Entscheidungsstunde. Bouillet, ein Mann von feurigem Unternehmungsgeiste, sollte die Großtat unternehmen. Er sendete 40 Husaren von Lauzun in der Stille aus, die bald von ebensoviel Dragonern abgelöst wurden. Auf einem Spaziergange setzte sich die königliche Familie in die vorhandenen Postchaisen, und die Reise glich einem Fluge durch die Luft. Der König und die Königin ließen Briefe an

* Andre nennen einen jungen Wundarzt.

die Nationalversammlung zurück, beede des Inhalts: Man beweine die Auflösung der Monarchie und den nahen Verfall des ganzen Reichs; man behandle den König und die Königin ganz unter ihrer Würde; Parteigeist herrsche im Königspalaste, in den Konstitutionsgesellschaften, und die Journalisten mißhandelten ihn wie den Auswürfling der ganzen Nation. Er würde von der Nationalgarde nicht beschützt, sondern belagert, und die ihnen getreuen Untertanen würden mißhandelt. – Beide gestehen, daß sie alles Bisherige aus Zwang taten und daß sie das Königreich verlassen, um darinnen wieder Ordnung zu schaffen.

Aus dem 52. Stück vom 1. Juli 1791

Boten

Aus Frankreich. Den 25. Junius, abends gegen 8 Uhr zog der unglückliche König der Franken in Paris ein – mit einer Begleitung und unter einem Getöse von bewaffneten und unbewaffneten Menschen, dergleichen die ganze Geschichte nichts Ähnliches hat.

Da lies, Leser, und fasse mit heiligem Schauer die Lehre, daß der Könige und Fürsten Gericht oft schon hier beginne. Erst denke dir 30000 bewaffnete Männer, die den König begleiteten; dann die gesamte Pariser Mannschaft, die auf beiden Seiten des Wegs einen Waffenwald bildete. Vor der Kutsche eine Menge Reuterei von Nationalgarden aller Farben; dann – die Kutsche selbst mit der königlichen Familie. Der König in einem schlechten Kleide, ohne irgendein Zeichen seiner königlichen Hoheit, den runden Hut tief ins Gesicht gedrückt. Auf dem Kutschersitze waren drei seiner vormaligen Leibwachen in Kurierskleidung, die Hände kreuzweis gefesselt. Nationalgarden saßen hinten und vorn auf der Kutsche. So fuhr der König, der mächtigste König der Welt, ein Sprößling vom ungeheuern Baume der stolzen fränkischen Könige! – Mangin und seine Freunde, die den König auf seiner Flucht anhielten, folgten in einem offenen Wagen nach, der mit Zweigen von Eichen- und Lorbeerbäumen besteckt war. Dann kam das übrige Heer, das den König bedeckte. Alle Trommeln wurden geschlagen; 200 Tambours gingen vor dem Wagen des Königs her und übertäubten das Gekreisch der Weiber, die ihn von beiden Seiten der Straßen mit niedrigen Schimpfwörtern empfingen. Der Weg war mit einer ungeheuern Volksmenge übersäet; doch blieb alles in förmlicher Stille, man fühlte das Fürchterlich-Große der Szene. Kein Hut wurde vor dem König gelüpft, denn die Achtung des Volks gegen ihn war nun auf immer verschwunden. Als der Zug die Vorstadt Pantin durch war, so bewölkte eine Grenadierschar des Königs Wagen, daß man nicht mehr hineinsehen konnte. Fluch scholl dem Könige, und seinem Fänger Mangin der Freudenjubel: Es lebe die Nation! Es leben die Patrioten! So kam die ungeheure Schar in den Garten der Tuileries. Der Wagen stand, die königliche Familie stieg aus und taumelte in ihre Zimmer. Nun wollten die Nationalgarden die drei Kuriere des Königs aufhängen; man rettete sie aber mit Mühe und warf sie gefesselt in Kerker, wo nun auch die Gouvernantin der königlichen Kinder, Thoursel, und die Hofdame der Königin schmachtet. Alles blieb ruhig – bei diesem schrecklichen Aufzuge ruhig, welches dem Volk Ehre macht. [...]

Aus dem 53. Stück vom 5. Juli 1791

Literatur

Die Aussichten vom Niederrhein von *George Forster* gehören nicht nur unter die besten Produkte der letztern Messe, sondern unter die vorzüglichsten der gesamten deutschen Literatur. Mit diesem hellen Kopfe, diesem gesalbten Auge, diesem empfänglichen Herzen, diesen Kenntnissen, diesem Geschmacke sollte man eigentlich reisen, wenn man seine Reisebeschreibungen der Welt mitteilen will. Heutzutage reisen leider! manche, die kaum mehr als Handwerksburschenkenntnisse haben, die mit ein paar Anekdoten aus der Herberge und mit dem angegafften Wahrzeichen der Stadt ihre Reisebeschreibungen zieren und sie wohl gar drucken lassen. Doch glaub' ich bei dieser Gelegenheit behaupten zu dürfen, daß die Deutschen unter allen Nationen die besten Reisebeschreiber sind. Der Franzmann sieht alles nur im Fluge, der Brite, der im Zentralpunkte der Schöpfung Gottes zu stehen wähnt, betrachtet andere Völker – nur wie Tropfen am Eimer, und die meisten Europäer kommen mit Vorurteilen in fremde Lande. Wir Deutsche aber haben ruhigen Beobachtungsgeist, nicht selten viel Kenntnisse in Sachen und Sprachen, Unparteilichkeit und lassen daher jedem Volke und Völklein – oft nur zu viel Gerechtigkeit widerfahren. Forster, den ich nur anzeige denen, die ihn etwa noch nicht kennen, bestreift hier im ersten Teile die Orte Boppart, Andernach, Köln, Düsseldorf, Aachen, Lüttich, Löwen, Brüssel und zeigt da so viel Blitze eines stark und richtig beobachtenden Geistes, so viel Naturkenntnisse, so reines ästhetisches Gefühl und so viel Kraft in Darstellung, in Wort und Ausdruck, daß man seinen Genius hochschätzen und lieben muß. Was er über die Gefangenen zu Andernach und überhaupt von Gefangenen sagt, hat mich tief gerührt; wie laut zeugt dies von dem sanften, menschlichen Herzen des edlen Mannes! – Seine Kunstbemerkungen können nur mit den Winckelmannischen verglichen werden. [...]

Tonkunst

Ich lege den Liebhabern der Tonkunst, den Freunden des schönen Sangs, der wahren Deklamation und der wirksamen Flügelbegleitung ein herrliches Stück aufs Pult. Es ist *Des Pfarrers Tochter von Taubenheim, Bürgers* Meisterballade, von *Zumsteeg* in Musik gesetzt, und von *Breitkopf* in seiner bekannten Manier deutlich, reinlich und mit Geschmack abgedruckt. Das ganze Stück ist hier Strophe für Strophe musikalisch ausgemalt, im düstern Kolorite des Dichters. Der Tonkünstler wählte darzu das weiche F, in den der natürliche Ton der Ballade wie hineingebannt zu sein scheint. Die erzählenden Stellen werden sodann meist im harten F vorgetragen und tun so mit den gewählten schönen melodischen Gängen die herrlichste Wirkung. Wie ganz getroffen ist nicht der lockende Ton des falschen gierigen Ritters Str. 6 und 7; dann der Übergang vom Taumel der Sünde zum schmerzvollen Erwachen des Mädchens Str. 8 u. f. Wie einfach und stark ist des Vaters Grimm gemalt, und wie herzdurchschneidend jammert das Mädchen: „O weh mir? daß du mich zur Mutter gemacht!“ Und wie dies alles kontrastiert mit dem höllisch spottenden Tone des Betrügers: „Arm Närrchen, versetzt er, das tut mir ja leid.“ Dann der geflügelte Grimm des getäuschten Mädchens, im harten D sich ergießend – wie meisterhaft, wie völlig getroffen ist nicht dies alles! Und dann der Ausgang – wie herzgreifend!

Wie wieder in den Grundton – in das hohle furchtbar schöne weiche F sich auflösend und mit Seelengewimmer am Unkengestade hinschwindend! Die Modulationen sind rein studiert, oft neu, nicht ängstlich gesucht, aber immer am rechten Orte mit Meisterhand herbeigeführt. Kurz – Bürger hat hier den Mann gefunden, der der treffendste musikalische Ausleger seines poetischen Genius ist. Nur rat' ich allen, die dies köstliche Stück singen und spielen, daß sie sich einer reinen und kräftigen Klavierbegleitung fleißigen und zum Vortrage einen Sänger wählen (eine weibliche Stimme deucht mich hiezu zu schwach), der versteht, was er singt, und sonderlich – was heutigen Tages so jämmerlich vernachlässigt wird, *rein und verständlich deklamiert.* Schlechter Vortrag macht die gesündeste Schöpfung des Dichters und Tonkünstlers zum Krüppel. – Preis des angezeigten schönen Werks, welches man hier gegen bare Bezahlung bei Zumsteeg abholen kann, ist 1 fl. 12. kr.

Dichtkunst

Unser *Städlin* tritt nach einer langen Pause wieder mit einem Musenalmanach hervor, der sich an der Seite keines vorigen schämen darf. Es haben sich da wieder junge Dichter entfaltet, die schöne Hoffnungen duften. *Hölderlins* Muse ist eine ernste Muse; sie wählt edle Gegenstände, nur fast immer in gereimten zehnfüßigen Jamben, wodurch seine Gedichte sehr eintönig werden. *Neuffer* bearbeitet interessante Stoffe. Es entwickelt sich in ihm ein sehr guter Tugendsänger, die um so mehr zu ermuntern sind, als die Leichtfertigkeit unsrer Tage durch die jüngern – oft auch ältern Dichter, so viel Unheil anrichtet. [...]

Aus dem 75. Stück vom 20. September 1791

Nachricht

Mit blutendem Herzen muß ich hiermit dem Publikum ankündigen: Daß mein Vater heute, den 10. Oktober, morgens zwischen 8–9 Uhr an einem Steckflusse im 52sten Jahre sei-

nes Lebens – sanft und voll Vertrauen auf Gott und seinen Christus – gestorben ist. Die Tausende, die ihn kannten und liebten, und seine immer zunehmenden Leser werden bei dieser Nachricht eine Tränenpause machen und mir und meiner gebeugten Mutter und Schwester das Schreckliche unsers Verlustes nachempfinden ... Jetzt kann ich nichts als euch danken, ihr Nahen und Fernen, die ihr ihm ehmals euer Mitleid und in der Folge euren Beifall und eure Aufmerksamkeit in so reichem Maße schenktet – nichts als danken und eine brennende Zähre auf den Leichnam des Entschlafenen weinen. Einige edle und geistreiche Freunde meines seligen Vaters setzen mich in den Stand, dem Publikum die Versicherung geben zu können, daß die Chronik nach dem bisherigen Plan und im bisherigen Tone werde fortgesetzt werden.

STUTTGART, DEN 10. OKTOBER 1791 Ludwig Schubart
AUS DEM 81. STÜCK VOM 11. OKTOBER 1791

Nachwort

> Deutschland weinet um manche seiner Kinder; es ruft: Sie sind nicht mehr, sie gingen gekränkt, beistand- und trostlos unter. Hier also auf dem Grabe des Verstorbenen, als auf einer heiligen Freistätte, müssen Wahrheit und Menschlichkeit, diese sanft und rührend, jene unparteiisch und strenge, ihre Stimmen erheben und sprechen: Dieser Mann ward unterdrückt, jener gemißbraucht, dieser verlockt und gestohlen. Ohne Recht und Urteil schmachtete er viele Jahre im Felsenkerker, das Auge seines Fürsten weidete sich an ihm; seine späte Entlassung ward Gnade, und nie bekam er die Ursache seines Gefängnisses zu wissen, bis an den Tag seines Todes.
>
> *Joh. Gottfr. Herder, „Briefe zur Beförderung der Humanität", 1. Sammlung, 5. Brief*

Christian Friedrich Daniel Schubart – mit diesem Namen ist die „Deutsche Chronik", eine der ersten politischen Zeitschriften im 18. Jahrhundert, und die grenzenlose Willkür eines deutschen Monarchen, Herzog Karl Eugen von Württemberg verbunden, der sein fürstliches Gottesgnadentum gebrauchte, um den aufrechten patriotischen Publizisten zehn Jahre ohne Prozeß und Urteil in der Festung des Hohenasperg einzukerkern.

I. Tötende Verrichtungen

Christian Friedrich Daniel Schubart wurde am 24. März 1739 in Obersontheim, einem Dorf in Schwaben, als Sohn des Kantors, Schulmeisters und Pfarrvikars Johann Jacob Schubart geboren. Der Junge war vielseitig begabt: musikalisch, poetisch, rhetorisch. Besonders sein musikalisches Talent konnte sich im Elternhaus frei entfalten. Bald übertraf er den Vater im Klavierspiel und wurde zum Lehrer seiner Geschwister. In seiner Lebensbeschreibung „Leben und Gesinnungen" hat Schubart ein liebevolles Bild seines Vaters gezeichnet. Er habe sich aus bitterster Armut zu seinem Amt gebildet. Schubart betont den Reichtum seiner natürlichen Anlagen, seinen anmutigen Gesang, sein Klavierspiel, seine Fähigkeiten zum Redner und Schulmann und beklagt den Druck seiner zahlreichen Verpflichtungen als Lehrer, Geistlicher und Organist. Seine „enge[n] und geschnürte[n] Lebenslagen" hätten ihn gehindert, „ein wichtiger und berühmter Mann" zu werden.[1]

Zur Vorbereitung auf ein Universitätsstudium war Schubart 1753 auf das Lyzeum nach Nördlingen geschickt worden, wo der dortige Rektor Thilo vor allem die poetischen und literarischen Neigungen des Jungen förderte. Thilo machte die Schüler nicht nur mit der Dichtkunst der Alten, mit Homer und Platon, Horaz und Cicero bekannt, sondern auch mit der zeitgenössischen deutschen Literatur, mit Haller, Klopstock und Wieland. Nach dreijährigem Schulbesuch in Nördlingen wechselte Schubart auf das Lyzeum in Nürnberg. Das 1758 begonnene Studium der Theologie in Erlangen mußte er schon nach anderthalb Jahren abbrechen, vor allem weil die finanziellen Mittel der Familie nicht ausreichten, aber auch weil sein Lebenswandel – zog ihn sein musikalisches Talent und sein geselliges Wesen doch oft in fröhliche Gesellschaft – Anlaß zu elterlicher Besorgnis bot. Was er teils aus finanzieller Not, teils aus eigenem Verschulden versäumt hatte, versuchte er nach seiner Rückkehr zur Familie nachzuholen. Neben seiner Tätigkeit als Hilfsprediger, Musiker, Hauslehrer und Schulmeister beschäftigte er sich in intensiven, doch unsystematischen Studien vor allem mit der Literatur und verfaßte zahlreiche Gelegenheitsdichtungen. Der Mann seiner Schwester, der Esslinger Rektor Christian Gottfried Böckh, stand dem jungen begabten Schwager mit Rat und Hilfe zur Seite.

Schubarts erste feste Anstellung fiel in die Zeit von 1763 bis 1769. In Geißlingen, einer kleinen Stadt, die zum Gebiet der reichsunmittelbaren Stadt Ulm gehörte, war er als Lehrer und Organist tätig. Hier schloß er 1764 die Ehe mit Helene Bühler, der Tochter des Zollinspektors, eines der Stadthonoratioren. In seinen späteren Aufzeichnungen charakterisierte er die Ehe als „Verbindung des Sturms mit der Stille, der feurigen Torheit mit der abgekühlten Vernunft, der Anarchie mit der Ordnung"[2]. Schubart empfand neben den Mühen seines Amtes die Verantwortung für seine wachsende Familie bald als Druck. Seine karge Freizeit gehörte seinen eignen literarischen Versuchen, den wissenschaftlichen Studien und dem Briefwechsel mit Gleichgesinnten. Dabei ging die Initiative meist von ihm aus. So wandte er sich an den verehrten schwäbischen Dichter und Gelehrten Balthasar Haug und an Christoph Martin Wieland.

In den Briefen an seine engeren Freunde klagt er über die Last der zeitaufwendigen, mühsamen, ja entwürdigenden Geschäfte, die kaum das nötige Geld für das Leben seiner Familie schaffen. An Ludwig Albrecht Häckhel, einen Bekannten in Ulm, schreibt er im Dezember 1764:

„Ein Mensch, der eine Frau hat, die zugleich seine Magd ist; der unter liederlichen Arbeiten keucht; der vor dem Sarge einer alten Spitalfrau mit acht geflickten Mänteln wie unsinnig ein Totenlied schreien muß; der unter hundertundzwanzig Tartarn, mit der Knute in der Hand, zwölf Stunden des Tags umherwandeln muß; der endlich an des Herrn Ruhetag mit neun Furien, die anstatt brennender Fackeln Fidelbögen tragen, gemartert wird; der die heilige Christfeiertage mit zweiundvierzig Eseln und einem Maultier, das auf lateinisch Cantor heißt, von Haus zu Haus betteln gehen muß; der mit allen diesen tötenden Verrichtungen nicht sich selbst, sondern einem alten ausgedienten deutschen Schulmeister den Branntwein ins Haus schaffen muß; der endlich, um den Kelch des Elends und der Niedrigkeit bis auf die Hefen auszusaufen, keinen Freund um sich hat, dem er seinen Jammer klagen kann: *der* Mensch, ich bitte Sie um der beleidigten Vernunft willen, der sollte noch beneidet werden können?“[3]

Der grimmig-humoristische Ton der Selbstdarstellung kann nicht darüber hinwegtäuschen, wie drückend und ausweglos die Lebenslage des Fünfundzwanzigjährigen war: der lange Arbeitstag, der nur wenig Zeit für die Studien ließ; die geringe Entlohnung, von der er noch den alten, ausgedienten Schulmeister zu unterstützen hatte; und die Ausnutzung der reichen Fähigkeiten des jungen Mannes für alle anfallenden Arbeiten. Mißbilligend und argwöhnisch beobachtete die geistliche Behörde und die Schulaufsicht seine Versuche, sich trotz der Fülle der amtlichen Verpflichtungen und der Enge und Borniertheit des kleinstädtischen Lebens Freiräume für sein lebendiges Naturell zu

schaffen. Seinen Schülern versuchte er, auf unkonventionelle Weise den Stoff zu vermitteln und bei ihnen Lust auf Erkenntnisgewinn und Selbstbetätigung zu wecken. Erhaltene Übungstexte und Diktate aus dem Unterricht zeigen, wie derb-humorvoll und phantasiereich er seine kritischen Ansichten über die Welt vermittelte und gegen die Pedanterie eines allseits geregelten Schulalltags zu Felde zog.
Schubarts biographische Situation ruft uns die prometheischen Worte des jungen Karl Moor aus den „Räubern“ über das „Kastratenjahrhundert“ ins Gedächtnis: „Ich soll meinen Leib pressen in eine Schnürbrust und meinen Willen schnüren in Gesetze. Das Gesetz hat zum Schneckengang verdorben, was Adlerflug geworden wäre.“[4] Mit dieser Gestalt hatte Schiller der Unzufriedenheit und Auflehnung zahlloser junger Menschen im Deutschland des ausgehenden 18. Jahrhunderts Ausdruck verliehen. So muß auch Schubart seine Zeit empfunden haben.
Als Musiker, Komponist, Poet und Kritiker hatte Schubart alle Anlagen, stark auf seine Zeitgenossen zu wirken. Sein sinnenfreudiges, aufgeschlossenes Wesen drängte ihn, sich anderen Menschen mitzuteilen, den Austausch mit ihnen zu suchen. Im Gasthaus und bei seinen Wanderungen in die Umgebung hatte er Verbindung zu den einfachen Leuten. Hier entfalteten sich seine poetischen und musikalischen Talente. Er aß und trank ebenso gern in Gesellschaft, wie er gern fabulierte, musizierte und vortrug.
Es ist leicht nachzuvollziehen, wie sehr gerade auf diesen lebendigen Geist der Druck ständischer Enge und feudaler kleinstaatlicher Verhältnisse lasten mußte. Doch seine unbändige Aktivität, der man realen Handlungsraum verwehrte, und seine Lust am Leben, die ihm als Sünde interpretiert wurde, vermag er sich als Grundhaltung zur Welt zu bewahren und für sein poetisches und publizistisches Schaffen produktiv zu machen.
Schubart war ein Zeitgenosse der Stürmer und Dränger, ohne einem ihrer Freundschafts- und Dichterkreise direkt anzugehören. Seine Poesien und seine ästhetische Konzeption, ebenso sein musikalisches Programm konstituierten sich im Vorfeld dieser Bewegung; als Publizist orientierte er sich an ihren Positionen und rezensierte ihre Werke. Er war ein Förderer und Verbreiter ihrer Dichtungen, wobei

seine besondere Sympathie dem Göttinger Hainbund gehörte. Diesem Freundschafts- und Dichterbund Göttinger Studenten gehörten u. a. Christoph Heinrich Hölty, Johann Martin Miller, Christian und Friedrich Leopold von Stolberg und Johann Heinrich Voß an, Namen, denen wir in Schubarts Chronik wiederholt begegnen. Auch Gottfried August Bürger und Matthias Claudius hatten Verbindung zu diesem Kreis. Die Göttinger fühlten sich in der Verehrung Klopstocks verbunden und versuchten, ihrem verehrten Vorbild nachzueifern. Vor allem die patriotische Orientierung an der nationalen Geschichte und die Ablehnung feudaler Willkür bestimmten ihre Dichtungen. Der „poetische Tyrannenhaß", so beschreibt Goethe diese Orientierung bei Gelegenheit eines Besuchs der Gebrüder Stolberg im Frankfurter Elternhaus,[5] gewann unter den Dichtern des Bundes einen entschiedenen Ausdruck. Die Mehrzahl von ihnen kam wie Schubart aus engen kleinbürgerlichen Verhältnissen. Eigene Erfahrungen schärften ihren Blick für die Not und Rechtlosigkeit der unteren Schichten. Das spiegelt sich in ihrer Sympathie mit den einfachen Menschen und in ihrem poetischen Bemühen um volkstümliche Formen und einen nationalen Gehalt wider. Beides war für Schubart wichtig. Er bekannte sich nachdrücklich zu dem patriotischen Pathos Leopold Friedrich von Stolbergs, das ihm in gleicher Weise wie Klopstocks große politische Oden für den vaterländischen Charakter seiner Chronik programmatisch erschien, und er identifizierte sich gleichzeitig mit den Empfindungen und Gedanken der unteren Schichten, denen er in Berichterstattung und Urteil verpflichtet blieb.

II. Der Eremit

Zunehmend beschäftigte sich Schubart mit Plänen für eine publizistische Betätigung, von der er sich neben finanziellen Erträgen vor allem die Überwindung der oft beklagten Isolation versprach und mit der er die Hoffnung auf einen regen intellektuellen Austausch über den kleinen Kreis der Bekannten hinaus verband. So teilte er seinem Freund Balthasar Haug im Juni 1766 folgenden Plan für eine Monatsschrift unter dem bezeichnenden Titel „Der Eremit" mit.

„Wann es wahr ist, daß ein Gelehrter die Welt nur aus seiner Studierstube kennt, wenn es lächerlich ist, Charaktere in einem Winkel zu schildern, wo eine ekelhafte Monotonie in den Sitten herrscht, wann in eben dieser verdrüßlichen Einsiedelei Gedanken und Schreibart zuweilen der rauhen Kutte eines Einsiedlers ähnlich sehen müssen, so dünkt mich der Titel nicht übel gewählt zu sein ‚Der Eremit' ... Kann man dann mehr von einem Einsiedler fordern? ... Wir können Abhandlungen aus allen Teilen der Literatur, Briefe, Gedichte, Übersetzungen und was wir nur wollen, in unsrer Zelle verfertigen und in die Welt fliegen lassen."[6] 1768 nahm ein anderes Zeitschriftenprojekt konkrete Gestalt an. Es handelte sich dabei um eine Wochenschrift, die bereits seit zwei Jahren unter dem Titel „Der Rechtschaffene" erschienen war und an der neben Schubart auch Christoph Martin Wieland in Biberbach, Salomon Geßner in Zürich und Professor Wegelin in St. Gallen mitarbeiteten. Schubarts Wunsch, der Zeitschrift den Titel „Der alte Deutsche" zu verleihen, beinhaltet ein Programm, das für seine Arbeit an der „Deutschen Chronik" bestimmend werden sollte.

Mit der Gestalt des alten Deutschen verband er die Vorstellung von einem natürlichen menschlichen Verhalten und einem kraftvollen Handeln, von Unabhängigkeit und Freiheit. Er wählte es als positives Pendant zu dem ohnmächtigen, schwächlichen und unnatürlichen Verhalten der Menschen seiner Zeit.

Schubart hatte das Ziel, durch die unabhängige Existenz des Journalisten sein Leben materiell zu sichern und die Enge seiner isolierten Stellung zu überwinden, mit vielen deutschen Intellektuellen gemeinsam. Ähnlich den Musenalmanachen, die der jungen Dichtergeneration eine neue und wirksame Form der literarisch-ästhetischen Kommunikation boten, kam den Zeitschriften eine koordinierende Funktion zu. Konnten die Autoren auch nicht die Schranken ökonomischer und politischer Zurückgebliebenheit überspringen – nationale Mittelpunkte wie London und Paris waren durch bürgerliche Kreise nicht zu ersetzen –, so spielten gerade die Zeitschriften für die Entwicklung einer bürgerlichen Kultur, für die Verbreitung politisch-oppositioneller Ideen eine große Rolle. Die meisten Zeitungen, auch die, an denen Schubart in den Jahren vor der Herausgabe seiner „Chronik" mitgearbeitet hatte, waren populärwissenschaftliche und moraldidaktische Blätter. Diese Moralischen Wochenschriften waren nach englischem Vorbild in den zwanziger Jahren vornehmlich dort entstanden, wo ein ökonomisch starkes Bürgertum sich eine gewisse Öffentlichkeit schaffen konnte. Die freie Reichsstadt Hamburg ist dafür ein Beispiel. Hier war die Zeitschrift „Der Patriot" 1718 aus der Patriotischen Gesellschaft, der nicht nur bürgerliche Intellektuelle, sondern auch Vertreter des wohlhabenden Handelsbürgertums angehörten, hervorgegangen. In Süddeutschland fehlten diese bürgerlichen Zentren, die zum Träger eines publizistischen Unternehmens werden konnten. So waren die Bemühungen provinziell und oft schon in den Anfängen zum Scheitern verurteilt. Außerdem ließ die Zuspitzung der gesellschaftlichen Konflikte zu Beginn der 70er Jahre diesen Typ von Zeitschriften bald als überholt erscheinen.

Sogar in der wiederholten Würdigung der vom Schwager Böckh herausgegebenen Wochenschrift läßt sich Schubarts wachsende Distanz zu deren Enge und trockener moraldidaktischer Tendenz deutlich ablesen. So heißt es in einem Brief an Böckh vom 20. November 1770:

„Dein Plan mit der Wochenschrift ist gründlich, gut, religiös. Ich habe dir hier Leser verschafft, und vielleicht fourniere ich dich selbsten zuweilen mit kleinen Erzählungen, Fabeln, Liedern vor Kinder, um nach löblicher Gewohnheit der Hrn. Wochenschriftsteller das Trockene aufzustutzen."[7]

Ein paar Monate später versicherte Schubart dem Schwager, daß sein Wochenblatt verdienten Beifall gefunden habe.

„Der redlich gesinnte Weltbürger, der geübte Didaktiker, der belesene Mann schaut überall hervor, und ich darf dir schon zum voraus zum Beifalle Glück wünschen, der dir bald aus jedem Winkel Deutschlands zuströmen wird. Die ernsthafte Miene kleidet dich sehr gut; doch wünscht mein Capriccio deinem Stile etwas mehr Munterkeit ..."[8] Statt eines trocken-lehrhaften Stils wünschte Schubart mehr „Munterkeit", und er meinte damit nicht nur einen unterhaltenden Anhang, der die Lehre versüßen oder aufstutzen sollte, sondern jene Orientierung an den realen, vielfältigen Kommunikationsformen, wie wir sie in der „Deutschen Chronik“ finden, wo ein Mensch mit seinesgleichen heiter und traurig, zornig und fröhlich ist. Was sich Schubart im Blatt des Schwagers außerdem anders wünschte, kommt in einem anderen Brief zur Sprache: „Dein Wochenblatt erhält sich in der Güte und muß immer noch besser werden. Ich wünschte, daß du manchmal zum Nutzen der armen Schwaben Lokalzüge anbringen möchtest. Dann die Ausländer sind alle weiter in der Erziehung als wir. Von der *vornehmen* Erziehung könnte ich dir einen schönen Beitrag schicken, wann der Ernst deines Wochenblatts die Satire vertragen könnte ...“[9] Schubart wußte sehr wohl, daß es nicht nur der Charakter des Wochenblatts, sondern die Obrigkeit verbot, mit Kritik und gar Satire gegen öffentliche Mißstände anzugehen. Doch Schubart hatte eine polemische Zeitschrift vor Augen. Er wollte die Zustände in seiner engeren Heimat Schwaben konkret erfassen, sie mit denen der fortgeschritteneren Länder vergleichen und beispielsweise mangelhafte pädagogische Einrichtungen und Erziehungsmethoden mit dem Mittel der Satire anprangern. Hier schon zeichnet sich sein späteres Zeitschriftenkonzept ab. An die Stelle der Belehrung eines für unmündig genommenen Publikums soll Ermutigung und Ermunterung zu einem freien Austausch der Meinungen treten.

1768 hatte Balthasar Haug Schubart in Ludwigsburg eine Stelle als Organist vermittelt und ihn so aus der Enge seiner Geislinger Schulmeisterexistenz befreit. Ludwigsburg war Residenzstadt. Als Sitz der württembergischen Regierung war sie vom Leben der Adelsgesellschaft und den kulturellen Interessen des Hofes geprägt. Gleichzeitig trat hier der Gegensatz zwischen einer üppig lebenden Oberschicht und der Not der Armen besonders kraß in Erscheinung. War auch der Künstler Schubart, der Unterhalter und der Musiklehrer in den vornehmen Häusern gefragt und konnte er so ein angenehmes Leben genießen, so bewahrte er sich doch den kritischen Blick auf die gesellschaftlichen Verhältnisse und auf die Rolle, die man ihm zu spielen gebot. In dem Brief an Böckh vom 6. Februar 1771, eben jenem Brief, in dem er dessen Zeitschrift mehr Zündkraft wünschte, heißt es: „Hier ist alles in den gewöhnlichen Lustbarkeiten des Hofes ersoffen. Opern, Bälle, Capucinaden, Harlekinaden, Komödien, wo der Hanswurst den Geschmok des höchodeligen Publici mit verfluechten Stroachen, Zoten und Wortspieln vergnüegt, doß ma krepiern möcht – [...] Ich bin nunmehro ein Hofmann! Stolz, windicht, unwissend, vornehm, ohne Geld und trage samtne Hosen, die, so Gott will, noch vor meinem seligen Ende bezahlt werden sollen."[10] Und am 23. Februar 1771: „Dem weisen Beobachter in der Stille machen die Großen mit all ihrem Stolz oft ein sehr lustiges Schauspiel. Eine Vorstellung, die den einsiedlerischen Weisen vor die Verachtung des Hofes gänzlich schadlos hält."[11]

Die Jahre in Ludwigsburg gewährten Schubart einen Einblick in das Leben der Großen, wie er ihn als Geislinger Schulmeister nie hätte gewinnen können. Die Schärfe seiner antifeudalen Kritik in der „Deutschen Chronik" ist ohne die Erfahrung dieser Zeit nicht denkbar. Wie krisenhaft er zugleich seine persönliche Situation in Ludwigsburg empfand und wie dringend das Bedürfnis, Klarheit über sich und sein Leben zu gewinnen, war, zeigt der Brief an den Schwager vom 26. August 1771. Hier gestand er, daß er seit einiger Zeit mit dem Projekt umgehe, ihm „in einer Reihe von Briefen" seinen „eigenen – wunderlichen – sombren – elenden – unglücklichen – burleskokomischen Lebenslauf bekannt zu machen. [...] Mitten unter tausend Zerstreuungen, unter tausend Empfindungen, Ideen und Bildern, die meine Seele wie Blize durchkreuzen, drängt sich mein Ich, wie der Hanswurst im Marionettenspiel, hervor und jagt alles vom Schauplatze hinweg."[12]

Das Jahr 1771 erhellte durch eine tiefe und umfassende Hungerkrise schlagartig die Überlebtheit der feudalen Welt. Mehrere Mißernten schlugen die Ärmsten mit Hunger und Krankheit. Die Ruhr überfiel die Geschwächten, und viele starben. Während Spekulanten die Lebensmittel horteten und die Armen die horrenden Preise nicht zahlen konnten, wurde in der fürstlichen Residenz aufwendig gelebt. Nicht von ungefähr stehen in Schubarts Brief vom 7. Dezember 1771 die kritischen Zeilen: „Hier bereitet man sich zu Winterlustbarkeiten, die die Klagen über Mangel an Geld und Brod überschreien sollen. Unsere Zeiten sind schlimm an Religion, Sitten, Staatsverfassung, gemeinen Bedürfnissen [...]"[13] Gewissenszweifel quälten ihn mehr noch als ein bigottes Urteil über sein öffentliches Verhalten. Nicht nur

Anfeindung und Mißgunst nahmen ihm die Ruhe, auch der klare Blick auf die gesellschaftlichen Verhältnisse ließ ihn dringend nach einem Ausweg aus diesem Leben suchen. Doch die Absicht, mit Beginn des Jahres 1772 „eine politische und gelehrte Zeitung" anzufangen, scheiterte an der Schwierigkeit, „ein Privilegium zu bekommen".[14]
Wegen seiner offenen Reden, seiner respektlosen Scherze über Angehörige des Hofes und der Geistlichkeit, wurde Schubart bald einigen einflußreichen Personen unbequem. Verleumdung und Unnachsichtigkeit gegenüber seinem freizügigen Lebenswandel führten 1773 zu seiner Ausweisung aus Württemberg, an die sich Monate unsteter Wanderschaft anschlossen.
Schubart hat uns in seiner Lebensbeschreibung anschaulich geschildert, wie er, einmal zu Fuß, ein anderes Mal aber in einer Kutsche, bis nach München gelangte: Hatte er eben noch sein letztes Geldstück einem Bettler gegeben, so führte ihn der Weg bald darauf zu einem Schloß, wo ihn der geöffnete Flügel zum Spiel aufforderte und er dem überraschten Schloßherrn die Leistung eines ausgezeichneten Virtuosen bot. Der eben noch Mittellose genoß die Gastfreundschaft und verließ reich beschenkt das Schloß.
Schubart schwelgte in der Freiheit seines ungebundenen Daseins und war zugleich mit sich unzufrieden. Nicht nur, daß er sich gegenüber seiner Frau und seinen Kindern schuldig fühlte, die bei seinem Schwiegervater Zuflucht gefunden hatten, sein rebellischer Geist, sein politischer Sinn ließen ihn nach einer bestimmten öffentlichen Wirksamkeit suchen. Erst in der Tätigkeit als Journalist ab März 1774 fand Schubart die ihm gemäße Arbeit.

III. „Deutsche Chronik" 1774 bis 1777

1774 nahm Schubart das Angebot des Buchhändlers Stage in Augsburg an, das gescheiterte „Schwäbische Journal" zu übernehmen. Er gab der Zeitschrift den Titel „Deutsche Chronik". Am 31. März 1774 erschien die erste Ausgabe. Doch bereits fünf Wochen später mußte der Druck der Zeitschrift wegen Auseinandersetzungen mit dem örtlichen Klerus nach Ulm verlagert werden. Anfang 1775 siedelte auch Schubart in die Freie Reichsstadt über, die ihm eine

begrenzte Freiheit in der schriftstellerischen Arbeit bot. Hier in Ulm verlebte er die produktivsten und sorglosesten Jahre seines Lebens, bis ihnen der Willkürakt des württembergischen Herzogs ein jähes Ende bereitete.
Schubart war Alleinherausgeber und Hauptautor der „Chronik", die zweimal wöchentlich erschien. Außerdem arbeitete er noch an anderen Zeitungen, so dem „Ulmischen Intelligenzblatt", mit. Darüber hinaus wirkte er in Ulm als Poet, Musiker und Rezitator. Diese vielfältige Tätigkeit spiegelte sich auch in seiner Zeitschrift wider, hier veröffentlichte er seine Gedichte, kündigte er Musikabende an ... Die große Beliebtheit, deren sich Schubarts Zeitschrift bald bei den Zeitgenossen erfreute, zeigt nicht zuletzt die für Süddeutschland beachtliche Auflagenhöhe: Am 13. Februar 1775 schrieb Schubart an den Bruder von 1600 Exemplaren.[15] Viele dieser Exemplare wurden nicht nur von ihrem Besitzer gelesen, sondern weitergereicht und debattiert. Stolz berichtet Schubart in den Erinnerungen, daß Stücke der „Chronik" bis nach Paris und London gelangt seien.[16]
Die „Chronik" war von Schubarts individueller Handschrift geprägt. Zwar verarbeitete er, in ständiger Korrespondenz mit seinen Lesern, auch Leserbriefe und andere Zuschriften, doch er schrieb die Artikel, und es ist anzunehmen, daß er gelegentlich auch eigene Artikel als Leserzuschrift deklarierte. Für die Berichterstattung nutzte er eine große Zahl von Zeitungen. Wenn es mitunter auch mißlich war, ihre Nachrichten mehr oder weniger ungeprüft übernehmen zu müssen, so fand er in ihnen doch zahlreiche Ansatzpunkte für seine Kommentare und kritischen Anmerkungen. Wiederholt verwahrte er sich dagegen, seine Seiten mit höfischem Klatsch zu füllen, und beklagte den durch die feudale Kabinettspolitik bedingten Mangel an politischer Öffentlichkeit und das Fehlen von sicheren Nachrichten. – Häufig schrieb Schubart seine Artikel im Wirtshaus unter den schwatzenden und diskutierenden Handwerkern und Bauern bei ihrer Kanne Wein oder dem Glas Bier. So gingen ihre Beschwerden, Meinungen und Vorstellungen in die Zeitschrift ein und inspirierten den Verfasser. Jene Dialoge im Gasthaus, die wir zuweilen in der „Chronik" finden, aber auch Anekdoten und Geschichten aus dem Alltag, las-

sen darauf schließen, daß hier Gehörtes unmittelbar verarbeitet worden ist.

Folgte das Programm seiner Zeitschrift – einer Zeitschrift, in der „Politik, Literatur, Dichtkunst, Musik und bildende Künste miteinander abwechslen“[17] – dem Ziel, seine Leser vielfältig zu unterrichten und zu unterhalten, so war das alle Artikel einigende Band der vaterländische Gedanke; nicht umsonst nannte er seine Zeitschrift „Deutsche Chronik“. Was aber begriff er unter dem Deutschen, dem Vaterländischen? Es war eher eine Idee als die gesellschaftliche Realität, dieses deutsche Vaterland, das Schubart ständig vor Augen hatte. Er sah es in den großen Taten der Vorfahren, wie sie Klopstock in seinen Oden besang, in den einfachen Sitten und Gebräuchen der Menschen seiner engeren schwäbischen Heimat; er sah es im Gebrauch und in der Pflege der deutschen Sprache, in der deutschen Literatur; aber auch in jedem Werk, sei es auf musikalischem, künstlerischem oder wissenschaftlichem Gebiet, das von nationaler Eigenart zeugt. Er sah es in jeder Unternehmung, die dem Fortschritt dient, in jeder humanen und produktiven Tat eines Zeitgenossen. Ähnlich wie Klopstock verherrlichte er ein künftiges Vaterland, in dem alles Wertvolle, was die Menschheit hervorgebracht hat, aufgehoben sein sollte. Seine Kritik an der deutschen Gegenwart fand ihre Verallgemeinerung in visionären Entwürfen; mit der Beschwörung der Vergangenheit wollte er eine vaterländische Perspektive begründen. Begriffe wie Freiheit und Tugend gewannen von hier aus ihren Inhalt. Tugend war ihm keine christlich-moralische Kategorie, sondern schloß Tapferkeit und Stärke, Würde und Freiheit in sich ein.[18] Schubart verfolgte nicht nur die Absicht, die Deutschen zu unterrichten und ihren Horizont zu erweitern, sondern er wollte in ihnen vor allem das Gefühl ihrer Stärke entwickeln.

Bestimmend für Schubarts Vaterlandsauffassung und für das trotz allem optimistische Verständnis der gegenwärtigen Situation war die geschichtsphilosophische Konzeption Herders. Hier fand er eigene Erfahrungen über die Überfälligkeit der feudalen Zustände verallgemeinert und seine Zukunftsgewißheit im Blick auf eine kraftvolle deutsche Vergangenheit wie auf internationale geschichtliche Prozesse bestärkt. Besonders die Wertung der Gegenwart als einer Übergangssituation kam Schubarts aktivistischem Geschichtsverständnis entgegen. Das von Herder verwendete biologische Wachstumsmodell wurde in seiner Metaphorik: Kindheit, Jünglings- und Greisenalter von Schubart häufig genutzt, im Hymnus auf den amerikanischen Freiheitskrieg wie im Stoßseufzer über die Greisenhaftigkeit europäischer Nationen. Die Verjüngung des deutschen Vaterlandes und damit die Überwindung des schwächlichen Greisenalters – das war Schubarts erklärtes publizistisches Ziel. Dabei orientierte er sich wie Herder auf ein von der höfischen Welt unabhängiges kulturelles Potential der unteren Schichten. Von hier aus ist auch sein ständiges Räsonieren gegen das Nachäffen höfischer Moden und Sitten zu verstehen. Dabei nahm Schubart die feudal-ständisch gegliederte Gesellschaft als gegeben hin. Das Verhalten und Handeln der Fürsten wurde von ihm im Hinblick auf das Gemeinwohl, und das heißt auch: unter vaterländischem Aspekt befragt. Wenn er von „Joseph dem Kaiser, dem Helden, dem Staatsmann“ leider nichts zu berichten wußte, so pries er doch die Tat des Menschenfreundes Joseph gegenüber einer armen Witwe.[19] Jede Reformbemühung verbuchte er, jedes aufklärerische Edikt gegen die Übergriffe der Jesuiten. Mit tiefem Aufatmen begrüßte er das Verbot der Folter. Er pries jedes Geschehen, das Deutschlands Ansehen im Ausland heben konnte. Von daher ist zu verstehen, daß Schubart – im Unterschied zu Klopstock, der Friedrich II. wegen dessen einseitiger Orientierung auf französische Sprache und Literatur schroff ablehnte – sein Augenmerk außer auf Joseph II. vor allem auf Friedrich den „Großen“ oder den „Einzigen“ richtete. Zwar beklagte auch er die Ignoranz Friedrichs II. gegenüber der deutschen Literatur und dem deutschen Theater, dennoch: dieser Fürst hatte sich der Notwendigkeit politischer Reformen gestellt, und es war dabei nicht nur bei Worten geblieben. Mehr als mit jenem legendären Helden des Siebenjährigen Krieges dürfte er mit dem Staatsmann und Landesvater sympathisiert haben. Denn sich aus der Unzufriedenheit mit der politischen Lethargie der Gegenwart heraus in Kriegshoffnungen zu flüchten, dagegen hatte sich Schubart stets zur Wehr gesetzt. Er ironisierte den sensationshungrigen Spießer: „Den müßigen Seelen, die hinterm Ofen bei einer Schnepfenpastete und Flasche Mosler Krieg wünschen, kann ich sagen, daß – wir so bald keinen Krieg haben werden."[20] Wohl aber griff er jedes Ereignis auf, in dem sich der Freiheitsanspruch eines Volkes äußerte.

Das Erscheinen von Schubarts „Chronik" fiel in eine im internationalen Maßstab krisenhafte politische Situation. Da waren die nationalen Unabhängigkeitsbestrebungen auf dem Balkan, die sich im Zusammenhang mit dem Krieg gegen die Türken entwickelten, dann der Bauernaufstand im Dongebiet 1773 bis 1775 unter Pugatschow, die Bauernunruhen in Böhmen und Frankreich, der Kampf des nach der Teilung von 1772 unter dem Druck fremder und eigener Herren um seine nationale Identität ringenden polnischen Volkes und das die Zeitgenossen am stärksten bewegende Ereignis: der amerikanische Unabhängigkeitskrieg gegen England 1776 bis 1783. Schließlich als Höhepunkt bürgerlicher Freiheitsbestrebungen im 18. Jahrhundert – in der zweiten Phase der Herausgabe der „Chronik" – der Beginn der Französischen Revolution. Auch wenn Schubart angesichts der politisch-moralischen Schwäche seines Vaterlandes, seiner territorialen Zersplitterung und wirtschaftlichen Rückständigkeit und der politischen Ohnmacht seiner Zeitgenossen für Deutschland grundlegende gesellschaftliche Veränderungen ausschloß, verfolgte er die sich außerhalb der deutschen Grenzen abzeichnenden Umbruchprozesse mit großer Aufmerksamkeit und Sinn für politischen Realismus, etwa wenn er die Rebellion der notleidenden böhmischen Bauern mit tiefem Mitgefühl begleitete, zugleich aber die praktische Wirkungslosigkeit ihrer Erhebung voraussah.

Schubarts Optik blieb durch seine grundsätzliche Orientierung am Modell einer aufgeklärten Monarchie geprägt. Nicht die Empörung der böhmischen Bauern, sondern die Anordnung des Kaisers für die Besserung ihrer Lage gab ihm Hoffnung. Auch weil monarchische Staatsverfassungen stabiler zu sein schienen als die republikanischen – hier wurden bereits kapitalistisches Gewinnstreben, Spekulation, Konkurse und Krisen von ihm reflektiert –, verband er trotz grundsätzlicher Sympathie für die republikanischen Staaten seine Vorstellung von einem starken deutschen Vaterland mit einer monarchischen Staatsverfassung. Dabei verstellte er sich zuweilen die Aussicht auf künftig mögliche soziale Veränderungen, wie sein „Blick auf das 20. Jahrhundert" zeigt, der auf ein starkes deutsches Reich mit einem Kaiser Friedrich an der Spitze gerichtet ist.[21] Gleichzeitig erhellt seine Parteinahme für den amerikanischen Freiheitskrieg wie später für die bürgerliche Revolution in Frankreich, daß Schubart dort, wo sich der gerechte soziale Anspruch mit Kraft und Geschlossenheit paart, entschieden den offenen Widerstand verteidigt.

Ausschlaggebend war die Tatsache, daß sich in Amerika ein ganzes Volk gegen die Bevormundung durch England zur Wehr setzte. Die Einheit von nationalem und sozialem Anspruch und die Stärke und Einheitlichkeit im Handeln nahm ihn für die Sache der amerikanischen Kolonisten ein. Er betonte ihren Patriotismus im Unterschied zur Haltung gedungener Söldner, die nicht für ihre eigene Sache kämpfen. Das „Freiheitslied eines Kolonisten" ist der hymnische Ausdruck dieses Gedankens.[22] War für ihn England immer noch die Insel der Freiheit, wo selbst in der Phase des amerikanischen Unabhängigkeitskrieges über dieses Geschehen offen gesprochen und geschrieben werden konnte, so galt seine Sympathie uneingeschränkt den Aufständischen. Anfangs hatte er noch auf eine Versöhnung, auf ein Nachgeben der englischen Regierung gehofft; doch mit dem Beginn der militärischen Auseinandersetzungen kritisierte er die englischen Kolonialmethoden und bekannte sich entschieden zu den um ihre Freiheit kämpfenden Amerikanern.

1776 erreichte seine Berichterstattung über den amerikanischen Freiheitskrieg mit der Geißelung des Verkaufs deutscher Landeskinder ihren Höhepunkt, verband sich hier doch augenscheinlich die Recht- und Machtlosigkeit deutscher Untertanen mit dem Freiheitskampf der amerikanischen Patrioten, gegen die sie in englischen Diensten als Söldner ins Feld geschickt wurden. Beharrlich, unerbittlich und mit den unterschiedlichsten rhetorischen Mitteln wies Schubart auf diesen Mißbrauch fürstlicher Gewalt hin: von der konkreten Information, wieviel Braunschweiger und Hessen wieder nach England geschickt worden waren[23] und der als „Sage" überschriebenen Notiz, daß der Herzog von Württemberg 3000 Mann nach England eingeschifft haben

soll,[24] über direkte Anklage und Klage bis zur juristisch formulierten Frage, ob es einem Reichsstand erlaubt sei, „ohne beim allerhöchsten Tribunal anzufragen, seine Truppen in ferne Lande zu schicken?“[25] Oft äußerte Schubart seine Kritik an den deutschen Fürsten aber auch verschlüsselt in Fabeln oder im prononcierten Lob des guten Fürsten, so wenn er den schwedischen König für seine Sorge für Land und Volk rühmt. Die Formulierung etwa, wie schön es sei, „wenn Könige ihr Volk nicht für würgbares Vieh halten, sondern für ihre Mitgeschöpfe“[26], wirft tiefe Schatten auf die deutsche Situation, besonders im Zusammenhang mit dem Verkauf deutscher Untertanen an England.
Einsicht aber erhoffte sich Schubart nicht nur von den Fürsten, sondern im Sinne der Aufklärung von dem Vertreter jedes Standes. Jeder soll in seinem Stand das Beste für das Vaterland leisten. Vor allem jedoch orientierte Schubart auf ein aufgeklärtes Bürgertum. So richtete er 1776 eine Rubrik „Der Bürger“ ein, um das tugendhafte Verhalten von Vertretern dieses Standes an besonders beispielhaften Handlungen zu charakterisieren. Unter anderem auch darin kam das pädagogische Anliegen seiner Zeitschrift zum Tragen. Mag die Betonung des Erziehungsthemas auch mit der Herkunft der Zeitschrift aus der Tradition der moralischen Wochenschrift und mit der großen Beachtung, die das Erziehungswesen im 18. Jahrhundert genoß, zusammenhängen, so gewann es durch Schubarts nationale Konzeption eine die ganze Gesellschaft umfassende Bedeutung: War doch jede Kritik über die mangelnde Ermunterung von Handel, Gewerbe, Kunst und Wissenschaft durch die Großen, jeder Hinweis auf deren Förderung durch einen Fürsten, jede Popularisierung bürgerlicher tatkräftiger Initiative Teil zeitkritischer Opposition und praktischer Reformbestrebung. Die Information über pädagogische Fragen im engeren Sinne erstreckte sich von der Besprechung „teutscher Kalender“ für die Bauern über die Charakterisierung verschiedener Philanthropien bis zum Urteil über das Bildungswesen in den einzelnen deutschen Ländern und bis zur Vision einer gebildeten, sachkundigen bäuerlichen Bevölkerung, die in der Umsetzung aufklärerischer Ideen in die Praxis ein glückliches Leben führt. – Als Adressat dachte sich Schubart einen aufgeklärten Leser: mit ihm besprach er die an-

stehenden Fragen, ihn machte er zum Zeugen seiner Beobachtungen und Klagen, mit ihm verspottete er die Mißstände. Auch bei der „Revision"[27], der Empfehlung eines Buches, in dem sich der Verfasser kritisch zum Ulmer Schulwesen geäußert hatte, konnte Schubart mit dem Verständnis derer rechnen, an die er sich wandte, ja mit seiner Berichtigung rief er die Buchempfehlung noch einmal nachdrücklich in das Bewußtsein seiner Leser zurück. Schubarts Bereitwilligkeit zum Widerruf geschah im Einverständnis mit seinen Lesern und war Bestandteil seiner journalistischen Taktik.
Das nationale Anliegen Schubarts, das die ganze Zeitschrift bis hin zu den kleinen unterhaltenden Formen durchdringt, bestimmt in besonderem Maße die ästhetischen Beiträge, hier war Schubart als Dichter und Musiker persönlich angesprochen. In der fehlenden Förderung der Künste durch die deutschen Fürsten sah Schubart einen der größten Mängel. Er klagte, daß viele Musiker „vor fremden Türen" spielen, „weil sie nicht Kantorn, Schulmeister und Stadtzinkenisten in Deutschland werden mögen"[28]. Seine Zeitschrift wenigstens sollte den Künsten den Platz einräumen, der ihnen seinem Verständnis nach im Prozeß der Aufklärung zukam. Wohl hatte Schubart einmal die fehlenden politischen Nachrichten als Grund genannt, daß er den Brief eines Freundes über den Zustand der Künste veröffentlichte. Doch wichtiger dürfte die Funktion gewesen sein, die er ihnen zumaß. Auch die Nachfrage des Publikums mochte Schubart ermutigt haben, nicht nur den Anteil der Beiträge zur Literatur, Musik und zum Theater zu erweitern, sondern auch die Poesie verstärkt zu Wort kommen zu lassen. Bereits in den ersten Jahrgängen seiner „Chronik" standen lyrische und andere dichterische Werke nahezu gleichberechtigt neben der politischen Prosa. Eigene Gedichte, die Schubart in der „Chronik" veröffentlichte, waren meist politische Texte, die das Urteil des Publizisten poetisch emotional unterstützten, wie das „Freiheitslied eines Kolonisten" oder das heiter-polemische Gedicht „An die Schwaben"[29]. Zunehmend rückte er auch aus den von ihm empfohlenen Sammlungen und Almanachen Gedichte und Lieder in seine „Chronik" ein, die seinem Programm entsprachen; auch wenn sie, wie das die Fürsten entlarvende Gedicht

„Eingebinde“[30], ein großes Wagnis darstellten. In den Buchempfehlungen äußert sich weniger der theoretisch reflektierende Literaturkritiker als der spontan und subjektiv reagierende, empfindende Leser, der seinen Leseeindruck dem Publikum lebendig mitteilt. Aus seinen Geboten „Memento mori für Krittler“[31] läßt sich Schubarts Verhältnis zur Literaturkritik ablesen. Er plädierte für ein sachkundiges Urteil und für Verständnis überall dort, wo nicht Anmaßung und Arroganz vorliegen. Von daher ist seine zugleich interessierte und tolerante Haltung gegenüber jeder literarischen und musikalischen Neuerscheinung in seiner „Chronik“ zu verstehen, wenn sie nur deutsch, vaterländisch und originell, das heißt, nicht fremde Moden nachahmend, ist. Konkrete Hinweise hatte Schubart im 20. Stück des Jahrgangs 1774 in der Anmerkung zum „Dialog im Küchengeschmacke“ gegeben. Nicht aus den vornehmen Ständen der Gesellschaft sollen die Schriftsteller ihre Charaktere wählen, sondern aus den niedrigen; denn die Höflinge seien, weil Nachahmer französischer Sitten, „fast nach einem Schnitte gebildet“. Bei den „Menschen im niedren Stand“ kann der Schriftsteller lernen, wenn er „neu und originell“ sein will.[32]

An der Spitze der von Schubart propagierten Dichter stehen Klopstock und die in seinem Zeichen wirkenden Dichter des Göttinger Hainbundes. Aber auch die Werke der anderen Dichter des Sturm und Drang: Goethe, Lenz, Wagner, Klinger, Leisewitz, Gerstenberg, wurden dem Leser dringend zur Lektüre empfohlen. Dagegen verwarf er scharf die Parodien zu Goethes „Werther“ und zu Klingers „Leidendem Weib“; Nicolai habe dem Werther ein „französisches Milchgesichtlein“ aufgesetzt.[33] Schubart beklagte überhaupt alle Polemik innerhalb der deutschen Literatur und plädierte für die Einheit und Geschlossenheit aller zum Wohle des Vaterlandes Tätigen. Deshalb war auch Goethes Invektive „Götter, Helden und Wieland“ bei ihm auf Unverständnis gestoßen. Die Auseinandersetzung des jungen Goethe mit Wielands Positionen, sosehr ihm diese auch zuweilen selbst, allerdings besonders in religiöser und moralischer Hinsicht, widerstrebten, billigte er nicht. Wieland wie Goethe rechnete er zur Phalanx jener, die das Vaterland groß und würdig vertreten.

Die Musenalmanache analysierte Schubart sowohl in ihrem literarischen als auch in ihrem musikalischen Teil. Der Vertonung der Lieder widmete er besondere Aufmerksamkeit, sah er doch darin ihre künstlerische Vollendung. Wie in der Dichtung popularisierte er nicht nur erfahrene und in ihren Leistungen ausgewiesene Komponisten, sondern auch jüngere Talente. Auch hier orientierte er sich auf das Volkslied, das frei von „welschen Schnörkeln" sei. Unter den vielen Almanachen empfahl er seinen „Teutschen Freunden" besonders den Göttingschen Musenalmanach. Er sei für jene, die nicht „französische Milchsuppen" suchen.[34]
So entschieden Schubart auf Kraft und Tätigkeit orientierte, um durch die Aktivierung des einzelnen Individuums die Grenzen des gesellschaftlich Möglichen auszuweiten, so sehr war er auch dem zeitgenössischen Kult der Empfindsamkeit ergeben. Das zeigt nicht nur die tränenreiche Aufnahme der „Leiden des jungen Werthers", sondern auch sein überschwengliches Urteil über die Dichtungen Johann Martin Millers und Friedrich von Stolbergs. Dankte er dem Verfasser des „Siegwart" für die „süßen Tränen", die ihm dieser Roman wegen seiner „wahren Empfindung" entlockt habe, freilich: im Unterschied zur „nachgeäfften Empfindsamkeit eines Sentimentalgecken"[35], so bewog ihn Stolbergs „Freiheitsgesang aus dem 20. Jahrhundert", den Autor als einen der „größten lyrischen Dichter" in Deutschland zu bezeichnen.[36] Daß das übersteigerte heroische Pathos eines Stolberg die Kehrseite einer sich im Leidensbewußtsein genügenden Empfindsamkeit war, sah Schubart nicht.
Die Bezeichnung „Chronik", die Schubart seiner Zeitschrift gegeben hatte und bei sonstiger Veränderung von „Deutscher" in „Teutsche" und in „Vaterländische Chronik" auch beibehielt, bis schließlich sein Blatt nur noch „Chronik" hieß, läßt den Leser anderes erwarten als Darstellung von Zeitgeschehen durch das Medium einer Subjektivität, die sich in Empfindung und Urteil immer mitgibt. Schubarts Zeitschrift erhielt ihren unverwechselbaren Charakter nicht nur durch seine Freude am Fabulieren, die Lust am Gespräch mit seinesgleichen, sondern vor allem durch die große Geschicklichkeit des Publizisten, der seine Mitteilungen oft in vielfacher Verkleidung als Brief, Gespräch und dramatische Szene, als Vision, Fabel und Allegorie darbot.

Oft ergab sich aus der starken inneren Anteilnahme eine Wandlung des Stils zum Emotional-Subjektiven hin: So öffnet sich die gedankliche Betrachtung über das Münster zum hymnischen Gesang, und die schmerzliche Entrüstung über den Verkauf deutscher Menschen als Söldner für einen ungerechten Krieg findet in dem Gedicht „Gebeugter Vaterlandsstolz" im Stile eines alten Deutschen seinen Ausdruck.

Was die Bezeichnung dieser Zeitschrift als „Chronik" rechtfertigt, ist die Nähe zur Zeitung, zur aktuellen Berichterstattung. Wie schwer es war, unter deutschen Bedingungen und besonders im süddeutschen Raum eine gute politische Zeitung zu schreiben, hatte Schubart bald erkannt. Doch nicht nur die Schwierigkeit, sich kontinuierlich mit verläßlichen aktuellen Informationen zu versorgen, machte ihm die Arbeit schwer, sondern vor allem die Angriffe der Reaktion ließen viele Artikel zu einem Wagnis werden. „Schreib, was du *mußt*, und denk, was du *willst*"[37], hatte er in dem offenen Brief „An den Erlanger" geraten. Doch wie sollte ein Journalist jenen Widerspruch zwischen dem Philosophen in der Stube, der denken kann, was er will, und dem Bürger, der in der Gesellschaft den Nacken beugen muß, lösen? Wiederholt klagte Schubart, wie gut es ihm gegenüber ein englischer Journalist habe oder ein Journalist in der Schweiz.

Schubarts beharrliche Hoffnung auf die Überlegenheit des gesunden Menschenverstandes, auf den Sieg der Vernunft im Jahrhundert der Aufklärung äußerte sich besonders in seinen Angriffen auf den Aberglauben der Gaßnerschen Teufelskuren, wobei er sich nicht scheute, bis zu den Hintermännern des vorgeblichen Wunderdoktors vorzustoßen. 1776 hatte Schubart im 9. Stück seiner „Chronik" unter dem bezeichnenden Titel „Eine politische Frage" den Zusammenhang zwischen dem Wirken der Jesuiten und dem Gaßnerschen Treiben hervorgehoben. Schubarts wiederholte Verwahrung gegen persönliche Schmähungen durch anonyme Schreiber zeigen, wie genau er getroffen, sich damit aber auch die erbittertsten Feinde zugezogen hatte. Erst durch seine Verhaftung sollte er erkennen, wie eng die reaktionäre Geistlichkeit in Süddeutschland mit der weltlichen Obrigkeit verbündet war. Schubart kommentierte diese Einsicht in seinen Lebenserinnerungen: „Es war überhaupt von mir die sträflichste Unklugheit, daß ich mich, aus einem gewissen innern Widerwillen, nie mit der Geistlichkeit vertragen wollte. Ich bedachte nicht, daß sie fast überall, zum Teil auch in protestantischen Landen, eine furchtbare Kette bilden; man darf nur ein Glied zum Zorne entzünden: so glühen gemeiniglich die übrigen Glieder der großen Kette alle."[38]

Schubarts Haft gehört zu seinen bekanntesten Lebensumständen. 1777 hatte der Herzog den Publizisten auf württembergischen Boden locken lassen und eingekerkert. Zehn Jahre seines Lebens mußte Schubart auf der Festung des Hohenasperg verbringen; das erste Jahr in strenger Einzelhaft in feuchter, lichtloser Zelle, um den Häftling körperlich und geistig zu zerbrechen. In einem Brief an die Mutter schilderte er, erfüllt vom Grauen, die schrecklichen Haftbedingungen: „[...] 377 Tage lag ich auf faulem Stroh in einem finstern Loch, und 3 andere Jahre schmachtete ich in der Einsamkeit hin, bei elender Kost, ohne den tröstenden Anblick des Menschen – ohne Mutter, Weib, Kinder, Freund."[39] Bis in das Jahr 1780 hinein hatte er Schreibverbot. Erst Ende dieses Jahres erhielt er die Erlaubnis, Briefe zu schreiben. Lesen durfte er auch in den folgenden Jahren nur, was ihm die geistlichen und weltlichen Aufseher gestatteten. General Rieger, der Kerkermeister seiner ersten schrecklichen Haftjahre, machte es sich zur persönlichen Aufgabe, den Häftling physisch und psychisch zu quälen. Schuldgefühle, die Schubart zeit seines Lebens aus dem Widerspruch zwischen individueller Neigung, sinnlichem Begehren und kirchlichen Moralgeboten zugewachsen waren, wurden ihm hier planvoll bereitet. Trotz seiner Kritik an kirchlicher Ignoranz und Orthodoxie war Schubart dem religiösen Fühlen und Denken seiner Herkunft und Erziehung tief verbunden geblieben, das Gefühl von Schuld und Sühne, Sünde und Reue hatte ihn oft bewegt. Hier nun wurde dieses Gefühl in den Händen seiner Peiniger zum Werkzeug gegen ihn, um die Unbotmäßigkeit des kühnen Publizisten zu züchtigen, ja den lebendigen Geist zu zerstören. Daß ihnen das nur bedingt gelang, ist nicht zuletzt seinem kraftvollen, vitalen Naturell zu verdanken. Doch ein gesundheitlich zerrütteter Mann verließ nach zehn Jahren

den Hohenasperg, seinen „Tränenberg", wie er ihn nannte.
Die kritisch gesinnten Zeitgenossen waren vom Schicksal des rebellischen Publizisten tief betroffen. Vor allem für den jungen Friedrich Schiller war dieser Willkürakt feudaler Despotie ein Fanal. Als Schubart 1777 verhaftet wurde und sein Sohn Ludwig in die Karlsschule eintrat, war Schiller bereits vier Jahre in dieser Anstalt. Wie stark mußte auf den jungen Schiller diese Erfahrung fürstlicher Gewalt und – nicht zuletzt in diesem besonderen Licht – die Lektüre der Chronik-Jahrgänge 1774 bis 1777 wirken. Schillers wachsende Aufmerksamkeit für die politischen Mißstände und die sich in den „Räubern" heftig artikulierte Kritik sind auch von diesen Erfahrungen und der Vermittlung weltpolitischer Ereignisse und Tendenzen stark beeinflußt. Die politisch-moralischen Positionen in Schillers früher Dichtung, Themen- und Stoffwahl, das erklärte ästhetische Ziel, auf das Publikum und damit auf die gesellschaftlichen Zustände zu wirken, sind auch Schubarts publizistischer Tätigkeit und der Wirkung seiner Persönlichkeit im weitesten Sinne verpflichtet.

IV. Die „Chronik" nach der Haftentlassung 1787 bis zu Schubarts Tod 1791

Nach seiner Freilassung im Mai 1787 setzte Schubart seine Zeitschrift in Stuttgart unter dem Titel „Schubarts Vaterländische Chronik" fort. Vom Herzog war ihm das als besondere Gnade gestattet worden. Diese „Gnade", die eher ein Mittel war, den durch die physischen und psychischen Torturen der Haft zermürbten, in seinen rebellischen Intentionen aber ungebrochenen Dichter noch fester an den württembergischen Hof zu binden, schloß auch die Gewährung der Zensurfreiheit für die „Chronik" ein. Damit war Schubart dem Herzog direkt unterstellt und mußte seine Beiträge selbst verantworten. Außerdem wurde der Dichter als Hofpoet und Theaterdirektor eingestellt. – Warum blieb Schubart in diesem Lande, unter der Aufsicht eines Fürsten, der ihm so unermeßliches Unrecht zugefügt hatte? Nach zehnjähriger Kerkerhaft spürte er offensichtlich nicht mehr den Mut, sein Glück unter einem anderen Fürsten zu suchen, einen neuen Anfang zu wagen; doch er hatte die Kraft, seinen politischen Überzeugungen treu zu bleiben. Das weist die „Chronik“ vom Juli 1787 bis zu seinem Tode 1791 aus. Fehlt ihr im einzelnen auch die spontane emotionale Reaktion auf die Ereignisse und die Lebendigkeit der Schilderung, durch die sich die früheren Jahrgänge auszeichneten, läuft die Tonart oft auch Gefahr, sich ins Schwülstige, Gesuchte zu verlieren, so sind die politischen Konturen unverändert. Schubarts während der Haft aufgezeichnete Lebensbeschreibung und die Artikel der Chronik zeigen, daß der Druck geistlicher Unterweisung nicht spurlos an ihm vorübergegangen ist. Seine tiefe christlich-pietistische Bindung, die schon immer ein substantieller Teil seiner Persönlichkeit war, versicherte er nun wortreich. Schubart hatte die Haft auch als Strafe für seinen großzügigen Lebenswandel empfunden, damit ungewollt die Demagogie des württembergischen Herzogs, der sich als Zuchtmeister und Ziehvater der Geistlichkeit sah, bestätigend. Daß Schubart unbeirrt seinem Konzept vaterländischer Erneuerung folgt, beweist bereits die programmatische Einleitung der ersten Nummer, in der er die Frage nach den Fortschritten seines Vaterlandes und der Welt in der Zeit seiner Abwesenheit stellte. Wieder richtete er sein Augenmerk auf die amerikanischen Freistaaten und auf die wohltuende Wirkung der Aufklärung in Europa. Zwar gab es taktische Rückzugsgefechte, Widerrufe, auch unterwürfige Äußerungen, die seine wahre Meinung, wie sie in Briefen zum Ausdruck kam, verhüllten; dennoch darf man annehmen, daß die ihm eng verbundenen Leser auch zwischen den Zeilen zu lesen vermochten. Wenn es 1789 im 67. Stück von den Bauernunruhen in Mömpelgardt heißt, daß sie durch „weise Veranstaltung ... unsers Herzogs wieder zur vorigen Ruhe gebracht“ worden waren,[40] so dürften seine Leser gewußt haben, was sie von dieser Bemerkung halten konnten.

Schwerpunkt seiner politischen Berichterstattung bildeten ab 1789 die Ereignisse in Frankreich. Die Bezeichnung der Zeitschrift als „Chronik“ ab 1790 drückte das auch vom Titel her aus. Mit dem Beginn der Französischen Revolution sah Schubart sein optimistisches Geschichtsverständnis bestätigt. So hart er in den Jahren vor dem Ausbruch der Revolution die Nachäfferei französischer Sitten, französischer

Sprache und Kultur kritisiert hatte, so uneingeschränkt begrüßte er die Revolution als Verjüngung der französischen Nation. Seine Berichte und Kommentare waren nun fast ausschließlich den Revolutionsereignissen gewidmet.
1791 referierte und kommentierte er die Erarbeitung und Beschlußfassung der bürgerlichen Verfassung in Frankreich. Im 78. Stück, kurz vor seinem Tode, zitierte er die programmatischen Worte: „Fürsten sind *um des Volkes willen,* das Volk nicht um des Fürsten willen. Die Nation ist es, *welche* … die Befugnis hat, die Anordnungen und Gesetze zu machen, unter welchen sie leben will.“[41] Hier wird augenfällig, daß Schubarts Schwanken zwischen den Staatsformen Republik und Monarchie, ja seine Orientierung auf eine uneingeschränkte deutsche Monarchie, in dem Moment, da sich in der gesellschaftlichen Realität neue Möglichkeiten abzeichneten, durchaus eine Relativierung erfuhr.
Nach der Wiederaufnahme der „Chronik“ 1787 wuchs die Auflagenhöhe beständig an. Nicht ohne Einfluß war das allseitig bekannte Schicksal des Autors, doch vor allem war es die wachsende Politisierung der gesellschaftlichen Situation um 1790. Schubarts bahnbrechendes Wirken als politischer Zeitschriftenautor fand nun seinen Höhepunkt. Seine Zeitschrift wurde dem gewachsenen Bedürfnis der Zeitgenossen nach politischer Information gerecht. Im August 1787 nannte Schubart eine Auflagenhöhe von 700 bis 800 Exemplaren. Im November 1787 waren es schon 1000 und im August 1789 2400 Exemplare.[42]
Am 10. Oktober 1791 starb Christian Friedrich Daniel Schubart. Sein Sohn Ludwig Schubart sprach in der Nachricht von seinem Tode von Tausenden, die ihn kannten und liebten. Auch Gotthold Friedrich Stäudlin, der die „Chronik“ fortführte, bezog in seinem Nachruf alle Leser in die Trauer mit ein.

Berlin, im Frühjahr 1987 *Evelyn Radczun*

1 Ch. F. D. Schubart, Leben und Gesinnungen. Stuttgart 1791 und 1783 – zitiert nach: Reprint der Ausgabe, Leipzig 1980, 1. Teil, 1. Periode, S. 7.

2 Leben und Gesinnungen, 1. Teil, 11. Periode, S. 105.
3 An L. A. Häckhel, 24. 12. 1764 – zitiert nach: Ch. F. D. Schubart's Leben in seinen Briefen. Gesammelt, bearbeitet und herausgegeben von D. F. Strauß, Berlin 1849, 2 Bde., S. 69f.
4 F. Schiller, Die Räuber I/2 – zitiert nach: Schiller, Sämtliche Werke. Herausgegeben von Hans-Günther Thalheim u. a., Berlin und Weimar 1981, S. 42.
5 J. W. Goethe, Aus meinem Leben. Dichtung und Wahrheit, 4. Teil, 18. Buch – zitiert nach: Goethe, Poetische Werke, Berlin und Weimar 1971, Bd. 13, S. 774.
6 An B. Haug, 6. 6. 1766 – Briefe, S. 89f.
7 An Ch. G. Böckh, 20. 11. 1770 – Briefe, S. 253.
8 An Ch. G. Böckh, 6. 2. 1771 – Briefe, S. 257.
9 An Ch. G. Böckh, 23. 2. 1771 – Briefe, S. 260.
10 An Ch. G. Böckh, 6. 2. 1771 – Briefe, S. 257f.
11 An Ch. G. Böckh, 23. 2. 1771 – Briefe, S. 259.
12 An Ch. G. Böckh, 26. 8. 1771 – Briefe, S. 265.
13 An Ch. G. Böckh, 7. 12. 1771 – Briefe, S. 269.
14 An Ch. G. Böckh, 7. 12. 1771 – Briefe, S. 268.
15 An C. Schubart, 13. 2. 1775 – Briefe, S. 314.
16 Leben und Gesinnungen, 2. Teil, Periode, S. 97.
17 Dieser programmatische „Vorbericht" Schubarts vom 2. 7. 1774 war, wie das Titelblatt, für die Abonnenten beigelegt, die sich die erste Vierteljahresfolge einbinden lassen wollten.
18 In der allegorischen Erzählung „Die Freiheit" (65. Stück, 10. 11. 1774) sucht die Freiheit mit ihren Schwestern Gerechtigkeit und Tugend die Erde auf. Schubart kommentiert: „Es war aber nicht das Gespenst Tugend, wovon unsere modische Moralisten lallen, sondern es war die Arety und Virtus der Griechen und Römer." Diese aber symbolisieren Tugend, Tatkraft, Tapferkeit und Sittlichkeit.
19 7. Stück, 22. 1. 1776
20 Wahrheiten und Gerüchte; 56. Stück, 10. 10. 1774
21 Aus dem zwanzigsten Jahrhundert; 43. Stück, 27. 5. 1774.
22 64. Stück, 10. 8. 1775.
23 Einige politische Texte; 25. Stück, 25. 3. 1776.
24 26. Stück, 28. 3. 1776.
25 Neuigkeiten; 84. Stück, 17. 10. 1776.
26 Schweden; 54. Stück, 6. 7. 1775.
27 17. Stück, 26. 2. 1776.
28 Musikalische Neuigkeiten; 53. Stück, 29. 9. 1774.
29 19. Stück, 6. 3. 1775.
30 93. Stück, 18. 11. 1776
31 7. Stück, 23. 1. 1777.
32 20. Stück, 6. 6. 1774.

33 Literatur; 22. Stück, 16. 3. 1775.
34 Literatur; 91. Stück, 11. 11. 1776.
35 Literatur; 50. Stück, 20. 6. 1776.
36 Aus dem zwanzigsten Jahrhundert; 43. Stück, 27. 5. 1776.
37 74. Stück, 14. 9. 1775.
38 Leben und Gesinnungen, 1. Teil, 12. Periode, S. 114.
39 An H. Schubart, 2. 10. 1783 – Briefe, Bd. 2, S. 92.
40 Weltwirre, 67. Stück, 21. 8. 1789.
41 Vorschlag, 78. Stück, Oktober 1791.
42 An L. Schubart, 26. 8. 1787 – Briefe, Bd. 2, S. 349; 18. 11. 1787 – Briefe, Bd. 2, S. 362; 18. 8. 1789 – Briefe, Bd. 2, S. 395.

Zu dieser Ausgabe

Die Auswahl aus Schubarts „Chronik“ umfaßt nur die Jahrgänge bzw. Monate, in denen er tatsächlich Autor und Redakteur war. Die Weiterführung nach seiner Verhaftung und nach seinem Tode wurde nicht berücksichtigt (s. S. 372).
Obwohl versucht wurde, ein möglichst umfassendes Bild von Schubarts Berichterstattung und Urteilsbildung zu liefern, mußten – schon aus Gründen des Umfangs – Prioritäten gesetzt werden. So fanden die Beiträge vor der Haft – vor allem die zu allgemeinen pädagogischen und literarischen Themen – mehr Beachtung. Die Auswahl für die Zeit nach 1787 beschränkt sich im wesentlichen auf die Kommentare zu den wichtigsten politischen Ereignissen. Durchgängig geringe Beachtung fanden die Beiträge zur Tonkunst, da sie oft sehr speziell sind.
Die Textvorlagen bilden die jeweiligen Originalausgaben der Chronik. An dieser Stelle sei deshalb den Bibliotheken gedankt, die uns die Jahrgänge bzw. Fotokopien davon zur Verfügung stellten. Es sind: die Universitätsbibliotheken in Berlin, Leipzig, Jena und Tübingen und die Deutsche Staatsbibliothek in Berlin. Für die Jahrgänge vor der Haft konnte außerdem die Faksimileausgabe (hrsg. von Hans Krauss, Heidelberg 1975, 4 Bde.) zu Rate gezogen werden.
Die Orthographie wurde unter Wahrung des Lautstandes modernisiert. Druckfehler wurden stillschweigend verbessert. Kürzungen innerhalb eines zusammenhängenden Beitrages sind durch [...] gekennzeichnet. Das lebhafte typographische Bild konnte nur andeutungsweise nachgeahmt werden. Die zahlreichen Hervorhebungen wurden nur dort übernommen, wo eine besondere Bedeutung vermutet werden konnte; die schematische Sperrung fast aller Namen und geographischen Bezeichnungen entfällt.
Die Erläuterungen mußten aus Raumgründen auf wenige Sachverhalte beschränkt bleiben. Auch schien es nicht nötig, für diese Leseausgabe alle von Schubart direkt und indirekt zitierten Quellen bibliographisch nachzuweisen. Für die Erläuterungen wurde die Ausgabe: Schubarts Werke in einem Band, ausgewählt und eingeleitet von Ursula Wertheim und Hans Böhm, Weimar 1959, zu Rate gezogen.

Erläuterungen

DEUTSCHE CHRONIK
1774

Das erste „Stück" der Chronik datiert vom 31. März 1774. Die Zeitschrift erschien dann wöchentlich – montags und donnerstags – in einem Umfang von 1/2 Bogen. Der Verleger war C. H. Stage in Augsburg. Doch schon nach wenigen Wochen – im Mai 1774 – mußte mit dem Druck in die Freie Reichsstadt Ulm zu Ch. U. Wagner gegangen werden, da die orthodoxen Kleriker in Augsburg Einspruch gegen das Blatt erhoben hatten.

S. 6 *Vorbericht:* Er erschien mit der „Chronik" vom 2. Juli 1774 und war, neben dem ebenfalls gelieferten Titelblatt für das 1. Vierteljahr, für die Abonnenten bestimmt, die sich die Zeitschrift binden ließen.
Novellist: bei Schubart der Berichterstatter und Zeitungsschreiber (der Neuigkeiten bringt).

S. 9 *Charakteristik der vornehmsten europäischen Nationen:* anonym 1772 in Leipzig erschienen. In der Nr. 86 vom 27. Oktober 1772 der Frankfurter Gelehrten Anzeigen erschien eine Rezension dieses Buches.

S. 11 *Teut:* eine im 18. Jh. gebräuchliche Bezeichnung für einen altgermanischen Gott; abgeleitet vom Volksnamen Teuton; gleichgesetzt mit Tuisto (vgl. Tacitus, Germania, Kap. 2).
Barde: eigtl. Bezeichnung für den Sängerdichter bei den Kelten; mit dem germanischen barditus oder baritus (vgl. Tacitus, Germania, Kap. 3) vermischt und als Bezeichnung für einen Dichter im 18. Jh. besonders in den patriotisch gesinnten Kreisen üblich.
Graf Loragai: Gestalt aus der Romanutopie „Das Jahr 2240" von L. S. Mercier.

S. 12 *Dieser große Monarch:* Friedrich II.

S. 13 *Das Leben ... Shandy:* „The Life and Opinions of Tristram Shandy Gentlemen". Sternes Roman erschien 1759 bis 1767 in 9 Bänden.
die deutsche: 1769 erschien eine anonyme deutsche Übersetzung.

S. 14 *Subskribent:* Subskription: im Buchhandel schriftliche Verpflichtung zum Kauf eines später bzw. in Lieferungen erscheinenden Werkes.
patronymisch: vom Vatersnamen abgeleitet; hier: vaterländisch.

S. 16 *Ein Gelehrter:* wahrscheinlich Herder in seiner „Abhandlung über den Ursprung der Sprache".

eine Probe ihrer Dichtkunst: Herder weist in seiner Schrift „Auszug aus einem Briefwechsel über Ossian und die Lieder der alten Völker" auch auf die Gesänge der Ureinwohner Nordamerikas hin.

S. 21 *Polizei:* bezeichnet ursprünglich die öffentliche Ordnung, die Maßnahmen zu ihrer Erhaltung.

Der Kaiser: Joseph II.

Konsulent: Berater beim Fürstenhof.

S. 22 *Tuiskon:* eigtl. Tuisto; nach dem Bericht des Tacitus (Germania, Kap. 2) erdgeborener Gott.

Manna: eigtl. Mannus; Sohn des Gottes Tuisto und Stammvater der Germanen. *Hermann* (Arminius), der Cherusker; besiegte 9 u. Z. die Römer in der Schlacht im Teutoburger Wald. *Siegmar*: Hermanns Vater.

S. 23 *Gog und Magog:* in der rabbinischen Literatur und Apk. 20,8 mythischer Doppelname für den endzeitlichen Feind des Gottesvolkes.

S. 24 *Götter, Helden und Wieland:* Farce von Goethe, 1773 erschienen; angeregt wurde Goethe durch Wielands Antikeauffassung.

S. 25 *Liliputier:* Zwerge im satirischen Roman „Gullivers Reisen" von J. Swift. *Brobdingnags:* die Riesen in „Gullivers Reisen".

Ein Dialog im Küchengeschmacke: Anspielung auf die satirischen Schauspiele H. Fieldings, in denen er das Alltagsleben des englischen Bürgertums kritisch betrachtet.

S. 29 *sympathetisches Arkanum:* Geheimmittel, dessen Wirkung auf Einbildung beruht.

S. 31 *Alluvionsrecht:* Recht der Uferbewohner, sich das angeschwemmte Land anzueignen.

S. 35 *Rolf-Krage:* Trauerspiel um den sagenhaften heidnischen Dänenkönig; 1772 in Kopenhagen und Leipzig erschienen; der Verfasser ist Johannes Ewald.

Hermannsschlacht: Drama von Klopstock (1769).

Hofmeister: „Der Hofmeister oder Über die Vortheile der Privaterziehung" von Lenz erschien 1774 anonym in Leipzig und fand bei den Zeitgenossen rege Resonanz. Schubart war nicht der einzige, der das Stück Goethe zuschrieb. Die *weitere Anzeige davon* erschien als erste Beilage zur „Chronik" im August 1774. Erst im 47. Stück vom 8. September 1774 (s. S. 55 dieser Auswahl) klärt er den Irrtum auf.

S. 36 *Bostonianer:* Bezeichnung für die Nordamerikaner während der Kämpfe um die Unabhängigkeit von England. Boston, die Hauptstadt von Massachusetts, war ein Zentrum von Handel, Schiffahrt und Gewerbe. Hier nahmen die Kämpfe ihren Ausgang, als 1773 einem Schiff mit hochverzollten Waren aus England die Einfuhr verweigert wurde („Bostoner Teesturm" vom 16. Dezember).

S. 37 *Locus communis:* (lat.) Gemeinplatz.

S. 38 *Schuldner von unsern Fuggers:* Aus Fernhandel und Geldverleih erlangten die Fugger in Augsburg unter Jakob dem Reichen (1459–1525) und Anton (1493–1560) ein solches Kapital und solche Machtfülle, daß fast alle europäischen Fürstenhäuser, einschließlich dem deutschen Kaiserhaus, ihre Schuldner waren; nach einer Reihe von Bankrotten in der zweiten Hälfte des 16. Jh. Auflösung der Firma und Verwandlung des Handelskapitals in Grundeigentum.

S. 39 *Nänie:* Totenklage.

Monopolisten: hier die Inhaber aller wichtigen Steuern und Zölle, die einer freien Entfaltung des Handels im Wege standen.

Maut: Zoll.

S. 42 *Ossian:* legendärer gälischer Held und Dichter; der schottische Dichter James Macpherson (1736–1796) gab „Fragments of ancient poetry" (1760, dt.: „Fragmente alter Dichtung") heraus als von ihm gefundene gälische Dichtungen eines blinden Barden Ossian aus dem 3. Jh.; tatsächlich handelt es sich um freie Bearbeitung alter Sagen; obwohl die Echtheit schon bald nach Erscheinen angezweifelt wurde, lösten die Lieder in Deutschland euphorische Begeisterung aus.

S. 43 *emploiert werden:* verwendet, angestellt werden.

S. 46 *Fehde zwischen Rußland und der Pforte:* der russisch-türkische Krieg 1768–1774, in dem es dem zaristischen Rußland um den Zugang zum Schwarzen Meer ging, wurde mit dem Friedensschluß von Kütschük-Kainardschu beendet, mit dem Rußland das Gebiet um die Dneprmündung erhielt, nachdem die Osmanen 1770 in der Seeschlacht bei Tscheschme eine vernichtende Niederlage erlitten hatten.

S. 47 *Solitüde:* (frz.) Einsamkeit; Name des Lustschlosses, das Herzog Karl Eugen bei Ludwigsburg erbauen ließ. Auch die Militärakademie, die Karlsschule, hatte hier ihren Sitz.

S. 48 *Böotier:* Bewohner der griechischen Provinz Böotien, deren Denkfaulheit und Schwerfälligkeit sprichwörtlich wurde.

S. 49 *Der Hofmeister:* s. Anm. zu S. 35.

S. 50 *Parenthyrsus:* falscher Enthusiasmus.

S. 51 *Der letztere Krieg:* s. Anm. zu S. 46.

S. 53 *das Ideal des philosophischen Bauren:* Der Schweizer Arzt H. C.

Hirzel hatte es in seinem 1761 in erster und 1774 in verbesserter Auflage erschienenen Buch „Die Wirtschaft eines philosophischen Bauern" beschrieben. Der Bauer Kleinjogg hatte neue Methoden für die Bearbeitung des Bodens angewandt und damit höhere Erträge erzielt. Vor dem Hintergrund der Hungerkrisen von 1769/71 wurde die Frage nach neuen agrarökonomischen Kenntnissen und ihrer Anwendung durch eine von Frondiensten befreite Bauernschaft aktuell.

S. 58 *Telyn:* Saiteninstrument der altnorischen Sänger, der Lyra ähnlich.

Wodan: (nordgerm. Odin) in der germanischen Mythologie der oberste Gott, Künder der Wahrheit, Lenker von Kriegsgeschicken und Todesschicksalen.

Päan: Dank- und Preislied.

Bardiet: Schlachtgesang.

S. 59 *O ingrata Germania:* (lat.) O undankbares Deutschland!

S. 63 *Schrande:* Bank, auf der etwas feilgeboten wird; Markt.

S. 64 *Philadelphia:* wichtige Hafenstadt im Südosten Pennsylvaniens; hier tagte im Sept./Okt. 1774 der erste, von allen britischen Kolonien beschickte Generalkongreß.

Jesuitenorden: Die Ordensgemeinschaft wurde von Ignatius von Loyola 1534 gegründet. 1773 wurde der Orden verboten, nur nicht in Rußland und Preußen.

S. 65 *Palingenesie:* Wiedergeburt.

Laidon: Hauptfigur des gleichnamigen Romans von W. Heinse.

S. 72 *Pasquino:* soviel wie „der Schmäher" (in Anlehnung an die Bezeichnung eines antiken Torsos in Rom, an dem Epigramme und andere Texte satirischen Inhalts angeheftet wurden).

S. 73 *dieses Monarchen:* Gustav III.

Komus: kultischen Ursprungs: Umtrunk und Umzug der Zecher und Hetären mit Gesang und Musik, von dem später der Name Komödie abgeleitet wurde.

S. 77 *Terzerol:* kleine Pistole.

S. 78 *einem solchen sentimentalischen Schriftsteller:* Schubart meint einen Schriftsteller mit starker Empfindungsfähigkeit.

S. 79 *Osteologie:* Knochenlehre.

S. 81 *Konventionssorten:* Münzen unterschiedlicher Art und Prägung, aber mit dem gleichen Gehalt an Silber bzw. Gold.

S. 84 *Redoute:* Maskenball.

S. 86 *Threnodie:* Klagelied.

S. 87 *Parentator:* Trauerredner.

S. 88 *Aldermann:* der „Älteste", Vorsteher.

S. 89 *Insel Felsenburg:* Gesellschaftsutopie von J. G. Schnabel, 1732, 1736 und 1743 in drei Teilen erschienen.
Pater Cochims Legenden: Martin v. Kochem (1634–1712); katholischer Volksprediger und Volksschriftsteller; seine zahlreichen Werke (u. a. „Legende der Heiligen", 1795, sowie Bearbeitungen von deutschen Volksbüchern) blieben populär bis ins 20. Jahrhundert.

S. 90 *Kronos:* jüngster, gewaltigster Titanensohn des Uranos und der Gaia; von Zeus später in den Tartaros verbannt. Die Zeit seiner Herrschaft galt als Goldenes Zeitalter.
Horen: griechische Göttinnen der Jahreszeiten; seit Hesiod auch als sittliche Mächte genannt.

S. 91 *nahm Frankreich seinen König:* Ludwig XV. starb am 10. Mai 1774.

DEUTSCHE CHRONIK
1775

S. 94 *Vorsicht:* Vorsehung.

S. 95 *Phryne:* Geliebte; nach einer berühmten Hetäre im Athen des 4. Jh. v. u. Z.
Midas: der griechischen Sage nach König von Phrygien, berühmt wegen seines Reichtums. Apoll bestrafte ihn mit Eselsohren, weil er einen Wettstreit zwischen Apoll und Pan zu dessen Gunsten entschied.
Abderiten: Bewohner der thrakischen Stadt Abdera, deren Schildbürgertum und Borniertheit sprichwörtlich wurden, nicht zuletzt durch Wielands satirischen Roman „Geschichte der Abderiten".

S. 96 *Vademekum:* Ratgeber, Taschenkalender, Taschenbuch.

S. 97 *Annalist:* Verfasser von Geschichtswerken; von Schubart für die Berichterstatter vom Zeitgeschehen gebraucht.

S. 99 *die nordische Tomyris:* Tomyris (um 600 v. u. Z.), Königin eines mächtigen, kriegerischen Nomadenvolkes am Kaspischen Meer; hier ist die russische Zarin Katharina II. gemeint.
Ottomanen: Bezeichnung für die Türken, nach dem Gründer des Reichs Osman I. (regierte 1288–1306). Nach dem Friedensschluß, der den Russisch-Türkischen Krieg 1774 beendete, konnte sich Katharina II. auf die Bekämpfung der Aufstände im Innern des Landes konzentrieren.
Timur Beg: Tamerlan; seit 1370 Herrscher in Samarkand, sein Reich umfaßte Mittelasien und Persien.

S. 101 *Die Uneinigkeit ... zu Wetzlar:* Seit 1693 befand sich das

Reichskammergericht, das oberste Gericht des Heiligen Römischen Reichs Deutscher Nation, in Wetzlar. Der Streit entstand um die Finanzierung dieser Reichsinstanz.
Fanatismus: Schubart meint damit das Wiederaufleben des Jesuitenordens.
Kameralisten: Wirtschafts-, Verwaltungs-, vor allem Finanzbeamte.

S. 103 *Yahoo:* etwa: Viehkerl, Tiermensch – nach J. Swifts Roman „Gullivers Reisen".
Brenne: Preuße.

S. 104 *Bohemus:* Ausspruch evtl. von B. Martinus (1557–1622), einem Verfasser zahlreicher Predigten und Dramen.
wie Fingal an der Felsenwand: auch Fina; Held der irischen Mythologie; nach der Sage der Anführer einer Schar, die außerhalb der Gesellschaft nach ihren eigenen Gesetzen lebte. Im 16. Jh. wurde F. zur bedeutendsten Sagengestalt des gesamten irischen und schottisch-gälischen Kulturkreises. In Deutschland populär durch die Ossian-Ausgabe Macphersons.
Tapon: eine hohe Frisur.

S. 105 *Spandau:* preußische Garnison und Festung; unter Friedrich II. als Haftanstalt auch für politische Gegner benutzt.
Alexander Friedrich die Katharina Thalestris: Friedrich II. wird mit dem Beinamen Alexander (der Große) als Feldherr und Katharina II. mit dem Beinamen Thales als weise Herrscherin charakterisiert.

S. 106 *Remontepferde:* jährlicher Ersatz für die ausgemusterten Truppenpferde.
Laokoon: trojanischer Priester in der griechischen Sage, der mit seinen Söhnen von Schlangen umwunden und erdrosselt worden ist. Dargestellt ist diese Szene in der berühmten freiplastischen Gruppe des griechischen Bildhauers Skopas (4. Jh. v. u. Z.), die von großer Bedeutung für die Theoriebildung bei Lessing, Winckelmann und Goethe war.

S. 107 *Prometheus, Deukalion ...:* Der Autor ist Heinrich Leopold Wagner (1747–1779). Die Rezensenten als Kritiker von Goethes „Werther" erscheinen in Gestalt von Papagei = Buchhändler Christian Friedrich Weygand in Leipzig, bei dem der „Werther" erschienen war; Gans = der Buchhändler J. K. Deinert in Frankfurt, Verleger der „Frankfurter Gelehrten Anzeigen"; Esel = der Hauptpastor Johann Melchior Goeze in Hamburg, der den „Werther" öffentlich verdammt hatte; Nachteule, Frösche = Matthias Claudius, Anspielung auf die Vignette des von Claudius hrsg. „Wandsbecker Boten", wo der „Werther" in Nr. 169 des

Jahrgangs 1774 rezensiert wurde; 'n Reuter ohne Kopf = Albrecht Wittenberg, Hrsg. des Altoner „Reichspostreuter"; Rezension des „Werther" Nr. 180, 1774; Löwe = der „Hamburgische unparteiische Korrespondent", durch halbe Vignette des Titelblatts kenntlich, „Werther"-Rezension Nr. 71, 1774; Starmatz = Leutnant von Breitenbach, veröffentlichte 1775 in Frankfurt und Leipzig eine „Berichtigung der Geschichte des jungen Werthers"; Merkur = Wielands Zeitschrift „Teutscher Merkur", Besprechung des „Werther" Dezember 1774; Iris = Johann Georg Jacobis Zeitschrift „Iris", in der Heinse den „Werther" Dezember 1774 rezensierte; Orang-Outang = Buchhändler und Schriftsteller Friedrich Nicolai in Berlin, Verf. der Schrift „Freuden des jungen Werthers – Leiden und Freuden Werthers des Mannes. Voran und zuletzt ein Gespräch", Berlin 1775.

S. 109 *Produkt eines trefflichen Kopfs:* Man hatte allgemein Goethe für den Verfasser der Satire gehalten. Der aber erklärte am 9. April 1775 schriftlich, daß Wagner „den Prometheus gemacht und drucken lassen, ohne mein Zutun, ohne mein Wissen".

Rondeau: kleines Musikstück.

S. 111 *daß die Kolonisten Rebellen seien:* Hier verteidigt Schubart die Amerikaner noch gegen den Vorwurf der Rebellion, später gewinnt dieses Wort für ihn einen neuen freiheitlichen Inhalt; vgl. S. 132ff. u. S. 182 dieser Auswahl.

S. 117 *Hetzennester:* Elsternester.

Eaudelevantfläschchen: für Eau de lavende (frz.) Lavendelwasser.

S. 118 *auch eine Philosophie ...:* „Auch eine Philosophie der Geschichte zur Bildung der Menschheit" erschien 1774.

Belsazers Marmorwand: nach biblischer Überlieferung (Dan. 5,5) erschien Gottes Urteilsspruch über den Tyrannen und Gottesleugner B. in Flammenschrift an der Wand des marmornen Festsaals: Gott hat dich gezählt, gewogen und zu leicht befunden. – Schubart weist an vielen Stellen auf den Endzeitcharakter der feudalen Gesellschaftszustände in Europa hin.

S. 120 *Chignon:* Frisurenteile aus fremdem Haar.

S. 124 *Europa ... niemals entführt:* Nach der griechischen Sage entführte Zeus (lat. Jupiter) die Königstochter Europa, um sich mit ihr auf Kreta zu vermählen.

S. 125 *in Reutlingen:* Reutlingen war Freie Reichsstadt; hier konnten Spottverse unzensiert erscheinen.

Archont: in Athen einer der neuen jährlich gewählten höchsten Beamten.

Rastral: Gerät zum Ziehen von Notenlinien.

S. 127 *Grand:* Trog.

S. 129 *der Schatten Colberts:* J.-B. Colbert (1619–1683), Minister Ludwigs XIV., reformierte Frankreichs Wirtschaft nach merkantilistischen Grundsätzen.

S. 130 *Pharusturm:* Leuchtturm – nach dem Turm auf der Insel Pharos bei Alexandria, einem der Sieben Weltwunder der Antike.

S. 131 *Batavier:* germanischer Volksstamm auf dem Gebiet der heutigen Niederlande; Schubart meint allgemein die Bewohner dieses Gebiets.

Schweizer: Zahlreiche europäische Soldtruppen rekrutierten sich seit dem Ausgang des Mittelalters aus Schweizern.

S. 133 *Quäker:* protestantische Sekte, von George Fox im 17. Jh. in England als „Gesellschaft der Freunde“ gegründet; die Mitglieder verwarfen bestimmte Riten, auch den Kriegsdienst.

S. 137 *Miszellaneen:* Vermischtes, Allerlei; kleine Aufsätze.

S. 138 *Hyperbeln:* sprachliche Übertreibungen.

S. 139 *informieren:* unterrichten.

Zinken: altes Holzblasinstrument.

Eichelnmast: Die Schweine wurden in den Wald getrieben, damit sie sich dort ihr Futter suchten.

Fontanelle: auch: allgemeine Anlage zur Entwässerung.

S. 140 *Sexternenbrief:* Kenntnisse der Schüler einer 6. Klasse, die gerade ausreichen, einen galanten, nichtssagenden Brief zu formulieren.

S. 141 *der Wandsbecker Bote … entschlafen:* Als Gründe für das Ende von Claudius’ Redakteurstätigkeit an der Zeitschrift sind Differenzen zwischen ihm und dem Verleger und das Ausbleiben von Beiträgen wichtiger Autoren bekannt.

TEUTSCHE CHRONIK 1776

S. 150 *Das Münster:* gemeint ist das Ulmer oder das Straßburger Münster. In der hymnischen Ansprache des Münsters als nationales Bauwerk ist Schubart sicherlich von Goethes Aufsatz „Von deutscher Baukunst“, 1772 als Einzeldruck, 1774 in der Sammlung programmatischer Aufsätze des Sturm und Drang „Von deutscher Art und Kunst“ erschienen, beeinflußt.

S. 153 *Der Verfasser des britischen Magazins:* wahrscheinlich „Das britische Magazin aus einer englischen Zeitschrift gleichen Namens, welche Sammlungen der auserlesensten englischen Literatur sowohl zum Unterricht als zum Vergnügen liefert, ins Deutsche übersetzt“, Frankfurt.

S. 154 *Presthafte:* Gebrechliche, Kranke.

S. 155 *Merkur … Chronik:* Titel von Zeitschriften.
Panegyren: Lobreden.

S. 156 *Sackkalender:* Taschenkalender.

S. 157 *Simson faßte:* Heldengestalt aus dem AT, verfügte über Riesenkräfte; s. Richter 13–16, besonders Richter 16, 29f.

S. 159 *Claudius' Schwarzer:* Gedicht von M. Claudius „Der Schwarze in der Zuckerplantag“ (1773).

S. 160 *nach dem Herzen Yoricks:* Gestalt aus L. Sternes Roman „Sentimental journey …“ (1768).

S. 161 *Zelot:* blindwütiger Glaubenseiferer.
Edikt von Nantes: Urkunde, ausgestellt am 13. April 1598 durch Heinrich IV., die den Hugenotten in Frankreich die freie Ausübung ihrer Religion sicherte. 1685 wurde das Edikt durch Ludwig XIV. aufgehoben.

S. 167 *Bill:* Gesetzesvorschlag.
Salpeter: Das Steinsalz wurde für die Herstellung von Schießpulver benötigt.
horrida bella: (lat.) schreckliche Kriege, Schlachten.

S. 168 *Afsp.:* Johann Michael Afsprung.
Hornung: Februar.

S. 169 *O proceres …:* (lat.) Tut uns, Edle, da not ein Zensor oder Wahrsager? – Juvenal 2. Satire, V. 121. (Übersetzt von Siebold.)

S. 176 *in Boston bei Warwell:* Ein so kritisches Buch könne nur in Boston, dem Zentrum des bürgerlichen amerikanischen Freiheitskampfes, erscheinen.
Danischmend: Gestalt des weisen Philosophen, der dem herrschenden Sultan mit Rat zur Seite steht; aus Wielands Roman „Der goldene Spiegel“ (1772).

S. 178 *Kleinjogg in der Schweiz:* s. Anm. zu S. 53.

S. 181 *Jeremias:* Auf den Propheten J. gehen die 52 Kapitel und die Klagelieder des AT zurück, die seinen Namen tragen.

S. 188 *der unschuldige Calas:* Jean Calas (1698–1762), protestantischer Kaufmann in Toulouse, wurde als Mörder seines Sohnes verhaftet und hingerichtet. Er habe damit den Übertritt des Jungen, der in Wahrheit Selbstmord begangen hatte, zum katholischen Glauben verhindern wollen. Voltaire nahm sich der Familie an und erwirkte eine Wiederaufnahme des Prozesses in Paris, in dem Calas als unschuldig erklärt wurde. Dieser Justizmord wurde auch außerhalb Frankreichs heftig diskutiert und verurteilt.

S. 190 *Kunkel:* Spinnrocken, Spindel.
S. 194 *Piaristenschule:* Schule eines katholischen Ordens, in der unentgeltlich unterrichtet wurde.
Fieldings Western: Gestalt aus H. Fieldings Roman „Tom Jones, die Geschichte eines Findelkindes" (dt. 1774).
S. 199 *sollizitieren:* nachsuchen.
S. 201 *Cirkasserin:* Tscherkessin; Angehörige einer kaukasischen Sprachfamilie.
Aus Karmels Höhlen: Gebirgszug in Nordpalästina, dessen Kalkstein zahlreiche Höhlen bildet.
S. 204 *Fazetien:* Scherze, witzige Einfälle, Schwänke.
S. 206 *aegri somnia:* (lat.) die Träume eines Kranken.
Fréronsmiene: Elie Fréron (1718–1776), französischer Publizist und Kritiker; Gegner Voltaires.
S. 208 *Philanthropin:* Schule der Menschenfreunde; von J. B. Basedow 1774 in Dessau gegründete Erziehungsanstalt.
S. 214 *Saloppe:* weiter Frauenüberwurf.
S. 216 *Staaten-Island:* entspricht wahrscheinlich dem Gebiet von Neu England im Nordostteil Amerikas, Anfang des 17. Jh. von englischen Puritanern besiedelt.
S. 219 *Parentation:* Trauerfeier.

TEUTSCHE CHRONIK
1777

S. 223 *Dominikus:* D. de Guzmán (1170–1221) stiftete den Dominikanerorden, der 1232 mit der Inquisition betraut wurde; ging zur Bekehrung der ketzerischen Albigenser nach Südfrankreich.
S. 226 *Zechine:* ursprünglich venezianische Goldmünze; wegen ihres unveränderten Gepräges und des relativ konstanten Feingehaltes wurde sie eine weitverbreitete Handelsmünze.
Dukaten: europäische Goldmünze.
S. 228 *Partikulier:* Privatmann.
respektive: jedesmalig.
affigiert: angeheftet.
S. 229 *Memento mori:* (lat.) Gedenke des Todes!
Hymenaeum: Hochzeitslied.
S. 230 *Jast:* (schwäb.) Zorn.

Schubart wurde am 23. Januar 1777 verhaftet. Die „Teutsche Chronik" wurde zunächst vom Ulmer Buchhändler Konrad Friedrich

Köhler weitergeführt, bis Johann Martin Miller aus freundschaftlicher Verbundenheit mit Schubart und seiner Familie das Blatt übernahm. Ab Oktober wurde wieder in Augsburg gedruckt. Von 1778 bis 1781 erschien die Zeitung unter dem Titel „Ulmerische Teutsche Chronik".

VATERLÄNDISCHE CHRONIK
1787

Am 11. Mai 1787 war Schubart aus der Haft entlassen worden. Die „Chronik" konnte Schubart weiterführen (s. Nachwort, S. 394), am 1. Juli erschien das erste Stück, jetzt unter dem Titel „Schubarts Vaterländische Chronik". Wöchentlich zweimal – dienstags und freitags – wurde sie jetzt in Stuttgart, im Verlag des Kaiserlichen Reichspostamtes, gedruckt.

S. 232 *die … Skythen Anacharsis und Zalmoxis:* Anacharsis (6. Jh. v. u. Z.), aus fürstlichem skythischem Geschlecht, weit gereist; Zalmoxis (6. Jh. v. u. Z.), ein Weiser des Altertums.

Lustrum: ein Zeitraum von fünf Jahren.

S. 233 *das Varus schlug:* In der Schlacht im Teutoburger Wald 9 u. Z. wurde das römische Heer unter Varus vernichtend geschlagen.

alle menschliche Weisheit aus Wörterbüchern: Schubart denkt wahrscheinlich an die 1751 bis 1763 erschienene und von Diderot und d'Alembert herausgegebene „Encyclopédie", die versucht, das Wissen des 18. Jh. auf den verschiedenen Gebieten in einem systemhaften Zusammenhang darzustellen.

Duodezalmanach: Viele der Almanache erschienen im Duodezformat, einem kleinen Buchformat mit 24 Seiten auf einem Druckbogen.

S. 234 *palingeneisieren:* wiedererstehen lassen.

S. 235 *Cinthius:* Beiname des griechischen Gottes Apoll.

in Italien befindet: 1786 bis 1788 hielt sich Goethe in Italien auf.

Die Mitschuldigen: 1787 erschienen, beschäftigten Goethe seit der Frankfurter Zeit.

des … verbannten Alexandriners: zwölfsilbiger Vers, benannt nach den französischen Epen um Alexander; klassisches Versmaß der Franzosen. Die Stürmer und Dränger lehnten das Versmaß als konventionell und dem Deutschen fremd ab.

Crayon: Zeichen- oder Farbstift.

Iphigenie auf Tauris: 1787 in Italien beendet.

den Geist Euripides': von Euripides sind zwei Iphigenie-Stücke überliefert (Iphigenie in Aulis; Iphigenie in Taurien).

S. 237 *Dem deutschen Annalisten:* nicht ersichtlich, gegen wen Schubart sich hier wendet; wahrscheinlich nur eine taktische Äußerung, um seine andersartige Meinung kundzutun. Vgl. den Brief an seinen Sohn Ludwig vom 26. August 1787: „Künftigen Samstag geht das 2te Bataillon des Kapkorps ab. Der Herzog hat sich die Offiziersstellen mit 700 bis 1000 und mehr Gulden bezahlen lassen. Die müssen also ihr Elend kaufen. Es ist schrecklich, was der Herzog mit Dienstverkauf für Wucher treibt. Ich habe bei dieser Gelegenheit ein paar neue Kaplieder gemacht, ..."

S. 238 *Wochenskribler:* von skribeln – schlecht schreiben, schmieren.

S. 239 *Der deutsche Fürstenbund:* Dreifürstenbund zwischen den Kurfürsten von Brandenburg-Preußen, Hannover und Sachsen vom 23. Juli 1785; auf Preußens Betreiben geschlossen, um ein Gegengewicht zur österreichischen Expansionspolitik zu schaffen. Später traten noch weitere Fürsten bei.

S. 240 *Eskurial:* Klosterpalast unweit von Madrid (als Königsgruft für Philipp II. erbaut), mit bedeutender Bibliothek.

S. 242 *Dreizehn goldne Pforten:* Die dreizehn britischen Kolonien hatten sich zu den Unabhängigen Staaten von Amerika zusammengeschlossen. Am 17. September 1787 verabschiedete der Kongreß die neue Verfassung.

eignen tollen Verschuldens wegen: Verschiedene Staaten versuchten, ihre Sonderrechte und Privilegien auf Kosten der Einheit durchzusetzen.

S. 244 *Homiletik:* Geschichte und Theorie von der Gestaltung der geistlichen Rede.

S. 245 *die Manes:* die Seelen der verstorbenen Vorfahren.

Kalumniant: Verleumder.

S. 246 *An die Überschätzer:* Bei Klopstock heißt das Gedicht „Überschätzung der Ausländer" (1781/82).

exekrabel, detestabel, abominabel: nach exécrable, détestable, abominable (frz.): abscheulich, scheußlich, erbärmlich.

Animulas: (lat.) Seelchen; *Vagulas:* (lat.) Umherschweifende; *Blandulas:* (lat.) Schmeichler.

S. 248 *Das graue Ungeheuer:* eine der von W. L. Wekhrlin (1739–1792) herausgegebenen (und selbst verfaßten) Zeitschriften.

S. 250 *Antiphone:* Wechselgesang im röm.-katholischen Gottesdienst.

S. 252 *Photagogen:* Lichtbringer.

S. 256 *O Vaterland!:* aus Klopstocks „Hermanns Schlacht. Ein Bardiet für die Schaubühne“, 7. Szene.
S. 257 *Wir schwimmen ...:* aus Herders „Ideen zur Philosophie der Geschichte der Menschheit“, 3. Teil, 15. Buch, IV. Kapitel.
S. 258 *Fingal:* s. Anm. zu S. 104.
S. 259 *Tabor:* Berg östlich von Nazareth; wird als Berg der Verklärung Christi angesehen.
deiner Franziska: Franziska von Hohenheim, favorisierte Mätresse Karl Eugens von Württemberg.
S. 260 *funest:* unheilvoll.
S. 261 *Helikon:* Gebirge in Griechenland, der Sage nach Sitz der Musen.
S. 263 *Anathema:* Bannfluch, Kirchenbann.
S. 264 *Philanthropin:* s. Anm. zu S. 208.
docendo discimus: (lat.) wir lernen beim Lehren.
S. 266 *Toleranzedikt:* Verordnung, die den Protestanten freie Religionsausübung sichern sollte; bereits 1774 von dem bedeutenden französischen Staatsmann Turgot Ludwig XVI. vorgelegt.
seit Heinrich IV.: Durch das Edikt von Nantes hatte er den Protestanten freie Religionsausübung gestattet. Es war schon 1685 durch Ludwig XIV. widerrufen worden.
S. 268 *Philostorgie:* zärtliche Liebe.
Medeen, Proknen: Medea und Prokne; Frauen der griechischen Sage, die Kinder töteten, um sich an ihren Männern zu rächen.
Jenaische Allgemeine Literaturzeitung: Jenaer Allgemeine Literaturzeitung; hrsg. von Chr. G. Schulz und G. Hufeland; gegründet 1785.
S. 271 *Subsidien:* Unterstützung.
enrouliert: in die Werbeliste eingeschrieben.
S. 273 *Conseils:* hier: Anweisungen, Gesetze.
Dauphin: Titel des Thronfolgers in Frankreich.
S. 277 *Egregore:* Genius.
Neue Bibliothek der schönen Wissenschaften: hrsg. von Chr. F. Weiße 1765 bis 1806.
Minona: Melodrama, 1785 erschienen.
das heimliche Gericht: Verfasser ist L. F. Huber.
S. 284 *Sykophant:* Verräter, Verleumder.
Sponton: Pike, kurze Paradewaffe für Offiziere und Unteroffiziere des Fußvolkes.
S. 286 *Königlich Preußisches Religionsedikt:* auch Wöllnersches E. ge-

nannt, nach seinem Verfasser; erlassen am 9. Juli 1788; verbot den Geistlichen jede Abweichung vom kirchlichen Lehrbegriff.

Reformierte: Angehörige von Kirchen und religiösen Gemeinschaften, die aus der Schweizer Reformation unter Zwingli und Calvin entstanden.

Herrenhuter: Angehörige der von N. L. v. Zinzendorf gegründeten pietistischen Brüdergemeinde in Herrnhut.

Mennonisten: eigtl. Mennoniten – religiöse Gemeinschaft, benannt nach dem niederländischen Wiedertäufer Menno Simons (1496–1561).

Böhmische Brüder: aus der Hussitenbewegung hervorgegangene Gemeinschaft.

Konventikel: hier: heimliche, außerkirchliche Zusammenkünfte.

Proselytenmachen: Bekehrungseifer.

S. 287 *Kirchenagenden:* Gottesdienstordnungen.

Sozianismus: Lehre des Lälius Socinus (1525–1562), räumte der Vernunft in der Religion eine kritische Stellung ein, verwarf die Lehre von der göttlichen Dreieinigkeit und der Gottheit Christi.

Naturalismus: unter theologischem Aspekt die Ansicht, wonach der Mensch zur Erklärung der religiösen Dogmen keiner übernatürlichen Offenbarungen, sondern nur seiner natürlichen Gaben, namentlich der Vernunft, bedürfe.

Deismus: Glaube an einen Gott, der die Welt schuf, sie dann aber ihren eigenen Gesetzen überließ, lehnt jeden Glauben an Wunder und übermenschliche Offenbarungen ab.

S. 288 *Béarner Ritterschaft:* Béarn: ehemaliges Fürstentum im Südwesten Frankreichs mit der Hauptstadt Pau, dem Geburtsort Heinrichs IV., erster aus dem Hause Bourbon.

S. 290 *perorieren:* mit Nachdruck, mit Pathos sprechen.

S. 291 *aus dem Eisenmenger:* gemeint ist wohl das antisemitische Werk „Das entdeckte Judentum“ von Johann Andreas Eisenmenger (1654–1704).

S. 292 *Mavor:* alter römischer Kriegsgott.

S. 293 *ins Conseil:* in den Rat.

Fuß: altes Längenmaß; etwa 0,3 m.

S. 295 *Harmonika:* 1763 hatte B. Franklin die Glasharmonika erfunden: auf einer Achse rotierende Glasschalen wurden angefeuchtet und mit den Fingern berührt und so zum Klingen gebracht; später wurde es mit einer Klaviatur versehen; sehr verbreitet in Deutschland.

Waisenhaus zu Halle: gemeint sind die Schulanstalten der Pietisten, die Franckeschen Stiftungen.

S. 304 *Pädagogarch:* Ältester der Pädagogen.
S. 306 *Omphale:* der griechischen Sage nach Königin von Lydien, die Herakles als Sklaven kaufte, ihn in Frauenkleider steckte und Frauenarbeit verrichten ließ.
S. 309 *Operationes mentis:* (lat.) geistige Verrichtungen.
Plutus: Gott des Reichtums in der antiken Sage.
Haubenstock: Ständer für die Perücke; Garderobenständer.
S. 311 *Nationalversammlung:* Die Nationalversammlung löste die Reichsversammlung, das Gremium der Generalstände, ab. Sie konstituierte sich aus Angehörigen des dritten Standes, nachdem im Mai 1789 ein Vorschlag, die Abstimmung nach Köpfen und nicht nach Ständen vorzunehmen, am Widerstand der privilegierten Stände gescheitert war.
S. 314 *aqua tofana:* (lat.) Gifttrank.
Docken: Puppen.
Donner des türkisch und nordischen Krieges: Krieg zwischen Rußland und der Türkei (1787–1792) und zwischen Rußland und Schweden (1788–1790).
S. 317 *die Bastille gestürmt:* Am 14. Juli 1789 stürmte das Volk von Paris die Bastille, das französische Staatsgefängnis. Neben kriminellen Gefangenen waren es vor allem Gegner des französischen Absolutismus, die hier einsaßen.
S. 319 *Prévot:* Vorsteher.
S. 321 *Phrenesie:* Wahnsinn.
S. 324 *Die östreichischen Niederlande:* Im Gegensatz zu den nördlichen, protestantischen Provinzen, die von der spanischen Herrschaft abgefallen waren und sich 1648 zur Vereinigten Republik konstituiert hatten, blieben die südlichen Provinzen (Belgien) unter spanischer Herrschaft und kamen nach Beendigung des Spanischen Erbfolgekriegs 1713/14 an Österreich, sie hießen seitdem österreichische oder kaiserliche Niederlande.

CHRONIK
1790

Die neuerliche Titelkorrektur hatte Schubart im 104. Stück vom 29. Dezember 1789 (s. S. 329 dieser Auswahl) begründet.

S. 332 *Areopagus:* oberster Rat im alten Athen, benannt nach seiner Tagungsstätte, einem Hügel in der Stadt.

S. 333 *die Konstitution der Munizipalitäten betreffend:* die Rechte der Städte und Gemeinden betreffend.
Mairies: Bürgermeistereien.
Echevinats: Schöffengerichte.
haranguieren: das große Wort führen.

S. 336 *das Blut Calas':* s. Anm. zu S. 188.

S. 343 *Maintenon:* Françoise d'Aubigné, Mätresse, später heimliche Gemahlin Ludwigs XIV.
den erznen Ochsen: Der Tyrann Phalaris (um 600 v. u. Z.) soll einen bronzenen Stier haben anfertigen lassen, in dem Verurteilte durch ein Feuer darunter lebendigen Leibes verbrannt wurden.

S. 344 *Zoroaster:* Gesetzgeber und Religionsstifter des Iran (um 1000 v. u. Z.).

CHRONIK
1791

S. 350 *Rotunda:* Rundgebäude mit Kuppel.
Lernäische Schlange: sagenhaftes Wasserungeheuer an einer Quelle bei Lerna in Argos, von Herakles bezwungen.

S. 351 *Das Trauerspiel Calas:* s. Anm. zu S. 188.

S. 351 *Impost:* Warensteuer.
Laubtaler: deutsche Bezeichnung einer französischen Münze, die von 1726 bis 1790 herausgegeben wurde und die auch im deutschen Reich gebräuchlich war; auf der Rückseite war ein Lorbeerkranz abgebildet.

S. 359 *vindizieren:* als Eigentümer die Herausgabe fördern.

S. 363 *Geschichte der gegenwärtigen Zeit:* Journal, von A. Meyer herausgegeben.

S. 369 *Die Aussichten ...:* „Die Ansichten vom Niederrhein, von Brabant, Flandern, Holland, England und Frankreich, im April, Mai und Junius 1790"; erschienen 1791 bis 1794.

S. 371 *Hölderlins Muse:* Im Almanach für das Jahr 1792 erschienen von Hölderlin: „Meine Genesung", „Hymne an die Muse", „Hymne an die Freiheit", „Hymne an die Göttin der Harmonie".

Jamben: gleichmäßiger Wechsel von Hebung und Senkung mit unbetontem Auftakt.

Nach Schubarts Tod am 10. Oktober 1791 führten sein Sohn Ludwig und der Dichter Gotthold Friedrich Stäudlin die „Chronik“ bis zum Jahre 1793 fort.

Personenregister

Es erfaßt Personen, die im 18. Jahrhundert für Zeitgeschichte, für Kultur und geistiges Leben von Bedeutung sind. Von den Werken sind die bevorzugt in den Texten erwähnten genannt.

schen und Spanischen; seine Bearbeitung des „Don Quixote“ erschien 1775/76 84

BILFINGER, GEORG BERNHARD (1693–1750): Philosoph, Mathematiker und Staatsmann in Württemberg; Schüler Christian Wolffs; war zeitweise am Hof Katharinas II. in Petersburg Kriegsbautechniker 166

BLANCHARD, FRANÇOIS (1753–1809): französischer Luftschiffer; überquerte als erster zusammen mit einem Amerikaner 1785 den Ärmelkanal 293

BLUM, JOACHIM CHRISTIAN (1739–1790): Dichter und Schriftsteller; lebte in Frankfurt (Oder) 266

BODE, JOHANN JOACHIM CHRISTOPH (1730–1793):Verleger, Redakteur und Übersetzer; seit 1757 in Hamburg, nach 1778 in Weimar; übersetzte vornehmlich englische zeitgenössische Prosa (Sterne, Fielding, Goldsmith). – „Yoriks empfindsame Reise“ (1768), „Tristram Shandi's Leben und Meinungen“ (1774), „Humphrey Klinker's Reisen“ (1772) 13, 89, 234, 275

BODMER, JOHANN JACOB (1698–1783): schweizerischer Schriftsteller, Kritiker und Kunsttheoretiker der Aufklärung; berühmt durch seinen Literaturstreit 1740 mit Breitinger gegen Gottsched für das Wunderbare in der Poesie 25, 32, 115, 295

BRANDES, JOHANN CHRISTIAN (1735–1799): Schauspieler und Dramatiker; als Mitglied verschiedener Schauspieltruppen (u. a. der Schönemannschen) durchzog er Deutschland; geachtet von seinen Zeitgenossen und befreundet mit Lessing und Ramler 27

BREITINGER, JOHANN JAKOB (1701–1776; bei Schubart: 1775): schweizerischer Schriftsteller, Ästhetiker und Kunstkritiker; gemeinsam mit J. J. Bodmer in der Auseinandersetzung mit Gottsched von Einfluß auf die Entwicklung der deutschen Literatur 115f.

BREITKOPF, JOHANN GOTTLOB IMMANUEL (1719–1794): Verleger in Leipzig, einer der führenden Drucker und Verleger seiner Zeit, besonders auch für Musikalien 370

BROCKES, BARTHOLD HINRICH (1680–1747): Dichter in Hamburg; gibt religiöse Naturbetrachtung im Sinne einer naiven Teleologie; Hauptwerk: „Irdisches Vergnügen in Gott“ (9 Bde., 1721–1748) 295

BROGLIO, VICTOR FRANÇOIS, HERZOG VON (1718–1804): im Juli 1789 bis zum Sturm auf die Bastille französischer Kriegsminister; einer der militärischen Führer der Emigranten gegen die französische Republik 315

BRUCE, JAMES (1730–1794): berühmter englischer Reisender, bereiste das Innere Afrikas und weite Teile Asiens, lebte drei Jahre in Abessinien; nach elf Jahren Reisen kehrte er 1773 nach Schottland zurück, gab seine Reiseberichte heraus: „Travels to discover the sources of Nile“ (1790, dt.: „Entdeckungsreisen zu den Quellen des Nils“) 6

BRUCKER, JOHANN JAKOB (1696–1770): dem Pietismus nahestehender Theologe und Philosophiehistoriker; wirkte als Lateinschuldirektor und Geistlicher in Kaufbeuren für neue Schulordnungen 166

BÜRGER, GOTTFRIED AUGUST (1747–1794): bedeutender Dichter des Sturm und Drang, dem Göttinger Hain nahestehend; berühmt geworden durch seine Balladen; „Lenore“ (1773) wird als erste deutsche Kunstballade betrachtet; Amtmann in Altengleichen und ab 1784 Privatdozent in Göttingen 212, 214, 265, 275, 309, 370f.

BURKE, EDMUND (1729–1797): englischer Politiker und Publizist Mitglied des Unterhauses, bekannt als glänzender Redner 182

BURNEY, CHARLES (1726–1814): englischer Musikhistoriker und weniger erfolgreicher Komponist; erlangte mit seinen musikalischen Reiseberichten große Anerkennung. – „The present state of music in Germany, the Netherlands and United Provences“ (1772–1773; dt.: „Tagebuch seiner Musikalischen Reisen. Zweiter Band. Durch Flandern, die Niederlande und am Rhein bis Wien“) 36, 340

BÜSCHING, ANTON FRIEDRICH (1724–1793): berühmter Geograph; Professor der Geographie in Göttingen, später Direktor des Gymnasiums zum Grauen Kloster und Oberkonsistorialrat in Berlin; wandte als erster politische und statistische Beschreibungsmethoden in der Geographie an. – „Neue Erdbeschreibung“ (1754–1793, fortgesetzt von C. D. Ebeling) 36

CAMPE, JOACHIM HEINRICH (1746–1818): Pädagoge, Sprachforscher und Verleger; lehrte 1776/77 am Philanthropin in Dessau, gründete eigene Schulanstalten in Hamburg und Holstein; neben F. C. Weiße Begründer der deutschen Kinder- und Jugendliteratur. – „Allgemeine Revision des gesamten Schul- und Erziehungswesens“ (16 Bde., 1785–1792) 226, 310

CARMER, JOHANN HEINRICH KASIMIR, GRAF VON (1721–1801): Justizminister im Kabinett Friedrichs II.; war an der Vorbereitung und Einführung des „Allgemeinen Landrechts“ maßgebend beteiligt 259, 344

CHATHAM s. PITT, WILLIAM D. Ä.

CHODOWIECKI, DANIEL (1726–1801): Kupferstecher und Maler; Direktor der Kunstakademie in Berlin; berühmtester Buchillustrator seiner Zeit; lieferte u. a. Illustrationen, Titelkupfer und Vignetten zu Werken von Lessing, Bürger, Klopstock, Goethe und Schiller 17, 60, 84, 159, 212, 225

Eberhard, Johann August (1739–1809): Professor der Philosophie in Halle; als Anhänger von Leibniz war er Gegner Kants. Herausgeber mehrerer Zeitschriften und Verfasser von Wörterbüchern und Handbüchern der Ästhetik 269, 275

Eckard, Johann Gottfried (1735–1809): Klavierist und Komponist aus Augsburg; lebte ab 1758 in Paris, wo er bald wegen seiner neuen deutschen expressiven Art des Klavierspiels Bewunderung errang 59

Edelmann, Johann Christian (1698–1767): Theologe, der aus dem Pietismus kam, zunehmend von Spinoza beeinflußt wurde und sich dann radikal gegen protestantische Orthodoxie als „Pfaffentum" wandte; Bindeglied zwischen Pietismus und Aufklärung, lebte ab 1749 in Berlin 22

Eichhorn, Johann Gottfried (1752–1827): deutscher Orientalist und Historiker. – „Geschichte des ostindischen Handels" (1775) 114

Engel, Johann Jacob (1741–1802): Dichter; seit 1766 Hofmeister in Leipzig, ab 1776 Gymnasialprofessor in Berlin, gleichzeitig Hauslehrer der Brüder Humboldt; 1786 bis 1790 Direktor des neu errichteten Berliner Nationaltheaters; schrieb Lust- und Trauerspiele, später auch literaturtheoretische Abhandlungen 234, 244

Erthal, Friedrich Karl Joseph Freiherr von (1719–1802): ab 1774 Kurfürst von Mainz; in seinen ersten Amtsjahren zog E. die Jesuiten nach Mainz, das so zu einem Zentrum der Gegenaufklärung wurde 41, 274, 359

Eschenburg, Johann Joachim (1743–1820): Bibliothekar in Braunschweig; Literaturhistoriker und Übersetzer besonders von englischer Literatur; seine hervorragende Leistung besteht in der ersten vollständigen, in Prosa abgefaßten deutschen Shakespeareausgabe: „William Shakespeare's Schauspiele, Neue Ausgabe" (1775–1782) 89

Euler, Leonhard (1707–1783): schweizerischer Mathematiker und Physiker; 1744 Direktor der mathematischen Klasse der Berliner Akademie, seit 1766 in Petersburg 88

Fielding, Henry (1707–1754): englischer Schriftsteller; hervorragendster Vertreter des englischen Aufklärungsromans; seine humorvollen satirischen Werke hatten großen Einfluß auf die Entwicklung des Genres. – „The history of the adventures of Joseph Andrews and of his friend Mr. A. Adams" (1742), „The history of Tom Jones, a foundling" (1749) 26, 194

Fischer, Johann Christian (1733–1800): gefeierter Oboenvirtuose; nach ausgedehnten Konzertreisen durch ganz Europa ließ

der der klassischen mechanischen Physik; bewies durch seine Entdeckung des Gravitationsgesetzes das kopernikanische Weltbild 36, 70, 250

NICOLAI, CHRISTOPH FRIEDRICH (1733–1811): bedeutender Buchhändler in Berlin und Stettin, Schriftsteller und Kritiker; Freund Lessings, Mendelssohns und Mösers; wichtigster Repräsentant der Berliner Aufklärung. – „Das Leben und die Meinungen des Herrn Magister Sebaldus Nothanker" (1773, 1775 und 1776 in drei Lieferungen) 22, 106f., 234

NIEBUHR, CARSTEN (1733–1815): berühmter Geograph; nahm 1761 an einer Reisegesellschaft nach Arabien teil, kehrte 1767, als einziger, mit reichem Material zurück. – „Reisebeschreibung nach Arabien und den angrenzenden Ländern" (1774–1778) 19

NIEMEYER, AUGUST HERMANN (1754–1828): evangelischer Theologe und Pädagoge; seit 1779 Professor in Halle 269

NORTH, FREDERICK LORD (1732–1792): englischer Staatsmann, 1770 bis 1782 Premierminister, Befürworter des Krieges gegen die englischen Kolonien in Nordamerika 182

OETINGER, FRIEDRICH CHRISTOPH (1717–1782): pietistischer Theologe in Württemberg; verfaßte mehrere Schriften zur Beförderung der Swedenborgschen mystischen Lehren 90

HERZOG VON ORLEANS s. LUDWIG PHILIPP JOSEPH

PANIN, NIKITA IWANOWITSCH GRAF (1718–1783): russischer Staatsmann; seit 1762 als Staatsminister Leiter der auswärtigen Politik 99

PATZKE, JOHANN SAMUEL (1727–1787): protestantischer Theologe, Pfarrer in Magdeburg; vielseitiger und beachteter Schriftsteller seiner Zeit; Herausgeber von Wochenschriften 55

PETER I., genannt der Große (1672–1725): russischer Zar, führte umfassende Reformen im Heerwesen, in der Wirtschaft und Staatsverwaltung durch 113

PFAFF, CHRISTOPH MATTHÄUS (1686–1760): protestantischer Theologe; bedeutend als Kirchenrechtler 166

PFEFFEL, GOTTLIEB KONRAD (1736–1809): deutscher Fabeldichter 214, 295

PITT, WILLIAM D. Ä., EARL OF CHATHAM (1708–1778): britischer Staatsmann; berühmt und volkstümlich durch seine Reden im Unterhaus; als Staatssekretär des Auswärtigen trug er zur Festigung der britischen Kolonial- und Handelsmacht bei; Gegner der Unabhängigkeitsforderungen der nordamerikanischen Kolonien 133

PITT, WILLIAM D. J. (1759–1806): britischer Staatsmann, seit 1783 Ministerpräsident. Stand zunächst der Revolution in Frankreich

vielen Schriften verbreitete; erreichte große Wirkung in Deutschland, wo er in Oetinger einen eifrigen Verfechter seiner Lehren fand 90, 244, 282

Thomson, James (1700–1748): schottisch-englischer Dichter; sein Hauptwerk „The seasons" (1726 und 1730, dt.: „Die Jahreszeiten", 1766–1769 von Tobler, 1745 von Brockes), ein beschreibendes Naturgedicht, übte großen Einfluß auf die deutsche Dichtung aus 78

Uz, Johann Peter (1720–1796): Jurist und Dichter im anakreontischen Stil; befreundet mit Gleim und Götz. – „Lyrische Gedichte" (1749); „Lyrische und andere Gedichte" (1755) 251

Vergennes, Charles Gravier, Comte de (1717–1787): französischer Staatsmann, der sich Verdienste in den Friedensverhandlungen mit den Türken erwarb 285

Voltaire, François Marie Arouet de (1694–1778): einflußreichster französischer Schriftsteller und Philosoph der Aufklärung; glänzender Stilist, der satirisch-witzig besonders die Kirche attakkierte 14, 42

Voss, Johann Heinrich (1751–1826): Dichter und Übersetzer; Mitglied des Hainbundes; Mitherausgeber des Göttinger Musenalmanachs 1775, den er 1776 bis 1800 allein fortsetzte; Verfasser von hochdeutschen und mundartlichen realistischen naturnahen Idyllen; bedeutender Homer-Übersetzer 210, 265, 294, 295, 310

Washington, George (1731–1799): oberster Heerführer der amerikanischen Kolonisten; trug durch seine militärischen und diplomatischen Fähigkeiten wesentlich zur Erringung der Unabhängigkeit bei 167, 242, 247, 261, 291, 306

Waterloo, Anthonie (1609 oder 1616–nach 1676): niederländischer Landschaftsmaler 21

Weidmanns Erben oder Weidmanns Buchhandlung: eine der ältesten deutschen Verlagsbuchhandlungen, gegründet von Moritz Georg Weidmann (1658–1693) in Leipzig; Verleger von Wieland, Gellert, Lessing, Lavater u. a. 60

Weise, Christian (1642–1708): Dramatiker, Romanschriftsteller und Pädagoge der Frühaufklärung; Rektor des Zittauer Gymnasiums; schrieb und führte zu didaktischen Zwecken Schuldramen auf, die Vorläufer einer bürgerlich-realistischen Dramatik waren 27

Weygand, Christian Friedrich (etwa 1742–1807): Verlagsbuchhändler in Leipzig; Verleger u. a. von Goethes „Die Leiden des

Inhalt